Prosodie und Konstruktionsgrammatik

Empirische Linguistik /
Empirical Linguistics

―

Herausgegeben von
Wolfgang Imo und Constanze Spieß

Band 12

Prosodie und Konstruktionsgrammatik

Herausgegeben von
Wolfgang Imo und Jens P. Lanwer

DE GRUYTER

Der Peer Review wird in Zusammenarbeit mit themenspezifisch ausgewählten externen Gutachterinnen und Gutachtern durchgeführt. Unter https://www.degruyter.com/view/serial/428637 finden Sie eine aktuelle Liste der Expertinnen und Experten, die für EL begutachtet haben.

Die freie Verfügbarkeit der E-Book-Ausgabe dieser Publikation wurde ermöglicht durch den Fachinformationsdienst Linguistik.

Zusätzlich unterstützt wurde die Veröffentlichung vom Open-Access-Publikationsfonds der Westfälischen Wilhelms-Universität Münster.

ISBN 978-3-11-077741-3
e-ISBN (PDF) 978-3-11-063748-9
e-ISBN (EPUB) 978-3-11-063462-4
ISSN 2198-8676
DOI https://doi.org/10.1515/9783110637489

Dieses Werk ist lizenziert unter der Creative Commons Attribution 4.0 Lizenz. Weitere Informationen finden Sie unter https://creativecommons.org/licenses/by/4.0/.

Library of Congress Control Number: 2019955433

Bibliografische Information der Deutschen Nationalbibliothek
Die Deutsche Nationalbibliothek verzeichnet diese Publikation in der Deutschen Nationalbibliografie; detaillierte bibliografische Daten sind im Internet über http://dnb.dnb.de abrufbar.

© 2021 Wolfgang Imo & Jens P. Lanwer, publiziert von Walter de Gruyter GmbH, Berlin/Boston. Dieses Buch ist als Open-Access-Publikation verfügbar über www.degruyter.com. Dieser Band ist text- und seitenidentisch mit der 2020 erschienenen gebundenen Ausgabe.

Satz: Integra Software Services Pvt. Ltd.
Druck und Bindung: CPI books GmbH, Leck

www.degruyter.com

Inhaltsverzeichnis

Wolfgang Imo und Jens P. Lanwer
Prosodie und Konstruktionsgrammatik —— 1

Dagmar Barth-Weingarten, Elizabeth Couper-Kuhlen und Arnulf Deppermann
Konstruktionsgrammatik und Prosodie: *OH* in englischer Alltagsinteraktion —— 35

Pepe Droste und Susanne Günthner
„das mAchst du bestimmt AUCH du;": Zum Zusammenspiel syntaktischer, prosodischer und sequenzieller Aspekte syntaktisch desintegrierter *du*-Formate —— 75

Heiner Apel, Ines Bose, Sven Grawunder und Anna Schwenke
Der „Kaiser" in einer Autobahnbaustelle – Prosodische Markierung von modalisierenden Anführungszeichen in Radionachrichten —— 111

Elisabeth Reber
Zur Rolle von Phonetik und Prosodie in CAN I X-, LE? ME X-, und LEMME X-Konstruktionen —— 135

Katharina König
Prosodie und *epistemic stance*: Konstruktionen mit finalem *oder* —— 167

Heike Baldauf-Quilliatre und Wolfgang Imo
***Pff* —— 201**

Jens P. Lanwer
Appositive Syntax oder appositive Prosodie? —— 233

Wolfgang Imo und Jens P. Lanwer
Prosodie und Konstruktionsgrammatik

1 Einleitung

Die linguistisch motivierte Prosodieforschung weist eine lange Forschungstradition auf. Im breiten sprachwissenschaftlichen Diskurs wird der Prosodie allerdings nach wie vor eine eher periphere Rolle zumeist als paraverbale Erscheinung zugeschrieben. Die Prosodie wird häufig (explizit oder implizit) als eine Art Zusatz oder – der Begriffsetymologie entsprechend – als ‚Zugesang' begriffen; also als etwas, das erst im Äußerungsakt zum verbalen Ausdruck hinzutritt, aber nicht Bestandteil der Sprache oder Grammatik selbst ist. Eine solche Position findet sich sehr explizit ausformuliert in den Arbeiten von Bolinger (1983; 1986; 1989), der schreibt:

> Intonation and syntax make their separate contributions to conversational interaction. There is where they come together, not in a higher or more properly *linguistic* domain. (Bolinger 1989: 78)

Bolinger spricht sich generell dafür aus, prosodische bzw. im Speziellen intonatorische Ausdrucksmittel als nicht-sprachlich zu betrachten. Hintergrund dieser Position ist die Ansicht, dass Form-Funktions-Zusammenhänge im Bereich der Intonation „nonarbitrary" (Bolinger 1989: 1) und symptomhaft seien:

> [E]ven when it interacts with such highly conventionalized areas as morphology and syntax, intonation manages to do what it does by continuing to be what it is, primarily a symptom of how we feel about what we say, or how we feel *when* we say.

Bolinger (1989: 2) spricht auch von einer „fundamental affectivity [...] of intonation" und geht davon aus, dass (im Englischen) selbst der Unterschied zwischen Frage und Aussage mit Blick auf die Intonation als „an affective matter (curiosity versus confidence etc.)" zu begreifen sei und nicht als „a ‚propositional' (grammatical) one." Diese Auffassung ist bei Bolinger aber nicht verbunden mit einer Marginalisierung der Prosodie. Ganz im Gegenteil scheint er mit seiner Argumentation auf die Herausstellung einer Andersartigkeit prosodischer im Vergleich zu sprachlichen bzw. grammatischen Ausdrucksmitteln abzuzielen.

Hinweis: Wir danken den externen GutachterInnen für ihre wertvollen Kommentare zu dem Band.

Unter Rückbezug auf Bolinger argumentiert auch Selting (1996: 16–20) dafür, die Prosodie als eigenständiges, von der Grammatik unabhängiges ‚Signalisierungssystem' zu begreifen. Im Unterschied zu Bolinger geht Selting aber nicht von einer Nicht-Arbitrarität prosodischer Ausdrucksmittel aus. Selting beschreibt prosodische Merkmale der Äußerungsgestaltung im Anschluss an Gumperz als *contextualization cues*, die nach der Auffassung von Gumperz (1982) als konventionalisierte Ausdrucksmittel zu begreifen sind. Die Prosodie wird also nicht als ein rein symptomhaftes, affektives, sondern als ein konventionalisiertes Ausdruckssystem verstanden, das zugleich aber auch nicht in den Diensten der Grammatik steht, wie es beispielsweise generative Ansätze postulieren, sondern primär interaktionale Funktionen erfüllt.

Es findet sich in der Literatur aber auch die Position, dass prosodische Mittel selbst als Teil der Grammatik aufzufassen sind. Dies betrifft zumeist vorrangig den Bereich der Intonation. Halliday (1967: 144) fordert beispielsweise in Bezug auf das britische Englisch, dass in einer grammatischen Beschreibung die Intonation „as in no way different from other grammatical systems" behandelt werden sollte. Die Intonation wird bei Halliday als eine grammatische Organisationsstruktur neben anderen begriffen. Eine ähnliche Auffassung wird auch im Bereich der Intonationsphonolgie vertreten. So stimmt bspw. Gussenhoven (2004: 49) zwar Bolinger zu, dass es sich bei der Intonation um einen ‚halb-gezähmten Wilden' (*a half-tamed savage*) handelt. Er geht jedoch von einer strikten Trennung „between the tamed and the untamed half" aus. Nach Gussenhoven stehen verschiedene Aspekte der Äußerungsgestaltung unter der Kontrolle der SprecherInnen, die sich vermeintlich aus der Natur der Sache ergeben, wie bspw. die Pitch-Deklination aus nachlassendem subglottalem Druck im Laufe der Äußerungsproduktion. Gussenhoven geht davon aus, dass verschiedene solcher Parameter kontrolliert, entsprechend kommunikativ genutzt und somit grammatikalisiert werden können.

Eine vergleichbare Argumentation findet sich bei Crystal (1969: 126), der sich in seinen Ausführungen aber auf den gesamten Bereich der Prosodie bezieht. Prosodie wird bei Crystal als eine sprachliche Ressource unter vielen aufgefasst: „Prosodic features must be given comparable importance, as one ‚choice' which has to be made from all the speech patterns available in the language." Mit *prosodic features* bezieht sich Crystal einerseits auf Phänomene wie Tonhöhenbewegungen und das Tonhöhen-Register, aber andererseits auch auf Aspekte wie Lautstärke, Sprechgeschwindigkeit und Rhythmus. Diese unterscheidet er (in Bezug auf amerikanisches Englisch) von Merkmalen wie der Sprechstimme, die er als eher parasprachlich und damit in seiner Terminologie als nicht prosodisch begriffen wissen will. Crystal spricht sich allerdings nicht für eine strikte Trennung zwischen prosodischen und paralinguistischen Merkmalen aus. Vielmehr geht er von einem fließenden Übergang auf einer Skala zwischen den Extrempolen „most linguistic" und „least linguistic" aus (Crystal 1969: 128–132). Charakteristika der eher linguistischen und damit prosodischen Phänomene sind nach Crystal Kontrollierbarkeit, Distinktivität – er spricht auch von „closed systems of contrasts" (Crystal 1969: 129) – und Integration bzw. Interaktion mit anderen sprachlichen Ebenen, bspw. der Syntax. Crystal (1970: 79) argumentiert zudem dafür, dass die von ihm benannten prosodischen Merkmale des amerikanischen Englisch derart grundlegend für die Organisation von Grammatik seien, dass ohne eine Berücksichtigung dieser „non-segmental patterns" kindlicher Spracherwerb nicht sinnvoll erklärbar werde.

In eine ähnliche Richtung deuten auch die Beobachtungen von Tomasello (2009: 76), der feststellt, dass ein entscheidender Schritt in der grammatischen Entwicklung darin besteht, dass mehrere sprachliche Elemente prosodisch als eine Einheit verpackt und nicht in einer Aneinanderreihung einzelner Intonationsphrasen verbalisiert werden (*successive single-word utterances*). Erst die Vereinigung verschiedener lexikalischer Elemente als Bestandteile einer Intonationsphrase und damit einer informatorischen Einheit führe zur Herausbildung syntaktischer Schemata, die diese Vereinigung organisieren. Hierzu passt auch die Hypothese von Croft (1995: 870–874), der davon ausgeht, dass die Intonationsphrase die zentrale Bezugseinheit für die Verfestigung syntaktischer Muster in Sprachwandelprozessen liefert. Mit Langacker (2001: 154–163) sind Aspekte der prosodischen Phrasierung allgemein als ein integraler Bestandteil grammatischer Ordnungsstrukturen zu begreifen. Die Gliederung des Gesprochenen in Intonationsphrasen regelt – wie Langacker in Anlehnung an Chafe (1994) argumentiert – die für wechselseitiges Verstehen notwendige intersubjektive Koordination von Aufmerksamkeit. Langacker spricht in diesem Zusammenhang auch von *attentional framing* und geht davon aus, dass Aspekte des *attentional framing* nicht „as merely a performance-induced artifact of spoken discourse", sondern „as integral facets of grammatical constructions" (Langacker 2001: 161) zu begreifen sind.

Nicht zufällig sind die drei letztgenannten Autoren Vertreter eines konstruktionsgrammatischen Ansatzes. Der konstruktionsgrammatische Ansatz bringt – besonders in der gebrauchsbasierten Variante – eine Art der Modellierung von Grammatik mit sich, die eine Einbeziehung prosodischer Aspekte geradezu nahelegt (vgl. auch Lanwer i. d. B.). Konstruktionen werden als vom Sprachgebrauch abstrahierte Schemata begriffen, die potenziell sämtliche Facetten des Sprachgebrauchs als formale und/oder funktionale Spezifikation integrieren können; prosodische Aspekte eingeschlossen. Dieses Beschreibungspotenzial macht den Ansatz besonders für die Analyse interaktionaler Daten attraktiv. Es finden sich zahlreiche Arbeiten, die zwecks Beschreibung einer Grammatik der Interaktion konstruktionsgrammatische Modelle adaptieren, weshalb Imo (2014a; 2014b; 2015a; 2015b) auch von der Etablierung einer *Interaktionalen Konstruktionsgrammatik* spricht.

In Bezug auf die Analyse prosodischer Aspekte ist das Potenzial einer Verbindung von Interaktionaler Linguistik und Konstruktionsgrammatik aber bisher sicher nicht ausgeschöpft. Dieses Desiderat greift der vorliegende Sammelband auf: Es wird die Frage gestellt, ob – und wenn ja, inwieweit – prosodische Charakteristika als mehr oder weniger stabile Merkmale sprachlicher Konstruktionen im Sinne der Konstruktionsgrammatik aufgefasst werden können. Um diesen thematischen Rahmen in seiner theoretischen und empirischen Fundierung klarer zu konturieren, sollen im Folgenden für die prosodische Analyse relevante konstruktionsgrammatische Annahmen erläutert werden (Abschnitt 2), um vor diesem Hintergrund Ergebnisse exemplarisch ausgewählter Studien aus dem Bereich der Interaktionalen Linguistik in Bezug auf die aufgeworfene Fragestellung zu diskutieren (Abschnitt 3). Abschließend wird ein Überblick über die Beiträge des Bandes gegeben (Abschnitt 4).

2 Der konstruktionsgrammatische Ansatz

Es fällt schwer, angesichts der Menge an unterschiedlichen ‚Konstruktionsgrammatiken', die seit den grundlegenden Arbeiten von Fillmore/Kay/OConnor (1988) oder Langacker (1987) entstanden sind, von diesem Ansatz im Singular zu sprechen. Seit dem Jahr 2000 sind Varianten wie die *Radical Construction Grammar* (Croft 2001), die *Embodied Construction Grammar* (Bergen/Chang 2005), die *Usage-based Construction Grammar* (Diessel 2015; Perek 2015), die *Fluid Construction Grammar* (van Trijp 2008; Steels 2011) oder eben die *Interaktionale Konstruktionsgrammatik* (Deppermann 2006a; Deppermann 2011; Imo 2014a; 2014b; Imo 2015a; 2015b) entstanden, um nur einige wenige zu nennen. Gemeinsam haben die verschiedenen Ansätze u. a., dass davon ausgegangen wird, dass der zentrale Gegenstand der linguistischen Analyse Konstruktionen sind. Konstruktionen werden als kognitive Einheiten begriffen – als assoziative, symbolische Verknüpfungen von Form und Bedeutung. Der Bedeutungsbegriff ist dabei weiter als in traditionellen Grammatikmodellen: Die Konstruktionsgrammatik ist unter anderem gerade deswegen entstanden, weil ForscherInnen kontextfreie und auf die formale Struktur reduzierte Syntaxbeschreibungen ablehnten. Neben der Formseite, so das Postulat der Konstruktionsgrammatik, muss auch die Bedeutungsseite berücksichtigt werden, wobei Bedeutung auch pragmatische bzw. diskursfunktionale Aspekte umfasst (vgl. Abb. 1).

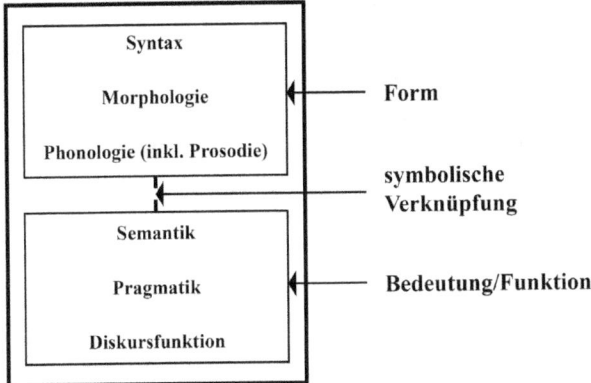

Abb. 1: Konstruktionsmodell in Anlehnung an Croft/Cruse (2004: 258).

Diese ‚Beschreibungsoffenheit' in Analyse und Modellierung fußt auf einer theoretischen Annahme, die vor allem, aber nicht nur für die gebrauchsbasierte Konstruktionsgrammatik bestimmend ist: Sprachliche Konstruktionen werden als vom konkreten Sprachgebrauch abstrahierte Schemata begriffen, die sich im und durch den Gebrauch in konkreten Handlungssituationen fortlaufend verändern. Dabei ist stets von unterschiedlichen Graden der Verfestigung auszugehen, die mit dem Grad der Rekurrenz einhergehen: „[U]nits emerge via the progressive entrenchment of configurations that recur in a sufficient number of events to be established as cognitive routines" (Langacker 2013: 220).

Wenn wir diesen Aspekt der Gebrauchsbasiertheit ernst nehmen, müssen wir immer auch die Medialität der kommunikativen Situationen in Rechnung stellen, aus denen Konstruktionen gewissermaßen ‚herausschematisiert' werden. „Sprechen ist (zumindest in vielen Hinsichten und für die meisten Zwecke) kein neutrales Medium, das ohne Unterschied auch schriftlich realisiert sein könnte" (Deppermann 2011: 212). Wie Stetter (2005: 226) argumentiert, lässt sich „[d]er Begriff der Sprachkompetenz [daher nicht] medienunabhängig [...] formulieren." Grammatische Schemata der gesprochenen Sprache fußen immer auf phonetisch spezifischen Gebrauchsereignissen (oder Teilstrukturen davon), die kognitiv aufgrund formaler und/oder funktionaler Eigenschaften zu ‚Exemplar-Wolken' (vgl. u. a. Bybee 2013) zusammengefasst werden, über die Konstruktionen als schematische Repräsentation eingeschliffen (*entrenched*) werden. Dies bringt unmittelbar die Frage auf den Plan, welche Rolle lautliche Charakteristika – abseits von Phonemen – mit Blick auf die Konstitution und Differenzierung sprachlicher Konstruktionen spielen (vgl. auch Cienki 2015).

Einheiten der gesprochenen Sprache sind ‚naturgemäß' lautlich basiert. Dies trifft auf lexikalische ebenso wie auf grammatische, komplexe Konstruktionen, die aus mehreren strukturellen Elementen bestehen, zu. Es wird in der Konstruktionsgrammatik zwar davon ausgegangen, dass keine Trennlinie zwischen Lexikon und Grammatik zu ziehen ist. Die Quintessenz der Neumodellierung struktureller Bildungstypen ist aber nicht eine gänzliche Aufhebung der Unterscheidung zwischen lexikalischen und grammatischen Konstruktionen. Die entscheidende Perspektivänderung besteht in der Idee, dass sprachliche Konstruktionen sich nach dem Grad der Schematizität und dem Grad der Komplexität unterscheiden und dass lexikalische und grammatische Konstruktionen (lediglich) Extrempunkte in dem sich daraus ergebenden Koordinatensystem markieren (vgl. u. a. Langacker 1987). Dies impliziert auch ein Umdenken in Bezug auf die Rolle der Phonologie im Allgemeinen und der Prosodie im Speziellen in Bezug auf die Organisation einer Grammatik.

Während beispielsweise lexikalische Konstruktionen im Hinblick auf ihre phonologische Form im prototypischen Fall maximal spezifisch sind, sind grammatische Konstruktionen im prototypischen Fall lautlich maximal schematisch. Der Grad der phonologischen Schematizität kann im Falle grammatischer Konstruktionen aber auch von Element zu Element verschieden sein. Teilschematische Konstruktionen, wie beispielsweise die Verbrahmen-Konstruktion [[NP$_{Nom}$] [*gibt*][NP$_{Dat}$][NP$_{Akk}$]], weisen neben schematischen Slots auch lexikalisch und damit phonologisch (teil-)spezifische Elemente (hier das Verb *gibt*) auf. Aber auch grammatische Strukturen wie das deutsche Plural-*s* lassen sich gemäß dieser Art der Modellierung als phonologisch teilschematische Konstruktionen beschreiben: Die Pluralendung /s/ liefert den phonologisch spezifischen Teil. Das nominale Element, an das die Endung angehängt wird, wäre hingegen als phonologisch schematischer Bestandteil zu beschreiben. Allerdings gibt es empirische Befunde, die darauf hindeuten, dass die Kategorie NOMEN im Deutschen phonologisch nicht gänzlich unspezifisch ist. Lameli/Werth (2017: 86–88) zeigen, dass sich im Deutschen für Nomen (wie auch für andere Wortarten) prototypische phonotaktische Muster beobachten lassen. Entsprechende Struktureigenschaften können aus Sicht der Konstruktionsgrammatik als (prototypische) Formmerkmale der Konstruktion NOMEN interpretiert werden, die lautliche Gemeinsamkeiten kategorial zusammengefasster, lautlich spezifischer Einheiten schematisch erfassen (vgl. auch Croft/Cruse 2004: 279).

Wenn wir Konstruktionen als schematische Verfestigungen wiederkehrender Gebrauchsmuster begreifen, ist also immer damit zu rechnen, dass sich lautliche, und darunter auch prosodische, Eigenschaften als charakteristische, rekurrente Merkmale sprachlicher Konstruktionen erweisen, die für gewöhnlich nicht im primären Fokus der Analyse stehen. So können Schweitzer et al. (2015)

beispielsweise Frequenzeffekte in Bezug auf die Häufigkeit der Kombination von Wörtern auf der einen und Akzentmustern auf der anderen Seite nachweisen. Im Rahmen eines exemplartheoretischen Modells argumentieren die Autoren dafür, dass die Intonation in entsprechenden Fällen als Teil des Lexikons zu begreifen ist – in der Terminologie der Konstruktionsgrammatik also als Formmerkmal der betreffenden lexikalischen Konstruktionen gelten kann. In gleicher Weise scheint es plausibel, dass bestimmte syntaktische Strukturen, die immer wieder (d. h. mit einer gewissen Regelmäßigkeit) mit bestimmten prosodischen Merkmalen im Gebrauch einhergehen und in bestimmten Handlungszusammenhängen mit ähnlichen Funktionen assoziiert werden, sich zusammen mit diesen als formal wie funktional spezifiziertes Merkmalsensemble zu einer Konstruktion verfestigen (vgl. auch Cienki 2015: 504). Ebenso denkbar ist es aber auch, dass bestimmte prosodische Phänomene allein die Formseite einer lexikalisch und syntaktisch maximal abstrakten Konstruktion bilden, die mit einer bestimmten Bedeutung/Funktion verbunden ist (vgl. ähnlich auch Barth-Weingarten/Couper-Kuhlen/Deppermann i. d. B.). So könnte prosodische Prominenz mit der Funktion der Markierung von informationsstruktureller Relevanz verbunden sein oder prosodische Phrasierung mit der Funktion der Markierung einer informatorischen Einheit oder eines Aufmerksamkeitsrahmens im Sinne Langackers.

Konstruktionsgrammatische Studien, die prosodische Konstruktionen oder Konstruktionsmerkmale auf empirischer Basis nachweisen, sind jedoch trotz des auf theoretischer Ebene formulierten Anspruchs eher selten. Ein programmatischer Aufriss in Bezug auf Aspekte der Fokuszuweisung und Konturgestaltung von *sentence level constructions* findet sich in Välimaa-Blum (2005: 208–238). Välimaa-Blum beschreibt auf der Basis eines Forschungsüberblicks intonatorische Differenzen verschiedener Konstruktionstypen, die stark an die klassischen Unterscheidungen von ‚Satzarten' erinnern, wie sie vor allem in interaktionalen Studien kritisiert werden (s. Abschnitt 3). Ein ähnlicher Ansatz findet sich bei Cienki (2015), der ebenfalls in der Literatur verfügbare Beschreibungen zur ‚Satzintonation' konstruktionsgrammatisch ausdeutet und vor diesem Hintergrund zu folgendem Schluss gelangt: „[C]ertain intonation contours can have a symbolic relation to certain meanings, but to varying degrees, with some form-meaning correspondences being more fixed, and others less so" (Cienki 2015: 504). Neben intonatorischen Aspekten thematisiert er auch Einheiten wie *uh-hm* oder *yeah* als „non-lexikal sounds" (Cienki 2015: 503), denen häufig kein Wortstatus zugeschrieben werde, obwohl sie sich durchaus als Form-Bedeutungspaare beschreiben lassen. Entsprechende Einheiten zeichnen sich nach der Auffassung von Cienki u. a. durch eine im Vergleich zu prototypischen Wörtern erhöhte Kontextsensitivität aus, einen empirischen Nachweis bleibt er aber auch hier schuldig. Insgesamt spricht er sich für eine stärkere Berücksichtigung von Formen des lautlichen (aber auch gestischen) Ausdrucks in konstruktionsgrammatischen Analysen aus. Ein Bezug zu Arbeiten aus dem Bereich der Interaktionalen Linguistik, die einen solchen Anspruch seit geraumer Zeit geltend machen, analytisch einlösen und zum Teil mit einer konstruktionsgrammatischen Modellierung verbinden, findet sich nicht.

Die Interaktionale Linguistik ist eine Forschungsrichtung, die Erkenntnisse und Methoden der Konversationsanalyse mit Aspekten der von Cook-Gumperz/Gumperz (1976) und Gumperz (1982; 1992; 1999) entwickelten Kontextualisierungstheorie verbindet und für die Analyse sprachlicher Strukturen auf Basis von Interaktionsdaten nutzbar macht. ForscherInnen, die einen interaktional-linguistischen Ansatz vertreten, orientieren sich ebenfalls an einem gebrauchsbasierten Sprachverständnis, wie er auch für die Konstruktionsgrammatik charakteristisch ist. Der Ansatz der Interaktionalen Linguistik ist auch für einen Großteil der im vorliegenden Band versammelten Beiträge ein wichtiger theoretischer und methodischer Bezugspunkt; dies nicht zuletzt auch deshalb, da die Erforschung der Prosodie in Bezug auf Bedeutungskonstitution und Gesprächsorganisation seit Beginn einen der Schwerpunktbereiche der interaktional-linguistischen Forschung darstellt (Auer 1996; Auer/Selting 2001; Auer/Couper-Kuhlen/Müller 1999; Barth-Weingarten/Reber/Selting 2010; Bergmann 2012; Couper-Kuhlen 1996, 1999, 2001, 2004, 2005a, b, 2007, 2009, 2011, 2014; Couper-Kuhlen/Selting 1996a, b, 2000, 2018; Local 1996, 2004, 2005; Local/Walker 2005). Die Interaktionale Linguistik zeichnet insgesamt aus, dass sie

1. strikt empirisch vorgeht und ihre Analysekategorien aus den Daten heraus entwickelt,
2. kontextuellen und vor allem auch sequentiellen Faktoren eine wichtige Rolle zuweist,
3. hervorhebt, dass Bedeutung nicht ein fester Bestandteil von Strukturen (Wörtern, Phrasen, Sätzen, Sequenzen) ist, sondern kontextsensitiv und interaktional hervorgebracht wird und, damit zusammenhängend,
4. auf die Tatsache verweist, dass wir sehr viel stärker von Prozessen der Kontextualisierung ausgehen müssen als von der Aktivierung eindeutiger Bedeutung.

Einige dieser theoretischen und methodischen Prämissen sind direkt kompatibel mit denen der Konstruktionsgrammatik. Eine entscheidende Querverbindung besteht in dem (in der Konstruktionsgrammatik allerdings nicht immer umgesetzten, aber zumindest angestrebten) Ernstnehmen von Daten, d. h. dem Ziel, eine gebrauchsbasierte Beschreibung von Konstruktionen zu erreichen. Aufgrund dieser Affinität haben u. a. Fried/Östman (2005) oder Deppermann

(2006a; 2011) Vorschläge zu einer Verbindung der beiden Ansätze der Interaktionalen Linguistik und der Konstruktionsgrammatik gemacht. Dabei hebt Deppermann (2006a) hervor, dass beide Ansätze voneinander profitieren können: Die Konstruktionsgrammatik profitiert von der ausgearbeiteten Methode der Konversationsanalyse und Interaktionalen Linguistik, die es ermöglicht, detailreich und kontextsensitiv grammatische Strukturen beschreiben zu können. Die Konversationsanalyse bzw. Interaktionale Linguistik dagegen profitiert von dem Anspruch der Konstruktionsgrammatik, eine systematische Grammatikbeschreibung vorzulegen, sowie von den kognitiven Annahmen dieser Theorie: Die Konstruktionsgrammatik schließt die „kognitive Lücke" (Deppermann 2006a: 61) der Interaktionalen Linguistik – vor allem in Bezug auf den auch in der Interaktionalen Linguistik postulierten reflexiven Zusammenhang von Sprachgebrauch und Sprachstruktur.

Inzwischen liegen aus dem Bereich der kombinierten Ansätze der Konstruktionsgrammatik und Interaktionalen Linguistik zahlreiche Arbeiten vor, die Imo (2014a, 2014b; 2015a; 2015b; 2015c; 2018) als Interaktionale Konstruktionsgrammatik bezeichnet. Zu dieser Richtung können u. a. Arbeiten von Auer (2006), Barth-Weingarten (2006), Birkner (2006; 2008), Bücker (2012), Bücker/Günthner/Imo (2015), Deppermann (2006a; 2006b; 2011), Fischer (2010), Fried/Östman (2005), Günthner (2006a; 2006b; 2006c; 2008a; 2008b; 2009; 2010; 2011; 2012), Imo (2006; 2007a; 2007b; 2008; 2009; 2011a; 2011b; 2012; 2014a; 2014b; 2015a; 2015b; 2015c), Lanwer (2017a; 2017b), Östman (2005; 2015), Pekarek-Doehler (2011), Schoonjans (2018), Schoonjans/Brône/Feyaerts (2015) oder Zima/Brône (2011) gerechnet werden. Sie alle zeichnet aus, dass sie typisch interaktionale Aspekte wie die Zeitlichkeit von Sprache, die sequentielle Einbettung, Aspekte kollaborativer Äußerungsproduktion, Strukturen des Gesprächsmanagements sowie die Verbindung von prosodischen (aber auch kinetischen) mit lexikalischen und syntaktischen Aspekten der Äußerungsgestaltung unter einer Emergenzperspektive in den Blick nehmen, dabei zugleich aber auch die Routinisierungsperspektive mit berücksichtigen, indem rekurrente Form-Funktions-Verbindungen als Konstruktionen beschrieben werden.

Eine gewisse Skepsis seitens der ForscherInnen des ‚interaktionalen Lagers' gegenüber konstruktionsgrammatischen Ansätzen scheint einer erfolgreichen Fusion der Ansätze vor allem in Bezug auf den Bereich der Prosodie allerdings tendenziell noch im Wege zu stehen: Es wird häufig kritisiert, dass der Konstruktionsbegriff sich nicht mit der zentralen Einsicht interaktionaler Analysen vertrage, dass Bedeutung in Prozessen der wechselseitigen Bezugnahme interaktiv hergestellt bzw. ausgehandelt wird und dass viele sprachlichen Einheiten keine feste Bedeutung bzw. feste Funktion haben, sondern ‚lediglich' als Kontextualisierungshinweise im Gumperz'schen Sinne Interpretationsrichtungen angeben. Es tut sich hier ein vermeintlicher Widerspruch zwischen der Idee der situativen Emergenz und der Idee der situationsübergreifenden Verfestigung auf. Das in diesem Zusammenhang häufig konstatierte Problem eines zu starren, unflexiblen Konstruktionsbegriffs ist allerdings vermutlich vor allem auf Definitionen bezogen, die in der Bestimmung primär auf den Aspekt der Nicht-Kompositionalität abzielen. Eine ‚klassische' Definition, die noch sehr stark formalistisch geprägt ist, wird von Goldberg (1995: 4) folgendermaßen gegeben:

> C is a construction iff$_{def}$ C is a form-meaning pair <F_i, S_i> such that some aspect of F_i or some aspect of S_i is not strictly predictable from C's component parts or from other previously established constructions.

Eine solche Definition suggeriert in der Tat eine hochgradig stabile und unveränderliche Form-Bedeutungs-Relation. Vergleicht man diese Definition mit der, die Goldberg (2006: 5) elf Jahre später vorschlägt, so zeigt sich, dass in der abgewandelten Definition Strukturen auch alleine über ihre Rekurrenz als Konstruktionen erfasst werden können:

> Any linguistic pattern is recognized as a construction as long as some aspect of its form or function is not strictly predictable from its component parts or from other constructions recognized to exist. In addition, patterns are stored as constructions even if they are fully predictable as long as they occur with sufficient frequency.

Die entscheidende Veränderung besteht darin, dass neben das Kriterium der Nicht-Vorhersagbarkeit der Konstruktionsbedeutung aus seinen „component parts", also der Nicht-Kompositionalität, das Kriterium der Routinisierung gestellt wird, die sich in unterstelltem *entrenchment* niederschlägt, wie es weiter oben bereits thematisiert worden ist. Konstruktionen können in dieser Sichtweise auch Strukturen sein, deren Bedeutung/Funktion zwar kompositional erklärbar ist, die aber mit ‚ausreichender' Frequenz – Goldberg (2006: 5) spricht ebenso wie Langacker von „sufficient" – auftreten und daher dennoch als eigenständige Einheit routinisiert werden, wobei nicht weiter geklärt wird, ab wann eine solche ausreichende Frequenz vorliegt (vgl. hierzu auch die Diskussion in Lanwer 2018: 240–242; Lanwer i. d. B.).

Außerdem zeigt Deppermann (2006b), dass gerade die Konstruktionsgrammatik mit ihrem Ansatz der *coercion* (ausführlich hierzu Goldberg 1995) dabei helfen kann, Bedeutungsvariation im Gebrauch zu erfassen. Im Rahmen seiner Analyse von deontischen Infinitivkonstruktionen, wie „Zimmer aufräumen!" oder „Atomkraft abschaffen!", nimmt Deppermann (2006b: 54) eine Unterscheidung zwischen Basisbedeutung und im jeweiligen Gebrauchskontext aktualisierter Bedeutung vor. Auf diese Weise können auch unter einer kontextsensitiven konversationsanalytischen bzw. interaktionslinguistischen

Perspektive beschriebene Einheiten als Konstruktionen – also als Form-Bedeutungs-Paare – beschrieben werden: Eine Konstruktion anzunehmen bedeutet nicht, dass Form und Bedeutung unveränderbar festgeschrieben sind, was auch die Konstruktionsgrammatik nicht behaupten würde. Vielmehr zeigen gerade diachron ausgerichtete Arbeiten, wie beispielsweise von Fried (2007; 2009), dass die Verbindung zwischen Form und Bedeutung relativ lose ist, denn nur so kann Sprachwandel entstehen.

Sprachliche Konstruktionen sind als kognitive Einheiten in ihrer Beschaffenheit an konkrete Ereignisse des Sprachgebrauchs rückgebunden. Zugleich legen Konstruktionen die Möglichkeitsräume fest, die die Produktion und Interpretation neuer Äußerungen bestimmen. Gerade im Rahmen von gebrauchsbasierten Ansätzen wird davon ausgegangen, dass jedes neue Gebrauchsereignis nicht bloß die der Äußerungskonstruktion zugrundeliegenden sprachlichen Schemata instanziiert, sondern diese elaboriert (vgl. Langacker 2009: 227–228): Im Vergleich zu den schematisierten Form- und Funktionseigenschaften von Konstruktionen als Einheiten einer kognitiven Ordnungsstruktur sind die konkreten Gebrauchsereignisse stets in verschiedener Hinsicht formal und funktional spezifischer und können durchaus auch in Konflikt mit diesen treten. Der Sprachgebrauch verändert daher (potenziell) die strukturellen und funktionalen Möglichkeitsräume einer Grammatik, woraus sich eine generelle Offenheit ergibt (Lanwer 2018: 232–235). Mit einer solcherart basierten Konstruktionsdefinition lassen sich die beiden Pole der Emergenz und Verfestigung vereinen, wie Günthner (2007: 126) es in ihrer Konstruktionsdefinition zeigt:

> Unter Konstruktionen verstehe ich [...] unterschiedlich komplexe, konventionalisierte, rekurrente Sequenzen von Formen, die den Interagierenden zur Ausführung verschiedener interaktiver Funktionen zur Verfügung stehen. [...] Sie erleichtern insofern die Kommunikation, als sie die Indizierung und Interpretation mehr oder weniger vorbestimmter Muster in halbwegs verlässliche, bekannte und gewohnte Bahnen lenken. Konstruktionen sind somit als Bindeglieder zwischen sedimentierten Strukturen und emergenten Produkten in der konkreten Interaktionssituation zu betrachten.

Der Boden für eine systematische Integration prosodischer Aspekte der Beitragsgestaltung in konstruktionsgrammatische Beschreibungen ist daher eigentlich bereitet. Dennoch herrscht aufgrund der oben angesprochenen Vorbehalte nach wie vor eine gewisse Zurückhaltung, die sich nicht nur in der bestehenden Literatur, sondern auch in den Beiträgen des vorliegenden Bandes widerspiegelt.

3 Prosodie: Kontextualisierungshinweis oder Konstruktion(smerkmal)?

Die Analyse prosodischer Aspekte des *utterance design* (Selting 2000) und der *action formation* (Levinson 2012) bildet von Beginn an einen Forschungsschwerpunkt der Interaktionalen Linguistik. Sprache wird in der Interaktionalen Linguistik als „tool for communication and interaction" betrachtet, und entsprechend muss auch die Prosodie „in terms of social action" (Couper-Kuhlen 2011: 492) beschrieben werden. Das bedeutet, dass „the relation between prosody and action formation is not context-free but dependent on (a) co-occurring lexico-syntactic forms and (b) location in a particular sequential position" (Couper-Kuhlen 2011: 494). Couper-Kuhlen (1996: 19) kritisiert in diesem Zusammenhang strukturalistische Ansätze, die versuchen, kontextfrei prosodische Phänomene zu lokalisieren und mit bestimmten Bedeutungen zu korrelieren. Diesem Unterfangen setzt Couper-Kuhlen entgegen, dass, sobald man sich mit „naturally occurring data" befasst, schnell klar wird, dass prosodische Einheiten wie z. B. Intonationskonturen nicht mit Morphemen oder Phonemen vergleichbar sind, da sie „not always carry this kind of functional load in language use; in fact they do so so rarely that to treat them as ‚intonemes' is arguably rather meaningless" (Couper-Kuhlen 1996: 19).[1] Es herrsche „little or no constancy between intonation form and meaning." Im Extremfall könne dieselbe prosodische Realisierungsweise mit jedem neuen lexikalischen Material und jedem neuen sequenziellen Kontext etwas Anderes bedeuten (Couper-Kuhlen 1996: 21). Prosodische Gestaltungsmittel seien daher sinnvoller als Kontextualisierungshinweise zu beschreiben.

Die Lösung besteht darin, anzunehmen, dass die Beziehung zwischen prosodischen Gestaltungsmittel und dem sequenziellen, aktivitätsbezogenen und situationalen Kontext reflexiv ist, dass also bestimmte Kontexte bestimmte prosodische Formen erwartbar machen, umgekehrt bestimmte prosodische Formen den Kontext selbst mit aufbauen und somit Verstehensanweisungen hinsichtlich intendierter oder durchgeführter sprachlicher Handlungen geben:

> The relation between prosody and its context is thus a reflexive one, as we might expect in general of indexical signs. Because prosodic signals hint at possible ways of understan-

---

1 Vgl. auch Couper-Kuhlen (2014: 248): „We would be foolhardy to try to determine, for instance, what action some particular turn is implementing in a context-free fashion. And so it is with prosody: both its form and meaning potential must be seen in relation to what has preceded and what is expected to follow. If we can manage to take this perspective, we will have completed the dialogic 'turn' in the study of prosody as well."

ding what is being said, they have been called contextualization cues for language [...].
As contextualization cues, one of their significant features is that the interpretive frames they call up are open to negotiation in interaction. For instance, although one interpretive frame may be cued by the speaker, the recipient may choose to interpret according to another. (Couper-Kuhlen 2009: 175)

Der zentrale Stichpunkt ist dabei der Aspekt, dass Prosodie „open to negotiation in interaction" ist, oder, wie Günthner (1996: 293) es formuliert, dass wir es mit der „non-accountability of prosodic cues" zu tun haben. Wie Günthner in ihrer Analyse von Vorwürfen (1996; 2000) zeigt, gibt es zwar für InteraktionspartnerInnen erkennbare ‚Vorwurfsintonationen'. Damit diese als solche erkennbar werden können, muss allerdings entsprechend ein Kontext vorliegen, der überhaupt einen Vorwurf erwartbar machen kann. Doch selbst wenn ein solcher Kontext vorliegt, ist eine Vorwurfsintonation nicht einklagbar: Äußert A „Wieso joggst du nicht mehr?" mit einer ‚Vorwurfsintonation' und B greift A deswegen an, kann A die Vorwurfsinterpretation durch „Ich habe doch nur gefragt!" zurücknehmen. Bei verbalem Material („Wieso zum Teufel joggst du Fettsack nicht mehr?") ist eine solche Rücknahme nicht möglich.

Speziell mit einem Fokus auf interaktionale Prosodie zeigten vor allem Couper-Kuhlen (u. a. 1986; 1993; 1996; 2004; 2005a; 2005b; 2009; 2011; 2014), Couper-Kuhlen/Selting (1996a; b; 2018), Selting (1989; 1992; 1995; 1996; 2004; 2005) und Szczepek-Reed (2004, 2006; 2012a; 2012b; 2014) in zahlreichen Arbeiten, dass Prosodie als interaktionales Kontextualisierungsmittel zu beschreiben ist. Wie Selting (1992) nachweist, wird mit Hilfe von prosodischen Mitteln Kohäsion gestiftet, Kooperativität angezeigt, es werden Absichten, Emotionen und Involviertheit signalisiert und – ganz besonders interaktional geprägt – es wird Gesprächsatmosphäre erzeugt. In ihrer Untersuchung von Fragen als Reparaturinitiierungen zeigt Selting (1996: 264), dass bestimmte prosodische Markierungen („high global pitch plus increased global loudness or high global pitch or loudness plus a locally marked accent with an extra high pitch peak or locally increased loudness") in der Interaktion dazu führen, dass eine Fragehandlung nicht als ‚normale' Reparaturinitiierung wahrgenommen wird, sondern als ‚erstaunte' Reparaturinitiierung. Prosodie ist also auf der einen Seite lokal gebunden und emergent, sie benötigt einen bestimmten sequentiellen Kontext und bestimmte gerade gemeinsam durchgeführte Handlungen, auf deren Boden überhaupt eine Frage als Reparaturinitiierung möglich ist, aber auf der anderen Seite signalisieren die RezipientInnen einer ‚erstaunten' reparaturinitiierenden Frage regelmäßig durch ihre Antworten, dass sie das prosodische Format entsprechend als ‚Erstaunen' interpretieren:

> This treatment of prosodically marked versus unmarked initiations of repair shows that participants do indeed orient to the absence or presence of prosodic marking cues. Unlike prosodically unmarked initiations of repair, which normally indicate problems of hearing or understanding, prosodically marked initiations of repair are interpreted by recipients as indicating 'astonishment' due to a problem of expectation. (Selting 1996: 265)

Wir haben es hier also mit zwei Aspekten zu tun: Der erste ist die lokale Emergenz, die Abhängigkeit von Kontext und Sequenzposition, die entsprechend auch zu Nicht-Einklagbarkeit führt. Mit anderen Worten: Die Offenheit, die Kontextualisierungshinweise auszeichnet. Auf der anderen Seite dagegen die durch empirische Analysen klar belegten konsistenten Interpretationen dieser prosodischen Mittel, ihr Wiedererkennungscharakter. Mit anderen Worten: Die Verfestigung als geteiltes sprachliches Wissen.

Dies ist nun der Ansatzpunkt für die Fragestellung des vorliegenden Sammelbandes: Es ist unbestreitbar, dass Prosodie grundsätzlich den Charakter eines Kontextualisierungshinweises hat. Über das ‚Einfallstor' der Routinisierung und des *entrenchment* ist aber nun zu fragen, ob es nicht auch Fälle gibt, in denen nicht nur die Kontextualisierungsroutine als verfestigtes und geteiltes Wissen in einer SprecherInnengemeinschaft zu werten ist, sondern ob sich prosodische Realisierungen obligatorisch mit bestimmten lexikalischen und/oder syntaktischen Einheiten verbinden. Ein für diese Fragestellung besonders interessanter Fall sind Interjektionen und ähnliche kurze Vokalisierungen.

Vor allem im Englischen hat dabei das Wort *oh* besondere Aufmerksamkeit erhalten, u. a. von Heritage (1984) oder Local (1996). In einer lautlich detaillierten Analyse von „*oh*-tokens in everyday conversation" kann Local (1996: 206) vier Typen von *oh* feststellen: (1) Freistehendes *oh*, (2) *oh* mit weiteren sprachlichen Einheiten, zum Beispiel in Kombination mit Bewertungen oder einer teilweisen Wiederholung der Vorgängeräußerung, (3) freistehendes *oh* nach einer Information, die durch eine Frage elizitiert wurde und (4) *oh* als Ausdruck von Überraschung. Diese vier *oh*-Varianten gehen nach Local (1996: 207) mit „main phonetic characteristics" einher: *Oh*-Token der ersten Gruppe „typically display falling pitch ending low in the speakers range" und „often have creaky phonation, are variably extended in time and typically diphtongal". Bei der zweiten sind die Merkmale weniger eindeutig, zudem finden sich zwei Untertypen. Der eine zeichnet sich dadurch aus, dass er mit „glottal closure" beginnt und der andere, dass das *oh* nie betont wird. Die dritte Gruppe wird mit „initial glottal closure" realisiert und das *oh* ist oft „noticeably nasalized". Die letzte Gruppe weist wieder stärkere Tendenzen zu festen Merkmalen auf. Die *oh*'s in dieser Gruppe werden „with dynamic on-syllable rising-falling pitch" produziert und sie enden nie auf ein „glottal closure".

Diese Befunde scheinen auf den ersten Blick darauf hinzudeuten, dass es sich hierbei um gute Kandidaten für Konstruktionen bzw. ein Netzwerk lexikalischer Subkonstruktionen handelt, in dem lautliche Merkmale auf segmentaler und prosodischer Ebene stabile und feste Bestandteile formseitiger Differenzierung sind. Je weiter man in der Analyse aber ins Detail geht, desto klarer wird allerdings, dass die beschriebenen Korrelationen keineswegs so stabil sind, als dass sie als Argument für die Annahme von Konstruktionen mit spezifischen lautlichen Unterscheidungsmerkmalen dienen können: Barth-Weingarten/Couper-Kuhlen/Deppermann (in diesem Band) fokussieren ausschließlich auf das freistehende *oh*, das sie unter Berücksichtigung sequentieller, funktionaler und lautlicher Merkmale analysieren. Sie kommen dabei zu dem Schluss, dass letztere Merkmale eindeutig nicht als Konstruktionseintrag aufzufassen sind, sondern als kontextualisierende Mittel.[2] Insofern muss an dieser Stelle darauf hingewiesen werden, dass die in der bisherigen Forschung beschriebenen möglichen Kandidaten für prosodische Konstruktionen mit entsprechender Vorsicht behandelt werden müssen: Erst durch detailreiche, den interaktionalen Verwendungskontext berücksichtigende Analysen kann festgestellt werden, ob dies tatsächlich der Fall ist.

Das Gleiche zeigt sich auch für die von Reber (2012) untersuchten „sound objects" wie die Interjektionen *ah* und *oh* sowie Schnalzlaute und Pfeiflaute. Dass sie diese sprachlichen Einheiten als „sound objects" bezeichnet, verweist genau auf das Problem, dass sie nur schwer als symbolische Einheiten (also als Konstruktionen) zu fassen seien, weil sie auf fast allen Ebenen der Form- und Funktionseigenschaften hochgradig kontextabhängig und somit indexikalische Einheiten seien, wie es ähnlich auch Cienki in Bezug auf die von ihm behandelten „non-lexical sounds" beschreibt. Auf der anderen Seite zeigt Reber in ihrer Analyse aber die hohe Routiniertheit im Gebrauch: In ihrer synoptischen Darstellung der formalen und funktionalen Merkmale von *ah*, *oh*, Schnalzlauten und Pfeiflauten (Reber 2012: 241) kristallisieren sich nicht nur feste Muster heraus, Reber spricht sogar von „obligatory prosodic-phonetic properties", die diese Einheiten aufweisen. Die genannte synoptische Tabellendarstellung weist dabei so starke Ähnlichkeiten mit der aus der Konstruktionsgrammatik bekannten Attribut-Wert-Matrix auf, dass der Gedanke naheliegt, dass es sich hierbei um Konstruktionen mit einem obligatorischen phonetisch-prosodischen Merkmalseintrag (Typ 2 nach der Klassifikation

---

2 Vgl. auch die Untersuchung von Couper-Kuhlen (2014: 244) zu freistehendem *oh*, in der sie auf die starke Kontext- und vor allem Interaktionsabhängigkeit prosodischer Merkmale verweist: „These findings have interesting implications for dialogic prosody: they suggest that although dialogic features are always somehow relevant for stance-marking in (preferred) responses, the precise ways in which they are relevant differs from sequence to sequence."

von Barth-Weingarten/Couper-Kuhlen/Deppermann in diesem Band) handelt. Doch auch hier ist Vorsicht geboten, wie Reber (2012: 250) herausstellt: Segmentale und prosodische Aspekte scheinen zwar in bestimmten Tokens in einer Gestalt zusammenzufallen, aber die Prosodie scheint doch eher die Rolle eines parallel verlaufenden Kontextualisierungssystems zu spielen:

> Despite being heard as one object, the data warrants at the same time a differentiation between the segmental and prosodic levels in sound objects, at least analytically: For instance, the data suggest that different segmental substances with similar prosodic packaging (e. g. 'extra high and pointed' *oh*, 'high and pointed' *ooh*, and *hi* with such a contour) are interactionally and functionally different. These divergences point to the presence of two intersecting contextualization systems, a segmental and a prosodic one, even if the objects may be perceived as single gestalts. (Reber 2012: 249–250)

Auch hier gilt wieder, dass man nun zwar den Standpunkt vertreten könnte, dass jede dieser wahrgenommenen „single gestalts" tatsächlich auch eine Konstruktion ist, was dann aber zu einer ‚Explosion' an Konstruktionen führen würde, die letzten Endes in die absurde Formel „jedes Token = eine Konstruktion" mündet. Die Analyse der Prosodie als Kontextualisierungshinweis erscheint also trotz der verlockenden Annahme von festen, holistischen Konstruktionen deutlich sinnvoller.

Ähnlich argumentiert auch Szczepek Reed (2014) in ihrer Analyse der von ihr so genannten „assemblage" des positiv evaluierenden Adjektivs *süß* mit bestimmten prosodischen und sequenziellen Merkmalen, wie z. B. „<<high, tense, held pitch> ganz SÜ::ß->". Diese „assemblage" lässt sich formal wie folgt beschreiben: „[süß + prosodic stylization + freestanding turn design]". Die Formseite ist mit einer stabilen Funktion gekoppelt, nämlich „to perform highly affiliative and at times mitigating assessments of third parties in first position." (Szczepek Reed 2014: 164). Noch viel stärker als bei den von Reber untersuchten *sound objects* liegt hier eine Analyse als Konstruktion auf der Hand, da es sich bei *süß* selbst unbestreitbar um ein symbolisches Zeichen handelt und zudem die Menge an Bewertungseinheiten, die in dieser Funktion vorkommen, sehr begrenzt sein dürfte. Trotzdem wehrt sich auch Szczepek Reed gegen eine Einordnung als Konstruktion, sondern wählt den Begriff *assemblage*, um auf den interaktionalen, kontextsensitiven und emergenten Charakter hinzuweisen:

> This paper has presented an analysis of a single assemblage of lexical, prosodic and sequential cues. An analytical decision was made not to approach the phenomenon as a word (*süß*) that is accompanied by certain prosodic or sequential features (stylization, freestanding position). Instead, the whole bundle of features was presented together as equally significant. In doing so the analysis committed itself to that bundle, but not to

other uses of a) *süß*, b) prosodic stylization, or c) freestanding turn design. The term 'assemblage' was chosen to refer to such bundles because it carries the notion of an emergent, active assembling of cues, which is well-fitted to the analysis of spontaneous talk.

Angesichts der Tatsache, dass in den von Szczepek Reed untersuchten Daten diese *assemblage* jedoch hochgradig verfestigt zu sein scheint, stellt sich u. E. hier durchaus die Frage, ob man an dieser Stelle nicht von einem Übergang von emergentem Strukturaufbau in eine kognitiv gespeicherte Routine ausgehen kann. Um diese Frage zu klären, müsste überprüft werden, wie viele weitere, ähnlich gelagerte Muster es im Deutschen noch gibt und ob hier die Prosodie vielleicht tatsächlich nicht mehr rein kontextualisierende Funktionen hat, sondern Konstruktionsbestandteil ist.

Ein weiterer Fall, bei dem ein solcher Übergang angenommen werden könnte, sind die von Barth-Weingarten/Couper-Kuhlen untersuchten hendiadischen Konstruktionen (hier wird der Begriff *construction* auch explizit verwendet) des Typs „go and X, come along and X, come up and X, stand here and X, sit around and X, try and X". Bei diesen Konstruktionen ist nicht nur eine teilschematische lexikalisch-syntaktische Ebene mit einer routinierten lautlichen Ebene sowie einer festen interaktionalen Funktion (die Verschmelzung zweier Handlungen) verknüpft, die Autorinnen argumentieren darüber hinaus, dass es genau diese routinierte Verbindung war, die zur Entstehung der Konstruktion führte:

> In the case of VP conjunction with and, togetherness in action and togetherness in prosodic/phonetic form have facilitated syntactic/semantic fusion and led to the emergence of a special hendiadic construction with the rough schematic form of VP and VP. (Barth-Weingarten/Couper-Kuhlen 2011: 279)

Dies entspricht genau den Annahmen der Konstruktionsgrammatik, die davon ausgeht, dass eine rekurrente Verbindung aus Formmerkmalen mit besonderen Funktionen der Auslöser für das getrennte Abspeichern einer neuen Konstruktion ist. Oder, in der Formulierung von Barth-Weingarten/Couper-Kuhlen (2011: 285): „Both togetherness in action and togetherness in prosodic/phonetic form are pre-conditions for the emergence of hendiadys." Doch auch hier ist wieder Vorsicht geboten: Die Autorinnen betonen, dass die drei „types of togetherness – action, syntax/semantics and prosody/phonetics" als in einem „process of emergence" befindlich betrachtet werden müssen. Vor allem die Prosodie fällt dabei wieder aus der Reihe, was den Aspekt der Stabilität angeht, denn dort zeigten sich im Vergleich zu den lexikalisch-syntaktischen und funktionalen Merkmalen deutlich geringere Auftretenshäufigkeiten (z. B. ein Anschluss der Struktur ohne Pause in 67 Prozent aller Fälle, mit Pause in 33 Prozent). Aus diesem Grund plädieren die Autorinnen auch in diesem Fall wieder dafür, die

Prosodie eher als Kontextualisierungsmittel denn als Konstruktionsbestandteil zu werten.

Das letzte hier besprochene Beispiel betrifft „double sayings of JA" (Barth-Weingarten 2011: 360) im Deutschen. Barth-Weingarten (2011: 360) hat dabei zwei Typen von *jaja* untersucht, bei denen die Prosodie eine zentrale Rolle spielt: Einmal „upglide-downstep JAJAs confirming and (re)claiming epistemic priority in an aside" und einmal „final-dip JAJAs making continuation relevant". Diese Varianten von *jaja* gehören zu den stärksten Kandidaten für eine Konstruktion, die phonetisch-prosodische Merkmale enthält. Zwar spricht Barth-Weingarten (2011: 362) weiterhin von der kontextualisierenden Rolle der Prosodie, nicht zuletzt deswegen, weil weitere Forschung sowohl zu *ja* und *jaja* als auch zu benachbarten Strukturen notwendig ist, aber sie konzediert zumindest die Möglichkeit, dass man hier von einer Konstruktion mit prosodischem Anteil sprechen könnte:

> Although further research is undoubtedly necessary here, this suggests that, at least perhaps with response tokens, certain prosodic-phonetic features may contextualize certain ‚meanings' across sequence-organizational contexts, re-sponse tokens and core forms of individual tokens. This then would simplify the memory task and thus their employment by the participants, although we should still be careful to assume a fixed, context-independent 1:1 form-meaning relationship. (Barth-Weingarten 2011: 362)

Die Diskussion der Ergebnisse, die die Prosodieforschung im Kontext der Konversationsanalyse und Interaktionalen Linguistik erbracht hat, zeigt, dass die ForscherInnen – bedingt durch die Tatsache, dass sie sehr detailreiche, Kontext, lokale Situiertheit und interaktionale Funktion berücksichtigende Analysen durchführen – skeptisch gegenüber der Annahme stabiler Verbindungen aus Prosodie und Lexik/Syntax/Bedeutung/Funktion sind. Primäre Ursache hierfür ist, dass prosodische Gestaltungsmittel

– stark kontextabhängig sind,
– sich als hochgradig variabel erweisen,
– selten mit einigermaßen stabilen Funktionen belegt sind
– und häufig nicht allein, sondern im Zusammenspiel mit anderen Signalisierungsmitteln zur Bedeutungskonstitution beitragen.

Vor allem der Umstand, dass prosodische Mittel in der Regel mit anderen Aspekten der Äußerungsgestaltung in der Bedeutungskonstitution zusammenwirken, könnte aber auch als ein Hinweis darauf gewertet werden, dass prosodische Merkmale ‚lediglich' Spezifikationen sprachlicher Konstruktionen und hier eben nur Teil eines komplexen Merkmalsbündels sind. Zugleich stellt sich aus Sicht der Konstruktionsgrammatik die Frage, ob prosodische

Kontextualisierungshinweise, die mit Gumperz (1982: 104) als „systematically based in conventionalized patterns of prosodic usages" zu begreifen sind, nicht an sich schon als prosodische Konstruktionen mit hochgradig unspezifischen Bedeutungspotenzialen beschrieben werden könnten. Interaktionale Linguistik und die Konstruktionsgrammatik bieten daher potenziell kompatible Deutungsrahmen empirischer Befunde an.

4 Die Beiträge

Die Beiträge des Sammelbandes vereint das Interesse, Möglichkeiten einer konstruktionsgrammatischen Modellierung von Ergebnissen linguistischer Untersuchungen, die nur oder auch auf die Ebene der Prosodie abzielen, auszuloten. Bis auf die Untersuchung von Apel et al. verfolgen alle Untersuchungen einen interaktionalen Ansatz, weshalb dieser hier ausführlicher vorgestellt worden ist. Im Querschnitt der Studien zeigt sich eine gewisse Heterogenität und Uneinigkeit in Bezug auf die Frage nach Möglichkeit und Sinnhaftigkeit der Integration prosodischer Merkmale in die jeweils vorgenommenen Konstruktionsbeschreibungen. Offene Fragen sind u. a., wie mit dem Umstand der Gradienz prosodischer Charakteristika umzugehen ist, welche Relevanz der Möglichkeit zur Kompositionalität zukommt oder wie spezifisch Konstruktionsbeschreibungen sein können oder gar müssen. Insgesamt ergeben sich je nach Gegenstand, analytischem Zugang und Konstruktionsbegriff unterschiedliche Sichtweisen – die zuweilen eher skeptisch, aber vereinzelt auch durchaus zuversichtlich stimmen.

Die Untersuchung von **Dagmar Barth-Weingarten, Elizabeth Couper-Kuhlen** und **Arnulf Deppermann** mit dem Titel **Konstruktionsgrammatik und Prosodie:** *Oh* **in englischer Alltagsinteraktion** fokussiert auf die Analyse von „freistehendem, d. h. allein einen Turn konstituierenden" *oh* in, wie im Titel angedeutet, englischsprachiger informeller Alltagsinteraktion. Die Datenbasis bildeten dabei zwei US-amerikanische Korpora mit Telefongesprächen, das in den 1960er-Jahren erhobene „Newport Beach Korpus" und das in den 1990er-Jahren erhobene „Call Home Korpus". Aus diesen Daten wurden Fälle von freistehendem *oh* extrahiert und in Bezug auf phonetische und prosodische Realisierung untersucht, „darunter Art und Umfang der Tonhöhenbewegung, Länge, Lautstärke, Tempo und Stimmqualität des OH selbst sowie im Vergleich zum vorhergehenden informing." Die Frage ist, ob sich die zunächst konzeptionell neutral als „Formate" bezeichneten Verwendungsweisen von *oh* als Konstruktionen erfassen lassen können, bei denen phonetisch-prosodische Aspekte

Teil der Konstruktionsbeschreibung sind. Dabei kommen die AutorInnen zu dem Schluss, dass weder einzelne prosodische Parameter noch Parameterbündel eindeutig mit sequentiellen Implikationen und Funktionen von *oh* korrelieren. Das liegt daran, dass viel mehr Parameter als zumeist in konstruktionsgrammatischen Analysen üblich sich in der detaillierten interaktionslinguistischen Analyse als beschreibungsrelevant erweisen: So hat der Grad der dargestellten Beteiligung, wie zum Beispiel der Ausdruck von Empathie, einen Einfluss auf die sequentielle Struktur (eine Fortsetzung nach *oh* wird in einem solchen Fall nicht relevant). Würde man versuchen, alle diese Faktoren in eine Konstruktionsbeschreibung zu integrieren, würde das letztendlich zu einem Granularitätsproblem führen (vgl. hierzu auch den Beitrag von Droste/Günthner in diesem Band): Die Beschreibungen der vermeintlichen Konstruktionen müssen derart detailliert ausfallen, dass sie schließlich auf einer Gleichsetzung von Token mit Konstruktionen herausliefe. Zudem zeigt sich auch, dass die prosodischen Eigenschaften der *oh*-Formate „nicht binär, sondern graduell" sind: „sie kennzeichnet ein ‚Mehr oder Weniger', aber nicht ein ‚Entweder-Oder'. Darüber hinaus sind die prosodischen Phänomene kontextrelativ, d. h. Kategorien wie ein „prosodic upgrading" oder „downgrading" können nur im Kontrast zur Tonhöhenvariation im vorangehenden Turn bestimmt werden. Ebenso ist auch der sequentielle Kontext zentral für die Bedeutung von *oh*, und es ist kaum möglich, alle diese unterschiedlichen sequentiellen Präkontexte so zu systematisieren, dass sie Teil der Konstruktionsbeschreibung würden. Auf der Basis dieser Resultate kommen die AutorInnen zu dem Schluss, dass die Konzeptualisierung von Phonetik und Prosodie als Kontextualisierungshinweis „fruchtbarer ist als die Modellierung von lautlichen Merkmalen als Eigenschaften einzelner Konstruktionen". Da Kontextualisierungshinweise zwar wie Konstruktionen routiniert sind und somit geteiltes Wissen der Interagierenden bilden, aber anders als Konstruktionen „völlig unterspezifiziert und von inferenzieller, situierter Anreicherung abhängig" sind, erweist sich die Konzeptualisierung der phonetisch-prosodischen Aspekte von *oh*-Formaten als Kontextualisierungshinweise und nicht als Konstruktionsaspekte als zielführend.

Pepe Droste und **Susanne Günthner** analysieren aus der Perspektive der Interaktionalen Konstruktionsgrammatik und der Interaktionalen Linguistik in ihrem Beitrag **„das mAchst du bestimmt AUCH du;": Zum Zusammenspiel grammatischer, prosodischer und sequenzieller Aspekte syntaktisch desintegrierter *du*-Formate** den Einsatz von kontaktstiftendem *du* in Alltagsinteraktionen. Die Datenbasis bilden 136 Belege aus Audio- und Videoaufnahmen aus mehreren Datenkorpora. Die AutorInnen fragen erstens nach den Funktionen eines solchen desintegrierten *du*, zweitens nach der Rolle der Prosodie bei der Kontextualisierung der unterschiedlichen Funktionen und schließlich nach der Möglichkeit, dieses *du* konstruktionsgrammatisch zu modellieren. Die Analyse ergab, dass man in jedem Fall von einer Grundbedeutung bzw. Grundfunktion von *du* ausgehen kann, nämlich der der Kontaktherstellung sowie der eines Signals „situativer Vergemeinschaftung der Beteiligten". Zugleich werden diese Grundfunktionen aber „durch das multifunktionale Potenzial von *du* kontextuell partikularisiert". Die Rolle der Prosodie bei diesen je nach sequentieller und syntaktischer Position unterschiedlichen Verwendungsweisen ist dabei eher kontextualisierend: So wird über die prosodische Anbindung gegenüber dem prosodischen Bruch zugleich der Bruch im Interaktionsfluss angezeigt und über diesen entsprechend „das Ausmaß der vom Gegenüber eingeforderten Neuorientierung". Bei der Frage, ob es bei diesem Befund möglich ist, von Konstruktionen zu sprechen, hängt, so die AutorInnen, die Antwort von der gewählten Granularität ab: Bei einer groben Granularität kann dieses *du* als Konstruktion mit einer Basisfunktion und mit dem formalen Merkmal der syntaktischen Desintegration beschrieben werden. Weder die Prosodie noch sequentielle Faktoren spielen dabei eine Rolle. Erst wenn eine feinere Granularitätsstufe gewählt wird, kommt die Prosodie ins Spiel: Es lassen sich dann zahlreiche vernetzte Unterkonstruktionen beschreiben. Doch selbst dann erweist sich die prosodische Realisierung als ein Kontinuum, so dass bestenfalls Prototypen beschrieben werden können. Darüber hinaus stellt sich bei einer immer feinkörnigeren Erfassung von Konstruktionen zuletzt auch die Frage, ob dadurch nicht zuletzt jedes Konstrukt, also jedes einzelne Token, als eine eigene Konstruktion aufgefasst werden müsste – was die Konstruktionsgrammatik ad absurdum führen würde. Es bleibt schließlich das Fazit, dass „der Prosodie im Fall der Verwendung von *du* in der Interaktion unzweifelhaft eine zentrale Rolle als Kontextualisierungsressource zukommt", als fester Bestandteil der Konstruktionsbeschreibung ist sie dagegen nur um den Preis einer immer feinkörnigeren Konstruktionserfassung zu haben (vgl. hierzu auch den Beitrag von Barth-Weingarten/Couper-Kuhlen/Deppermann in diesem Band).

Einen experimentellen Zugang verfolgen **Heiner Apel, Ines Bose, Sven Grawunder** und **Anna Schwenke** in ihrem Beitrag **Der „Kaiser" in einer Autobahnbaustelle – Prosodische Markierung von modalisierenden Anführungszeichen in Radionachrichten.** Das Datenmaterial bildet eine Meldung aus einer Test-Nachrichtensendung, die im Rahmen eines Forschungsprojekts zur Hörverständlichkeit von Radionachrichten von insgesamt 26 professionellen NachrichtensprecherInnen, die bei verschiedenen deutschen Radiosendern arbeiten, eingesprochen wurde. Diese Nachrichten orientierten sich in Aufbau und Inhalt an ‚normalen' Nachrichtensendungen und bestanden aus sechs Meldungen zu unterschiedlichen Themen, einer Verkehrsmeldung und dem Wetterbericht. In dem vorliegenden Beitrag wurde in diesen Daten auf das Phänomen des Sprechens von Anführungszeichen fokussiert. Die Frage ist, ob und wie die SprecherInnen modalisierende Anführungszeichen im Nachrichtentext (z. B. die im Titel zitierte Schreibweise „Kaiser", womit in einer Meldung auf Beckenbauer referiert wird) prosodisch markieren. Das Ergebnis der Analyse legt genau dies nahe: Es zeigte sich, dass die modalisierenden Anführungszeichen im Nachrichtentext zu einer spezifischen prosodischen Gestaltung des in Anführungszeichen gesetzten Wortes führt, die „vor allem mit einer Akzentuierung und einem prosodischen Einschnitt vor und nach dem Wort einhergeht". Die Frage ist nun, ob man von einer ‚Anführungszeichen-Konstruktion' ausgehen kann, die auf der Formseite primär durch die Prosodie bestimmt ist und sich auf der Funktionsseite durch Modalisierung bzw. Distanzierung (z. B. im Sinne der Markierung eines uneigentlichen Sprechens) auszeichnet. Die AutorInnen kommen zu dem Schluss, dass es einige Gründe dafür gibt, von einer Konstruktion auszugehen, die allerdings – zumindest so lange, bis Vergleichsforschung in anderen Kommunikationssituationen erfolgt – auf eine bestimmte kommunikative Konstellation (durch erfahrende Nachrichten-sprecherInnen vorgelesene Nachrichtentexte) beschränkt ist. Für die Konstruktionsannahme spricht die rekurrente Realisierung der in Anführungszeichen geschriebenen Wörter in einem festen prosodischen Format und mit damit verbundener pragmatischer Bedeutung. Allerdings weisen die AutorInnen auf deutliche Probleme bei einer Konstruktionsannahme hin: Die prosodische Realisierungsform des „Sprechens von Anführungszeichen" findet sich auch bei Wörtern, die nicht in Anführungszeichen gesetzt sind. Die AutorInnen führen dagegen Argumente an, die dafür sprechen, dennoch von einer prosodischen Konstruktion auszugehen.

Elisabeth Reber nimmt in Ihrem Beitrag **Zur Rolle von Phonetik und Prosodie in CAN I X-, LE? ME X-, und LEMME X-Konstruktionen** zwei englischsprachige Konstruktionen in den Blick, die von InterviewpartnerInnen zur Gesprächssteuerung (als „metapragmatische Verfahren") verwendet werden: *can I X* und *let me X*. Auf der Basis einer Analyse von knapp fünf Stunden Videomaterial mit Aufnahmen von PolitikerInnen, die in der durch die BBC ausgestrahlten Fernsehsendung „The Andrew Marr Show" interviewt wurden, wird nach den Funktionen dieser beiden Muster gefragt sowie überprüft, ob und inwieweit es sich dabei um stabile Verbindungen lexikalischer, prosodischer und funktionaler Aspekte handelt, so dass von Konstruktionen gesprochen werden kann. Das Muster *can I X* wird, so zeigte sich, mehrheitlich in Frageturns und seltener in Antwortturns verwendet – und die Analyse ergab, dass diese beiden Verwendungsweisen nicht nur mit unterschiedlichen Funktionen (Einleitung einer Frage vs. Rederechtssicherung) einhergehen, sondern dass sich auch rekurrent unterschiedliche prosodische Realisierungsweisen feststellen lassen: So ist das frageeinleitende *can I* typischerweise unbetont, während bei dem rederechtssichernden *can I* das Modalverb einen Haupt- oder Nebenakzent trägt. Zudem zeichnet sich das frageeinleitende *can I* durch ein hohes Onset aus, während typisch für rederechtssicherndes *can I X* eine tieffallende Tonhöhenbewegung am Einheitenende ist. Für die zweite untersuchte Phrase, für *let me X*, lassen sich dagegen weniger deutliche Muster feststellen: Generell besteht eine Präferenz für den Einsatz in Antwortturns, während der Gebrauch in Frageturns etwas seltener ist. Funktional unterscheiden sich die beiden Verwendungsweisen darin, dass *let me X* bei der Einleitung von Fragen dann verwendet wird, wenn eine Antwort als potentiell problematisch gewertet wird. In Antwortturns weist *let me X* auf Dissens bzw. *disalignment* hin. Prosodisch unterscheiden sich die beiden Varianten allerdings nur in einem Punkt: Die erste Variante zeigt eine Präferenz für die Realisierung mit Glottisverschluss (*le$^?$ me*), die zweite für Klitisierung (*lemi*). Reber kommt in ihrer abschließenden Evaluation der Analyseergebnisse zu dem Schluss, dass man bestenfalls von emergenten Konstruktionen reden kann: Auf der einen Seite lassen sich bestimmte prosodische Merkmale rekurrent wiederfinden, auf der anderen Seite zeigen die Daten aber auch, „dass das Abrufen von mentalen Repräsentationen nicht statisch und kontextfrei vollzogen wird, sondern passgenau und entsprechend der Dynamik der lokalen Erfordernisse der laufenden Interaktion."

Katharina König widmet sich in ihrem Beitrag **Prosodie und die Kontextualisierung von *epistemic stance*: Konstruktionen mit finalem *oder*** der Verwendung von *oder* als *question tag*. Die Analyse basiert auf einer Kollektion von 99 Fällen. Die Belege sind unterschiedlichen Korpora entnommen, um eine breite Streuung der Fälle über verschiedene Interaktionstypen zu gewährleisten und um mögliche aktivitätsspezifische Gebrauchsmuster identifizieren zu können. Die Untersuchung fördert in Bezug auf den Gebrauch von *oder* als *question tag* verschiedene Befunde zu Tage, die für eine konstruktionsgrammatische Modellierung von besonderem Interesse sind: Zum einen lassen sich drei *oder*-Varianten identifizieren, die sich mit Blick auf prosodische Charakteristika unterscheiden. Während alle Belege in der Regel (mit variierender Stärke der prosodischen Zäsur) als eigenständige Intonationsphrasen realisiert werden, erweist sich der auf der angehängten Einheit realisierte Grenzton (‚schwebend' vs. ‚steigend') als stabiles Differenzierungsmerkmal. Die Variante *Oder–* mit schwebendem Grenzton zeichnet sich außerdem häufig durch eine Glottalisierung der Akzentsilbe sowie durch gelegentliche Dehnung der Nebensilbe aus. Beides trifft auf die Variante *Oder,* mit steigendem Grenzton nicht zu. Die Variante *Oder,* wird zudem im Normalfall ohne intonatorischen Neuansatz angeschlossen. Finales *Oder–* ist hingegen „meist durch einen tiefen Tonhöhenansatz von der vorherigen Intonationsphrase abgesetzt". Gleiches lässt sich in Bezug auf die mit expressivem Akzent ausgestattete Variante *!O!der,* beobachten, die ebenfalls in der Regel mit tiefem Neuansatz realisiert wird. Die prosodischen Varianten treten – wie König zeigt – zum einen „rekurrent mit spezifischen Arten von Bezugsäußerungen" auf. Zum anderen lassen sich jeweils spezifische Bedeutungen der unterschiedlichen Verwendungen identifizieren, die mit Aspekten der epistemischen Positionierung verbunden sind. Wie König argumentiert, spricht dieser Befund „gegen eine Interpretation von finalem *oder* als eigenständige Diskurspartikel, die als inkrementelle Erweiterung an beliebige Äußerungen angehängt werden kann." Es werden daher drei verschiedene Gebrauchsmuster „als teilschematische Konstruktionen" beschrieben, die „aus einer schematischen Bezugsäußerung" und einem appendierten, lexikalisch wie prosodisch spezifischem *oder* bestehen.

Der Beitrag von **Heike Baldauf-Quilliâtre** und **Wolfgang Imo** zu *pff* knüpft an der von Couper-Kuhlen (2011: 501) gemachten Beobachtung an, dass das „original narrow understanding of prosody as restricted to pitch, loudness and timing is gradually giving away". In dem Beitrag geht es um Realisierungsvarianten der Interjektion *pff*, die in unterschiedlichen Formen mit entsprechend unterschiedlichen Funktionen vorkommt. Dabei spielen neben ‚klassischen' prosodischen Phänomenen wie Pausen, die dazu führen, dass *pff* in einer eigenen Intonationsphrase wahrgenommen werden kann, vor allem auch phonetische Faktoren eine Rolle, so dass hier von „‚prosodic and phonetic' dimension of language use in interaction" (Couper-Kuhlen 2011: 502) gesprochen werden muss. Die Analyse stützt sich auf gesprochensprachliche Daten aus dem Forschungs- und Lehrkorpus (FOLK) des Instituts für Deutsche Sprache in Mannheim. Insgesamt 326 Fälle von *pff* in unterschiedlichen sequenziellen Positionen wurden dabei extrahiert und bezüglich ihrer Verwendungsweisen analysiert. Es zeigte sich, dass trotz der gerade bei Interjektionen besonders stark ausgeprägten kontextbezogenen, emergenten und kontextualisierenden Eigenschaften sich routinierte, immer wiederkehrende Form-Funktions-Paarungen bilden: Dabei bewegt sich *pff* grundsätzlich (im Sinne von Deppermann's 2006b: 254 Konzept der Basisbedeutung) in einem durch die Markierung von Dispräferenz, Disfluenz, Irrelevanz, Unsicherheit und Distanzierung geprägten Spektrum und weist somit genügend stabile Form-Bedeutungs/Funktions-Paarungen auf, um als Konstruktion erfasst werden zu können. In einer feineren Granularität (vgl. Imo 2011b zum Konzept der Granularität) lassen sich zudem stabile – im Sinne von rekurrente – Unterkonstruktionen feststellen, bei denen phonetisch-prosodische Aspekte mit funktional-sequentiellen einhergehen: *pff* im Kontext von Bewertungen und Kommentaren, *pff* im Kontext von Zögerungssignalen und Vagheitsausdrücken und *pff* am Turnende und nach einem Konnektor zur Irrelevanzmarkierung.

In seinem Beitrag **Appositive Syntax oder appositive Prosodie?** verfolgt **Jens Philipp Lanwer** einen Ansatz, der qualitative mit quantitativen Methoden verbindet, um aufzuzeigen, dass sich der Phänomenbereich appositionsverdächtiger Strukturen im interaktional-gesprochenen Deutsch (im Nordwesten) als ein Konstruktionsnetzwerk modellieren lässt, dessen Partitionierung vorrangig auf prosodischen Merkmalen beruht. Den grammatiktheoretischen Rahmen liefert auch hier die Interaktionale Konstruktionsgrammatik. Es wird dafür argumentiert, dass das konversationsanalytische Verfahren der Kollektionsanalyse, das bereits in verschiedenen Studien zwecks Ermittlung grammatischer Strukturen in interaktionaler Sprache eingesetzt worden ist, eine optimale Operationalisierung des konstruktionsgrammatischen Rekurrenzkonzepts ermöglicht. Rekurrenz – so der Ansatz – ist nicht zuerst eine Frage von Häufigkeit, sondern in erster Instanz eine Frage der Ähnlichkeit. Die Bestimmung von Häufigkeiten setzt immer ein Gleichsetzen nicht identischer Fälle voraus. Besonders interaktional-linguistische Studien weisen – wie es auch der Überblick in Abschnitt 3 gezeigt hat – stets auf die Spezifik des Einzelfalls hin. Die zentrale methodische Frage, die in dem Beitrag adressiert wird, ist daher die, wie sich eine Identifizierung von Einzelfällen als unter bestimmten Gesichtspunkten gleich analytisch leisten und sauber dokumentieren lässt. Der Lösungsvorschlag besteht darin, in einem akribischen Verfahren die Fälle einer Kollektion in Bezug auf analyserelevante Form- und Funktionsmerkmale zu kodieren und mittels einer statistischen Netzwerkanalyse Ähnlichkeitsstrukturen innerhalb der Kollektion zu ermitteln. Die Qualität der Analyse steht und fällt dabei „mit der Detailgenauigkeit der Fallanalysen, die potenziell beschreibungsrelevante Merkmale ggf. erst nach diversen Analyseschleifen [...] zum Vorschein bringen", wie es auch für das Verfahren der Kollektionsanalyse kennzeichnend ist. Mit Blick auf den Phänomenbereich appositionsverdächtiger Strukturen erweist sich diese Herangehensweise als absolut zielführend: Es können drei verschiedene Bildungsmuster herausgearbeitet werden, die als VORNAME+NACHNAME-Apposition, ROLLE+NAME-Apposition und Reparatur-Apposition beschrieben werden. Die beiden erstgenannten Formate unterscheiden sich von der Reparatur-Apposition systematisch in Bezug auf Aspekte der Phrasierung, Akzentuierung und Konturgestaltung. Aber auch die VORNAME+NACHNAME-Apposition einerseits und die ROLLE+NAME-Apposition andererseits weisen prosodische Unterschiede auf: Letzterer Bildungstyp zeichnet sich durch eine feste Akzentposition auf dem zweiten Strukturteil aus. Lanwer kommt insgesamt zu dem Schluss, dass es sich in Bezug auf die ermittelten Konstruktionen als unumgänglich erweist, „Syntax und Prosodie als Merkmale eines holistischen Konstruktionsschemas in ihrem Zusammenwirken zu erfassen und zu beschreiben."

Literatur

Auer, Peter (1996): On the prosody and syntax of turn-continuations. In: Couper-Kuhlen, Elisabeth und Margret Selting, (Hrsg.): Prosody in Conversation, 57–100. Cambridge: Cambridge University Press.

Auer, Peter (2006): Construction Grammar meets Conversation: Einige Überlegungen am Beispiel von ‚so'-Konstruktionen. In: Günthner, Susanne und Wolfgang Imo (Hrsg.): Konstruktionen in der Interaktion. Berlin: de Gruyter. 291–314.

Auer, Peter und Margret Selting (2001): Der Beitrag der Prosodie zur Gesprächsorganisation. In: Brinker, Klaus, Wolfgang Heinemann und Sven F. Sager, (Hrsg.): Text- und Gesprächslinguistik. Ein internationales Handbuch zeitgenössischer Forschung. 2. Halbband. Berlin; New York: de Gruyter, 1122–1131.

Auer, Peter, Elizabeth Couper-Kuhlen und Frank Müller (1999): Language in Time: The rhythm and tempo of spoken interaction. New York: Oxford University Press.

Barth-Weingarten, Dagmar (2006): Parallel-opposition-Konstruktionen – zur Realisierung einer spezifischen Kontrastrelation. In: Günthner, Susanne und Wolfgang Imo (Hrsg.): Konstruktionen in der Interaktion. Berlin: de Gruyter, 153–180.

Barth-Weingarten, Dagmar (2011): Response tokens in interaction – Prosody, phonetics and a visual aspect of German JA/A. In: Gesprächsforschung – Online-Zeitschrift zur verbalen Interaktion 12, 301–370.

Barth-Weingarten, Dagmar und Elizabeth Couper-Kuhlen (2011): Action, prosody and emergent constructions: The case of and. In: Auer, Peter und Stefan Pfänder (Hrsg.): Constructions: emerging and emergent. Berlin: de Gruyter, 263–292.

Barth-Weingarten, Dagmar, Elisabeth Reber und Margret Selting, (Hrsg.) (2010): Prosody in Interaction. Amsterdam: Benjamins, 3–40.

Bergen, Benjamin und Nancy Chang (2005): Embodied Construction Grammar in simulation-based language understanding. In: Östman, Jan-Ola und Mirjam Fried (Hrsg.): Construction Grammars: Cognitive Grounding and Theoretical Extensions. Amsterdam: John Benjamins, 147–190.

Bergmann, Pia (2012): The prosodic design of parentheses in spontaneous speech. In: Bergmann, Pia, et al. (Hg.): Prosody and Embodiment in Interactional Grammar. Berlin; Boston: de Gruyter, 103–141.

Birkner, Karin (2006): Relativ(satz)konstruktionen zur Personenattribuierung: ‚ich bin n=mensch der ...'. In: Günthner, Susanne Günthner und Wolfgang Imo (Hrsg.), Konstruktionen in der Interaktion. Berlin: de Gruyter, 205–238.

Birkner, Karin. (2008): Was X betrifft: Textsortenspezifische Aspekte einer Redewendung. In Stefanowitsch, Anatol und Kerstin Fischer (Hrsg.), Konstruktionsgrammatik II. Stauffenburg: Tübingen, 59–80.

Bolinger, Dwight (1983): Intonation and Gesture. In: American Speech 58 (2), 156–174.

Bolinger, Dwight (1986): Intonation and Its Parts. Melody in Spoken English. Stanford: Stanford University Press.

Bolinger, Dwight (1989): Intonation and Its Uses. Melody in Grammar and Discourse. Stanford: Stanford University Press.

Bücker, Jörg (2012): Sprachhandeln und Sprachwissen. Berlin: de Gruyter.

Bücker, Jörg, Susanne Günthner und Wolfgang Imo, (Hrsg.) (2015): Konstruktionsgrammatik V. Tübingen: Stauffenburg.

Bybee, Joan L. (2013): Usage-based Theory and Exemplar Representations of Constructions. In: Hoffmann, Thomas und Graeme Trousdale (Hrsg.): The Oxford Handbook of Construction Grammar. Oxford; New York: Oxford University Press, 49–69.

Chafe, Wallace (1994): Discourse, consciousness, and time. The Flow and Displacement of Conscious Experience in Speaking and Writing. Chicago; London: The University of Chicago Press.

Cienki, Alan (2015): Spoken language usage events. In: Language and Cognition 7 (4), 499–514.

Cook-Gumperz, Jenny/Gumperz, John J. (1976): Context in children's speech. In: Papers on Language and Context (Working Paper 46), 1–45.

Couper-Kuhlen, Elizabeth (1986): An Introduction to English Prosody. Tübingen: Max Niemeyer and London: Edward Arnold.

Couper-Kuhlen, Elizabeth (1993): English Speech Rhythm: Form and function in everyday verbal interaction. Amsterdam: Benjamins.

Couper-Kuhlen, Elizabeth (1996): The prosody of repetition: On quoting and mimicry. In: Couper-Kuhlen, Elizabeth und Margret Selting (Hrsg.): Prosody in Conversation. Cambridge: Cambridge University Press, 366–405.

Couper-Kuhlen, Elizabeth (1999): Coherent voicing: On prosody in conversational reported speech. In: Bublitz, Wolfram und Uta Lenk (Hrsg.): Coherence in Spoken and Written Discourse: How to create it and how to describe it. Amsterdam: Benjamins, 11–32.

Couper-Kuhlen, Elizabeth (2001): Interactional prosody: High onsets in reason-for-the-call turns. Language in Society 30 (1): 29–53.

Couper-Kuhlen, Elizabeth (2004): Prosody and sequence organization: The case of new beginnings. In: Couper-Kuhlen, Elizabeth und Cecilia E. Ford (Hrsg.): Sound Patterns in Interaction. Amsterdam: Benjamins, 335–376.

Couper-Kuhlen, Elizabeth (2005a): Prosodische Stilisierungen im Gespräch. In: Assmann, Aleida, Ulrich Gaier und Gisela Trommsdorf (Hrsg.): Zwischen Literatur und Anthropologie. Diskurse, Medien, Performanzen. Tübingen: Narr, 315–337.

Couper-Kuhlen, Elizabeth (2005b): Prosodic cues of discourse units. In: Brown, Keith (Hrsg.): Encyclopedia of Language and Linguistics. Amsterdam: Elsevier, 178–182.

Couper-Kuhlen, Elizabeth (2007): Prosodische Prospektion und Retrospektion im Gespräch. In: Hausendorf, Heiko (Hrsg.): Gespräch als Prozess. Tübingen: Narr, 69–94.

Couper-Kuhlen, Elizabeth (2009): Prosody. In: D'hondt, Sigurd, Jan-Ola Östman und Jef Verschueren (Hrsg.): The Pragmatics of Interaction. Amsterdam: Benjamins, 174–189.

Couper-Kuhlen, Elizabeth (2011): Pragmatics and prosody: Prosody as social action. In: Bublitz, Wolfram und Neal R. Norrick (Hrsg.): Foundations of Pragmatics. Berlin: de Gruyter, 491–510.

Couper-Kuhlen, Elizabeth (2014): Prosody as dialogic interaction. In: Barth-Weingarten, Dagmar und Beatrice Szczepek Reed (Hrsg.): Prosodie und Phonetik in der Interaktion – Prosody and Phonetics in Interaction. Mannheim: Verlag für Gesprächsforschung, 221–251.

Couper-Kuhlen, Elizabeth und Margret Selting (1996a): Towards an interactional perspective on prosody and a prosodic perspective on interaction. In: Couper-Kuhlen, Elisabeth und Margret Selting (Hrsg.): Prosody in Conversation: Interactional Studies. Cambridge: Cambridge University Press, 11–56

Couper-Kuhlen, Elizabeth und Margret Selting (1996b): Prosody in Conversation: Interactional Studies. Cambridge University Press.

Couper-Kuhlen, Elizabeth und Margret Selting (2000): Argumente für die Entwicklung einer ‚interaktionalen Linguistik'. Gesprächsforschung – Online-Zeitschrift zur verbalen Interaktion 1, 76–95.
Couper-Kuhlen, Elizabeth und Margret Selting (2018): Interactional Linguistics. Cambridge: Cambridge University Press.
Croft, William (1995): Intonation units and grammatical structure. In: Linguistics 33, 839–882.
Croft, William (2001): Radical Construction Grammar. Oxford: Oxford University Press.
Croft, William und D. Alan Cruse (2004): Cognitive Linguistics. Cambridge: Cambridge University Press.
Crystal, David (1969): Prosodic Systems of Intonation in English. London.
Crystal, David (1970): Prosodic systems and language acquisition. In: Léon, P.R., G. Faure und A. Rigault (Hrsg.): Prosodic feature analysis. Montreal: Didier, 77–90.
Deppermann, Arnulf (2006a): Construction Grammar – eine Grammatik für die Interaktion? In: Deppermann, Arnulf, Reinhard Fiehler und Thomas Spranz-Fogasy (Hrsg.): Grammatik und Interaktion. Radolfzell: Verlag für Gesprächsforschung, 43–65.
Deppermann, Arnulf (2006b): Deontische Infinitivkonstruktionen. In: Günthner, Susanne und Wolfgang Imo (Hrsg.): Konstruktionen in der Interaktion. Berlin: de Gruyter. 239–262.
Deppermann, Arnulf (2011): Konstruktionsgrammatik und Interaktionale Linguistik. In: Lasch, Alexander und Alexander Ziem (Hrsg.): Konstruktionsgrammatik III. Tübingen: Stauffenburg, 205–238.
Diessel, Holger (2015): Usage-based construction grammar. In: Ewa Dabrowska und Dagmar Divjak (Hrsg.): Handbook of Cognitive Linguistics. Berlin: de Gruyter, 295–321.
Fillmore, Charles J., Paul Kay und Mary Catherine O'Connor (1988): Regularity and Idiomaticity in Grammatical Constructions: The Case of Let Alone. Language 64 (3), 501–538.
Fischer, Kerstin (2010): Beyond the sentence: Constructions, frames and spoken interaction. In: Constructions and Frames 2 (2), 185–207.
Fried, Mirjam (2007): A Frame Semantic Account of Morphosemantic Change: The Case of Old Czech věřící. In: Divjak, Dagmar und Agata Kochanska (Hrsg.): Cognitive Paths into the Slavic Domain. Berlin: de Gruyter, 283–315.
Fried, Mirjam (2009): Construction Grammar as a tool for diachronic analysis. In: Construction and Frames 1 (2): 261–290.
Fried, Mirjam und Jan-Ola Östman (2005): Construction Grammar and spoken language: The case of pragmatic particles. In: Journal of Pragmatics 37 (11), 1752–1778.
Goldberg, Adele (1995): Constructions: a Construction Grammar Approach to Argument Structure. Chicago: University of Chicago Press.
Goldberg, Adele (2006): Constructions at work. Oxford: Oxford University Press.
Günthner, Susanne (1996): The prosodic contextualization of moral work: an analysis of reproaches in ‚why' formats. In: Couper-Kuhlen, Elizabeth und Margret Selting (Hrsg.): Prosody in Conversation: Interactional Studies. Cambridge: Cambridge University Press, 271–302.
Günthner, Susanne (2000): Vorwurfsaktivitäten in der Alltagsinteraktion. Grammatische, prosodische, rhetorisch-stilistische und interaktive Verfahren bei der Konstitution kommunikativer Muster und Gattungen. Tübingen: Niemeyer.
Günthner, Susanne (2006a): Grammatische Analysen der kommunikativen Praxis – ‚Dichte Konstruktionen' in der Interaktion. In: Deppermann, Arnulf, Reinhard Fiehler und Thomas Spranz-Fogasy (Hrsg.): Grammatik und Interaktion. Radolfzell: Verlag für Gesprächsforschung. 95–122.

Günthner, Susanne (2006b): Von Konstruktionen zu kommunikativen Gattungen. In: Deutsche Sprache 34, 173–190.
Günthner, Susanne (2006c): ‚Was ihn trieb, war vor allem Wanderlust': Pseudocleft-Konstruktionen im Deutschen. In: Günthner, Susanne und Wolfgang Imo (Hrsg.): Konstruktionen in der Interaktion. Berlin: de Gruyter, 59–90.
Günthner, Susanne (2007): Zur Emergenz grammatischer Funktionen im Diskurs – wo-Konstruktionen in Alltagsinteraktionen. In: Hausendorf, Heiko (Hrsg.): Gespräch als Prozess. Tübingen: Niemeyer, 125–154.
Günthner, Susanne (2008a): Die ‚die Sache/das Ding ist'-Konstruktion im gesprochenen Deutsch – eine interaktionale Perspektive auf Konstruktionen im Gebrauch. In: Stefanowitsch, Anatol und Kerstin Fischer (Hrsg.): Konstruktionsgrammatik II. Tübingen: Stauffenburg, 157–178.
Günthner, Susanne (2008b): ‚Die Sache ist ... ': Eine Projektorkonstruktion im gesprochenen Deutsch. In: Zeitschrift für Sprachwissenschaft 27, 39–72.
Günthner, Susanne (2009): Adjektiv + *dass*-Satz-Konstruktionen als kommunikative Ressourcen der Positionierung. In: Günthner, Susanne und Jörg Bücker (Hrsg.): Grammatik im Gespräch. Berlin: de Gruyter. 149–184.
Günthner, Susanne (2010): Konstruktionen in der kommunikativen Praxis: Zur Notwendigkeit einer interaktionalen Anreicherung konstruktionsgrammatischer Ansätze. In: ZGL 37 (3), 402–426.
Günthner, Susanne (2011): Konstruktionen in der gesprochenen Sprache. In: Habscheid, Stephan (Hrsg.): Textsorten, Handlungsmuster, Oberflächen. Linguistische Typologien der Kommunikation. Berlin: de Gruyter, 296–313.
Günthner, Susanne (2012): ‚Geteilte Syntax': Kollaborativ erzeugte *dass*-Konstruktionen. In: gidi Arbeitspapierreihe 43, 1–20.
Gumperz, John J. (1982): Discourse Strategies. Cambridge: Cambridge University Press.
Gumperz, John J. (1992): Contextualization and Understanding. In: Alessandro Duranti und Charles Goodwin (Hrsg.): Rethinking Context. Language as interactive phenomenon. Cambridge: Cambridge University Press, 229–252.
Gumperz, John J. (1999): On Interactional Sociolinguistic Method. In: Sarangi, Srikant und Celia Roberts (Hrsg.): Talk, Work and Institutional Order. Berlin: de Gruyter, 453–472.
Gussenhoven, Carlos (2004): The Phonology of Tone and Intonation. New York: Cambridge University Press.
Halliday, Michael A. K. (1967): Intonation and grammar in British English. Den Haag; Paris: de Gruyter.
Heritage, John (1984): A change-of-state token and aspects of its sequential placement. In: Atkinson, John M. und John Heritage (Hrsg.): Structures of Social Action. Cambridge: Cambridge University Press, 299–345.
Imo, Wolfgang (2006): ‚Da hat des kleine glaub irgendwas angestellt' – ein construct ohne construction? In: Günthner, Susanne und Wolfgang Imo (Hrsg.): Konstruktionen in der Interaktion. Berlin: de Gruyter, 263–290.
Imo, Wolfgang (2007a): Construction Grammar und Gesprochene-Sprache-Forschung. Tübingen: Niemeyer.
Imo, Wolfgang (2007b): Der Zwang zur Kategorienbildung: Probleme der Anwendung der Construction Grammar bei der Analyse gesprochener Sprache. In: Gesprächsforschung – Online-Zeitschrift zur verbalen Interaktion 8, 22–45.

Imo, Wolfgang (2008): Individuelle Konstrukte oder Vorboten einer neuen Konstruktion? Stellungsvarianten der Modalpartikel *halt* im Vor- und Nachfeld. In: Fischer, Kerstin und Anatol Stefanowitsch (Hrsg.): Konstruktionsgrammatik II. Tübingen: Stauffenburg, 135–156.

Imo, Wolfgang (2009): Konstruktion oder Funktion? Erkenntnisprozessmarker („change-of-state tokens') im Deutschen. In: Günthner, Susanne und Jörg Bücker (Hrsg.): Grammatik im Gespräch. Berlin: de Gruyter, 57–86.

Imo, Wolfgang (2011a): Ad hoc-Produktion oder Konstruktion? – Verfestigungstendenzen bei Inkrement-Strukturen im gesprochenen Deutsch. In: Lasch, Alexander und Alexander Ziem (Hrsg.): Konstruktionsgrammatik III. Tübingen: Stauffenburg, 141–256.

Imo, Wolfgang (2011b): Die Grenzen von Konstruktionen: Versuch einer granularen Neubestimmung des Konstruktionsbegriffs der Construction Grammar. In: Engelberg, Stefan, Anke Holler und Kristel Proost (Hrsg.): Sprachliches Wissen zwischen Lexikon und Grammatik. Berlin: de Gruyter, 113–148.

Imo, Wolfgang (2012): Wortart Diskursmarker? In: Rothstein, Björn (Hrsg.): Nicht-flektierende Wortarten. Berlin: de Gruyter, 48–88.

Imo, Wolfgang (2014a): Zwischen Construction Grammar und Interaktionaler Linguistik. In: Lasch, Alexander und Alexander Ziem (Hrsg.): Konstruktionsgrammatik IV. Tübingen: Stauffenburg, 91–114.

Imo, Wolfgang (2014b): Appositions in monologue, increments in dialogue? In: Boogaart, Ronny, Timothy Colleman und Gijsbert Rutten (Hrsg.): Extending the Scope of Construction Grammar. Berlin: de Gruyter, 323–353.

Imo, Wolfgang (2015a): Satzmodus, Konstruktion oder keins von beidem? In: Finkbeiner, Rita und Jörg Meibauer (Hrsg.): Satztypen und Konstruktionen. Berlin: de Gruyter, 373–405.

Imo, Wolfgang (2015b): Nachträge im Spannungsfeld von Medialität, Situation und interaktionaler Funktion. In: Vinckel-Roisin, Helene (Hrsg.): Das Nachfeld im Deutschen: Theorie und Empirie. Berlin: de Gruyter, 231–253.

Imo, Wolfgang (2015c): Interactional Construction Grammar. In: Linguistics Vanguard 1 (1), 1–9.

Imo, Wolfgang (2018): Valence patterns, constructions and interaction: Constructs with the German verb *erinnern* („remember'/„remind'). In: Boas, Hans und Alexander Ziem (Hrsg.): Constructional Approaches to Argument Structure in German. Berlin; Boston: de Gruyter, 131–178.

Lameli, Alfred und Alexander Werth (2017): Komplexität und Indexikalität. Zum funktionalen Gehalt phontoktischer Wortstrukturen im Deutschen. In: Hennig, Mathilde (Hrsg.): Linguistische Komplexität – ein Phantom? Tübingen: Stauffenburg, 73–96.

Langacker, Ronald W. (1987): Foundations of Cognitive Grammar. Theoretical prereqisites. Band 1. Stanford: Stanford University Press.

Langacker, Ronald W. (2009): Constructions and constructional meaning. In: Evans, Vyvyan und Stephanie Pourcel (Hrsg.): New Directions in Cognitive Linguistics. Amsterdam; Philadelphia: Benjamins, 225–26.

Langacker, Ronald W. (2001): Discourse in Cognitive Grammar. In: Cognitive Linguistics 12, 143–188.

Langacker, Ronald W. (2013): Essentials of Cognitive Grammar. Oxford; New York: Oxford University Press.

Lanwer, Jens Philipp (2017a): Koreferenz: Eine Frage des common ground? Überlegungen zum Funktionsspektrum weiter Appositionen an der Schnittstelle von Interaktion und Kognition. In: Deutsche Sprache 45, 222–244.
Lanwer, Jens Philipp (2017b): Metapragmatic appositions in German talk-in-interaction. In: Yearbook of the German Cognitive Linguistics Association 5 (1), 9–24.
Lanwer, Jens Philipp (2018): Grammatikalität und Rekurrenz. Zur Rolle statistischer Verfahren im Rahmen einer ‚rekonstruktiven' Linguistik. In: Georg Albert/Sabine Diao-Klaeger (Hg.): Mündlicher Sprachgebrauch zwischen Normorientierung und pragmatischen Spielräumen. Tübingen: Stauffenburg, 231–253.
Levinson, Stephen C. (2012): Action Formation and Ascription. In: Sidnell, Jack und Tanya Stivers (Hrsg.): The Handbook of Conversation Analysis. Chichester: Wiley, 101–130.
Local, John (1996): Conversational phonetics: Some aspects of news receipts in everyday talk. In: Couper-Kuhlen, Elizabeth und Margret Selting (Hrsg.): Prosody in Conversation: Interactional studies. Cambridge: Cambridge University Press, 177–230.
Local, John (2004): Getting back to prior talk: *and-uh(m)* as a back-connecting device in British and American English. In: Couper-Kuhlen, Elizabeth und Cecilia E. Ford (Hrsg.): Sound Patterns in Interactions. Amsterdam: Benjamins, 377–400.
Local, John (2005): On the interactional and phonetic design of collaborative completions. In: Hardcastle, William J. und Janet M. Beck (Hrsg.): A Figure of Speech. Mahwah: Lawrence Erlbaum, 263–282.
Local, John und Gareth Walker (2005): Methodological imperatives for investigating the phonetic organization and phonological structures of spontaneous speech. In: Phonetica 62, 120–130.
Östman, Jan-Ola (2005): Construction discourse: A proglegomenon. In: Östman, Jan-Ola und Mirjam Fried (Hrsg.): Construction grammars: cognitive grounding and theoretical extensions. Amsterdam: Benjamins, 121–144.
Östman, Jan-Ola (2015): From Construction Grammar to Construction Discourse … and back. In: Bücker, Jörg, Susanne Günthner und Wolfgang Imo (Hrsg.): Konstruktionsgrammatik V. Tübingen: Stauffenburg, 15–43.
Pekarek-Doehler, Simona (2011): Clause-combining and the sequencing of actions: Projector constructions in French talk-in-interaction. In: Laury, Ritva und Ryoko Suzuki (Hrsg.): Subordination in Conversation. Amsterdam: Benjamins, 103–148.
Perek, Florent (2015): Argument Structure in Usage-based Construction Grammar: Experimental and Corpus-based Perspectives. Amsterdam: Benjamins.
Reber, Elisabeth (2012): Affectivity in Interaction: Sound objects in English. Amsterdam: Benjamins.
Schoonjans, Steven (2018): Modalpartikeln als multimodale Konstruktionen. Berlin: de Gruyter.
Schoonjans, Steven, Geert Brône und Kurt Feyaerts (2015): Multimodalität in der Konstruktionsgrammatik: Eine kritische Betrachtung illustriert anhand einer Gestikanalyse der Partikel *einfach*. In: Bücker, Jörg, Wolfgang Imo und Susanne Günthner (Hrsg.): Konstruktionsgrammatik V, Tübingen: Stauffenburg, 291–308.
Schweitzer, Katrin, et al. (2015): Exploring the relationship between intonation and the lexicon: Evidence for lexicalised storage of intonation. In: Speech Communication 66, 65–81.

Selting, Margret (1989): Konstitution und Veränderung von Sprechstilen als Kontextualisierungsverfahren: die Rolle von Sprachvariation und Prosodie. In: Hinnenkamp, Volker und Margret Selting (Hrsg.): Stil und Stilisierung. Tübingen: Niemeyer, 203–225.

Selting, Margret (1992): Intonation as a contextualization device. Case studies on the role of prosody, especially intonation, in contextualizing story telling in conversation. In: Auer, Peter und Aldo Di Luzio (Hrsg.): The Contextualization of Language. Amsterdam: Benjamins, 233–258.

Selting, Margret (1995): Prosodie im Gespräch. Aspekte einer interaktionalen Phonologie der Konversation. Tübingen: Niemeyer

Selting, Margret (1996): Prosody as an activity-type distinctive cue in conversation: the case of so-called ‚astonished' questions in repair initiation. In: Couper-Kuhlen, Elizabeth und Margret Selting. (Hrsg.): Prosody in Conversation: Interactional Studies. Cambridge: Cambridge University Press, 231–270.

Selting, Margret (2000): The construction of units in conversational talk. In: Language in Society 29 (4), 477–517.

Selting, Margret (2004): Listen: Sequenzielle und prosodische Struktur einer kommunikativen Praktik – Eine Untersuchung im Rahmen der Interaktionalen Linguistik. In: Zeitschrift für Sprachwissenschaft 23 (1): 1–46.

Selting, Margret (2005): Syntax and prosody as methods for the construction and identification of turn-constructional units in conversation. In: Hakulinen, Auli und Margret Selting (Hrsg.): Syntax and Lexis in Conversation. Amsterdam: Benjamins, 17–44.

Steels, Luc, (Hrsg.) (2011): Design Patterns in Fluid Construction Grammar. Amsterdam: Benjamins.

Stetter, Christian (2005): System und Performanz. Weilerswist: Velbrück Wissenschaft.

Szczepek Reed, Beatrice (2004): Turn-final intonation in English. In: Couper-Kuhlen, Elizabeth und Cecilia E. Ford, (Hrsg.): Sound Patterns in Interaction, 97–118. Amsterdam, Benjamins.

Szczepek Reed, Beatrice (2006): Prosodic Orientation in English Conversation. Basingstoke: Palgrave Macmillan.

Szczepek Reed, Beatrice (2012a): Prosody, syntax and action formation: Intonation phrases as ‚action components'. In: Bergmann, Pia, Jana Brenning, Martin Pfeiffer und Elisabeth Reber (Hrsg.): Prosody and Embodiment in Interactional Grammar. Berlin; Boston: de Guyter, 142–170.

Szczepek Reed, Beatrice (2012b): Conversation Analysis and Prosody. In: Chapelle, Carol A. (Hrsg.): The Encyclopedia of Applied Linguistics. London: Blackwell, 1–5.

Szczepek Reed, Beatrice (2014): Prosodic, lexical and sequential cues for assessments with German *süß*: Assemblages for action and public commitment. In: Barth-Weingarten, Dagmar und Beatrice Szczepek Reed (Hrsg.): Prosodie und Phonetik in der Interaktion – Prosody and Phonetics in Interaction. Mannheim: Verlag für Gesprächsforschung, 162–186.

Tomasello, Michael (2009): The usage-based theory of language acquisition. In: Cambridge Handbook of Child Language. Cambridge: Cambridge University Press, 69–88.

Väliima-Blum, Riitta (2005): Cognitive Phonology in Construction Grammar. Analytic Tools for Students of English. Berlin; New York: de Gruyter.

Van Trijp, Remi (2008): Argumentstruktur in der Fluid Construction Grammar. In: Stefanowitsch, Anatol und Kerstin Fischer (Hrsg.): Konstruktionsgrammatik II. Tübingen: Stauffenburg, 223–246.

Zima, Elisabeth und Geert Brône (2011): Ad-hoc Konstruktionen in der Interaktion: eine korpusbasierte Studie dialogischer Resonanzerzeugung. In: Lasch, Alexander und Alexander Ziem (Hrsg.): Konstruktionsgrammatik III. Tübingen: Stauffenburg, 155–174.

Dagmar Barth-Weingarten, Elizabeth Couper-Kuhlen und
Arnulf Deppermann
Konstruktionsgrammatik und Prosodie: *OH* in englischer Alltagsinteraktion

1 Einleitung

Von Beginn an hat die Konstruktionsgrammatik neben syntaktischen, semantischen und pragmatischen Eigenschaften auch die prosodisch-phonetischen[1] Merkmale von Äußerungen einbeziehen wollen (vgl. z. B. Lakoff 1987: 467, Croft/Cruse 2004: 258, Fischer 2015: 564). Allerdings ist dies in den bisher vorliegenden Arbeiten kaum geschehen. Neben der Vernachlässigung weiterer pragmatischer und multimodaler Dimensionen beklagen zahlreiche Autoren immer wieder auch die der lautlichen[2] Seite von Konstruktionen. So schreibt Deppermann (2007: 118):

> Konstruktionsgrammatische Analysen beschränken sich fast immer auf lexikalische, morphologische, *syntaktische* und pragmatische Analysen; interaktionsstrukturelle, rhetorische, prosodische oder genrebezogene Aspekte von Konstruktionen werden fast nie beachtet.

Ähnliche Hinweise finden sich z. B. auch bei Boas (2013: 9), Fischer (2006: 140), Stefanowitsch/Fischer (2007: 205), Günthner (2009: 405) und Deppermann (2011: 219). Auch Hoffmann/Trousdales (2013) Handbuchindex kommt noch gänzlich ohne Einträge zu Prosodie, Phonetik und Phonologie aus.

In der interaktionalen Linguistik dagegen hat die Forschung zu Prosodie und Phonetik von Beginn an eine zentrale Rolle gespielt (z. B. schon Couper-Kuhlen/ Selting 1996; als aktuellen Überblick siehe Couper-Kuhlen/Selting 2018: Online-Chapter E). Auch für grammatische Konstruktionen wurde immer wieder gezeigt, dass lautliche Parameter für ihre Identität und Beschreibung konstitutiv sind. Vor allem holistisch betrachtete Intonationseinheiten(grenzen) haben sich als grundlegend zur Bestimmung der (i.w.S. syntagmatischen) Grenzen einer Konstruktion (z. B. Barth-Weingarten 2006, Birkner 2006, Couper-Kuhlen/Thompson

---

[1] Unter Prosodie fassen wir alle hörbaren suprasegmentalen Charakteristika von Sprache, unter Phonetik alle segmentalen. Dass wir beide Aspekte für unabdingbar für die Diskussion halten, werden wir im Folgenden durch die Verwendung von ‚prosodisch-phonetisch' – kurz auch ‚lautlich' – betonen.
[2] ‚Lautliches' wird in diesem Beitrag als Kurzform für Prosodie und meist supra-segmental wirksame phonetische Merkmale, wie Stimmqualität, verwendet.

Open Access. © 2020 Dagmar Barth-Weingarten et al., publiziert von De Gruyter. Dieses Werk ist lizenziert unter der Creative Commons Attribution-NonCommercial-NoDerivatives 4.0 Lizenz.
https://doi.org/10.1515/9783110637489-002

2006, Günthner 2008, Imo 2006, 2011) und zur Unterscheidung zwischen verschiedenen Konstruktionenstypen (Imo 2011, 2015, Auer 2006a, 2006b, Günthner 2006, 2008, 2009, Gohl 2006, Birkner 2008) erwiesen. Seltener finden sich Diskussionen der Rolle spezifischer prosodisch-phonetischer Parameter wie Kontur (Imo 2006), Akzentuierung (Barth-Weingarten 2006, Imo 2006, 2008, Günthner 2006, 2009, Schwitalla 2006, Auer 2006b), Tonhöhenansatz (Couper-Kuhlen/Thompson 2005) und phonetische Reduktion (Deppermann 2011).

Diese Befunde geben empirische Hinweise darauf, dass eine Integration lautlicher Eigenschaften in konstruktionsgrammatische Beschreibungen notwendig sein und zu einer Präzisierung unseres Verständnisses von Konstruktionen führen könnte. In diesem Beitrag erkunden wir die Möglichkeiten, Anforderungen und Grenzen einer konstruktionsgrammatischen Beschreibung anhand der prosodisch-phonetischen Variation von responsivem OH^3 in englischen Alltagsgesprächen. Unsere Studie betrifft natürlich nur ein Untersuchungsobjekt unter vielen möglichen. Sie belegt dennoch einmal mehr die Notwendigkeit, die lautliche Seite sprachlichen Materials zu berücksichtigen. Gleichzeitig zeigt sie aber Grenzen für die Möglichkeiten einer konstruktionsgrammatischen Beschreibung von Prosodie und Phonetik. Selbst im Falle von OH, bei dem verschiedene distinktive Konturen – ˆOH, `OH, ↑ˆOH^4 – scheinbar kontextfrei Assoziationen hervorrufen, erweist es sich hier letzten Endes als nicht möglich, prosodisch-phonetische Variation in Form-Funktions-Paaren (Fischer 2015: 573), also Konstruktionen, zu beschreiben.

2 Prosodie und Phonetik in der Konstruktionsgrammatik

Bevor wir zu unserer empirischen Untersuchung von OH und seiner prosodisch-phonetischen Varianten kommen und deren Ergebnisse dann konstruktionsgrammatisch interpretieren, ist es notwendig, genauer zu klären, was „Einbezug prosodisch-phonetischer Eigenschaften in konstruktionsgrammatische Beschreibungen" eigentlich heißen kann. Klar ist in jedem Falle, dass prosodische und phonetische Parameter Teile der Formparameter einer Konstruktion sein müssten, denen dann bestimmte Bedeutungseigenschaften

---

[3] OH in Großbuchstaben referiert auf sämtliche lautliche Varianten von oh, stellt aber keine Festlegung in Bezug auf einen eventuellen Konstruktionsstatus dar.
[4] Dieser Beitrag verwendet die GAT2-Notationskonventionen (vgl. Selting et al. 2009).

(im weiten Sinne) zugeordnet sein müssen (s. schon Langacker 1987: 328–333). Damit ist jedoch noch nicht hinreichend geklärt, welche Rolle Prosodie und Phonetik im Rahmen der Beschreibung einer Konstruktion zukommen kann. Aus unserer Sicht müssen generell fünf theoriestrukturell distinkte Fälle unterschieden werden.

a) Lautliche Sachverhalte sind selbst Konstruktionen im Sinne der Konstruktionsgrammatik. Das könnte z. B. für Fokusakzente und ihre informationsstrukturelle Valenz zutreffen (Uhmann 1991). Für solche Strukturen wäre anzunehmen, dass die Formseite der Konstruktion ausschließlich aus einer prosodisch-phonetischen Beschreibung besteht.

b) Lautliche Merkmale sind obligatorische Merkmale bestimmter lexikalischer oder grammatischer Konstruktionen. Das gilt z. B. für die Realisierung erster Teile von „parallel opposition"-Konstruktionen, bei denen z. B. der spezifische Abschluss ihrer prosodischen Kontur Turnfortsetzung projiziert (Barth-Weingarten 2006). Prosodisch-phonetische Eigenschaften wären hier ein konstitutiver Bestandteil der Formseite der Konstruktion, die aber weitere linguistische Formaspekte (wie Morphologie, Syntax, lexikalische Fixierungen etc.) umfasst.

c) Prosodisch-phonetische Merkmale sind obligatorisch für die Desambiguierung von grammatischen und lexikalischen Konstruktionen, da sie eine Konstruktion von anderen, lexikalisch oder grammatisch gleichen Konstruktionen unterscheiden. Das könnte z. B. für die Rolle zutreffen, die der finale Glottisverschluss für die Unterscheidung zwischen Abbrüchen und Ellipsen/Aposiopesen spielt (Selting 2001). In diesen Fällen wären zwei (oder mehrere) Konstruktionen, die hinsichtlich aller anderen linguistischen Parameter identisch sind, aufgrund unterschiedlicher prosodisch-phonetischer Eigenschaften in verschiedene Konstruktionen zu differenzieren, da unterschiedliche lautliche Realisierung zu einem Funktionsunterschied, also einer anderen Konstruktionsbedeutung (im weiten Sinne) und damit zu einer anderen Konstruktion, führt.[5]

In den Fällen a)–c) sind prosodisch-phonetische Merkmale konstitutiver Teil von Konstruktionen. Dies ist dagegen in den folgenden Fällen d) und e) nicht so, obwohl auch dort Prosodie und Phonetik eine wichtige Rolle für die Realisierung

---

5 Diese Konsequenz ergibt sich aus dem Diktum Crofts: „Any construction with unique, idiosyncratic morphological, syntactic, lexical, semantic, pragmatic, OR discourse-functional properties must be represented as an independent node in the constructional network [...]" (Croft 2001:25, Croft/Cruse 2004:263).

der *constructs* (also konkret realisierten sprachlichen Tokens) und ihrer Interpretation spielen.

d) Eine bestimmte Prosodie und Phonetik sind eine optionale Signalisierungsressource, die zwar oft, aber nicht obligatorisch für eine bestimmte grammatische Konstruktion benutzt wird. Das ist z. B. der Fall bei Parenthesen, die häufig, aber keineswegs obligatorisch durch das prosodische Muster ‚schneller-leiser-tiefer' markiert werden (Schönherr 1993). Ob zu schließen ist, dass für einen lautlichen Parameter mit Blick auf eine grammatische Konstruktion Fall c) oder d) gilt, hängt häufig davon ab, welche Rolle dem Kontext in der Konstruktionsbeschreibung beigemessen wird. Wir wenden uns dieser Frage weiter unten zu.

e) Prosodisch-phonetische Praktiken sind flexible Kontextualisierungshinweise, die mit ganz verschiedenen grammatischen Konstruktionen benutzt werden können, aber keinerlei grammatische Obligatorik haben. Das ist z. B. der Fall bei *high involvement prosody* (Selting 1994) oder prosodischen Praktiken der Kontextualisierung eines Erzählklimax (Selting 2010). Im Unterschied zu den in a) genannten schematischen prosodisch-phonetischen Konstruktionen funktionieren Kontextualisierungshinweise kontextabhängig: Ihre funktionale Valenz und oft auch die Relevanz und die Art und Weise der Realisierung einzelner prosodisch-phonetischer Parameter hängt vom unmittelbar vorangehenden Diskurs- bzw. Turnkontext ab (Gumperz 1992). Kontextualisierungshinweise sind indexikalische Praktiken, die situationssensitiv auf bestimmte pragmatische bzw. interaktionale Kontexte verweisen und entsprechende Bedeutungen (z. B. bewertende oder emotionale Einstellung, Relevanz, Kohärenz) signalisieren. Sie sind daher weder formal noch funktional kontextfrei generisch beschreibbar. Kontextualisierungshinweise sind, im Unterschied zu Konstruktionen, keine Form-Funktions-Bündel: Zum einen hängt ihre Funktion immer vom vorangehenden sequenziellen bzw. anderen Kontexten (wie Gattung/Interaktionstyp, Identitäten und Beziehung der Interaktionsbeteiligten, Diskurstopik usw.) ab, zum anderen ist ihre Interpretation abduktiv (d. h. ein Schluss auf die situativ beste, naheliegendste Funktion) und nicht codiert.

Je nachdem, welche dieser fünf Möglichkeiten empirisch vorliegt, beantwortet sich die Frage nach der Rolle von Prosodie und Phonetik im Rahmen der Konstruktionsgrammatik anders. In den Fällen a) bis c) sind lautliche Merkmale integraler Bestandteil von Konstruktionen. Im Fall d) hängt es davon ab, wie usuell die prosodisch-phonetischen Eigenschaften für die Konstruktionsrealisierung sind. Im Fall e) dagegen gehören Prosodie und Phonetik nicht zur Konstruktionsgrammatik. Dennoch können sie auch dann für konstruktionsgrammatische

Datenanalysen wichtig sein, denn das Lautliche führt im Falle e) dazu, dass die Bedeutung bzw. Funktion von *constructs* nicht einfach aus Konstruktionen (also Typen aus dem Inventar sprachlichen Wissens) ableitbar ist. Neben anderen (bspw. multimodalen und sequenziellen) Faktoren sind in diesem Fall Prosodie und Phonetik dafür verantwortlich, dass eine vollständige Erklärung der Realisierung und Interpretation von sprachlichen Strukturen *in situ* aus Konstruktionswissen, im Gegensatz zum Postulat mancher Konstruktionsgrammatiker (Goldberg 2003, Östman 2004),[6] nicht möglich ist, denn sprachliche Praxis ist mehr als die Implementierung von Konstruktionen. Während Konstruktionswissen sicher zentral für Sprachverstehen ist, bedarf es zum Produzieren und Verstehen situierter, indexikalischer Äußerungen (*constructs*) immer weiterer, leiblicher, interaktiver und kognitiver Aktivitäten (Deppermann 2011). Die Diskussion der Rolle von Prosodie und Phonetik im Rahmen der Konstruktionsgrammatik stellt daher nicht nur die Frage, in welchen verschiedenen Weisen Lautliches konstruktionsgrammatisch zu integrieren sein kann, sondern ebenso, welche sprachlichen Aktivitäten jenseits von Konstruktionen für sprachliche Praxis und Verstehen mitkonstitutiv sind.

Bereits mehrfach haben wir bei diesen Überlegungen nun auch ein Problem gestreift, welches für die konstruktionsgrammatische Untersuchung von Sprache-in-Interaktion (und wohl auch von Sprache-im-Text) generell und ganz besonders für die Untersuchung von Prosodie und Phonetik, grundlegend ist: der Umgang mit Kontext. Kontextabhängigkeit ist theoretisch im Konzept der Konstruktion als *form-meaning-pairings* (vgl. Croft/Cruse 2004: 257) und *units* (Langacker 2008: 16 f.) in der Regel nicht vorgesehen und wird auch faktisch in konstruktionsgrammatischen Analysen kaum beachtet. Im Gegensatz zu den binären *form-meaning-pairings*, die die Konstruktionsgrammatik als Konstruktionen und damit als Beschreibungsgegenstand ansetzt, sehen Konversationsanalyse und Interaktionale Linguistik ihren Gegenstand in *practices*, also Verwendungsweisen sprachlicher Mittel, für die immer die Trias ‚(sequenzieller etc.) Kontext – formale Ressource – Funktion/Verwendung' konstitutiv ist (Schegloff 1997, Deppermann 2008, Heritage 2010, Selting 2016). Während man, wie dies etwa Fischer (2010, 2015) tut, Zwecke, emotionale Valenzen, sequenzielle Projektionen und Konsequenzen etc. dem *meaning-pole* zuschlagen kann, hat der vorangehende (sequenzielle, aber auch gattungsbezogene, sozialstrukturelle, soziokognitive etc.) Kontext systematisch keinen Platz in der konstruktionsgrammatischen Beschreibung (als Ausnahme siehe aber Fischer 2015: 573). Linell (2009: 312 f.) sieht dieses Problem

---

6 Vergleich das Diktum von Goldberg (2003: 223): „Constructions all the way down".

und postuliert entsprechend eine „external syntax" von Konstruktionen. Damit kann gemeint sein, dass Konstruktionen bestimmte situative Anwendungsbedingungen haben oder dass die Art ihrer Realisierung und/oder ihre Funktion vom Kontext abhängt (s. a. Fischer 2015). Während solche Aspekte für die Beschreibung von Praktiken fraglos konstitutiv sind, ist es für Konstruktionsbeschreibungen nicht so klar, welcher Status solchen Beobachtungen zukommt. Handelt es sich dann um verschiedene Konstruktionen, wenn die Quelle ihrer Unterscheidung in der *external syntax* liegt? Welchen Sinn hat es, Kontexte als Teil von Konstruktionen zu verstehen? Und welchen Platz hat der Kontext in einer Konstruktionsbeschreibung? Er ist ja weder Teil der formalen Konstruktionseigenschaften noch des *meaning pole*. Wenn nun aber Kontextabhängigkeit konstitutiv für unterschiedliche Konstruktionen ist, dann muss grundlegend geklärt werden, welcher Status ‚Kontext' in Bezug auf Konstruktionen hat und wie er in Konstruktionsbeschreibungen repräsentiert werden soll.

Im Folgenden untersuchen wir, inwiefern sich die prosodisch-phonetische Variation von *OH* in englischen Alltagsgesprächen konstruktionsgrammatisch fassen lässt. Die verschiedenen Varianten von *OH* werden als „Formate" bezeichnet (vgl. Baldauf-Quilliatre/Imo in diesem Band), womit wir zum einen eine Vorabentscheidung vermeiden, ob es sich dabei um Konstruktionen im Sinne der Konstruktionsgrammatik handelt, und zum anderen darauf hinweisen wollen, dass der empirische Ausgangspunkt für unsere Untersuchungen Beobachtungen zur formalen Variation sind.

3 Forschungsstand

OH-Formate sind als Kandidaten für eine konstruktionsgrammatische Untersuchung zum einen interessant, weil sie distinktive prosodisch-phonetische Eigenschaften aufweisen, die kontextunabhängige Bedeutungen zu haben scheinen. Zum anderen dienen Fischer (2015: 564) die vorliegenden konversationsanalytischen Forschungen zu *OH* als Hauptbeleg für ihr Postulat der Vereinbarkeit von Konstruktionsgrammatik mit Konversationsanalyse (CA) und Interaktionaler Linguistik (IL). So fasst sie Heritages (1984, 2002, 2005) Befunde zur – wie sie es nennt – „interjection *oh*" (2015: 567) zusammen und schlussfolgert: „[i]t is very easy to see how Heritage's results can be recast into a construction grammar account" (Fischer 2015: 573). Eine Beschäftigung mit *OH*-Formaten erlaubt daher Rückschlüsse darauf, wie gut Konstruktionsgrammatik und CA/IL tatsächlich zusammenpassen.

Nach Fischer (2015: 571–572) ist *OH* ein festes Form-Funktions-Paar (*form-meaning pair*), d. h. eine Konstruktion, mit der Form *OH*, und einer allgemeinen Bedeutung („general meaning"), nämlich „change-of-state" (Fischer 2015: 571). *OH* kann dann in verschiedenen „turn formats" (Fischer 2015: 571) vorkommen – z. B., freistehendes *OH*, *OH*+ASSESSMENT, etc. – und ist „associated with certain functions" (Fischer 2015: 571) und „structural contexts" (Fischer 2015: 572), z. B. nach *informings*, die dem OH seine konkrete Bedeutung zuweisen. Fischer illustriert dieses Verständnis für *OH*+ASSESSMENT nach *informings* wie folgt:

> The meaning component comprises ... a representation of the speech act of the previous turn, which is some kind of informing, and a representation of the meaning of the turn containing oh, which signals a change-of-state, plus evaluation and an optional elaboration. (Fischer 2015: 573)

Es handelt sich dabei um eine eher zusammenfassende Bedeutungsbeschreibung von *OH*+ASSESSMENT. Heritage beispielsweise bezeichnet *OH* als „a *strong* indication that its producer has been informed as a result of a prior turn's talk" (Heritage 1984: 305, Kursivierung i. Orig.) und erklärt zusätzlich, dass

> with the production of "oh," recipients can confirm that, although they were previously uninformed on the matter at hand, they are now informed [...]. "Oh" is thus a means by which recipients can align themselves to, and confirm, a prior turn's proposal to have been informative. (Heritage 1984: 304)

Bei Fischer (2015) kommt den sequenziellen Implikationen von *OH* – ein aus interaktional-linguistischer Perspektive zentraler „Bedeutungs"aspekt (vgl. Schegloff 2007: xiv), der laut Heritage (1984: 304–5) insbesondere von den zusätzlichen Turnkomponenten wie dem ASSESSMENT eingebracht wird – jedoch keine zentrale Rolle zu. Fischer selbst hebt dies auch hervor:

> Whether all details from conversation analyses like Heritage's study can be cast into a grammatical description is of course open; for instance, a result such as that "oh" by itself after news announcements is heard as 'notably incomplete' has no obvious account in a grammatical analysis." (Fischer 2015: 573)

Sie belässt es aber bei dieser Feststellung. Hier stellt sich bereits die Frage, inwiefern solche Aspekte in die konstruktionsgrammatische Beschreibung einbezogen werden sollen. Dies hängt natürlich davon ab, was als konstruktionsgebundenes Wissen gelten soll: einige Vertreter der Konstruktionsgrammatik fordern zumindest programmatisch den Einbezug von sequenziellen, rhetorischen, emotionalen Aspekten etc. in die Konstruktionsbeschreibung (s. etwa die Zitate von Croft/Cruse und Fischer oben), andererseits ist de facto eine Reduktion auf klassische

Aspekte linguistischer Bedeutung (Semantik, Informationsstruktur, Sprechakte) zu konstatieren.

Ähnliche Probleme zeigen sich auch in Fischers Formbeschreibung:

> The form component describes that "oh" occurs turn-initially before a TCU expressing an assessment and possibly an optional TCU eliciting further information. (Fischer 2015: 573)

Zwar sind sequenzielle Aspekte enthalten, auch diese sind aber wieder vage. Zudem wird die prosodisch-phonetische Realisierung sehr zügig abgehandelt: „as Local (1996) has demonstrated, many of the patterns [...] are associated with relatively distinct prosodic features" (Fischer 2015: 573). Details werden nicht ausgeführt, entsprechend Fischers Betrachtung von Prosodie im Artikel insgesamt:

> different prosodic realizations that influence the interpretation "oh" receives in particular contexts may [...] also be taken into account [...] Yet, how prosody and grammar [...] interact with each other is an unresolved question, which would go far beyond this paper. (Fischer 2015: 572)

In diesem Beitrag wollen wir genau dieser Frage nach dem Zusammenhang von Prosodie/Phonetik und Grammatik nachgehen. Dies erscheint fruchtbar, da auch andere Arbeiten darauf hinweisen, dass hier ein Schlüssel für die spezifischere Bedeutung bzw. Funktion von *OH* im lokalen Kontext liegen könnte.

Beginnen wir mit Locals (1996) Befunden. Local untersuchte u. a. Prosodie/Phonetik und Funktion von *OH* als freistehendem Paarteil sowie in Verbindung mit *assessments* und *partial repeats* nach einem *informing*. Er stellte fest, dass freistehendes *OH* und *OH*+ASSESSMENT wie z. B. *oh good* „routinely terminate news-telling or informing sequences" (Local 1996: 182, auch 189), *OH*+PARTIAL REPEAT hingegen ist „engaged in work to get the news-informant to continue" (Local 1996: 191). Local beschreibt zudem in der Tat vielfältige prosodisch-phonetische Merkmale der untersuchten Formate. Allerdings weist seine Beschreibung zum einen einige Lücken auf – so werden Länge, Rhythmus, Ansatz und Ende der Tonhöhenbewegung, Tonhöhensprünge nach *OH* oder auch Stimmqualität nicht durchgängig für alle Formate beschrieben. Diese Merkmale können also eher nicht zu der von Fischer angenommenen Distinktivität beitragen, wenn sie lediglich auf Local verweist. Zum anderen beschränken sich die tatsächlich distinktiven Merkmale, verfolgt man sie durch die drei *OH*-Formate hindurch, letztlich auf einen eher sekundären und phonologisch bedingten Parameter: die Betonung auf *OH*. Die Kombination ‚fallende Tonhöhe, initialer Glottalverschluss und Diphthong-Artikulation, hingegen findet sich bei den betrachteten Formaten sowohl vor Sequenzbeendigung als auch bei Fortsetzung. Die Betonung wird aber mindestens zum Teil schon vom phonologischen Kontext bestimmt: Wenn *OH* das einzige Element einer vollständigen Äußerung ist, würde es den Hauptakzent in jedem Falle tragen. Nach Local (1996) müssten sich etwaige Konstruktionsunterschiede dann also v. a. an der lexiko-syntaktisch/semantischen Form der Formate (*OH*+ASSESSMENT, *OH*+PARTIAL REPEAT etc.) und der Betonung des *OH* festmachen.

Weitere interaktional-linguistische Studien, die sich seitdem mit der Prosodie von *OH* in bestimmten sequenziellen Kontexten beschäftigt haben, lassen allerdings andere Schlüsse zu. Kaimaki (2011a, b) z. B. stellt fest, dass bei ‚non-valenced news receipts' (*oh really*) die finale Intonation (steigend oder fallend) keinen Einfluss darauf hat, ob die Sequenz fortgeführt wird oder nicht. Wilkinson/Kitzinger (2006) sehen einen Zusammenhang zwischen ‚punched-up prosody' und ‚reaction tokens' wie *OH*, wenn sie zur Darstellung der Überraschung über eine Mitteilung verwendet werden. Reber (2012) macht sogar eine distinktive Kontur (‚extra high and pointed *oh*') für die Darbietung von Überraschung aus. Und auch Couper-Kuhlen (2009, 2012, 2014) und Thompson et al. (2015) finden in bestimmten Kontexten Korrelationen zwischen der Prosodie von responsivem *OH* und den von den TeilnehmerInnen dargestellten affektiven bzw. emotiven Einstellungen. Insgesamt legen diese einzelnen Studien nahe, dass die ‚Bedeutung' von *OH* hinsichtlich seiner sequenziellen sowie seiner affektiven Implikationen systematisch mit einer Reihe prosodisch-phonetischer Parameterausprägungen einhergeht.

Diesen Hinweisen folgend haben wir in einer Pilotstudie zu alleinstehendem *OH* in englischer Alltagsinteraktion untersucht, ob tatsächlich detailliertere prosodisch-phonetische Parameter mit bestimmten *OH*-Funktionen in Verbindung gebracht werden können, um dann in einem zweiten Schritt zu überlegen, ob und wie solche ggf. spezifischen prosodisch-phonetischen Muster verschiedener Verwendungen von *OH* in einen konstruktionsgrammatischen Ansatz integriert werden können. Wir zeigen im Folgenden, dass erstens eine ganze Reihe von prosodisch-phonetischen Parametern einbezogen werden muss. Zweitens werden wir herausarbeiten, dass ihre Verwendung in einem komplexen Zusammenhang mit der inneren Beteiligung der *OH*-Sprecher steht, wobei innere Beteiligung natürlich immer nur die von den TeilnehmerInnen *dargestellte* innere Beteiligung (*display of emotive involvement*) meinen kann. Drittens wird zu zeigen sein, dass unsere Befunde folgende Schwierigkeiten für eine konstruktionsgrammatische Modellierung mit sich bringen:
– die notwendige hohe Beschreibungskomplexität der lautlichen Realisierungsvarianten,
– der graduelle Charakter prosodisch-phonetischer Parameter,
– die Kontextkonstituiertheit lautlicher Eigenschaften und
– die Kontextabhängigkeit von prosodisch-phonetischen Form-Funktions-Relationen.

4 Daten und Methoden

Für unsere Pilotstudie haben wir interaktional-linguistische Methoden verwendet (vgl. z. B. Selting/Couper-Kuhlen 2001, Couper-Kuhlen/Selting 2018). Zunächst wurden in zwei Korpora privater Telefonkonversationen der 1960er (Newport Beach Korpus) und der 1990er Jahre (Call Home Korpus) relevante Fälle von *OH*-Antworten auf *informings*[7] gesucht. Dabei haben wir uns auf freistehende *OH*s beschränkt, die ohne größere Verzögerung und eindeutig als zweites Paarteil (*SPP*, Schegloff 2007) auf *out-of-the-blue informings* reagierten. Wir haben die sequenziellen Kriterien hier bewusst so konstant und eng wie möglich gehalten, um die Chance auf distinktive Muster zu erhöhen. Die im Folgenden diskutierten Fälle machen unser Argument besonders deutlich.

In jedem dieser Fälle wurden die prosodisch-phonetischen Merkmale auf der Mikroebene untersucht, darunter Art und Umfang der Tonhöhenbewegung, Länge, Lautstärke, Tempo und Stimmqualität des *OH* selbst sowie im Vergleich zum vorhergehenden *informing*. Danach haben wir die Bedeutung/Funktion von *OH* bestimmt, wofür wir insbesondere 1) die sequenziellen Implikationen des *OH* betrachtet haben und 2) die dargestellte innere Beteiligung der TeilnehmerInnen. Für Letzteres haben wir uns u. a. an der weiteren sequenziellen Umgebung, dem Grad der Betroffenheit der TeilnehmerInnen (vgl. *consequential figure* in Maynard 1997) und dem nicht-lautlichen *turn design* (Levinson 2013) orientiert. Schließlich haben wir untersucht, ob bestimmte prosodisch-phonetische Merkmale gemeinsam mit bestimmten Bedeutungen/Funktionen von *OH* vorkommen.

5 Formen und Funktionen freistehender OH in englischer Alltagsinteraktion

Local (1996) hatte festgestellt, dass freistehende *OH*s u. a. mit tief-fallender Intonation und Hauptakzent produziert werden und regulär zum Ende der Sequenz führen. Auf den ersten Blick scheint das auch in unseren Daten bestätigt zu werden, wie in Beispiel 1, Z. 5. Hier berichtet Emma ihrer Freundin Nancy von einem mißlungenen Ausflug mit ihrem Mann nach Palm Springs. (In den Transkripten weisen jeweils ‚->' auf das *informing* hin, ‚=>' auf den *OH*-Turn und der Rahmen auf die auf *OH* folgende Gesprächsentwicklung, wobei ‚N' für eine neue Sequenz oder ein neues Thema und ‚F' für Fortsetzung der Sequenz

---

[7] Hier und im Folgenden behalten wir einige englische Termini aufgrund ihrer Prägnanz bei.

stehen; vgl. a. Anhang.). Alle Beispiele finden sich auf https://www.uni-potsdam.de/en/iaa-pde-ll/academic-staff/barth-weingarten-sound-files.html.

Beispiel 1: Indian world (NB 010, sec. 1114-1123)

```
   1   Emm:   ↑an you know it was so [HO:T there we: were] just in shOrts,=
   2   Nan:                          [<<p> ↑ah: : : : : > ]
   3   Emm:   =i dIdn't even stay for the DINner at the_uh
-> 4          wE were at (.) the Indian WORLD.
=> 5   Nan:   (.) ((click)) `OH[.  ]
 N 6   Emm:                    [°h]h an' i wOuldn even stay for the
                               DINner;=
   7          =it was so dAmn HOT;=
   8          =i said gotta get the heck OUT of here;=
```

In Z. 3 unterbricht Emma ihre Erzählung (= *i dIdn't even stay for the DINner at the_uh*), um Hintergrundinformationen über ihren Aufenthalt zu liefern (*wE were at (.) the Indian WORLD*, Z. 4). Nancy quittiert dies mit einem fallenden *OH* (Z. 5). Daraufhin kehrt Emma zu ihrer ursprünglichen Erzählung zurück (*°hh an' i wOuldn even stay for the DINner*, Z. 6), indem sie zumindest teilweise ihre Äußerung aus Z. 3 wiederholt. Das *OH* vervollständigt hier also die Einschubsequenz und trägt damit zu deren Beendigung bei.

Im Verlauf unserer Argumentation wird sich allerdings zeigen, dass für die „Bedeutung" des *OH* nicht nur der Verlauf der Kontur, sondern noch eine Reihe weiterer prosodisch-phonetischer Merkmale relevant sind: die fallenden Konturen solcher *OHs* sind auch regelmäßig flach realisiert – sie beginnen im mittleren oder tiefen Sprecherregister – und ihr Tonhöhenumfang ist auch nicht weiter als der des *informing*. Außerdem sind diese *OHs* weder in irgendeiner Form höher noch lauter als das *informing*. Zudem werden sie nicht gelängt und mit Modalstimme gesprochen (vgl. Beispiel 1 und Abb. 1 sowie die Zusammenfassung der prosodisch-phonetischen Parameter in Tab. 1 in Abschnitt 6).

Dies festzuhalten ist besonders deshalb relevant, weil *OH* als Antwort auf ein *informing* auch mit anderen prosodisch-phonetischen Merkmalen auftreten kann. Es beginnt dann im höheren Teil des Sprecherregisters und sein Tonhöhenumfang ist – auch aufgrund höherer Tonhöhengipfel – größer als der des *informing*. Zudem ist es gelängt und, zumindest manchmal, lauter. Seine Stimmqualität bleibt jedoch modal (vgl. Tab 1).

Die Tonhöhe wird auf unterschiedliche Art erreicht, aber alle Konturen, die nicht flach sind, werden – im Gegensatz zu den zuerst beschriebenen *OHs* – von einer Fortsetzung der Sequenz gefolgt. Eine steigend-fallende

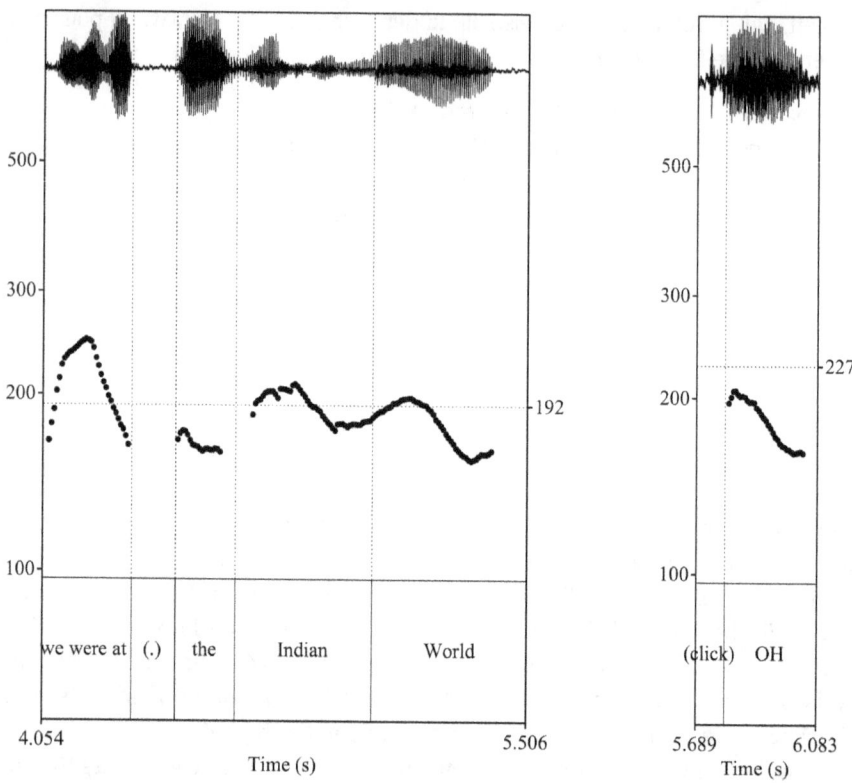

Abb. 1: Oszillogramm und Grundfrequenz mit Mittelwert des jeweiligen Sprecherregisters, Z. 4–5 in Beispiel 1.

Tonhöhenbewegung und Sequenzfortsetzung finden sich im folgenden Beispiel. Hier hat Marian ihrer Mutter gerade von einem Kuchen berichtet, von dem sie u. a. ihrem Hausmeister ein Stück gegeben hat. Aus diesem Zusammenhang heraus kommt sie Schritt für Schritt zu einem neuen Thema, nämlich, wie ihre Straße einen neuen Belag bekam – ein schwieriger, weil nervenaufreibender Prozess, den der Hausmeister eigentlich hätte mehr befördern können.

Beispiel 2: Paved our road (CH 4666, sec. 219–239)

```
1   Mot:   (and he enJOYed/did he enJOY) it?
2   Mar:   I have no iDEA.
3          (0.1)
4   Mar:   °hh uhm as a matter of fAct | i keep mEaning to ASK him,
5          and we've been ( )_h
```

```
    6           °hh we've tAlked on several ocCASions.=
->  7           =↑they kInd of paved our ROAD this week.
=>  8   Mot:    ↑^OH:.
F   9   Mar:    °hh uh:m hhh°
   10   Mot:    whAt do you mean <<stylized>KIND of;>
   11   Mar:    =((swallows)) WELL-
   12           °hh ha\ the nEw people have been AFter him ⌐about_h⌐
   13           the POTho:les,
```

Nach einigen Zwischenschritten (Z. 4–6), informiert Marian ihre Mutter über die Straßenbauarbeiten (Z. 7). Sie tut dies allerdings relativ markiert (*they kInd of paved our ROAD this week.*). Darauf reagiert ihre Mutter mit einem steigend-fallenden *OH* mit hohem Ansatz, der Tonhöhenumfang des *OH* ist weit und größer als der des *informing* (vgl. Abb. 2) und das *OH* ist merklich gelängt, woraufhin Marian die Sequenz fortführt (Z. 9 und 11 ff), wenn auch mit etwas Verzögerung

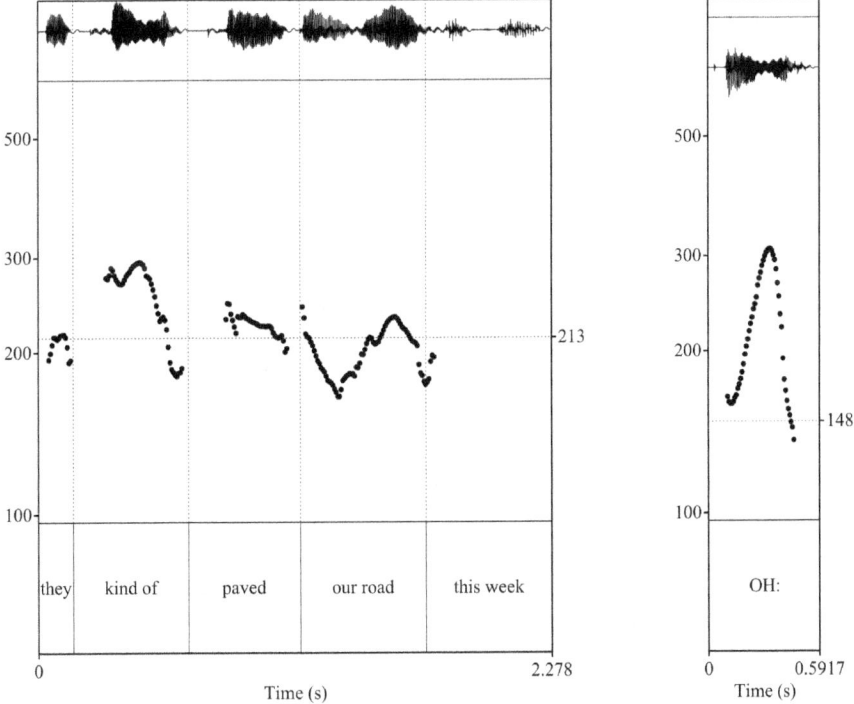

Abb. 2: Oszillogramm und Grundfrequenz und Mittelwert des jeweiligen Sprecherregisters, Z. 7–8 in Beispiel 2.

in Z. 9.[8] In jedem Fall verfolgt auch Marians Mutter ganz explizit die Fortsetzung der Sequenz mit einer Nachfrage (*whAt do you mean «stylized> KIND of;>*, Z. 10). Beide Teilnehmer orientieren sich nach einem solch weiten, steigend-fallenden und langen *OH* also nicht an Sequenzbeendigung, sondern an Sequenzfortsetzung.

Neben einer steigend-fallenden Kontur können solche *OHs* auch eine steigende Kontur haben, wie Beispiel 3 zeigt. Nachdem Nancy ihrer Freundin Emma erzählt hat, wie es ihr geht, bringt nun Emma Nancy auf den neuesten Stand. Wir konzentrieren uns auf das *OH* in Z. 41.

Beispiel 3: Company deal (NB 008, sec. 43-58)
```
    36   Emm:    °hhh [bUd just left] to play GOLF;=
->  37           =he's gotta go to RIVerside;=
    38   Nan:    =[↓OH:.       ]
->  39   Emm:    =[on a cOmpa]ny DEAL; | so.
    40   Emm:    ((click)) °h[hh        ]
=>  41   Nan:                [↑OH::?]
    42   Emm:    ↑GOD [it's be\]
 F  43   Nan:         [to rIver]side toDAY:?
    44   Emm:    °hh yeah they:
    45           they gonna tEe⁹ off at TWELVE-=
    46           =it's a cOmpany DEAL,=
    47           =so (.) the cOuple was supposed to come dOwn to (.)
```

Das *informing* in Z. 37 und 39 beantwortet Nancy mit einem gelängten, lauten und steigenden, modalen *OH*, das bereits höher beginnt und dessen Tonhöhenumfang insgesamt auch deutlich weiter als der des *informings* ist (Z. 41, vgl. Abb. 3). Während Emma in Z. 42 schon in ein neues Thema einsteigt, beginnt Nancy die Fortsetzung der Sequenz auch explizit einzufordern (*to rIverside toDAY:?*, Z. 43), und noch bevor die Nachfrage vollständig ist, bricht auch Emma den Themeneinstieg ab (*GOD it's bee-*, Z. 42) und beantwortet Nancys Nachfrage (Z. 44ff). Nancys *OH* trägt damit also zur Fortführung der Sequenz bei, und beide Teilnehmerinnen orientieren sich auch an Sequenzfortsetzung.

Festzuhalten sind hier folglich drei Ergänzungen zu bisherigen Befunden: 1) Freistehende *OHs* können nicht nur zur Sequenzbeendigung, son-

---

[8] Diese deutet möglicherweise bereits die etwas später berichteten Probleme des Straßenbaus an.
[9] Begriff aus dem Golfspiel.

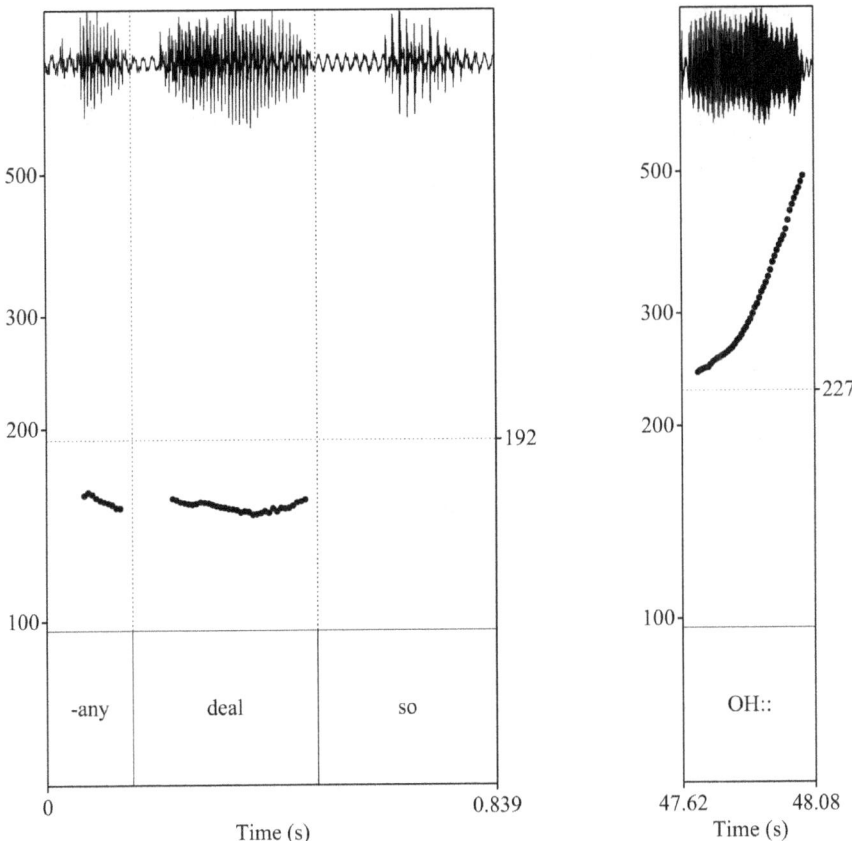

Abb. 3: Oszillogramm und Grundfrequenz und Mittelwert des jeweiligen Sprecherregisters, Z. 39 and 41 in Beispiel 3.

dern auch zur Sequenzfortsetzung beitragen; 2) dies geht einher mit klar aufgeteilten Konturenarten; 3) neben den Konturen sind jedoch auch weitere prosodisch-phonetische Parameter relevant, nämlich mindestens Tonhöhenumfang, Lautstärke und Länge sowie deren Relation zu diesen Parametern des *informing*. Das etwaige Zusammenspiel von Form und Funktion bei *OH* ist also hier bereits komplexer als angenommen.

Bisher zumindest ließe sich die beobachtete Komplexität gegebenenfalls noch zusammenfassen: Sequenzbeendigung folgt eher herabgestufter (*downgraded*) Tonhöhe und Lautstärke, während heraufgestufte (*upgraded*) Tonhöhe und Länge sowie ggf. Lautstärke eher zu Sequenzfortsetzung führen (vgl. auch *prosodic down-/upgrade* bei Curl 2005, Ogden 2006, Couper-Kuhlen 2014). Das scheint auch von anderen Beispielen bestätigt zu werden. In Beispiel 4 etwa versucht Nancy Emma zu überzeugen, am Nachmittag auf eine Shopping-Tour mit ihr zu gehen. Emma würde gern mitkommen, zögert aber noch, weil sie sich gerade einer Operation am Zeh unterzogen hatte. (Bud ist Emmas Ehemann.)

Beispiel 4: Go back up (NB 010, sec. 279-304)
```
     1   Nan:    °hh a:n:d | I thought i probably go over
                 arou:nd THREE,
     2           i think the trAffic might be: (.) less in the MIDDle of
                 the afternoo:[n,]
     3   Emm:                 [m_][hm:,]
     4   Nan:                     [°hhh] a:nd_uh-
     5           i [thought well i]'m gonna go       ]
     6   Emm:      [   t_°h      ] well i TELL you] (b\)
     7           <<f>uh: bUd might go back up to the BOAT;=
 -> 8           =he's out riding a BIKE now->=
 -> 9           =<<dim>an' he thought he'd [gO up 'n' ge]t a P]Aper.>=
 =>10   Nan:                               [   ↑^OH::]:.  ]
    11   Emm:   °hh[h              ]
 F 12   Nan:      [Oh he wasn't go]ing <<all> he didn't go FISHing at the uh
   13           [didn't go GOL][Fing then;=]huh?> ]
   14   Emm:   [oh i can't go ]
   15                         [     oh ]god i c]an't go on a bOat for a
                 lOng TIME;
```

Emma hatte bereits einige Überlegungen angestellt, wie sie trotz ihres frisch operierten Zehs gemeinsam mit Nancy einkaufen gehen kann. So äußert sie, dass Bud sie mitnehmen könnte, wenn er vielleicht zurück zu seinem Boot im Hafen fährt (vgl. Z. 7). Allerdings ist Bud gerade mit dem Rad unterwegs, und er wollte eine Zeitung kaufen (Z. 8-9). Auf dieses *informing* reagiert Nancy nun bereits in Überlappung mit Emmas Turn mit einem stark steigend-fallenden, modalen OH (Z. 10), das neben dem Tonhöhenumfang, der hörbar weiter als der des *informing* ist, zudem auch hörbar lauter und gelängt ist (vgl. *prosodic upgrade*) (vgl. Abb. 4). Ob Emma daraufhin die Sequenz fortsetzen wollte, lässt sich aus Z. 11 nicht erkennen, aber in Z. 12-13 wird die Sequenzfortsetzung deutlich von Nancy verfolgt, indem diese explizit nachfragt. Heraufgestufte Prosodie scheint also auch hier mit Sequenzfortsetzung einherzugehen.

Allerdings macht gerade das Beispiel 4 auch deutlich, dass wir für die Diskussion eines eventuellen Zusammenspiels der lautlichen Seite und der sequenziellen Implikation anscheinend noch einen weiteren Faktor einbeziehen müssen:

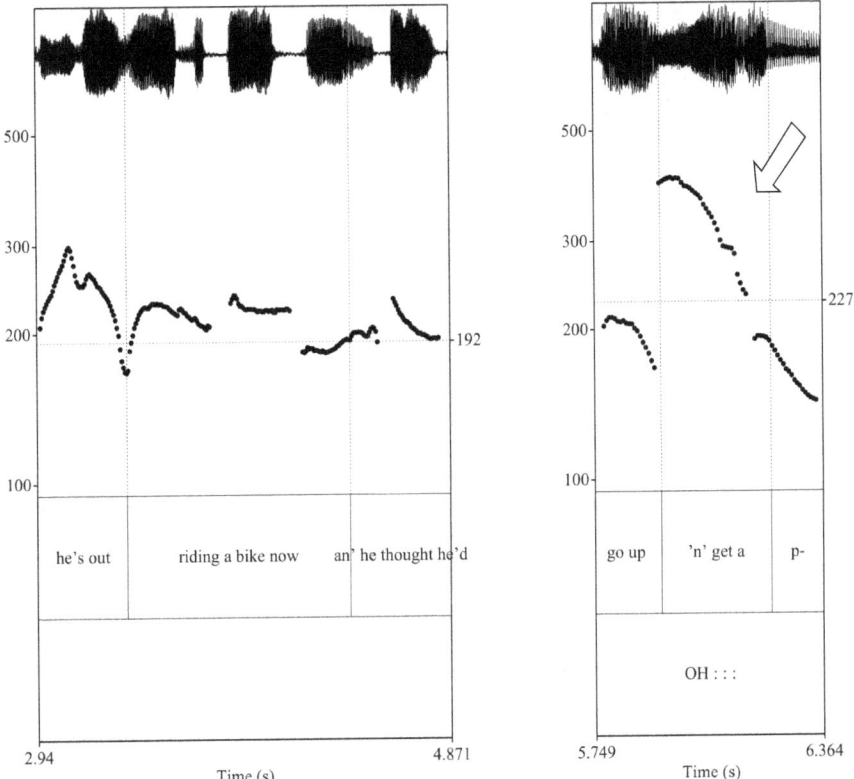

Abb. 4: Oszillogramm und Grundfrequenz mit Mittelwert des jeweiligen Sprecherregisters, Z. 8–10 in Beispiel 4 (Der Pfeil verweist auf die relevante Tonhöhenbewegung in der Überlappung).

die dargestellte innere Beteiligung. Nancy bringt nämlich auch deutlich zum Ausdruck, dass das *informing* im Gegensatz zu ihrem bisherigen Wissen steht: Sie war eigentlich der Ansicht, dass Bud gerade zum Golfspielen weggefahren ist (vgl. Z. 12–13). Wenn sie jetzt erfährt, dass er doch im Ort ist, kommt das unerwartet. Nancys Reaktion in Z. 10 ist demnach auf der Grundlage des sequenziellen Kontextes als eine Darstellung von *surprise* zu interpretieren, also eine Reaktion, die anzeigt, dass die vorhergehende Information den Erwartungen des Empfängers widerspricht (vgl. Local 1996, Wilkinson/Kitzinger 2006). Diese Interpretation wird auch von der Heraufstufung von Tonhöhe, Lautstärke und Länge gestützt (vgl. Wilkinson/Kitzingers (2006) *punched-up prosody* bei *surprise*). Hier gehen also nicht nur heraufgestufte Prosodie und Sequenzfortsetzung miteinander einher, sondern auch die prosodisch-phonetische Gestaltung und die Darstellung größerer innerer Beteiligung.

Ähnliches lässt sich nun bei genauerem Hinschauen auch schon bei Beispiel 2 und Beispiel 3 erkennen: Während die *OH*-Sprecherin in Beispiel 1 die Information einfach nur ‚empfängt' (*news receipt simpliciter*), zeigen die Sprecherinnen in Beispiel 2 und Beispiel 3 mehr innere Beteiligung – sie interessieren sich für mehr Information (Beispiel 2) oder zweifeln sogar an der Gültigkeit des mit dem *informing* vermittelten Wissens (Beispiel 3), wie sich aus ihren Nachfragen (*whAt do you mean ≪stylized>KIND of;>* in Beispiel 2, Z. 10; *to rIverside toDA:Y?* in Beispiel 3, Z. 43) erkennen lässt. Auch hier gehen also Sequenzfortsetzung und größerer Tonhöhenumfang und -höhe sowie Längung und ggf. Lautstärke bereits mit größerer dargestellter innerer Beteiligung einher.

Im nächsten Schritt werden wir nun zeigen, dass es in der Tat eher die dargestellte innere Beteiligung zu sein scheint, und nicht die heraufgestufte lautliche Realisierung, die für die Sequenzfortsetzung ausschlaggebend ist. So finden wir im Beispiel 5 ebenfalls größere dargestellte innere Beteiligung und Sequenzfortsetzung, das aber bei einem *OH*, das zwar bzgl. Länge und Stimmqualität ‚heraufgestuft' ist – es ist gelängt, und wir können Knarrstimme hören – bzgl. der meisten prosodisch-phonetischen Parameter wird es jedoch herabgestuft realisiert (fallend, flacher, leiser, tiefer; vgl. Tab. 1). Das relevante *OH* wird in einem Kontext potentiell schlechter Neuigkeiten für eine der Teilnehmerinnen verwendet – Emmas Zeh-OP.

Beispiel 5: Bleeding a little (NB 010, sec. 47-66)
```
   1   Nan:    °hh can you WALK?ʰ
   2           (0.3)
   3   Nan:    <<p> w(ould)be too HARD for you [?>        ]
   4   Emm:                                   [((click))] <<p, len> Oh:::
                darling i don't KNOW;>
   5           uh it's blEeding <<all> a LITTle;>=
   6           =he just took the> bAndage o:ff YESterday;=
   7           =an' i've go\ uh just got a::: (.) ((click)) °hh one of those
                BAND\
   8           that pErforated BAND-aids¹⁰ on,=
-> 9   Emm:    =it's blEedi[ng    just a] tIny tiny <all>BIT;>=
  10   Nan:                [<<p> YAH?>]
->11   Emm:    =it has to be DRESSED; bu[t_uhm              ]
=>12   Nan:                             [<<creaky>`OH:]::[::.>
 F 13  Emm:                                              [↑gOd it was
                HELL. ((laugh))
```

---

10 Produktname.

```
14   Nan:      [whAt a SH:][A:M:::E.          ]
15   Emm:     °h[hhh       ][he gives you nova]cane
```

Nach Emmas *informing* zu den Folgen ihrer Zeh-OP (*it's blEeding [...] has to be DRESSED [...]*, Z. 9 und 11), reagiert Nancy mit Empathie, also Verständnis für das Befinden einer anderen Person, was dadurch ausgedrückt wird, dass eine ähnliche emotionale Haltung eingenommen wird (Heritage 2011). Explizit wird dies mit *whAt a SH:A:M:::E.* in Z. 14 (vgl. Kupetz 2014, 2015, auch Couper-Kuhlen 2012). Das *OH* in Z. 12 wird knarrend gesprochen und ist extrem lang, gleichzeitig aber flach sowie tiefer und leiser als Emmas *informing* (vgl. Abb. 5),

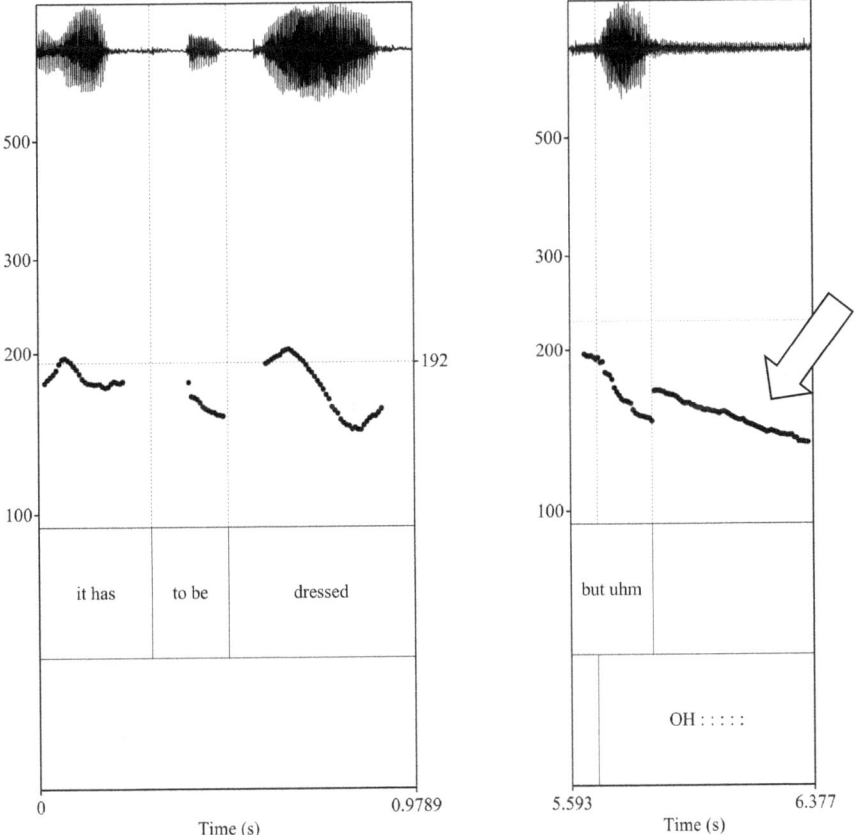

Abb. 5: Oszillogramm und Grundfrequenz und Mittelwert des jeweiligen Sprecherregisters, Z. 11–12 in Beispiel 5 (Der Pfeil verweist auf die relevante Tonhöhenbewegung in der Überlappung).

also prosodisch eher herabgestuft. Dennoch wird in diesem Beispiel auch mit Sequenzfortsetzung geantwortet. Das Beispiel widerspricht also 1) dem bisher vermuteten Zusammenhang zwischen heraufgestufter Prosodie und Phonetik und Sequenzfortsetzung und unterstreicht stattdessen die Rolle der dargestellten inneren Beteiligung – ein Faktor, der bei Fischer (2015) keine Rolle spielte. 2) widerspricht es der Idee der Zusammenfassung der prosodisch-phonetischen Parameter in ‚prosodic up-/downgrade' an sich – die relevanten prosodisch-phonetischen Parameter gehen diesbezüglich. nicht immer „in eine Richtung". Und 3) hebt das Beispiel nochmals die Relevanz weiterer prosodisch-phonetischer Parameter hervor, hier die Stimmqualität.

Die größere Rolle der dargestellten inneren Beteiligung, und damit auch die Notwendigkeit für detailliertere Form-Funktions-Beschreibungen, wird auch von einer weiteren Beobachtung gestützt: Es ist anscheinend auch noch nicht größere dargestellte innere Beteiligung an sich ausschlaggebend, sondern für Sequenzfortsetzung oder -beendigung kommt es zudem offensichtlich darauf an, welcher *Art* die dargestellte innere Beteiligung ist: Während *surprise* häufig zur Fortsetzung der Sequenz führt, ist das bei Empathie nicht unbedingt der Fall. In anderen Beispielen führen empathische Bekundungen nämlich, obwohl sie mit gleichen lautlichen Merkmalen realisiert werden, auch zum Sequenzende. Dies zeigt der folgende Ausschnitt. Er folgt unmittelbar auf Beispiel 1, in dem Emma bereits von ihrem Ausflug nach Palm Springs berichtet hatte.

Beispiel 6: Just so uncomfortable (NB 010, sec. 1117-1128)

```
-> 6    Emm:            [°h]h an' i wOuldn even stay for the DINner;=
-> 7             =it was so dAmn HOT;=
-> 8             =i said gotta get the heck OUT of here;=
-> 9             =it was ju[st   sO  unCOMfortab]le.
=> 10   Nan:           [<<l, creaky>OH::::.>]
-> 11   Emm:    'n my [tOe  was  hurtin' me]    TOO[:, so;]
=> 12   Nan:          [<<l, creaky> OH::::.>]
   13                                           [ YE::A]H;
-> 14   Emm:    (-)((click))_°hh[h ]
=> 15   Nan:                    [↑O][h: that's a SHAME    ]
 N 16   Emm:                       [↑well ↑LISten honey,
   17                                            uh]: _?:
```

Als Reaktion auf Emmas Bericht, dass sie Palm Springs früher als geplant verlassen musste, weil es so heiss war und ihr Zeh wehtat (Z. 6–9 und 11), macht Nancy hier mehrere, auch prosodisch-phonetisch als empathisch markierte

Einwürfe: <<l, creaky>OH:::.> (Z. 10), <<l, creaky>OH:::.> (Z. 12) und ↗Oh: that's a SHAME (Z. 15) (vgl. Abb. 6, Tab. 1 sowie die Tondateien[11]). Im Gegensatz zu Beispiel 5 haben diese hier aber keine Sequenzfortsetzung zur Folge, sondern sie tragen zur Beendigung der Sequenz bei: Emma beendet bereits den

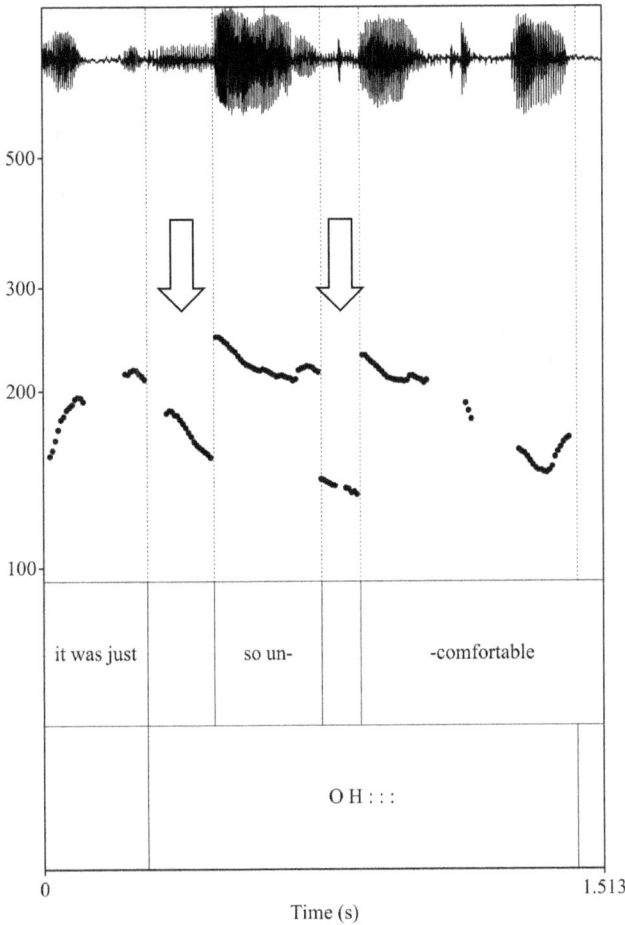

Abb. 6: Oszillogramm und Grundfrequenz und Mittelwert des jeweiligen Sprecherregisters, Z. 9–10 in Beispiel 6 (Die Pfeile verweisen auf die relevanten Tonhöhenbewegungen in Nancys Turn, die während stimmloser Momente in Emmas überlappendem Turn hörbar werden).

---

11 Auf eine PRAAT-Darstellung von Zeilen 12 und 15 wurde hier verzichtet, da das Programm hier aufgrund der Überlappung und der Knarrstimme keine Grundfrequenz darstellen kann.

Turn in Z. 11 mit einem finalen *so* (vgl. Raymond 2004: 189). Dem folgen in Z. 14 eine Pause und ein bilabialer Klicklaut, die – eventuell auch zusammen mit dem langen Einatmen (vgl. Heritage 2013) – als Auftakt zum dann folgenden Themenwechsel/Sequenzbeginn (Z. 16 ff) interpretiert werden können (vgl. Wright 2011). *Empathy* lässt also, im Gegensatz zu *surprise*, offen, ob die Sequenz fortgeführt wird oder nicht. Die Art der dargestellten inneren Beteiligung spielt hier demnach eine größere Rolle als das wie auch immer geartete Bündel prosodisch-phonetischer Merkmale. Sie muss also Teil der eventuellen konstruktionsgrammatischen Beschreibung sein. Gleichzeitig lenkt das komplexe Bündel prosodisch-phonetischer Merkmale die Interpretation bzgl. der Art der dargestellten inneren Beteiligung, ist also in einer Formbeschreibung ebenfalls nicht vernachlässigbar.

Schließlich machen weitere Beispiele auf eine zusätzliche Schwierigkeit für eine einfache konstruktionsgrammatische Beschreibung aufmerksam: die Gradualität der prosodisch-phonetischen Parameter. In den beiden folgenden Beispielen drückt OH *surprise* aus, allerdings ist die innere Beteiligung unterschiedlich stark dargestellt, und dies schlägt sich auch in der unterschiedlich stark markierten prosodisch-phonetischen Realisierung nieder. In Beispiel 7 verweist Lottie – nachdem sich Emma vorher beschwert hatte, sie nicht erreichen zu können – auf ihren eigenen Versuch, Emma zu erreichen.

Beispiel 7: Just got up (NB 028, sec. 9–22)
```
   10    Lot:    ((click))(.) an' i cAlled you ↑EARlier.=
   11    Emm:    =°h OH- | ↑i was down to MARgy;
   12            =helping her do some BOOKwork.=
   13            =for her hUsband (then:/an':);
   14            =she hAd me stay for DINner;=
   15            =with a cOuple of the KI:DS.
->16            =so i ↑jUst <<f>got U:P,>
=>17    Lot:    <<f>^OH::.>
 N 18    Emm:    =°h <<f>↑hOw was your TRIP.>
   19    Lot:    Oh: gO:d WONderful Emm[a;
```

Lotties Hinweis auf den vergeblichen Anrufversuch ihrerseits (Z. 10) veranlasst nun Emma zu erklären, dass sie am Abend zuvor aus war (Z. 11–15) und daher gerade erst aufgestanden ist (Z. 16), weswegen sie anscheinend Lotties Anruf verpasst hat. Das späte Aufstehen ist wahrscheinlich sonst nicht Emmas Art, zumindest markiert sie diese Information prosodisch hoch und laut, und auch Lottie quittiert das *informing* mit einem leicht überraschten *OH*: Es weist Längung und eine steigend-fallende Tonhöhenbewegung auf (vgl. *punched-up pro-*

sody). Der Tonhöhenumfang (12 ST[12]) ist aber etwas kleiner als der des *informings* (14 ST), es hat modale Stimmqualität und es ist nicht lauter als das *informing* (vgl. Abb. 7). In der Folge beginnt Emma eine neue Sequenz (Z. 18).

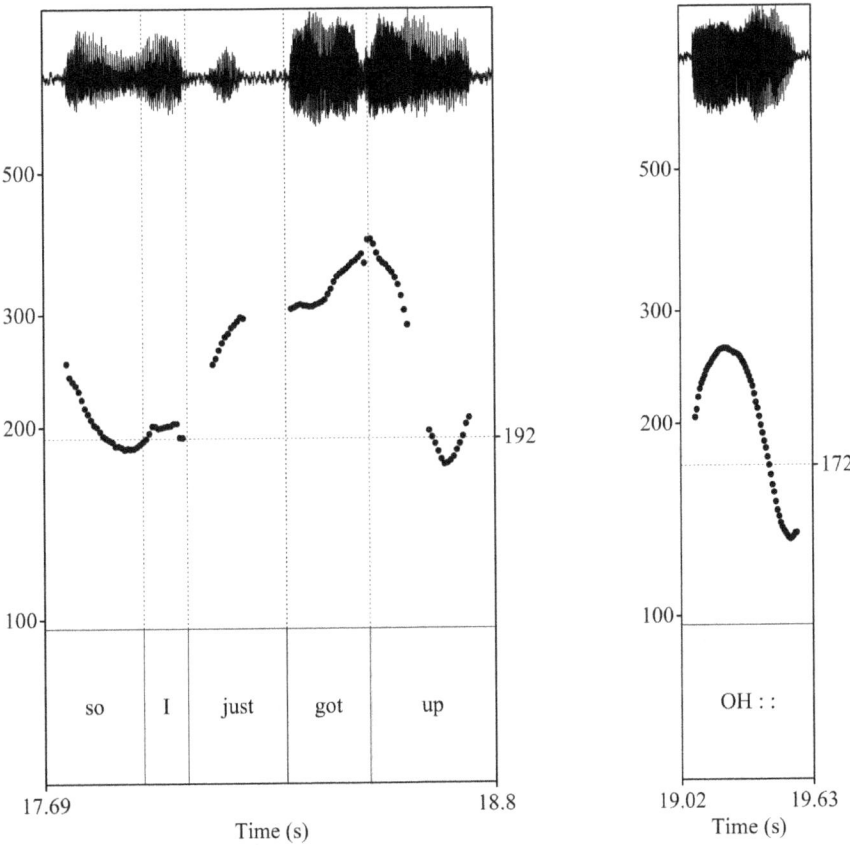

Abb. 7: Oszillogramm und Grundfrequenz sowie Mittelwert des Sprecherregisters, Z. 16–17 in Beispiel 7.

Deutlich größere Überraschung zeigt Emma in Beispiel 8, als sie auf die Frage nach der Qualität des Hauses der Bekannten, die Lottie gerade besucht hat, erfährt, wo dieses steht.

---

[12] Semitones (Halbtöne).

Beispiel 8: El Dorado (NB 028, sec. 42-64)
```
   27    Emm:   =↑Oh: hOney (i bet/but) the hOuse is BEAUtiful.=hu:h?
   28    Lot:   <<p>Oh::: god EMma.>
   29           (.)
   30    Lot:   <<p>JEsus;
   31           =how L:UCKy.>
   32    Emm:   <<p>mm::::.>
   33    Lot:   yOu have no iDEA;=
->34           =<<f>it's rIght across> the street from the:::
                 <<f>↑El doRAdo.>
=>35   Emm:   (.) ((click)) !<<f>↑ O::↓H:::!.>
 F 36  Lot:   YEAH.
   37  Emm:   oh not NEAR the indian wE:lls.
   38         (1.2)
   39  Lot:   <<p>YE:A:H:?>
   40         (0.2)
   41  Lot:   it's_uh I:ndian WELLS-
   42         uh well it's All indi[an wE [lls 'n' p]a:lm DEsert now;=
   43  Emm:                        [°hhhh[  YEAH.    ]
```

Nachdem Lottie auf Emmas Frage hin (Z. 27) bereits enthusiastisch die Qualität des Hauses gepriesen hat (Z. 28, 30-31, 33), führt sie als weiteres Merkmal dessen offensichtliche gute Lage an (<<f>*it's rIght across*> *the street from the::: <<f>↑El doRAdo.*>). Emma reagiert darauf beeindruckt mit einem sehr erstaunten *OH*. Das Erstaunen zeigt sich zum einen in den sequenziellen Implikationen: Lottie bestätigt die Information nochmals (Z. 36), und Emma führt die Sequenz fort, indem sie ihr vermeintliches Wissen, also das, was zu der Überraschung geführt hat, thematisiert (Z. 37).[13] Zum anderen weist das modale *OH* auch sehr deutliche *punched-up prosody* auf: die steigend-fallende Tonhöhenbewegung erstreckt sich über 27 ST – deutlich weiter als die des *informings* (16 ST) (vgl. Abb. 8). Zudem ist das *OH* laut und sehr lang. Im Vergleich zu Beispiel 7 wird die Überraschung hier also viel deutlicher markiert, und sie zeigt in Beispiel 8 auch einen größeren Grad an dargestellter innerer Beteiligung an.

---

[13] Emmas vermeintliches Wissen ist auch aus anderen Gründen nicht ganz zutreffend, was im Folgenden zu Lotties zurückhaltender Reaktion auf Emmas Nachfrage (Z. 38-39) und weiteren Erklärungen (Z. 41-43) führt.

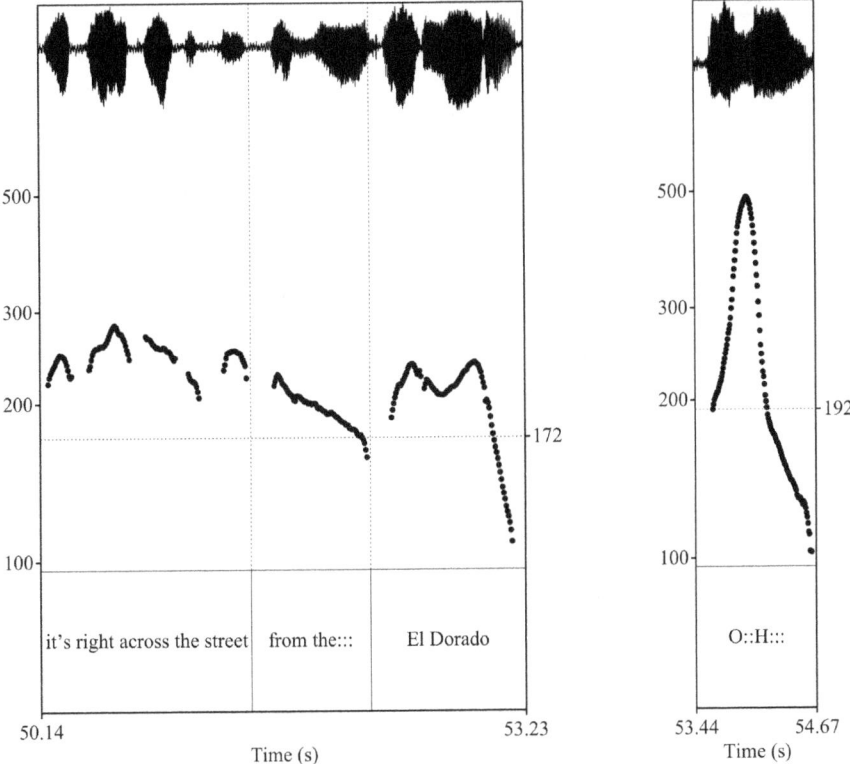

Abb. 8: Oszillogramm und Grundfrequenz sowie Mittelwert des Sprecherregisters, Z. 34–35 in Beispiel 8.

Diese Beispiele belegen nochmals den Zusammenhang zwischen dargestellter innerer Beteiligung, Sequenzfortsetzung und lautlicher Realisierung. Sie zeigen aber auch, dass dargestellte innere Beteiligung und Prosodie/Phonetik nicht binär, sondern graduell sind: Je größer der Grad an dargestellter innerer Beteiligung, desto stärker sind die prosodisch-phonetischen Parameter ausgeprägt, hier Umfang der Tonhöhenbewegung, Länge und Lautstärke. Gleichzeitig hat dies auch unterschiedliche sequenzielle Implikationen, sprich eine andere Bedeutung. Eine Beschreibung der Formen und Funktionen von *OH* müsste daher u. E. auch der Gradualität von dargestellter innerer Beteiligung und prosodisch-phonetischer Realisierung Rechnung tragen.

6 Zwischenfazit

Zusammenfassend lässt sich für freistehende *OHs* in englischer Alltagsinteraktion sagen, dass Aussagen zu einem eventuellen Zusammenspiel von Form und „Bedeutung" einer wesentlich komplexeren Situation Rechnung tragen müssen, als von Fischer (2015) angenommen. Auf der Formseite müssen mindestens weitere Tonhöhenbewegungen und weitere prosodisch-phonetische Parameter wie Tonhöhenumfang, Sprechtempo, Lautstärke und Stimmqualität sowie die Relation der prosodisch-phonetischen Realisierung des *OH* zu dem des *informing* in Betracht gezogen werden.

Wie Tab. 1 zeigt, korrelieren zudem weder einzelne prosodische Parameter (Tonhöhe, Lautstärke, Länge) noch ihre Cluster eindeutig mit (1) sequenziellen Implikationen oder (2) dem Grad der dargestellten inneren Beteiligung der *OH*-Sprecher. Bezüglich sequenzieller Implikationen sehen wir fallende Konturen sowohl bei Sequenzbeendigung (Beispiel 1 und Beispiel 6) als auch -fortsetzung (Beispiel 5), und auch steigend-fallende Konturen tauchen mit Sequenzfortsetzung (Beispiel 2) und -beendigung (Beispiel 7) auf. Ebenso finden sich flache Tonhöhenbewegungen bei beiden Arten sequenzieller Implikationen (vgl. Beispiel 1 und Beispiel 6 vs. Beispiel 5). Gleiches gilt für reduzierte Lautstärke (vgl. Beispiel 1 und Beispiel 6 vs. Beispiel 5) und Längung (Beispiel 2, Beispiel 3, Beispiel 4, Beispiel 5 und Beispiel 8 vs. Beispiel 6 und Beispiel 7). Hinsichtlich der dargestellten inneren Beteiligung finden sich fallende Konturen sowohl bei geringerem als auch bei größerem Grad der dargestellten Beteiligung (vgl. Beispiel 1 vs. Beispiel 5 und Beispiel 6). Steigend-fallende Konturen scheinen zwar immer mit größerer dargestellter innerer Beteiligung einherzugehen (vgl. Beispiel 2, Beispiel 4, und Beispiel 7), und das Gleiche gilt für Längung (Beispiel 2 bis Beispiel 8) und Stimmqualität (vgl. Beispiel 4 und Beispiel 5), aber nicht für Lautstärke (vgl. Beispiel 4 und Beispiel 8 vs. Beispiel 5 und Beispiel 6).

Weiterhin können die relevanten Parameterkonstellationen nicht einfach mit Konzepten wie *prosodic up-/downgrade* zusammengefasst werden. So wird bei *empathy* flache Intonation (*pitch downgrade*) u. a. mit größerer Länge (*length upgrade*) und Knarrstimme kombiniert (vgl. Beispiel 5 und Beispiel 6).

Die Kontur, die Längung und die Stimmqualität wären also im besten Falle ein Hinweis auf die dargestellte innere Beteiligung (nicht jedoch auf die sequenziellen Implikationen), wobei eben auch hier weitere prosodisch-phonetische Parameter einbezogen werden müssen, um die genaue Art der dargestellten inneren Beteiligung und ihren Grad ableiten zu können, und genau diese sind für die sequenziellen Implikationen relevant.

Tab. 1: Zusammenfassung der in den diskutierten Fällen relevanten affektiven, prosodisch-phonetischen und sequenziellen Merkmale.

Beispiel		Beispiel 1, Z. 5	Beispiel 2, Z. 8	Beispiel 3, Z. 41	Beispiel 4, Z. 10	Beispiel 5, Z. 12	Beispiel 6, Z. 12	Beispiel 7, Z. 17	Beispiel 8, Z. 35
dargestellte innere Beteiligung der OH-Sprecher									
Grad		geringer	größer	größer	größer	größer	größer	größer	sehr groß
Art		news receipt simpliciter	interest	doubt/ disbelief	surprise	empathy	empathy	leichte suprise	ausgeprägte surprise mit appreciation
prosodisch-phonetische Parameter des OH									
Tonhöhe des OH	Kontur	fallend	steigend-fallend	steigend	steigend-fallend	fallend	fallend	steigend-fallend	steigend-fallend
	Umfang	flach	weit	weit	weit	flach	flach	weit	sehr weit
	Umfang in Relation zum informing	nicht weiter	weiter	weiter	weiter	weniger weit	weniger weit	etwas geringer	viel weiter
	Tonhöhengipfel in Relation zum informing	nicht höher	höher	höher	höher	tiefer	tiefer	tiefer	höher
Lautstärke des OH in Relation zum informing		nicht lauter	manchmal lauter	manchmal lauter	lauter	leiser	leiser	nicht lauter	laut
Längung des OH		nicht gelängt	gelängt	gelängt	gelängt	gelängt	gelängt	gelängt	sehr gelängt

(fortgesetzt)

Tab. 1 (fortgesetzt)

Beispiel	Beispiel 1, Z. 5	Beispiel 2, Z. 8	Beispiel 3, Z. 41	Beispiel 4, Z. 10	Beispiel 5, Z. 12	Beispiel 6, Z. 12	Beispiel 7, Z. 17	Beispiel 8, Z. 35
Stimmqualität	modal	modal	modal	modal	Knarrstimme	Knarrstimme	modal	modal
sequenzielle Implikationen des OH	Beendigung	Fortsetzung	Fortsetzung	Fortsetzung	Fortsetzung	Beendigung	Beendigung	Fortsetzung

Während wenig oder gar keine dargestellte innere Beteiligung mit vergleichweise kurzen, flach-fallenden *OHs* korreliert und eher zu Sequenzbeendigung beiträgt, führt die Darstellung größerer innerer Beteiligung, je nach Art der inneren Beteiligung, zu *punched-up prosody* und Sequenzfortsetzung (z. B. *surprise*) oder teils herab-, teils heraufgestufter lautlicher Realisierung und offenen sequenziellen Implikationen (Fortsetzung oder Abschluss bei *empathy*). Beide Arten von dargestellter innerer Beteiligung sind also zwar von ‚auffälligerer' Prosodie und Phonetik kontextualisiert, was genau diese ‚auffälliger' macht, ist aber von der Art der dargestellten inneren Beteiligung abhängig. Schließlich beeinflusst der Grad der dargestellten inneren Beteiligung die Ausprägung der prosodisch-phonetischen Parameter. Da auch Letztere – zusammen mit anderen Merkmalen von Turndesign, sequenzieller Organisation sowie der realisierten Handlung - den TeilnehmerInnen als Kontextualisierungshinweis für die sequenziellen Implikationen dienen, ist auch die Stärke der prosodisch-phonetischen Markierung relevant für die Handlungszuschreibung und muss mit erfasst werden. Weil die prosodisch-phonetischen Parameter graduell verschieden sein können, besteht zudem die Schwierigkeit der Beschreibung dieses graduellen Phänomens und damit auch der Beschreibung relevanter Umschlagpunkte. Insgesamt handelt es sich also um ein wesentlich komplexeres Bild, was den Zusammenhang zwischen Form und Funktion bei freistehenden *OH* in englischer Alltagsinteraktion angeht.

Zu Bedenken ist außerdem, dass *interest*, *surprise* und *empathy* die Arten von dargestellter innerer Beteiligung waren, die in unserer Beispielkollektion vorkamen – daneben gibt es sicher noch weitere, mit eventuell wieder anderen Auswirkungen auf Prosodie und Phonetik und die sequenziellen Implikationen. Dies würde weitere Komplexität mit sich bringen und damit größere Granularität in der Beschreibung nötig machen.

7 Diskussion: *OH*-Formate als Gegenstand der Konstruktionsgrammatik?

Wir interpretieren nun die Ergebnisse unserer Studie zu den unterschiedlichen prosodisch-phonetischen *OH*-Formaten in Bezug auf die theoretische Ausgangsfrage nach der möglichen Rolle von Prosodie und Phonetik in konstruktionsgrammatischen Beschreibungen.

Unsere Studie zeigt vier Hindernisse, die einer Integration der lautlichen Seite in die konstruktionsgrammatische Beschreibung und damit eines Verständnisses der *OH*-Formate als Konstruktionen entgegenstehen:

(1) Die Komplexität der Beschreibung
Unsere Analysen weisen die Relevanz von zahlreichen feinen prosodisch-phonetischen und funktionalen Unterscheidungen aus, die in der Konstruktionsgrammatik bisher nicht beachtet wurden. So konnten wir bspw. zeigen, dass unterschiedliche Arten und Grade der dargestellten inneren Beteiligung und deren sequenzielle Konsequenzen distinktiv für unterschiedliche *OH*-Verwendungen sind und daher auch in die Beschreibung einbezogen werden müssen (*empathy* z. B. macht Fortsetzung nicht unbedingt relevant). Ein solcher Grad von Detaillierung würde das ‚Konstruktikon' jedoch so aufblähen, dass es desktiptiv schwer handhabbar wird, auch wenn die entsprechenden Verwendungen von den InteraktionsteilnehmerInnen routinemäßig und problemlos produziert und verstanden werden können (cf. Imo/Lanwer 2017). Die Frage an die Konstruktionsgrammatik ist also: Welchen Detailliertheitsgrad in der Beschreibung und Unterscheidung von Konstruktionen möchte sie erfassen? Beschreibungen von *OH*-Formaten können (wie für die meisten Konstruktionen) mehr oder weniger detailliert ausfallen (vgl. Imo 2011). Mit dem gewählten Granularitätsgrad verbindet sich von daher also auch die Frage, wie komplex die Beschreibung wird und wie viele Konstruktionen unterschieden werden.

Eine zweite, damit verbundene Frage geht über die Frage der reinen Beschreibungspraktikabilität hinaus und berührt einen zentralen theoretischen Punkt: Wie exhaustiv sollen Variationen und Kontextsensitivitäten sprachlicher Praxis in einem konstruktionsgrammatischen Rahmen als Effekt von unterschiedlichen Konstruktionen erklärt werden? Wenn eine handhabbare und einigermaßen schematische Repräsentation von *OH* im Rahmen der Konstruktionsgrammatik erstellt werden soll, dann müssen Abstriche an der Granularität der Beschreibung gemacht werden. Dies würde allerdings heißen, dass Verwendungsunterschiede, die für die TeilnehmerInnen *in situ* nachweislich relevant sind, nicht als Teil von Konstruktionen zu repräsentieren wären. Eine maximale konstruktionsgrammatische These dagegen behauptet, dass alle Eigenschaften der sprachlichen Praxis konstruktionsderiviert sind (vgl. Goldbergs Diktum: „It's constructions all the way down", Goldberg 2006: 18; s. a. Boas 2013). Versucht man aber alle Eigenschaften sprachlicher Praxis als Teil von Konstruktionsbeschreibungen zu erfassen, führt dies in mehrere Aporien:

– Sie nivelliert den Unterschied zwischen Konstruktionen und Konstrukten (*constructs*), da aus dieser Perspektive jede situative Adaptation eine eigene Konstruktion ist;
– sie lässt unerklärt, wie neue Konstruktionen in der Praxis entstehen können, wenn doch jede Praxis eine Implementierung schon gewusster Konstruktionen ist;

– sie gerät daher auch notwendigerweise in Konflikt mit zentralen Bestimmungsstücken des Konstruktionsbegriffs, namentlich damit, dass Konstruktionen usuell und entrenched (vgl. Langacker 2008) sein sollen, denn es drohen potenziell unendliche Listen von Konstruktionen, wenn jede formale, kontextuelle oder funktionale Verwendungsvariante als Konstruktion repräsentiert werden soll. Wenn Konstruktionen nicht mehr als generische, einigermaßen abstrakte Größen angesehen werden, die dann durch andere, konstruktionsfremde Prozesse (wie Sequenz, Multimodalität, Inferenz) situiert adaptiert und interpretiert werden, führt das zu absurden Konsequenzen, wie etwa, dass viele Konstruktionen unikal sind, oder dass im sprachlichen Wissen jede nur denkbare kontextuelle Situation schon vorgesehen sein muss.

(2) Gradualität und Nicht-Binarität
Viele der für die *OH*-Formate relevanten prosodisch-phonetischen Eigenschaften sind nicht in kategorialen Beschreibungen zu fassen. Insbesondere prosodische Parameter sind nicht binär, sondern graduell – sie kennzeichnet ein ‚Mehr oder Weniger', aber nicht ein ‚Entweder-Oder'. Es ist zumeist nicht möglich, absolute (Schwellen-)Werte (z. B. f_0-Frequenzwerte, Anzahl der Halbtonschritte usw.) anzugeben, ab denen bspw. eine Intonationskontur als Anzeige erhöhter emotionaler Beteiligung gelten kann. Die Gradualität und Nicht-Binarität der Ausprägung prosodisch-phonetischer Parameter sind ein grundlegendes Argument gegen ihre Konstruktionshaftigkeit.[14] Diese Eigenschaften prosodisch-phonetischer Parameter waren wissenschaftsgeschichtlich ein wesentlicher Grund, warum die Prosodie lange Zeit aus der Linguistik als „paralinguistisch" ausgeschlossen wurde.[15] Obwohl man heute sieht, dass dieser Ausschluss zu einer verkürzten Sicht von Sprache führt, beinhaltet diese ‚Diskriminierung' des Lautlichen doch die wichtige Einsicht, dass insbesondere Prosodie und Phonetik in diesen grundlegenden

---

14 Droste und Günthner (in diesem Band) erwägen in Bezug auf die von ihnen untersuchten syntaktisch desintegrierten *du*-Verwendungen, ob es sinnvoll ist, unterschiedliche Grade prosodischer Exposition vs. Integration als Konstruktionsmerkmal zu behandeln. Sie tendieren dazu, dies als abhängig von der Granularität der Konstruktionsbeschreibung zu sehen. Sie schlagen vor, auf einer feingranularen Skala eben unterschiedliche Konstruktionen anzunehmen, die jeweils durch Prototypen entlang eines prosodischen Realisierungskontinuums definiert sind. Wir sehen dagegen den ikonisch-kontinuierlichen Charakter (und zusätzlich die Komplexität der beteiligten Parameter, die oft nicht gleichsinnig variieren) der Prosodie als etwas an, das grundsätzlich der Betrachtungsweise als diskreten Konstruktionen entgegensteht.
15 Das Proprium des Sprachlichen wurde von de Saussure (1931[1916]) darin bestimmt, ein Reich (binärer) Oppositionen zu sein.

Hinsichten anders funktionieren als Grammatik und das Lexikon, in denen Gradualität allenfalls in Form größerer oder geringerer Prototypikalität eines Kategorienvertreters (eines Nomens, eines Agens etc.) eine Rolle spielt (vgl. Lakoff 1987). Zur Gradualität gehört außerdem auch, dass es sich bei prosodisch-phonetischen Formaten oft um keine feste Korrelation von Merkmalen handelt, sondern um eine flexible Konfiguration. D. h.: Nicht immer müssen alle Merkmale gleich ausgeprägt sein, die Merkmale können einander kompensieren und die Relevanz der Merkmale kann untereinander graduiert sein. Barth-Weingarten (2016) zeigt, dass diese Art von Gradualität auch bspw. für die Bildung von Zäsuren in und zwischen Turns im Gespräch konstitutiv ist. Damit sind wir weit weg von dem, was Konstruktionen üblicherweise ausmacht.

(3) Kontextrelativität der prosodisch-phonetischen Phänomene und Kategorien

Hinter der Gradualität der prosodisch-phonetischen Parameter verbirgt sich häufig, und so auch in unserer Untersuchung, eine noch viel grundlegendere Kontextrelativität. Was bspw. als *prosodic upgrading* und *downgrading* eines *OH* zu hören ist, hängt auch von der Tonhöhenvariation im vorangegangenen Turn ab. Wir haben es also nicht mit absoluter Markiertheit, sondern mit einer relativ und kontrastiv hörbaren Markiertheit im Kontext von Interaktionssequenzen zu tun. Dies heißt, dass die für die *OH*-Formate konstitutiven prosodisch-phonetischen Parameter selbst zu einem guten Teil kontextrelativ konstituiert sind, d. h. als isolierte Konstruktion gar nicht bestimmbar wären. Somit ist nicht nur ihre Funktion kontextabhängig, sondern die formale Beschreibung selbst hängt von der Relation zum Vorgängerturn und seiner lautlichen Realisierung ab. Damit sind wir weit entfernt vom kontextunabhängigen *unit*-Status von Konstruktionen, deren formale Eigenschaften kontextunabhängig zu beschreiben sind (z. B. eine NP, ein Verb, eine Präposition).

(4) Kontextrelative Form-Funktionszusammenhänge

Unsere Analysen haben gezeigt, dass Form-Funktions-Zusammenhänge der einzelnen *OH*-Formate in weitaus geringerem Maße als gedacht *per se* gelten, sondern ganz wesentlich vom sequenziellen Präkontext abhängen. Dies gilt in erheblichem Maße allein schon, wie in 3) ausgeführt, für die Identifikation der lautlichen Merkmale als solcher. Umso mehr gilt es für die funktionale Interpretation, die in hohem Maße dadurch bestimmt ist, welche Handlung im Vorgängerturn realisiert wurde.

Die hier gezogenen Schlussfolgerungen zur (Un-)Möglichkeit der Integration von Prosodie und Phonetik in konstruktionsgrammatische Beschreibungen gründen sich auf unsere spezielle Studie. Uns ist natürlich klar, dass diese Ergebnisse keinen einfach generalisierbaren Schluss auf die generell mögliche Rolle von Prosodie und Phonetik im Rahmen der Konstruktionsgrammatik zulassen. Diese Frage ist an andersartigen prosodisch-phonetischen Untersuchungsobjekten weiter auszuarbeiten. Allerdings sind die hier herausgearbeiteten Hindernisse für eine Integration des Lautlichen in die konstruktionsgrammatische Beschreibung ganz grundsätzlich konstitutiv für viele sprachliche Praktiken, bei denen Prosodie und Phonetik eine Rolle spielen. Sie werden daher auch für die Beschreibungen vieler anderer Phänomene im Rahmen der Konstruktionsgrammatik die gleichen Probleme bereiten.

8 Konklusionen

Unsere Untersuchung hat gezeigt, dass der Versuch einer konstruktionsgrammatischen Beschreibung unterschiedlicher Formate von *OH* auf gravierende Hindernisse stößt. *OH* ist ein Fall, der die Konstruktionsgrammatik auf eine besonders harte Probe stellt, weil es durch seine reduzierte und fixierte lexiko-syntaktische Form in viel höherem Maße als die üblicherweise in der Konstruktionsgrammatik untersuchten Konstruktionen ausschließlich auf prosodisch-phonetische Ressourcen angewiesen ist, um unterschiedliche Bedeutungen zu vermitteln. Doch der Anspruch der Konstruktionsgrammatik besteht ja gerade in einer alle sprachlichen Elemente umfassenden Beschreibung, und dieser ist hier in Bezug auf lautliche Phänomene zu prüfen.

Wir haben in unserer Untersuchung von *OH* vier, für eine konstruktionsgrammatische Beschreibung grundsätzlich problematische Eigenschaften prosodisch-phonetischer Phänomene festgestellt: a) die hohe feingranulare Beschreibungskomplexität, die für die Beschreibung des Lautlichen erforderlich ist, b) die Gradualität und Nicht-Binarität prosodisch-phonetischer Parameter, c) die Kontextkonstituiertheit lautlicher Eigenschaften und d) die Kontextabhängigkeit von prosodisch-phonetischen Form-Funktions-Relationen. Unsere Analysen legen nahe, dass ein Verständnis von Prosodie und Phonetik als Kontextualisierungshinweis (*contexualization cue* im Sinne von Gumperz 1982, 1992) fruchtbarer ist als die Modellierung von lautlichen Merkmalen als Eigenschaften einzelner Konstruktionen. Kontextualisierungshinweise sind intrinsisch, d. h. ihrer Definition nach, kontextabhängig. Sie werden relational in Bezug auf ihre sequenzielle Position produziert (was ihre formale Gestaltung angeht) und interpretiert. Kontextualisierungshinweise sind damit eine spezielle Form von Praktiken. Sie sind kontextgebunden, indexikalisch und situationsflexibel anpassbar. Das erklärt natürlich noch nicht, wie die Anpassung geschieht. Dies ist aber auch, bezogen auf die Identität der Kontextualisierungshinweise als solche, nicht notwendig, denn dafür sind andere Mechanismen verantwortlich, z. B. solche, die sich aus der Sequenz, generellen Handlungs- und Inferenzstrategien oder dem Hintergrundwissen der Beteiligten speisen (Gumperz 1982: 130–152). Wie Konstruktionen haben Kontextualisierungskonventionen eine usuelle Basis und gehören zum kommunikativen Repertorie einer Sprechergemeinschaft. Die Bedeutung prosodisch-phonetischer Kontextualisierungskonventionen ist aber völlig unterspezifiziert und von inferenzieller, situierter Anreicherung abhängig. Im Unterschied zu Konstruktionen sind Kontextualisierungskonventionen also in ihrer Realisierung (reflexiv)[16] kontextgebunden, in ihrer Form kontextrelativ konstituiert. Sie sind somit kontextflexibel und häufig nur fragmentarisch und aspektuell realisiert. Eine solche Konzeption der Relevanz prosodisch-phonetischer Merkmale scheint uns besser mit den Befunden unserer Untersuchung von *OH*-Formaten vereinbar als die Modellierung als eigenständige, klar voneinander abgegrenzte Konstruktionen.

Literatur

Auer, Peter (1992): Introduction: John Gumperz' Approach to Contextualization. In: Peter Auer und Aldo di Luzio (Hg.): The Contextualization of Language. Amsterdam: Benjamins, 1–38.

Auer, Peter (2006a): Increments and more. Anmerkungen zur augenblicklichen Diskussion über die Erweiterbarkeit von Turnkonstruktionseinheiten. In: Deppermann, Arnulf, Reinhard Fiehler und Thomas Spranz-Fogasy (Hrsg.): Grammatik und Interaktion. Untersuchungen zum Zusammenhang von grammatischen Strukturen und Gesprächsprozessen. Radolfzell: Verlag für Gesprächsforschung, 279–294.

Auer, Peter (2006b): Construction Grammar meets conversation: Einige Überlegungen am Beispiel von ‚so'-Konstruktionen. In: Günthner, Susanne und Wolfgang Imo (Hrsg.): Konstruktionen in der Interaktion. Berlin: de Gruyter, 291–314.

Barth-Weingarten, Dagmar (2006): Parallel-opposition-Konstruktionen- zur Realisierung einer spezifischen Kontrastrelation. In: Günthner, Susanne und Wolfgang Imo (Hrsg.): Konstruktionen in der Interaktion. Berlin, New York: Mouton de Gruyter, 153–180.

---

16 Die Reflexivität von Kontextualisierungshinweisen besteht darin, dass sie nicht nur an vorgängig gültige Kontexte gebunden sind, sondern selbst entsprechende Kontexte (kontrafaktisch) interaktiv in Kraft setzen können (Auer 1992). Sie haben also nicht nur eine korrelative, sondern auch eine performative Qualität.

Barth-Weingarten, Dagmar (2016): Intonation units revisited – cesuras in talk-in-interaction. Amsterdam: Benjamins.
Birkner, Karin (2006): (Relativ-)Konstruktionen zur Personenattribuierung: „ich bin n=mensch der ... ". In: Günthner, Susanne und Wolfgang Imo (Hrsg.): Konstruktionen in der Interaktion. Berlin, New York: De Gruyter, 205–238.
Birkner, Karin (2008): Relativ(satz)konstruktionen im gesprochenen Deutsch. Syntaktische, prosodische, semantische und pragmatische Aspekte. Berlin, New York: de Gruyter.
Boas, Hans C. (2013): Cognitive Construction Grammar. In: Hoffmann, Thomas und Graeme Trousdale (Hrsg.): Handbook of Construction Grammar. Oxford: OUP, 233–254.
Couper-Kuhlen, Elizabeth (2009): A sequential approach to affect: The case of 'disappointment'. In: Haakana, Markku, Minna Laakso und Jan Lindström (Hrsg.): Talk in Interaction. Comparative dimensions. Helsinki: Finnish Literature Society, 94–123.
Couper-Kuhlen, Elizabeth (2012): Exploring affiliation in the reception of conversational complaint stories. In: Peräkylä, Anssi und Marja-Leena Sorjonen (Hrsg.): Emotion in Interaction. New York: Oxford University Press, 113–146.
Couper-Kuhlen, Elizabeth (2014): Prosody as dialogic interaction. Prosodie und Phonetik in der Interaktion. In: Barth-Weingarten, Dagmar und Szczepek Reed, Beatrice (Hrsg.): Prosody and phonetics in interaction. Radolfzell: Verlag Gesprächsforschung, 221–251.
Couper-Kuhlen, Elizabeth und Sandra A. Thompson (2005): A linguistic practice for retracting overstatements. 'Concessive repair'. In: Hakulinen, Auli und Margret Selting (Hrsg.): Syntax and Lexis in conversation. Studies on the use of linguistic resources in talk-in-interaction. Amsterdam, Philadelphia: Benjamins, 257–288.
Couper-Kuhlen, Elizabeth und Sandra A. Thompson (2006): You know, it's funny: Eine Neubetrachtung der „Extraposition" im Englischen. In: Günthner, Susanne und Wolfgang Imo (Hrsg.): Konstruktionen in der Interaktion. Berlin, New York: Mouton de Gruyter, 23–58.
Couper-Kuhlen, Elizabeth und Margret Selting (1996): Prosody in conversation. Cambridge: Cambridge University Press.
Couper-Kuhlen, Elizabeth und Margret Selting (2018): Interactional Linguistics. Studying Language in Social Interaction. Cambridge: CUP.
Croft, William (2001): Radical construction grammar. Oxford: OUP.
Croft, William und D. Alan Cruse (2004): Cognitive linguistics. Cambridge: CUP.
Curl, Traci S. (2005): Practices in other-initiated repair resolution: The phonetic differentiation of 'repetitions'. In: Discourse Processes 39(1): 1–44.
Deppermann, Arnulf (2007): Grammatik und Semantik aus gesprächsanalytischer Sicht. Berlin, New York: de Gruyter.
Deppermann, Arnulf (2008): Gespräche analysieren. Wiesbaden: VS.
Deppermann, Arnulf (2011): Konstruktionsgrammatik und Interaktionale Linguistik: Affinitäten, Komplementaritäten und Diskrepanzen. In: Lasch Alexander. und Alexander Ziem (Hrsg.): Konstruktionsgrammatk III. Tübingen: Stauffenburg, 205–238.
Fischer, Kerstin (2006/2008): Konstruktionsgrammatik und Interaktion. In: Fischer, Kerstin & Anatol Stefanowitsch, (Hrsg.): Konstruktionsgrammatik. Von der Anwendung zur Theorie. Tübingen: Stauffenburg, 133–150. (Nachdruck der überarb Aufl. 2007).

Fischer, Kerstin (2010): Beyond the sentence: Constructions, frames and spoken interaction. In: Constructions and Frames 2(2), 185–207.
Fischer, Kerstin (2015): Conversation, Construction Grammar, and cognition. In: Language and Cognition 7, 563–588.
Gohl, Christine (2006): Dass-Konstruktionen als Praktiken des Begündens. In: Günthner, Susanne und Wolfgang Imo (Hrsg.): Konstruktionen in der Interaktion. Berlin: de Gruyter, 181–204.
Goldberg, Adele E. (2003): Constructions: a new theoretical approach to language. In: Trends in Cognitive Sciences 7(5), 219–224.
Goldberg, Adele E. (2006): Constructions at Work. The Nature or Generalization in Language. Oxford: OUP.
Günthner, Susanne (2006): „Was ihn trieb, war vor allem Wanderlust" (Hesse: Narziss und Goldmund) Pseudocleft-Konstruktionen im Deutschen. In: Günthner, Susanne und Wolfgang Imo (Hrsg.): Konstruktionen in der Interaktion. Berlin, New York: De Gruyter, 59–90.
Günthner, Susanne (2008): Die ‚die Sache/das Ding ist ...'-Konstruktion im gesprochenen Deutsch – eine interaktionale Perspetive auf Konstruktionen im Gebrauch. In: Fischer, Kerstin und Anatol Stefanowitsch (Hrsg.): Konstruktionsgrammatik II. Von der Konstruktion zur Grammatik. Tübingen: Stauffenburg, 157–177.
Günthner, Susanne (2009): Konstruktionen in der kommunikativen Praxis. Zur Notwendigkeit einer interaktionalen Anreicherung konstruktionsgrammatischer Ansätze. In: Zeitschrift für Germanistische Linguistik 37, 402–426.
Gumperz, John J. (1982): Discourse Strategies. Cambridge. CUP.
Gumperz, John J. (1992): Contextualization revisited. In: Auer, Peter und Aldo di Luzio (Hg.): The Contextualization of Language. Amsterdam: John Benjamins, 39–53.
Heritage, John (1984): A change-of-state token and aspects of its sequential placement. Structures of Social Action. In: Atkinson, J. Maxwell und John Heritage (Hrsg.): Studies in Conversation Analysis. Cambridge: University Press, 299–345.
Heritage, John (2002): *Oh*-prefaced responses to assessments: a method of modifying agreement/disagreement. In: Ford, Cecilia, Barbara Fox und Sandra A. Thompson (Hrsg.): The language of turn and sequence. New York: Oxford University Press, 196–224.
Heritage, John (2005): Cognition in discourse. In: te Molder, Hedwig und Jonathan Potter (Hrsg.): Conversation and cognition. Cambridge: Cambridge University Press, 184–202.
Heritage, John (2010): Conversation Analysis: practices and methods. In: Silverman, David, (Hrsg.): Qualitative sociology, 3rd ed. London: Sage, 208–230
Heritage, John (2011): Territories of knowledge, territories of experience: Empathic moments in interaction. In Stivers, Tanya, Lorenza Mondada und Jakob Steensig (Hrsg.): The Morality of Knowledge in Conversation. Cambridge: Cambridge University Press, 159–183.
Heritage, John (2013): Turn-initial position and some of its occupants. In: Journal of Pragmatics 57, 331–337.
Hoffmann, Thomas und Graeme Trousdale, (Hrsg.) (2013): The Oxford Handbook of Construction Grammar. Oxford: OUP.

Imo, Wolfgang (2006): ‚Da hat das kleine glaub irgendwas angestellt' – ein construct ohne construction? In: Günthner, Susanne and Wolfgang Imo (Hrsg.): Konstruktionen in der Interaktion. Berlin. de Gruyter, 263–290.

Imo, Wolfgang (2008): Individuelle Konstrukte oder Vorboten einer neuen Konstruktion? Stellungsvarianten der Modalpartikel *halt* im Vor- und Nachfeld. In: Fischer, Kerstin und Anatol Stefanowitsch (Hrsg.): Konstruktionsgrammatik II. Von der Konstruktion zur Grammatik. Tübingen: Stauffenburg, 135–156.

Imo, Wolfgang (2011): Die Grenzen von Konstruktionen: Versuch einer granularen Neubestimmung des Konstruktionsbegriffs der Construction Grammar. In: Engelberg, Stefan, Anke Holler und Kristel Proost (Hrsg.): Sprachliches Wissen zwischen Lexikon und Grammatik. Berlin, New York: de Gruyter, 113–147.

Imo, Wolfgang (2013): Zwischen Construction Grammar und Interaktionaler Linguistik: Appositionen und appositionsähnliche Konstruktionen in der gesprochenen Sprache. In: Lasch, Alexander (Hrsg.): Konstruktionsgrammatik IV. Tübingen: Stauffenburg, 91–114.

Imo, Wolfgang und Jens Lanwer (2017): Sprache ist komplex. Nur: Für wen? In: Hennig, Mathilde (Hg.): Linguistische Komplexität – ein Phantom? Tübingen: Stauffenburg, 149–174.

Kaimaki, Marianna (2011a): Sequential and prosodic design of English and Greek non-valenced news receipts. In: Language and Speech 55(1), 99–117.

Kaimaki, Marianna (2011b): Sequentially determined function of pitch contours: The case of English news receipts. In: York Papers in Linguistics 2(3), 49–73.

Kupetz, Maxi (2014): Empathy displays as interactional achievements - Multimodal and sequential aspects. In: Journal of Pragmatics 61, 4–34.

Kupetz, Maxi (2015): Empathie im Gespräch. Eine interaktionslinguistische Perspektive. Tübingen: Stauffenburg Verlag.

Lakoff, George (1987): Women, fire and dangerous things. Chicago: Chicago University Press.

Langacker, Ronald W. (1987): Foundations of Cognitive Grammar. Vol.1: Theoretical Prerequisites. Stanford CA: Stanford UP.

Langacker, Ronald D. (2008): Cognitive Grammar. A basic introduction. Oxford: OUP.

Levinson, Stephen C. (2013): Action formation and ascription. In: Stivers, Tanya und Jack Sidnell (Hrsg.): The Handbook of Conversation Analysis. Oxford, Malden, MA: Wiley Blackwell, 103–130.

Linell, Per (2009): Rethinking Language, Mind, and World Dialogically. Charlotte NC: Information Age.

Local, John (1996): Conversational phonetics: Some aspects of news receipts in everyday talk. In: Couper-Kuhlen, Elizabeth und Margret Selting (Hrsg.): Prosody in Conversation. Cambridge: Cambridge University Press, 177–230.

Maynard, Douglas W. (1997): The news delivery sequence: Bad news and good news in conversational interaction. In: Research on Language and Social Interaction 30, 93–130.

Ogden, Richard (2006): Phonetics and social action in agreements and disagreements. In: Journal of Pragmatics 38: 1752–1775.

Östman, Jan-Ola (2004): Construction Discourse: A prolegomenon. In: Östman, Jan-Ola und Mirjam Fried (Hg.): Construction grammars: Cognitive grounding and theoretical extensions. Amsterdam: Benjamins, 121–144.

Raymond, Geoffrey (2004): Prompting action: The stand-alone „so" in ordinary conversation. In: Research on language and social interaction 37(2), 185–218.
Reber, Elisabeth (2012): Affectivity in interaction. Sound objects in English. Amsterdam: Benjamins.
Schegloff, Emanuel A (1997): Practices and actions: boundary cases of other-initiated repair. In: Discourse Processes 23(3), 499–545.
Schegloff, Emanuel A. (2007): Sequence Organization in interaction. A primer in conversation analysis (Vol. 1). Cambridge: CUP.
Schönherr, Beatrix (1993): Prosodische und nonverbale Signale für Parenthesen. In: Deutsche Sprache 21, 323–343.
Schwitalla, Johannes (2006): Kommuniktive Funktionen von *tun* als Hilfsverb. In: Günthner, Susanne and Wolfgang Imo (Hrsg.): Konstruktionen in der Interaktion. Berlin. de Gruyter, 127–152.
Selting, Margret (1994): Emphatic speech style - with special focus on the prosodic signalling of heightened emotive involvement in conversation. In: Journal of Pragmatics 22, 375–408.
Selting, Margret (2001): Fragments of units as deviant cases of unit-production in conversational talk. In: Selting, Margret und Elizabeth Couper-Kuhlen (eds.): Studies in Interactional Linguistics. Amsterdam: Benjamins, 229–258.
Selting, Margret (2010): Affectivity in conversational storytelling: An analysis of displays of anger or indignation in complaint stories. In: Pragmatics 20(2), 229–277.
Selting, Margret (2016): Praktiken des Sprechens und Interagierens im Gespräch aus der Sicht von Konversationsanalyse und Interaktionaler Linguistik. In: Deppermann, Arnulf, Helmuth Feilke und Angelika Linke (Hrsg.): Sprachliche und kommunikative Praktiken. Jahrbuch 2015 des IDS. Berlin: de Gruyter, 27–56.
Selting, Margret und Elizabeth Couper-Kuhlen (2001): Forschungsprogramm ‚Interaktionale Linguistik'. In: Linguistische Berichte 187, 257–287.
Selting, Margret, et al. (2009): Gesprächsanalytisches Transkriptionssystem 2 (GAT 2). In: Gesprächsforschung - Online-Zeitschrift zur verbalen Interaktion 10, 353–402.
Stefanowitsch, Anatol und Kerstin Fischer (2007): Konstruktionsgrammatik: Von der Anwendung zur Theorie. In: Stefanowitsch, Anatol und Kerstin Fischer (Hrsg.): Konstruktionsgrammatik. Von der Anwendung zur Theorie. Tübingen: Stauffenburg, 203–209.
de Saussure, Ferdinand (1931[1916]): Cours de linguistique générale. Ed. by Charles Bally, Albert Sechehaye and Albert Riedlinger. Paris: Payot.
Thompson, Sandra A. et al. (2015): Grammar in everyday talk: Building responsive actions. Cambridge: Cambridge University Press.
Uhmann, Susanne (1991): Fokusphonologie. Eine Analyse deutscher Intonationskonturen im Rahmen der nicht-linearen Phonologie. Tübingen: Niemeyer.
Wilkinson, Sue und Celia Kitzinger (2006): Surprise as an interactional achievement: Reaction tokens in conversation. In: Social Psychology Quarterly 69(2), 150–182.
Wright, Melissa (2011): The phonetics-interaction interface in the initiation of closings in everyday English telephone calls. In: Journal of Pragmatics 43, 1080–1099.

Anhang: Transkriptionskonventionen

| unklare Intonationseinheitengrenze
⌊ ⌋ unklare Position einer Intonationseinheitengrenze

(Zeilen ohne Intonationszeichen sind abgebrochene Intonationseinheiten.)
    Die weiteren Transkriptionskonventionen finden sich in Selting et al. (2009).

Pepe Droste und Susanne Günthner

„das mAchst du bestimmt AUCH du;": Zum Zusammenspiel syntaktischer, prosodischer und sequenzieller Aspekte syntaktisch desintegrierter *du*-Formate

1 Problemskizze

Obgleich der Konstruktionsgrammatik das Credo eines integrativen Grammatikverständnisses zugrunde liegt, das neben den morphosyntaktischen, semantischen und pragmatischen Charakteristika auch prosodische Eigenschaften als konstitutiv für Konstruktionen betrachtet, haben sich konstruktionsgrammatische Studien primär mit grammatischen, lexikalischen, semantischen und bestimmten pragmatischen Eigenschaften (wie Informationsstruktur, Präsuppositionen) von Konstruktionen befasst (hierzu u. a. Imo 2007; Günthner 2009a; Deppermann 2011; Fischer 2015). Selbst unter den interaktionsbezogenen Studien zu grammatischen Konstruktionen liegen bislang kaum systematische Untersuchungen zum Zusammenhang von prosodischen und grammatischen Mustern vor (vgl. u. a. Birkner 2008; Imo 2011; Günthner/Imo/Bücker 2014). Folglich wissen wir noch recht wenig darüber, wie sich Konstruktionen aufgrund prosodischer Merkmale unterscheiden, wie flexibel die prosodische Gestaltung einer Konstruktion sein kann, und wie Prosodie gemeinsam mit anderen Formmerkmalen an Bedeutungen von Konstruktionen geknüpft ist (Deppermann 2011).

Der vorliegende Beitrag beschäftigt sich mit dem Zusammenspiel syntaktischer, prosodischer und pragmatisch-sequenzieller Aspekte bei der Aktualisierung grammatischer Konstruktionen und der Indizierung kommunikativer Funktionen im Prozess alltäglicher Interaktion. Gegenstand unserer Analyse sind syntaktisch desintegrierte *du*-Formate.

In Alltagsgesprächen wird *du* keineswegs nur als in die Argumentstruktur eines Kernsyntagmas integriertes Personalpronomen (2sg) verwendet, sondern auch syntaktisch desintegriert, d. h. alleinstehend bzw. in der initialen

---

Wolfgang Imo, Jens Lanwer sowie den anonymen GutachterInnen danken wir herzlich für ihre Kommentare zu früheren Fassungen des Beitrags.

Open Access. © 2020 Pepe Droste und Susanne Günthner, publiziert von De Gruyter. Dieses Werk ist lizenziert unter der Creative Commons Attribution-NonCommercial-NoDerivatives 4.0 Lizenz.
https://doi.org/10.1515/9783110637489-003

oder finalen syntaktischen Peripherie,[1] wie die folgenden Gesprächsausschnitte demonstrieren:[2]

Ausschnitt 1: Themengebundene Diskussion (BB 97)
```
01         ((lange Pause))
02   Joe:  so;
03         (.)
04         <<:-)> DU: h° he->
05         (-)
06   Bea:  *ja[::,]
            *schaut zu Joe->
07   Joe:     [THE]ma,
08         (-)
09         er*ZÄHL.
      bea  ->*schaut zur Themenkarte --->>
```

Ausschnitt 2: 40 Grad (FOLK_E_00079_SE_01_T_01_DF_01)
```
06           (Kaugeräusche und Rascheln, 13.8)
07   Hanna: ((schmatzt)) <<h> ach ↑↑DU::,
08           (.)
09           hAbt ihr die marTIna schon so_n;>
10           °hh (--) so_n TEIL;=
11           =des mAchst du irgendwie auf die FLAsche drauf,
12           °hh ((schmatzt)) un dAnn machst du da heißes WASser wohl rEIn?
13           un=dann kommt des genau mit der richtigen temperaTUR;
```

---

1 Siehe auch Traugott (2015) zu einer funktionalen Perspektive auf periphere sprachliche Elemente. Für andere Sprachen liegen kaum Beschreibungen vergleichbarer Ausdrucksformen zu syntaktisch desintegriertem *du* vor (vgl. jedoch Biq 1991 zu *ni* im Chinesischen, Bladas/Nogué 2016 zu *tu* im Katalanischen und *tú* im Spanischen).
2 Äußerungen sind nach GAT 2 (Selting et al. 2009) transkribiert, körperliches Verhalten nach Mondada (2014): Körperliche Handlungen werden von zwei identischen Symbolen (* ... *) umrahmt (ein Symbol je TeilnehmerIn) und mit korrespondierenden Turns synchronisiert. Die Dauer über mehrere Zeilen hinweg wird mit einem Pfeil markiert (*—>), bis das jeweilige Symbol das Ende markiert (—>*). Ein vorausgehender doppelter Pfeil (>>) indiziert den Beginn einer körperlichen Handlung vor Anfang des Ausschnitts, ein folgender doppelter Pfeil (—>>) das Ende nach Ende des Ausschnitts. Der Name in Kleinschreibung („tamara") gibt an, wenn einE TeilnehmerIn eine körperliche Handlung vollzieht und nicht die/der gegenwärtige SprecherIn ist. Screenshots werden in mit „abb" ausgewiesenen Zeilen an ihrem exakten Zeitpunkt innerhalb der Episode markiert (#).

```
14         vierzig grAd oder so unten RAUS;
15         (1.4)
16 Leo:    is ja GEIL;
```

Ausschnitt 3: Skype-Gespräch: Rumreisen (1AuDa ID 815)
```
02 Paula:  =und dann danAch hat sie noch SO n_bisschen;
03         (0.8)
04         geJOBBT,
05         und noch RUMgereist,
06         (0.9)
07 Benno:  ja;
08         das mAchst du bestimmt AUCH du;
09         kann ich mir VORstellen;
```

Die vorliegenden *du*-Formate entstammen ursprünglich dem deiktischen Element *du* (vgl. „das mAchst **du** bestimmt AUCH du;"; Ausschnitt 3, Z. 08), das auf eine/n kontextuell zu bestimmenden RezipientIn referiert. Jakobson (1971) und daran anknüpfend Silverstein (1976) bezeichnen dieses deiktische *du* als „shifter", dessen referenzieller Wert durch die Sprechhandlung selbst erzeugt wird und der neben seiner deiktischen Grundierung insofern auch als „sozialer Index" fungiert (Silverstein 1976), als er – im Gegensatz zum distanzsprachlichen *Sie* – „soziale Nähe" indiziert.

Aus konversationsanalytischer Perspektive wird das deiktische Pronomen *you* als ein „recipient indicator" (Lerner 1996) betrachtet, das primär anzeigt, dass jemand adressiert wird, ohne die/den adressierte/n RezipientIn näher zu spezifizieren. Eine solche Funktion von *du* als Indikator eines nicht näher spezifizierten Rezipienten zeigt sich u. a. in Ausschnitt 3 „das mAchst **du** bestimmt AUCH du;" (Z. 08), wo der „shifter" *du* (im Fall des ersten „du") ein „doing addressing" markiert und die betreffende Rezipientin kontextbezogen zu ermitteln ist.

Doch zeigen bereits die eingangs präsentierten Gesprächsausschnitte, dass das syntaktisch desintegrierte *du* weitaus mehr Funktionen übernimmt als lediglich soziale Nähe zu markieren und auf nicht spezifizierte RezipientInnen zu referieren. Auf der Basis unserer empirischen Analyse werden wir im Folgenden argumentieren, dass syntaktisch desintegriertes *du* neben seiner deiktischen Oberflächenfunktion als „shifter" weitere interaktionsrelevante indexikalische Funktionen einnimmt und somit „multifunktional" (Silverstein 1976: 45) ist.

Für unsere Analyse, die sich an den Methoden der Interaktionalen Linguistik (Selting/Couper-Kuhlen 2001) sowie an der interaktional ausgerichteten Konstruktionsgrammatik (Günthner/Imo 2006; Günthner/Bücker 2009; Imo 2007; Bücker/Günthner/Imo 2015; Imo 2015) orientiert, stellen sich folgende Fragen:

- Welche Formen des desintegrierten *du* setzen Interagierende zur Durchführung welcher kommunikativen Handlungen ein? Inwiefern können mit syntaktisch desintegriertem *du* Aufgaben jenseits seiner deiktischen bzw. rezipientenindizierenden Funktion bearbeitet werden?
- Welche Rolle hat die Prosodie bei der Kontextualisierung dieser unterschiedlichen Formen und Funktionen inne?
- Inwiefern ist die Konstruktionsgrammatik in der Lage, die interaktionale Verwendung von *du*-Formaten zu fassen? Handelt es sich beim syntaktisch desintegriertem *du* um *eine* Konstruktion oder um eine Konstruktion mit verschiedenen Subtypen?

Grundlage unserer Untersuchung bilden 136 Belege in Video- und Audioaufnahmen von *face-to-face*-Interaktionen und Telefongesprächen aus den folgenden Korpora:
- Forschungs- und Lehrkorpus gesprochenes Deutsch (FOLK), IDS Mannheim
- Linguistische Audiodatenbank (lAuDa), Universität Münster
- Korpus ‚Multimodale Interaktion' (KoMI), Universität Münster
- Reality-TV-Show (BB), Universität Freiburg[3] und Universität Münster
- Sprachvariation in Norddeutschland (SiN), Universität Münster etc.[4]

2 Forschungsstand

Obgleich syntaktisch desintegriertes *du* in einigen Abhandlungen und Grammatiken erwähnt wird, fehlen bisher systematische Untersuchungen des Phänomens in der kommunikativen Praxis. Jenseits ihrer syntaktischen Desintegration werden diese Formen kaum genauer differenziert und häufig als situationsübergreifender sozialer Index eingestuft – z. B. als Index von Registern[5] wie „Jugendsprache" (Androutsopoulos 1998) oder dem „Jargon

---

[3] Wir danken Peter Auer für die Daten.
[4] Wir danken Jürgen Macha.
[5] Wir verstehen den Begriff ‚Register' im linguistisch-anthropologischen Sinn (Agha 2007): ‚Enregisterment' ist ein sozialer Prozess, worin „diverse behavioral signs (whether linguistic, non-linguistic, or both) are functionally reanalyzed as cultural models of action, as behaviors capable of indexing stereotypic characteristics of incumbents of particular interactional roles, and of relations among them" (Agha 2007: 55). „To speak of ‚registers' is to speak of a sociohistorical snapshot of a process of enregisterment, and thus to consider particular phases or segments of social history from the standpoint of sociocentric models of significant conduct" (Agha 2015: 27).

der Betroffenheit" (Kretzenbacher 1991: 51). Nur sporadisch finden sich feinere formale Unterscheidungen wie die der syntaktischen Stellung in vorangestellte und nachgestellte Formen. Parameter des sequenziellen Kontexts werden weitgehend ignoriert; prosodische Merkmale bleiben gänzlich unberücksichtigt. Beobachtungen zu feingliedrigen und trennscharfen wie teilnehmerrelevanten Form-Funktions-Zusammenhängen stehen aus.

Mithilfe der begrifflichen Trennung von *Alignment* und *Affiliation* (Stivers et al. 2011; Stivers 2008) lassen sich die bisherigen Beobachtungen zu Form-Funktions-Zusammenhängen strukturieren. Stivers et al. (2011) treffen mit dem Begriffspaar eine grundsätzliche Unterscheidung, ob kommunikative Formen die Kooperation zwischen den Interaktionsbeteiligten auf der strukturell-gesprächsorganisatorischen Ebene steuern (Alignment) oder auf der affektiven Ebene (Affiliation). Syntaktisch desintegriertem *du* werden Funktionen auf beiden Ebenen zugeschrieben, wobei meist eine Ebene fokussiert wird. Kretzenbacher (1991: 52) betrachtet das desintegrierte *du* nicht als Mittel grundlegender Aufmerksamkeitssteuerung, sondern primär als Ressource zwischenmenschlicher Beziehungsarbeit:

> Der Gesprächspartner wird mit der textuell rekurrenten, syntaktisch unmotivierten und informatorisch völlig irrelevanten Mitteilung, daß er der Angesprochene ist, sozusagen dauernd angestupst: du, ich red' mit dir! Es würde mich nicht wundern, wenn man von diesem Betroffenheits-*du* blaue Flecken bekommen könnte.

Die IDS-Grammatik verweist neben der Indizierung sozialer Nähe und Vertrautheit zudem auf grundlegende Funktionen der Aufmerksamkeitssteuerung und somit auch auf Funktionen bei der Gesprächsorganisation (siehe Zifonun et al. 1997: 321, 915, 925). Auch Androutsopoulos beschreibt sowohl Intensivierung als auch die Markierung von Dispräferenz in sequenziell responsiven Kontexten als Funktionen (Androutsopoulos 1998: 480). Ausschließlich *Alignment* fokussiert Auer (1997), der syntaktisch desintegriertem *du* Funktionen der Aufmerksamkeitssteuerung zuordnet (Auer 1997: 81–82).

3 Formatübergreifende Funktionen

Zunächst widmen wir uns den affiliativen Funktionen von syntaktisch desintegriertem *du*. In unseren Daten zeigt sich, dass *du* formatübergreifend produktiv ist, um die Kooperation auf der affektiven Ebene zu organisieren und zwischenmenschliche Beziehungen unter den Interaktionsbeteiligten hervorzubringen und aufrechtzuerhalten. Wie mit syntaktisch integrierten Pro-Formen stellen Interagierende mit syntaktisch desintegriertem *du* in Form einer direkten Zuwendung eine spezifische Beziehung zu den jeweiligen AdressatInnen her. Hintergrund für den Status dieser Beziehung zwischen den fraglichen Interagierenden bildet die T/V-Unterscheidung im Deutschen. Das heißt, es liegt eine konventionalisierte Reanalyse der deiktischen Verwendung vor, wobei die Formen *du* und *Sie*, die beide eine/n RezipientIn indizieren, in stereotype soziale Indexe konvertiert werden, die Merkmale von und Beziehungen zwischen bezeichnender und bezeichneter Person anzeigen (Jakobson 1971; Silverstein 1976; Agha 2007: Kap. 6; Raymond 2016). Syntaktisch desintegriertes *du* ist jedoch nicht als Teil einer Duplexkategorie im klassischen Sinn anzusehen, da die Verwendung eines distanzsprachlichen Gegenstücks nur selten auftritt: In der breit gestreuten Sammlung von formellen und institutionellen Interaktionen in unserem Datenmaterial liegen keine Belege von syntaktisch desintegriertem *Sie* vor.[6] Auf eine solche Form wird zwar in der IDS-Grammatik hingewiesen (vgl. Zifonun et al. 1997: 321, 915, 925), sie scheint aber unseren Daten zufolge kaum gebräuchlich und ist auch keineswegs in allen Fällen akzeptabel, denn Umwandlungen von Belegen mit *du*- in *Sie*-Formate muten teilweise „bizarr" an:

- „so; (.) **sie**- (–)" (siehe Ausschnitt 1)
- „((schmatzt)) ach ↑↑**SIE::**, (.) hAbt ihr die MARtina schon so_n;" (siehe Ausschnitt 2)
- „ja; das mAchen sie bestimmt AUCH **sie**; kann ich mir VORstellen;" (siehe Ausschnitt 3)
- „°h **sie** wir mAchen des UMgekehrt;" (siehe Ausschnitt 5)
- „können_se mir erzÄhlen wie ich hier jetzt KOCHen «lachend> soll>, (2.1) **sie**," (siehe Ausschnitt 8)
- „isch mach mir keine großen geDANken **sie**. irgendwie daDRÜber;" (siehe Ausschnitt 9)
- «<behaucht> es is ECHT, es is_n (.) blÖdes geFÜHL **sie**-> (siehe Ausschnitt 10)

Allerdings kombinieren die Interaktionsbeteiligten in unserem Datenmaterial auch kein syntaktisch desintegriertes *du* mit einem syntaktisch integriertem *Sie*. Vielmehr duzen sich die Interaktionsbeteiligten in den Interaktionsepisoden aller Belege konsequent. Unseren Daten nach ist die Verwendung von syntaktisch desintegriertem *du* also an nähesprachliche Register der Kommunikation gebunden.

---

[6] Isabella Buck verdanken wir zwei Bespiele von desintegriertem *Sie*, die institutionellen Interaktionen in der Palliativmedizin (zwischen PatientIn/Angehörigen und Pflegepersonal/ÄrztIn) entstammen.

Dies lässt darauf schließen, dass syntaktisch desintegriertes *du* eine spezifische Erweiterung der sonst duplexen Organisation der T/V-Unterscheidung konstituiert. Es opponiert nur hintergründig mit dem distanzsprachlichem *Sie*. Vordergründig bildet das von der Präferenz für Minimierung der Personenreferenz (Sacks/Schegloff 1979) abweichende *du* ein Mehr an Material, das die Beziehung, die zwischen den Interaktionsbeteiligten hervorgebracht bzw. aufrechterhalten wird, situativ fokussiert und so ein gesteigertes Maß an Intensität kontextualisiert: Syntaktisch desintegriertes *du* dient in der Interaktion als Signal situativer Vergemeinschaftung. In Anlehnung an Goffman (1971: 188 ff.) kann man es als „Beziehungszeichen" und damit als kontextsensitives Verfahren wechselseitigen Umgangs beschreiben, mit dem sich Interaktionsbeteiligte ihrer subjektiv gefühlten Zusammengehörigkeit versichern. Voraussetzung für eine solche Verwendung sind bestimmte Rechte, in das „Territorium" (Goffman 1971) des Gegenübers einzudringen, denn wie durch eine körperliche Berührung fixiert die/der SprecherIn durch die Verwendung von syntaktisch desintegriertem *du* eine spezifische Beziehung zwischen den jeweiligen Interagierenden irreversibel. Dieser Umstand beschneidet die *Agency* des Gegenübers für den Moment entscheidend und hat folglich Konsequenzen für das negative *face* (Brown/Levinson 1987).

4 Formatspezifische Form-Funktions-Zusammenhänge

Zur formatübergreifenden Funktion von *du* als Beziehungszeichen treten interaktionsorganisatorische Funktionen, die sich primär durch das Zusammenspiel von Sequenzierung, Stellung im Syntagma und Prosodie strukturieren.

4.1 Voranstellung

Zunächst widmen wir uns im Folgenden der Untersuchung von vorangestellten *du*-Formaten. ,Vorangestellt' meint dabei sowohl pragmatisch selbstständige Einheiten in Sequenzen aus Fokussierungsaufforderung und -bestätigung als auch syntaktisch in der initialen Peripherie positionierte und somit pragmatisch unselbstständige Einheiten. Beiden Fällen ist eine grundsätzliche Unabgeschlossenheit gemein: Als Fokussierungsaufforderung konstituiert *du* den ersten Paarteil einer Präsequenz, die stets ein Vorlauf für die folgende Interaktion ist (Schegloff 1968/1972; 2002);[7] als vorangestelltes Element in der initialen syntaktischen Peripherie ist *du* insofern unvollständig, als es (im gegebenen Kontext) syntaktisch ergänzungsbedürftig ist und eine Folgeäußerung erwartbar macht (vgl. Auer 1996b; 1997).

In unseren Daten kommen unterschiedliche Formen vorangestellter *du*-Formate im Kontext von Interaktionseröffnungen und Brüchen in der Interaktion vor; ihre Funktion ist jedoch durchweg dieselbe, nämlich die Anleitung zur lokalen wechselseitigen Neuorientierung von Interaktionsbeteiligten. Im Folgenden werden wir zeigen, dass dem Grad der prosodischen Exponierung von *du* bei der Formatierung eine zentrale Rolle als Kontextualisierungsressource zukommt. Zum einen betrifft dies die Stärke des prosodischen Bruchs zu der vorausgegangenen Sequenz (vgl. Couper-Kuhlen 2004): Durch rhythmische Diskontinuitäten, abrupte Veränderungen der Tonhöhe und Lautstärke kann die Einheit prosodisch graduell exponiert werden, durch das Anknüpfen in Rhythmus, Tonhöhe und Lautstärke graduell prosodisch integriert. Eher exponierte Einheiten kontextualisieren, dass der Redezug eine neue Sequenz oder Aktivität einleitet, tendenziell integrierte hingegen, dass der Redezug sich an einer Fortführung der vorausgegangenen Sequenz oder Aktivität orientiert. Zum anderen ist der Grad des prosodischen Bruchs zur Folgestruktur betroffen (vgl. Auer 1996b; 1997; Kern/Selting 2006). Durch einen eigenen Nukleusakzent, den Status als eigene Intonationsphrase und darauffolgende Grenzsignale wie Pausen können vorangestellte Einheiten prosodisch exponiert werden, durch das Auslassen des Nukleusakzents sowie durch einen schnellen Anschluss zur Folgestruktur bis zur völligen Einbettung in die prosodische Folgestruktur graduell integriert werden. Die Stärke der prosodischen Exponierung kontextualisiert den Grad der Neufokussierung und reflektiert somit, wie grundsätzlich eine Neuorientierung für die Folge eingeklagt wird: Die graduelle Abstufung der prosodischen Prominenz fungiert also als ikonisches Zeichen für die Stärke des Bruchs.

---

[7] Schegloff beschreibt dies als ‚nonterminality' von Sequenzen aus Fokussierungsaufforderung und -bestätigung: „By nonterminality I mean that a completed SA [summons-answer, P.D. und S.G.] sequence cannot properly stand as the final exchange of a conversation. It is a specific feature of SA sequences that they are preambles, preliminaries, or prefaces to some further conversational or bodily activity. They are both done with that purpose, as signaling devices to further actions, and are heard as having that character. This is most readily noticed in that very common answer to a summons 'What is it?' Nonterminality indicates that not only must something follow but SA sequences are specifically preliminary to something that follows" (Schegloff 1968/1972: 359).

4.1.1 Prosodisch stark exponiert

Am exponiertesten kommt *du* in der Regel syntaktisch alleinstehend als erster Redezug in gesprächseröffnenden Paarsequenzen aus Fokussierungsaufforderung und -bestätigung vor („*summons-answer sequence*" siehe Schegloff 1968/ 1974; 2002). Das Format ist an soziale Situationen gebunden, in denen momentan keine ‚fokussierte Interaktion' besteht. Fokussierte Interaktionen umfassen „all those instances of two or more participants in a situation joining each other openly in maintaining a single focus of cognitive and visual attention" (Goffman 1963: 89; siehe auch Kendon 1988; 1990; Stukenbrock 2015; Auer 2017). In Kontexten, in denen noch kein Gespräch eröffnet oder der geteilte Aufmerksamkeitsfokus der Beteiligten aufgegeben worden ist, wird *du* dazu eingesetzt, *Alignment* herzustellen: Mit *du* wird eine initiative Handlung vollzogen, und zwar die Aufforderung an ein – durch *du* nicht näher bestimmtes – Gegenüber, eine fokussierte Interaktion zu beginnen bzw. fortzuführen. Dies setzt eine nächste Handlung des interaktionsbereiten Gegenübers relevant, nämlich eine Bestätigung, dass die fokussierte Interaktion (wieder)hergestellt ist. Die Beteiligten befinden sich also in einem „Orientierungszustand" (Bergmann 1982) und gehen mit dem *du* und dem jeweiligen Bestätigungssignal über von der „reinen Kopräsenz von Menschen in einer sozialen Situation" zu der „absichtsvollen wechselseitigen Orientierung aufeinander" (Stukenbrock 2015: 51).

Einen solchen Fall zeigt die folgende Interaktionsepisode aus einer Reality-TV-Show. Bea, Joe und Jörg sitzen im Gemeinschaftsraum des Containers und stehen vor der Aufgabe, gemeinsam über ein von der Redaktion vorgegebenes Thema zu sprechen. Es besteht noch keine fokussierte Interaktion, bis Joe ein Gespräch eröffnet:

Ausschnitt 1': Themengebundene Diskussion (BB 97)
```
01              ((lange Pause))
02    Joe:      so;
03              (.)
04              <<:-)> DU: h° he->
05              (-)
06    Bea:      *ja[::,]
                *schaut zu Joe->
07    Joe:         [THE]ma,
08              (-)
09              er*ZÄHL.
      bea       ->*schaut zur Themenkarte --->>
10              ((lacht, 0.8))
```

```
11   Bea:    [ich erZÄHL nix;           ]
12   Jörg:   [((unverständlich))]
13   Bea:    <<liest vor> lachen ist geSUND;
14           aber wO hört der SPASS auf;>
```

Joe nimmt eine Aktivitätszäsurierung vor und fordert Bea auf, in eine fokussierte Interaktion zu treten (Z. 02–03). Da die für das avisierte kommunikative Projekt substanzielle Karte mit der Themenvorgabe bei ihr auf dem Tisch liegt, ist für die Beteiligten aus dem Kontext erschließbar, auf wen sich das *du* bezieht. Mit dem gelängten, intonatorisch steigenden *ja* und der simultanen Zuwendung des Blicks bestätigt Bea Joes verbale Fokussierungsaufforderung (Z. 05). Durch den Vollzug der konditionell relevant gesetzten Folgehandlung stellt sie die fokussierte Interaktion her. Die InteraktionspartnerInnen orientieren sich hier also mit Hilfe der Präsequenz aneinander und ermöglichen eine Initiierung der Diskussionsaktivität (Z. 06–09). Das alleinstehende *du* dient hierbei nicht nur als Beziehungszeichen, sondern als interaktive Ressource, mit der bei folgender Bestätigung aus der sozialen Situation des ‚auf-den-Sofas-sitzens' eine Situation mit gemeinsamem Aufmerksamkeitsfokus, nämlich die themengebundene Diskussion, hergestellt wird.

Mit der pragmatischen Selbstständigkeit von *du* geht auch der Status prosodischer Selbstständigkeit einher. Dies ermöglicht, dass *du* einen eigenen Nukleusakzent trägt und gedehnt ist („<<:-)> **DU:** h° he->"; Z. 04). Der interaktive Kontext des Formats trägt noch weiter zu der Exponierung bei, da das Format zum einen durch den Kontrast zur vorausgehenden Pause (Z. 03) und zum anderen durch die aufgrund des obligatorischen Handlungsbruchs anschließende Pause (Z. 05) prosodisch exponiert wird.

Auch syntaktisch vorangestellte *du*-Formate können prosodisch exponiert realisiert werden, jedoch wird das Format in Zusammenhängen verwendet, in denen der Bruch in der Interaktion weniger stark ist. Üblicherweise wird es nicht in Situationen völlig unfokussierter Interaktion eingesetzt, sondern in Kontexten, in denen zumindest eine prinzipielle Verpflichtung der/des AdressatIn für fokussierte Interaktion gegeben ist, z. B. durch vorherige gemeinsame Beteiligung in fokussierter Interaktion. Diesem Umstand trägt das Format durch die Kondensierung der dialogischen sequenziellen Struktur der Fokussierungssequenz in eine syntaktische Struktur Rechnung, in der die Struktur nicht länger offen für die interaktive Aushandlung ist, sondern „lose" an eine Folgestruktur angebunden wird (Auer 1996b: 313f.), wobei die Relevanz der Annahme eines geteilten Aufmerksamkeitsfokus zunimmt.

Dies zeigt sich in der folgenden Pausenkommunikation, in der drei Mitarbeiterinnen und ihr Chef Leo gemeinsam zu Mittag essen. Mit Leos nichtübereinstimmender Stellungnahme kommt das Gesprächsthema ‚Medikamente' zu einem möglichen Abschluss (Z. 01–05). In einem offenen Gesprächszustand (Goffman 1981), in dem die Beteiligten „nur" ihren Essaktivitäten nachgehen (Z. 6), beginnt Hanna erneut eine fokussierte Interaktion und leitet das neue Thema ‚Geschenke' mit „((schmatzt)) <<h> ach ↑↑DU::," (Z. 07) ein:

Ausschnitt 2': 40 Grad (FOLK_E_00079_SE_01_T_01_DF_01)
```
01   Leo:     nee das riecht nIch so wie oh gott HILfe oder so;=
02            =es riecht so wie HM:: [he he-]
03   Mara:                           [ha ha ]
04   Leo:     <<:-)> so DAS he he;
05            das das lindert SCHMERzen;>
06            (Kaugeräusche und Rascheln, 13.8)
07   Hanna:   ((schmatzt)) <<h> ach ↑↑DU::,
08            (.)
09            hAbt ihr die MARtina schon so_n;>
10            °hh (--) so_n TEIL;=
11            =des mAchst du irgendwie auf die FLAsche drauf,
12            °hh ((schmatzt)) un dAnn machst du da heißes WASser wohl rEin?
13            un=dann kommt des genau mit der richtigen temperaTUR;
14            vierzig grAd oder so unten RAUS;
15            (1.4)
16   Leo:     is ja GEIL;
```

Die Form von *du* als syntaktische Voranstellung erklärt sich durch den Umstand, dass unter den Beteiligten aufgrund der erst gerade unterbrochenen fokussierten Interaktion und der fortdauernden gemeinsamen Aktivität des Essens eine prinzipielle Verpflichtung zu weiterer Interaktionsbereitschaft besteht. In diesem Kontext ist *du* prosodisch sehr exponiert: Es folgt einem Schmatzen und konstituiert eine eigene Intonationsphrase mit dem Erkenntnisprozessmarker *ach*, der eine folgende neue und potenziell überraschende Information bzw. Handlung erwartbar macht, die einer Erläuterung bedarf. *Du* ist mit einem Nukleusakzent und einer sehr intensiven Dehnung mit zweifach-steigender Tonhöhenbewegung versehen. Zudem ist die vorangestellte Einheit durch eine Mikropause von der Folgeäußerung abgegrenzt (Abb. 1) und kontrastiert durch ein erhöhtes Tonhöhenregister.

Das Bündel von kookkurrierenden Hinweisen kontextualisiert, dass in der Folge nicht lediglich die fokussierte Interaktion zwischen sich nahstehenden

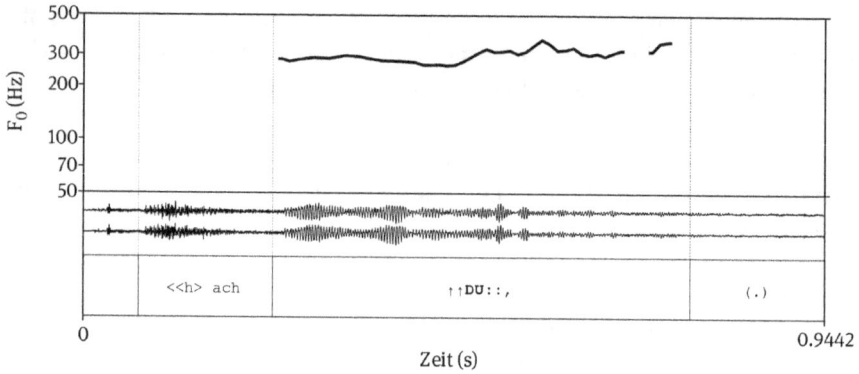

Abb. 1: Oszillogramm und Intonationsverlauf Ausschnitt 2, Z. 07–08.

Beteiligten wieder aufgenommen werden soll, sondern dass die reziproke Orientierung für einen sequenziellen und thematischen Neubeginn (‚Geschenk für Martina') benötigt wird.

4.1.2 Prosodisch schwach exponiert

Auch bei weniger starken Brüchen in der Interaktion wird auf prosodisch relativ exponierte *du*-Formate zurückgegriffen, um eine Orientierung aneinander für etwas folgendes Neues (wieder)herzustellen. Typischerweise handelt es sich hierbei um Themenwechsel. In Ausschnitt 4 sitzen Bekannte am Tisch und tauschen Neuigkeiten aus. Spätestens in Zeile 17 erreichen die Interagierenden einen möglichen Abschlusspunkt des Themas ‚Schwierigkeiten beim Memorieren niederdeutscher Wörter'. Nach einer erheblich kürzeren Pause als im vorherigen Ausschnitt übernimmt Heidi die Rede und leitet mit *du* sowie einer neuen Information einen Themenwechsel ein (Z. 19–20):

Ausschnitt 4: Hella kommt (SiN EMS-LAH03-F 21:52)
```
09  Heidi:    man beNUTZT dat nich [mehr;]
10  Stefan:                        [ne;  ]
11  Heidi:    dat [was] WEG-
12  Stefan:       [ja;]
13            (1.0)
14  Heidi:    ne,
15  Stefan:   hm_hm,
16            (2.3)
17  Heidi:    mhm is=schon interesSANT-
```

```
18              (1.1)
19              °hh ↑↑DU.=
20              =↑↑HE:Lla kommt übrigens?
21              (--)
22  Stefan:     ja,
23  Heidi:      a:::m zwEiten okTOber,
24              (--)
25  Stefan:     ah ja;
```

Das *du*-Format dient auch hier nicht nur als Signal situativer Vergemeinschaftung der Beteiligten. Es kommt an einem Punkt vor, an dem zunächst noch offen ist, ob das Thema fortgeführt oder gewechselt wird, und dient als Mittel zur Wiederherstellung der Orientierung des Gegenübers innerhalb fokussierter Interaktion: Mit dem *du*-Format beansprucht Heidi das Rederecht, kontextualisiert durch die prosodisch relativ exponierte Gestaltung das vorherige Thema als abgeschlossen und klagt beim Gegenüber die gemeinsame Fokussierung der Aufmerksamkeit für das neue Thema ein. Prosodisch exponiert ist das Format durch das Merkmalsbündel von prosodischer Eigenständigkeit als Intonationsphrase, rhythmischer Diskontinuität durch die vorangehende Pause, erhöhter Lautstärke und einem sehr hohen Neuansatz.[8] Der schnelle Anschluss zur Folgestruktur schwächt die Exponierung ab (Abb. 2). Auch lexikalische Zäsurierungssignale (siehe *so* und *ach* in den Ausschnitten 1 und 2), wie sie häufig bei fokussierungsaufforderungsnahen Formaten zu finden sind, liegen nicht vor.

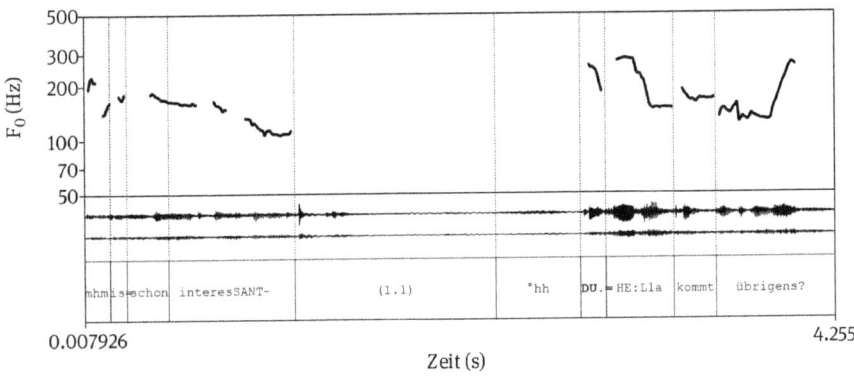

Abb. 2: Oszillogramm und Tonhöhenverlauf Ausschnitt 4, Z. 17–20.

---

8 Zur rhythmischen Kontinuität bzw. Diskontinuität siehe Auer/Couper-Kuhlen/Müller (1999).

4.1.3 Prosodisch integriert

Prosodisch eher integrierte Formate leiten das Gegenüber ebenfalls zu einer reziproken Orientierung aneinander an, jedoch wird eine Anbindung der projizierten Aktivität an die vorausgegangene Interaktion kontextualisiert. Ein solcher Fall sind Reorientierungen für Aktivitätswechsel innerhalb von interaktiven Projekten wie in Ausschnitt 5. In der Interaktionsepisode renovieren zwei Schwestern ihre Wohnung. Tamara steht auf einer Leiter und klebt die Wand für den Anstrich ab; Pauline sitzt auf dem Boden und klebt die Fußleiste ab:

```
Ausschnitt 5: Wohnungsrenovierung (FOLK_E_00217_SE_01_T_04_DF_01)
01    Tamara:    *wie weit IS das da denn;
                 *>>schaut zur Wand---->
02               &(1.0)*(0.2)
      pauline    &schaut zu Tamara---------->
      tamara           *schaut zu Pauline--->
03    Pauline:   zu KLEIN; (.)
04               +SO lang;
      pauline    +Zeigegeste--->
05               (3.0)+(1.0)*(1.0)&#(8.1)
      pauline        ->+
      pauline                     &schaut zum  Boden->
      tamara                 ->*schaut zur Wand-------->
      abb                         #3.1
06    Pauline:   &°h #du wir mAchen des UMgekehrt;
      pauline    &schaut zu Tamara---------------->>
      abb            #3.2
07               (.)
08               *#ich mach des Oben und dU hier unten;=
      tamara     *schaut zu Pauline------------------>>
      abb         #3.3
09               =des geht SCHNELler;
10               $(1.0)$
      tamara     $nickt$
11    Tamara:    ja.
```

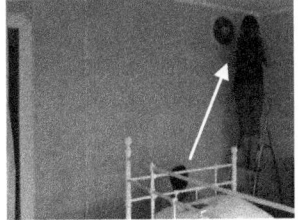

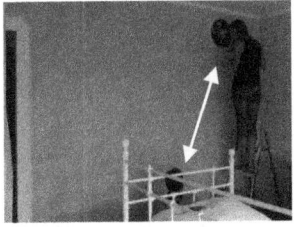

Abb. 3.1–3.3: Pauline (links) und Tamara (rechts) stellen wechselseitige Orientierung her.

Die direkte Anrede *du* (Z. 06) dient Pauline und Tamara nicht nur als Beziehungszeichen, sondern hat zudem interaktionssteuernde Funktionen innerhalb des interaktiven Projekts. Pauline leitet mit dem *du* einen Redezug ein, der Tamara für einen Aktivitätswechsel rekrutiert. Da das Abkleben Tamaras Blick beansprucht, fehlt eine wechselseitige visuelle Orientierung der Interagierenden. In diesem Kontext ist die einen reziproken Aufmerksamkeitsfokus auf das Gegenüber einklagende, projektive Kraft des *du* hochfunktional, denn die Aufforderung zur wechselseitigen Fokussierung durch das vorangestellte *du* gibt der Rezipientin Zeit, sich adäquat zu reorientieren: Während Paulines Redezug unterbricht Tamara umgehend das Abkleben und stellt wechselseitigen Blickkontakt her (Abb. 3).

Das *du* ist prosodisch relativ integriert: Zwar ist es durch eine längere Pause von der vorausgegangenen Äußerung getrennt, aber es weist keine plötzlichen und extremen Tonhöhenbewegungen und Dehnungen auf. Auch trägt es keinen Nukleusakzent und bildet gemeinsam mit der Folgestruktur eine Intonationsphrase (Abb. 4). Die prosodische Integration kontextualisiert, dass die neue Aktivität, für die die wechselseitige Aufmerksamkeit hergestellt wird, an das Vorausgegangene anknüpft und indiziert somit sequenzielle Kohärenz in dem interaktiven Projekt.

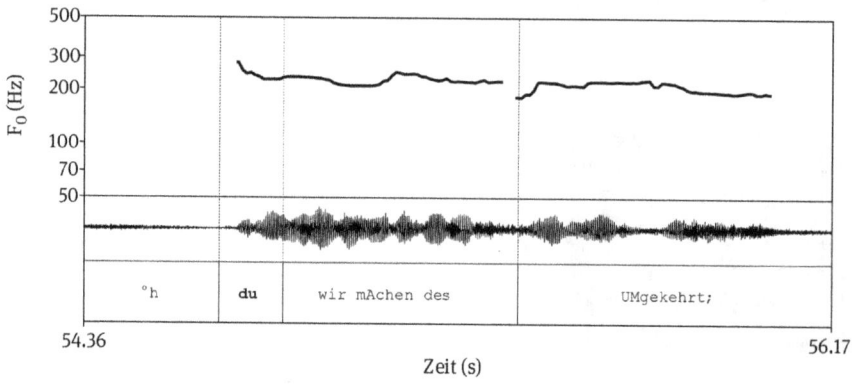

Abb. 4: Oszillogramm und Tonhöhenverlauf Ausschnitt 5, Z. 06.

Ein weiterer Fall sind reziproke Reorientierungen im Zusammenhang von Refokussierungen auf Gesprächsgegenstände (vgl. Kallmeyer 1978). Ausschnitt 6 zeigt einen solchen Fall, in dem *du* prosodisch integriert verwendet wird. Der Ausschnitt ist einem Tischgespräch zwischen Bekannten entnommen. Tessa informiert ihre RezipientInnen über die anstehende Verabschiedung des Pastors, deren Termin allgemein als schlecht gewählt eingeschätzt wird. Sie rekonstruiert eine abwertende Stellungnahme zur Terminwahl (Z. 5–10). Gelis Frage nach dem Veranstaltungsort kann nicht geklärt werden (Z. 18–31). Mit dem Angebot „oder Hölkeskamp" (Z. 31) trägt Tessa zu der Auswahl möglicher Orte bei und bringt die Sequenz durch die Anzeige ihrer Unkenntnis zu einem potenziellen Abschluss. Nach einer kurzen Pause übernimmt sie mit *du* erneut die Rede (Z. 33):

Ausschnitt 6: Verabschiedung des Pastors (FOLK_E_00201_SE_01_T_04_DF_01)
```
05   Tessa:   nur hat er sich auf dn dOnnerstag hat er sich dann noch
              EINgelassen;=
06            =is EIgentlich auch-
07            (--)
08            °h
09   Geli:    hm_[hm.   ]
```

```
10   Tessa:    [schütt]elte selbst karl ed BÖTTcher den kOpf;
11             (1.2)
12   Geli:     hm_hm;
13             (-)
14   Karl:     °hh (1.0)
15             hm_hm?
16             (1.2)
17             °h[hh              ]
18   Geli:     [Is das denn nach]her im PFARRheim oder-
19             (-)
20   Tessa:    ich (-)
21   Geli:     oder FESThalle;
22             (1.2)
23   Tessa:    ah pfArrheim glaub ich NICH;
24             wO jetz genau WEISS ich nich [mehr;  ]
25   Geli:                                  [hm_hm,]
26             (.)
27   Geli:     die verABschiedung;
28             vom pastor BÖHringer;
29             (1.0)
30             ((räuspert sich)) (1.2)
31   Tessa:    oder bei HÖLkeskamp;
32             (2.0)
33   Tessa:    du an ei=m dOnnerstachabend werden nIch die meisten KOMmen-
34   Geli:     hm_hm;
35             (4.9)
36   Tessa:    °h das werden die Abordnungen von den verEInen sein,
37             (0.21)
38             aber ob jetz auch groß aus der geMEINde noch leute kommen,
39             =da setz ich mal_n ganz großes FRAg[ezeich]en hinter;
40   Geli                                         [hm_hm;]
41   Sepp                                         [nö;   ]
```

Tessa setzt *du* nach der gescheiterten Klärung des Veranstaltungsorts als Anleitung ihrer Adressaten zur reziproken Reorientierung auf das gemeinsame Einschätzen der Terminwahl ein (Z. 33). Der gesamte Redezug ist prosodisch relativ integriert. Es geht ihm zwar eine Pause voraus (Z. 32), sonst fehlen jedoch vernehmliche Diskontinuitätsmarker wie etwa Atemgeräusche, Interjektionen oder Zögerungspartikeln. Die Intonationskontur weist im Vergleich keinen markanten Wechsel in der Tonhöhe auf; auch die Lautstärke bleibt relativ unverändert

(Abb. 5). Die prosodische Integration kontextualisiert, dass die eingeleitete Sequenz keine Neufokussierung, sondern eine Refokussierung auf den vorherigen Gesprächsgegenstand, d. h. die Terminwahl ist.

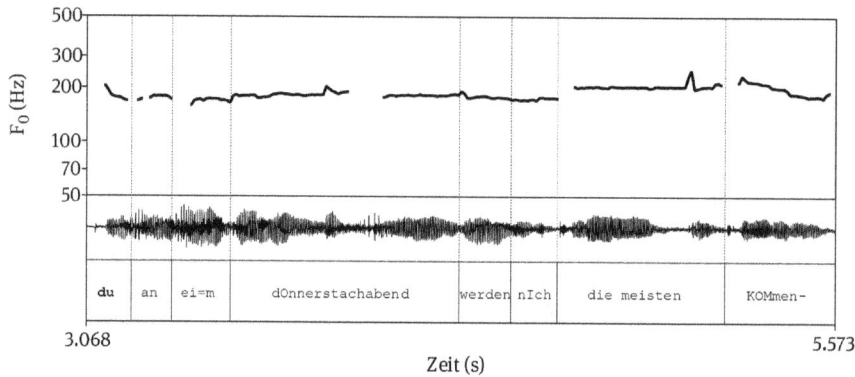

Abb. 5: Oszillogramm und Intonationsverlauf Ausschnitt 6, Z. 33.

Die analysierten Episoden zeigen bei vorangestellten *du*-Formaten ein Kontinuum mit fließenden Übergängen: von prosodisch stark exponiert (Ausschnitte 1 und 2) über prosodisch weniger stark exponiert (Ausschnitt 4) bis prosodisch eher integriert (Ausschnitte 5 und 6). Die Ausschnitte illustrieren, dass die prosodische Gestaltung in einem ikonischen Verhältnis zu der Stärke des Bruchs, dem Grad an pragmatischer Selbstständigkeit von *du* und dem Ausmaß der lokalen Neuorientierung steht (vgl. auch Sicoli et al. 2015): Mit der Abnahme der prosodischen Exponierung geht eine Abnahme der Stärke des Bruchs im Fluss der Interaktion sowie eine Abnahme des Grads an pragmatischer Eigenständigkeit des *du* und des Ausmaßes lokaler Neuorientierung einher. Folglich ist das Gestaltungskontinuum insofern grundlegend geprägt (i) durch die Orientierung am Gegenüber, als die Relevanz der Annahme eines geteilten Aufmerksamkeitsfokus graduell zunimmt, sowie (ii) durch sequenzielle Sensitivität, als Disjunktionssignale, die ein Stocken im Interaktionsfluss hervorrufen könnten, zunehmend vermieden werden.

4.2 Nachstellung

Auch nachgestelltes *du* weist unterschiedliche Formate auf, bei denen die prosodische Integration neben der weiteren sequenziellen Umgebung zur Kontextualisierung kommunikativer Funktionen beiträgt. Gemeinsam ist nachgestellten *du*-Formaten, dass sie die vorausgehende Bezugsäußerung auf unterschiedliche Weise rekontextualisieren.

4.2.1 Prosodisch exponiert

Bezeichnend für das nachgestellte, prosodisch exponierte *du* ist, dass es nach Abschluss einer sowohl prosodisch als auch syntaktisch und pragmatisch als beendet markierten Äußerung produziert wird.

Die Sprecherin Anette fragt im folgenden Ausschnitt eine ihrer Gesprächspartnerinnen (Loredana), ob sie „auf Diät" ist (Z. 385). Nachdem Loredana auf die an sie namentlich adressierte, prosodisch, syntaktisch und semantisch komplettierte Frage nicht reagiert und eine Redezugvakanz (vgl. die Pause von 1.5 Sek. in Z. 386) entsteht, fügt Anette eine durch die Kausalsubjunktion *weil* eingeleitete subordinierte TCU „weil du so wenig ISST;" (Z. 387) an und liefert somit eine Begründung für ihre vorausgehende Anfrage:

Ausschnitt 7: Auf Diät (FOLK_E_00055_SE_01_T_01_DF_01)

```
385   Anette:      °hh loredana du bist aber nich auf diÄT oder so;
386                (1.5)
387                weil du so wenig ISST;
388                (0.9)
389   Loredana:    ne[e- ]
390   Anette:         [du;]
391                (-)
392   Loredana:    äh-
393   Anette:      äh <<hyperartikuliert> dU bist (.) !NICHT! auf diät;
394                (--)
395   Loredana:    auf [di    ]
396   Anette:          [ob du] auf diÄT bist;
397                    [°h    ]
398   Nina:            [ob du] geWICHT ne ab [mhm-    ]
399   Anette:                                [ob du;  ]
400                [ob du ob-]
401   Nina:        [ob du    ] [ABnehmen willst; ]
402   Anette:                  [du willst nIch AB ]
                   neh[men oder,]
403   Loredana        [nee nee  ] nee ne[e;]
404   Anette:                           [ok]ay=GUT;
405   Loredana:    <<lachend> okay;>
406   Anette:      dAchte schon oh GOTT oh gott;
```

Auch im Anschluss an den inkrementell ergänzten *weil*-Teilsatz (als „clausal glue-on"; Auer 1996a: 92) bleibt die Redezugübernahme durch die als nächste Sprecherin selektierte Loredana vorerst aus. Nach einer weiteren Redezugvakanz von 0.9 Sekunden (Z. 388) liefert Loredana schließlich eine Verneinung der vorausgehenden Entscheidungsfrage – „nee" (Z. 389) – und damit den konditionell erwartbaren und eingeklagten zweiten Teil der Frage-Antwort-Sequenz. In Überlappung damit produziert Anette ein mit fallender Intonation produziertes, prosodisch als eigenständig markiertes „du;" (Z. 390) und fordert so ihr Gegenüber zur Übernahme der konditionell erwartbaren Reaktion (einer Antwort) auf. Das *du* kommt hierbei einem „Anstupser" gleich, mit dem die Sprecherin indiziert, dass sie „in der nicht auf [sie] gerichteten Aufmerksamkeit [der Rezipientin] den Grund für das Ausbleiben einer Antwort sieht" (Bergmann 1982: 178).

Die prosodische Gestaltung des nachgeschobenen *du* zeigt einen deutlichen Bruch mit Pause zur vorausgehenden Bezugsäußerung („°hh loredana du bist aber nich auf diÄT oder so; (1.46) weil du so wenig ISST;", Z. 385ff.), die prosodisch und syntaktisch als komplettiert markiert ist. Im Anschluss an die Phrasierungsgrenze (vgl. die Pause in Z. 388) initiiert die Sprecherin ein prosodisch eigenständiges *du*. Die Realisierung dieses nachgeschobenen *du* veranschaulicht, dass dies nicht etwa unter dem „prosodischen Dach" der Bezugsäußerung konzipiert wurde, sondern als ein alleinstehendes *du* – als Reaktion auf das Ausbleiben einer erwartbaren Antwort – nachgereicht wird: Das der längeren Pause folgende *du* weist einen Neuansatz der Kontur auf und bildet eine separate Intonationsphrase (Abb. 6).

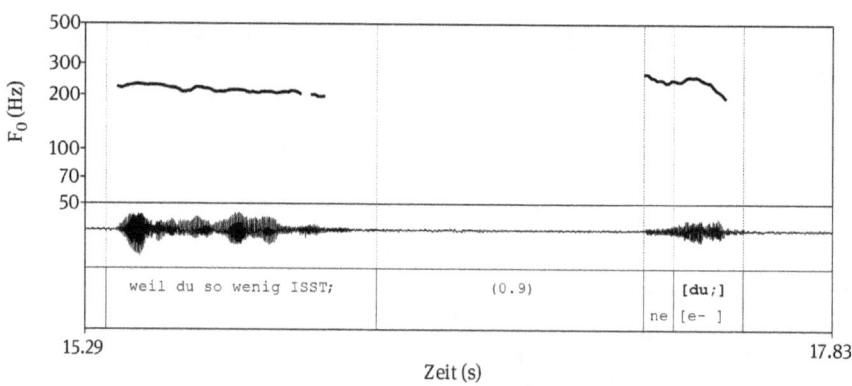

Abb. 6: Oszillogramm und (von der Überlappung bereinigter) Intonationsverlauf Ausschnitt 9, Z. 387–390.

Auch im folgenden Ausschnitt aus einem Tischgespräch zwischen Familienmitgliedern und FreundInnen, die sich beim Kartenspiel unterhalten, nimmt die Produzentin des nachgeschobenen, prosodisch eigenständigen *du* ihr Gegenüber in die Pflicht, eine konditionell erwartbare Reaktion zu liefern, und fordert dessen interaktive Verfügbarkeit für den Interaktionsablauf ein. Einige Sekunden nachdem Christian seine Mutter (Nathalie) gefragt hat „was gibt's eigentlich zu essen?", reagiert diese mit einer vorwurfsvoll modulierten Äußerung (Z. 01–03): „wenn ich hIEr jetzt SITze christian? (1.7) kannste mir erzÄhlen wie ich hier jetzt KOCHen <<lachend> soll>,". Im Anschluss an die als abgeschlossen markierte Sprechhandlung und die darauf folgende Pause (Z. 04) produziert Nathalie ein *du* (Z. 05), das die Aufmerksamkeit des Rezipienten auf den vorliegenden Interaktionsprozess einklagt:

Ausschnitt 8: Kochen (SiN NH-HEE03-F)
```
01   Nathalie:   wenn ich hIEr jetzt SITze christian?
02               (1.7)
03               kannste mir erzÄhlen wie ich hier jetzt KOCHen
                 <<lachend> soll>,
04               (2.1)
05               du,
06               (--)
07   Christian:  aufstehen,=
08               =inne KÜche ge[hen,]
09   Nathalie:                 [er  ] [frAgt was es] zu ESsen gibt;
10   Christian:                       [und KOCHen; ]
11   Nathalie:   ich sag-
12               wEnn ich hier jetzt SITze mit EUch;
13               und nachher AUCH noch eine stunde mit frau kEllner;=
14               =kann er mir mal erzÄhlen
                 [wann ich KOCHen soll,    ]
15   Christian:  [das WUSST ich ja noch ga]r nich;=
16               =dass du nOchmal ne stunde mit frau KELLner redest;
```

Das nachgestellte, prosodisch exponierte *du* (Z. 05) wird auch hier infolge einer Redezugvakanz als Ressource eingesetzt, um die wechselseitige Orientierung des Gegenübers für den Interaktionsprozess einzuklagen und die von ihm erwartbare soziale Handlung einzufordern. Nach einer kurzen Pause (Z. 06) übernimmt der selektierte Sprecher Christian den Redezug und liefert die konditionell erwartbare Reaktion, indem er seine Forderung, dass seine Mutter für ihn kochen soll, nun ironisch untermauert (Z. 07–08).

Das *du* (Z. 05) weist wiederum eine deutliche Phrasierungsgrenze zur prosodisch als abgeschlossen markierten Vorgängeräußerung auf: „wenn ich hIEr jetzt SITze christian? (1.7) kannste mir erzÄhlen wie ich hier jetzt KOCHen <<lachend> soll>," (Z. 01–03). Allerdings zeigt es im Gegensatz zu Ausschnitt 7 eine leicht steigende Kontur.

In beiden Ausschnitten dokumentieren die RezipientInnen mit ihren Reaktionen ihre Orientierung an den prospektiv syntagmatischen Expansionen mit nachgestelltem, prosodisch exponiertem *du*, indem sie durch die Redezugübernahme und das Liefern der ausgebliebenen, erwarteten Reaktion das fokussierte „misalignment" (Stivers 2008) korrigieren: Dieses *du*-Format als eine „schweigeterminierende Intervention" (Bergmann 1982: 163) bzw. als „response-mobilizing feature" (Stivers/Rossano 2010) hat folglich wie das vorangestellte, syntaktisch alleinstehende *du* (siehe 4.1.1.) die Funktion einer Fokussierungsaufforderung.[9]

Als Fokussierungsaufforderung ist *du* im Syntagma grundsätzlich an keine positionellen Restriktionen gebunden (vgl. Schegloff 1968/1972: 358) und ist somit auch für die Wiederherstellung reziproker Orientierung bei Störungen des *Alignments* einsetzbar. Im Unterschied zu vorangestelltem, syntaktisch alleinstehendem *du* handelt es sich bei nachgestelltem, prosodisch exponiertem *du* nicht um den ersten Paarteil einer Präsequenz, sondern um eine reparative Erweiterung der vorausgehenden Sequenz, der eine Problemquelle vorausgeht (siehe Schegloff et al. 1977): Nachgestelltes, prosodisch exponiertes *du* dient zur Reparaturinitiierung, die (i) retrospektiv eine ausbleibende, auf einen fehlenden geteilten Aufmerksamkeitsfokus zurückgeführte Reaktion des Gegenübers indiziert und (ii) eine Reparaturdurchführung durch das Gegenüber einklagt, nämlich die reziproke Orientierung wiederherzustellen und die ausgebliebene Reaktion zu liefern. Das *du*-Format kann folglich als eine explizit am Gegenüber ausgerichtete Ressource zur Wiederherstellung von *Alignment* betrachtet werden: Das ursprüngliche deiktische Pronomen *du* erhält somit neben der Funktion des „shifters", der auf der refenziellen Ebene eine/n AdressatIn indiziert und auf der nonreferenziellen Ebene als Beziehungszeichen fungiert, die kommunikativ-indexikalische Funktion der Aufmerksamkeitseinklage. Die prosodische Eigenständigkeit des nachgestellten *du* stützt somit die These von Couper-Kuhlen (2004: 336), dass prosodische Diskontinuität im Anschluss an einen Äußerungsabschluss oftmals eine neue Handlung kontextualisiert: Mit dem nachgestellten *du* vollziehen SprecherInnen eine eigenständige Sprechhandlung – und zwar die

---

[9] Aufgrund der geringen Belegzahl des Formats ist bei Schlussfolgerungen Vorsicht geboten, aber die extremen Wechsel in Tonhöhe und Lautstärke sowie die auffälligen Dehnungsphänomene der vorangestellten Fokussierungsaufforderungen kommen bei den nachgestellten nicht vor.

Initiierung einer Reparatur, die nicht etwa auf der inhaltlichen, referenziellen Ebene angesiedelt ist, sondern auf der Ebene der Sequenzierung.

4.2.2 Prosodisch integriert

Neben nachgestelltem, prosodisch exponiertem *du* verwenden Interagierende auch syntaktisch nachgestelltes *du*, das prosodisch in die unmittelbar vorausgehende Bezugsäußerung integriert ist. Wir werden im Folgenden demonstrieren, dass auch dieses prosodische Display insofern ikonisch ist (Sicoli et al. 2015: 204), als die prosodische Eingebundenheit des nachgestellten *du* zugleich dessen äußerungs- bzw. handlungsbezogene Integration reflektiert.

Im folgenden Ausschnitt aus einer Reality-TV-Sendung unterhalten sich die TeilnehmerInnen über die in ihrem Container aktuell durchgeführten Vorbereitungen für einen anstehenden prominenten Besuch:

Ausschnitt 9: Prominenter Einzug in den Container (1AuDa ID 196, BB79)
```
258   Jörg:      [((lacht))]
259   Beatrix:   [((lacht))]
260   Beatrix:   was hast DU jetz?=
261              =<<all> das hab ich nich> verSTANden.
262              (-)
263              <<p> was MACHen wir denn dann bloß,
264              wenn wir nich mehr in GARten dürfen?>
265              (-)
266              sind draußen LEUte;
267              (--)
268   Jörg:      isch mach mir keine großen geDANken du.
269              [irgendwie daDRÜ]ber;
270   Beatrix:   [Aha,           ]
271              [((unverständlich, 0.8 sek))]
272   Jörg:      [h° °hhh is-                ]
273              wa ham voll im geFÜHL gehabt;=[nä,   ]
274   Beatrix:                                 [hm_HM,]
275              (--)
276   Jörg:      weil diese WOche-
277   Beatrix:   ja war (.) ZU ruhig.
278              (1.6)
279   Verena:    kommt irgend_n HAMmer wieder,=ne?
280              (1.7)
281   Jörg:      ham wa VOLL das richtige gefühl gehabt;
```

Im Anschluss an Beatrix' Frage, was die BewohnerInnen nun machen sollen, da sie nicht in den Garten können (Z. 263–264), ergreift Jörg den Turn: „isch mach mir keine großen geDANken du." (Z. 268). Mit der Realisierung der Nominalphrase „keine großen geDANken" stellt die Äußerung eine syntaktisch und semantisch komplette Struktur (inklusive der Besetzung aller obligatorischen Argumentstellen des Verbs) zur Kundgabe einer subjektiven Einstellung dar. Dennoch folgt der Nominalphrase ein prosodisch integriertes *du*.

Im Unterschied zum prosodisch exponierten *du* (4.2.1.) liegt hier keine Phrasierungsgrenze zwischen der vorausgehenden Bezugseinheit und dem syntaktisch nachgestellten *du* vor; vielmehr ist das *du* Bestandteil der Intonationskontur: Die Bezugseinheit „isch mach mir keine großen geDANken" und das *du* trennen weder Pausen noch sonstige prosodische Diskontinuitätsmarker. Akustisch visualisiert zeigt sich ein durch eine Drucksilbe angehängtes *du*, das bündig ohne große Bewegung anschließt und die Kontur abschließt (siehe Abb. 7).

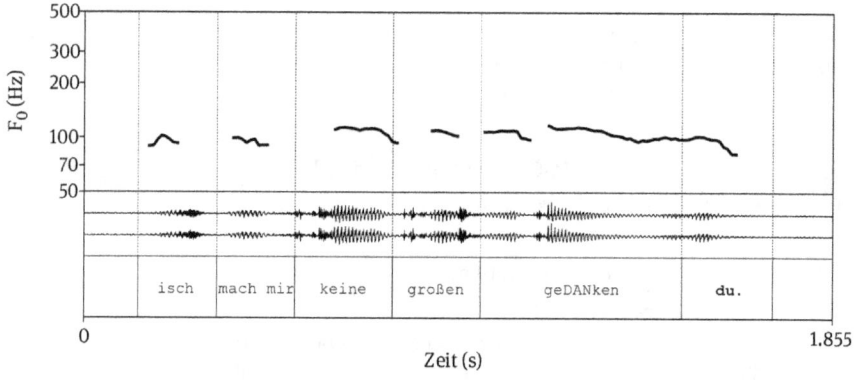

Abb. 7: Oszillogramm und Intonationsverlauf Ausschnitt 9, Z. 268.

Das vorliegende *du*-Format unterscheidet sich nicht nur aufgrund seiner prosodischen Gestaltung vom prosodisch exponierten, nachgestellten *du*, auch die sequenzielle Einbettung ist eine andere: So handelt es sich bei dem von Jörg produzierten, als subjektiv markierten Statement („isch mach mir keine großen geDANken."; Z. 268) nicht um den ersten Teil einer Paarsequenz, der eine konditionell erwartbare Reaktion als zweiten Paarteil relevant setzen würde. Das *du* ist also kein nachgelieferter „Anstupser", der die vom Gegenüber erwartbare, doch bislang ausgebliebene Turnübernahme einfordert, sondern in Jörgs Reaktion auf Beatrix' vorausgehende Nachfrage integriert und damit integraler

Bestandteil einer Antwort. Ferner konstituiert es nicht (wie auch Jörgs Fortsetzung zeigt) den Abschluss eines Turns, sondern es bildet stattdessen nur den Abschluss einer Turnkonstruktionseinheit (TCU): Im Anschluss setzt derselbe Sprecher (Jörg) mit der retrospektiv syntagmatischen Expansion „[irgendwie daDRÜ]ber;" (Z. 269) seinen Redezug fort und führt – in Überlappung mit Beatrix' „Erkenntnisprozessmarker" (Imo 2013: 194) „Aha," (Z. 270 ff.) – seine Begründung aus, weshalb er sich keine Gedanken macht (Z. 272–276).

Auch der folgende Ausschnitt aus einem Skype-Gespräch zwischen Paula und Benno, die sich über Paulas Reisepläne unterhalten, verdeutlicht, dass mit dem *du*-Format kein Problem auf der strukturellen Ebene der Kooperation bearbeitet wird:

Ausschnitt 3': Skype-Gespräch: Rumreisen (1AuDa ID 815)
```
01   Paula:   und bis mAI hat sie dann da quasi geARbeitet an der schule,=
02            =und dann danAch hat sie noch SO n_bisschen;
03            (0.8)
04            geJOBBT,
05            und noch RUMgereist,
06            (0.9)
07   Benno:   ja;
08            das mAchst du bestimmt AUCH du;
09            kann ich mir VORstellen;
10            (2.0)
11   Paula:   mal SEhen;
12   Benno:   mal SEhen ne,
13            because your English will be PERfect-
14            so=you have to PRACtice;
15            (.)
16   Paula:   of COURSE;
17            (-)
18            i HOPE so;
19   Benno:   ((lacht)) °h <<:-)> geNAU du;
20            °h das MACH_ma;>
21            dann kommt Anna dich AUCH besuchen ne,
22            [ja-]
23   Paula:   [ja ]MUSS die;
24            dann (.) klAppert die uns einmal alle AB?
25            und dann-
26            (2.1)
27   Benno:   h° MACH das du;
```

```
28   Paula:  [wann-      ]
29   Benno:  [musst sie] überZEUgen;
30           gehts dir GUT? (.)
31   Paula:  ja:;
```

Prosodisch integriertes nachgestelltes *du* wird in der Episode mehrfach verwendet. Doch das *du*-Format fungiert hier weder als schweigeterminierende Intervention noch als Turnbeendigungssignal: In Zeile 08 versieht Benno eine Zukunftsprojektion mit nachgestelltem *du* und setzt seinen Redezug im Anschluss mit einer durch Subjektivierung epistemisch herabstufenden Bemerkung fort („kann ich mir VORstellen;"); in Zeile 19 fügt er *du* an eine Zustimmung an und fährt mit einer bestätigenden Aufforderung („°h das MACH_ma;) fort; in Zeile 27 ergänzt er eine bestätigende Aufforderung mit *du* und schließt trotz Simultanstart eine weitere Aufforderung an.

Prosodisch integriertes nachgestelltes *du* zeichnet sich folglich dadurch aus, dass es – im Unterschied zu prosodisch exponiertem nachgestelltem *du* – kein Problem auf der Ebene der Interaktionsorganisation markiert; vielmehr setzen die SprecherInnen, nachdem sie mit *du* eine TCU beendigt haben, ihre Redezüge durchaus fort. Es hat folglich keine einfordernde, sondern lediglich insofern ermöglichende Funktion, als es TCU-final vorkommt und somit dem *du* mögliche übergaberelevante Stellen folgen. Dies reflektieren auch die unterschiedlichen Gebrauchsprofile von Grenztönen: Während bei exponiertem *du* steigende, schwebende und fallende Töne variieren, finden sich bei integriertem *du* vorrangig fallende Töne.

Aufschlussreich ist, dass in unseren Daten prosodisch integriertes nachgestelltes *du* nicht nur stets TCU-final vorkommt, sondern auch in Zusammenhang mit recht unterschiedlichen, aber stets besonders *face*-sensitiven Sprechhandlungen verwendet wird: als subjektiv markierte Einstellungen, Eingeständnisse, Nachfragen, Aufforderungen, Ratschläge, Emotionskundgaben etc. Das Format ist somit integral an spezifische Formen der partizipatorischen Verpflichtung der Interagierenden gebunden und an die interaktiven Dynamiken, innerhalb derer es situiert ist: Es kommt in Zusammenhängen vor, in denen Beziehungsarbeit geleistet wird und die folglich einen sehr hohen Grad an wechselseitiger Aufmerksamkeit und Anteilnahme voraussetzen. In der folgenden Interaktionsepisode wird im Anschluss an eine Emotionsbekundung *du* eingesetzt (Z. 1095), das prosodisch in die Kontur der Vorgängerstruktur eingebunden ist (Abb. 8) und eine TCU innerhalb eines komplexen Redezugs abschließt:

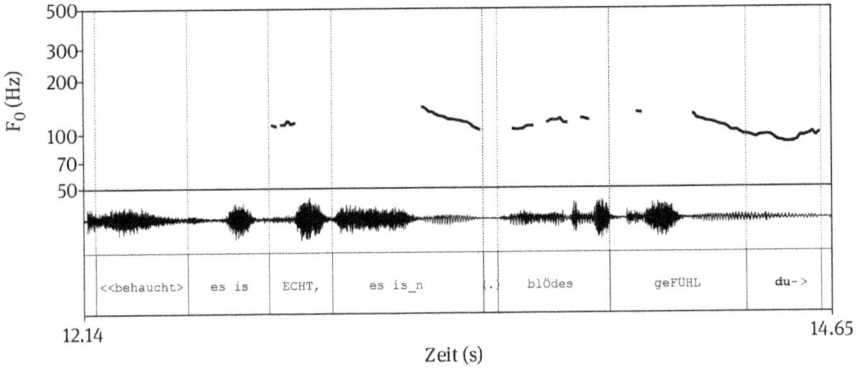

Abb. 8: Oszillogramm und Intonationsverlauf Ausschnitt 10, Z. 1096–1097.

Ausschnitt 10: Versagen bei der Wochenaufgabe (1AuDa ID 52, BB 13)
```
1084   Fatih:       ja haste_n HALS oder so,
1085   Christoph:   nee:;
1086                (2.1)
1087                °hhh
1088                (-)
1089                nein ich war da nur sAUer dass es insgesamt zu LAUT war;=
1090                =dass die einfach immer nur geJUbelt haben;
1091                weil ich (.) hab beim ZWEIten mal gesehen?
1092                dass du den BALL zu kurz schmeißt;
1093                (-)
1094   Fatih:       °hh
1095                h°
1096                <<behaucht> es is ECHT,
1097                es is_n (.) blÖdes geFÜHL du->
1098                °hh is wie beim elfMEterschießen.
1099                du (.) BIST dAnn-
1100                (.)
1101                der bUhmann der naTION.
```

Fatih greift auf prosodisch integriertes nachgestelltes *du* in einem heiklen Kontext emotionaler Reflexion zurück, in der bereits ein hoher Grad an Aufmerksamkeit, Beteiligung und Anteilnahme der Interaktionsbeteiligten dokumentiert wird. Mit diesem *du*-Format wird folglich nicht angezeigt, dass Aufmerksamkeit und Anteilnahme durch das Gegenüber erwartet wird. Vielmehr rekontextualisiert dieses unmittelbar angehangene *du* die vorausgegangene Bezugsäußerung als unter wechselseitiger Aufmerksamkeit und Anteilnahme produziert,[10] wodurch Fatihs Emotionsbekundung noch intensiver und intimer wird.

Im Sinne Silversteins (1976) handelt es sich beim vorliegenden *du* um ein primär indexikalisch fungierendes Element, das zwar dem „shifter" *du* entstammt, der auf der referenziellen Ebene die zweite Person markiert und auf der nonreferenziellen Ebene eine sozial nahe Beziehung zwischen den Beteiligten ausdrückt, doch ist die Referenzialität zugunsten eines primär non-referenziellen, sozial-fungierenden Kontextualisierungshinweises stark verblasst: Das Format unterstellt und versichert zugleich eine bestehende reziproke Orientierung, indem es das Gegenüber darauf hinweist, dass die Äußerung unter den Umständen dieser Synchronisierung der Interaktionsbeteiligten gemacht worden ist. Dadurch wird der durchgeführten Handlung schließlich eine intensivere und intimere Qualität gegeben. Dass das Format nicht die wechselseitige Orientierung der Aufmerksamkeit vom Gegenüber *einfordert*, sondern dem Gegenüber *versichert*, unterscheidet es funktional von allen anderen *du*-Formaten.

5 Schlussfolgerungen

Unsere Analyse hat gezeigt, dass syntaktisch desintegriertes *du* in der kommunikativen Praxis rekurrent in spezifischen Form-Funktions-Zusammenhängen verwendet wird. Hierbei operiert *du* stets auf der Ebene der Metapragmatik (Silverstein 1993; Traugott 1997: 3; Maschler 2009: 267 f.). Es persistiert insofern grundsätzlich der auf das Deiktikon zurückgehende dialogische Handlungscharakter, als *du* zwangsläufig Kontakt zu einem Gegenüber aufnimmt. Auch die nonreferenzielle, näherherstellende Funktion des „shifters" *du* bleibt als Grundierung erhalten, denn *du*-Formate dienen unweigerlich als Signal situativer Vergemeinschaftung der Beteiligten.

Diese basalen Funktionen werden durch das multifunktionale Potenzial von *du* kontextuell partikularisiert: Als indexikalische Zeichen nehmen *du*-Formate zwar vernetzte, aber dennoch spezifische kontextkontingente interaktionssteuernde Funktionen ein. Unsere Analyse hat verdeutlicht, dass diese interaktionssteuernden Funktionen primär entlang der Dimensionen Syntax, Prosodie und Sequenzierung sensitiv sind. Ausgehend von der Unterscheidung

---

10 Diese Verwendungsweise von *du* weist funktionale Ähnlichkeit zum Vergewisserungssignal *ne* auf, das in TCU-finaler Verwendung innerhalb von Turns aus mehreren TCUs nicht eine Bestätigung wechselseitiger Aufmerksamkeit vom Gegenüber einfordert, sondern diese unterstellt (vgl. König 2017: 248 ff.).

vorangestellter und nachgestellter Formate ist die prosodische Anbindung an die Bezugsäußerung zentral und steht in einem ikonischen Zusammenhang zur Funktion: Bei vorangestellten Formaten reflektiert der Grad der prosodischen Anbindung den Stärkegrad des Bruchs im Interaktionsfluss sowie den Grad an pragmatischer Eigenständigkeit des *du* und das Ausmaß der vom Gegenüber eingeforderten lokalen Neuorientierung. Bei nachgestellten Formaten hingegen reflektiert die Art der prosodischen Anbindung, ob ein Bruch in der Interaktion sowie ein Handlungsbruch vorliegt und somit ob Aufmerksamkeit und Anteilnahme eingefordert oder aber versichert wird. Die Beobachtungen untermauern die Annahme eines Zusammenhangs zwischen prosodischer Realisierung und kommunikativer Funktion sprachlicher Einheiten: Als Kontextualisierungshinweis liefert die prosodische Gestaltung eine zentrale semiotische Grundlage für das Verstehen kommunikativer Handlungen im Prozess der Interaktion (Gumperz 1982; 1992).

Es stellen sich die Fragen, ob es sich bei den Formaten um Konstruktionen im konstruktionsgrammatischen Sinne handelt, – wenn ja – wie diese zu beschreiben sind und welche Rolle die Prosodie dabei spielt.

Nach weiten Auffassungen des Konstruktionsbegriffs (z. B. Croft 2001; Langacker 1987) wie nach enger gefassten Definitionen (z. B. Goldberg 1995) sind *du*-Formate potenzielle Konstruktionskandidaten. Es bieten sich zwei Beschreibungen mit unterschiedlicher analytischer Granularität an (vgl. Imo 2011), die zu unterschiedlichen Interpretationen führen:

Mit einer geringeren analytischen Granularität lassen sich die *du*-Formate als eine Konstruktion beschreiben, die einen hohen Grad an struktureller Unterspezifiziertheit aufweist. Konstitutiv für die Konstruktion ist die Verknüpfung syntaktischer Desintegration und fehlender grammatischer Obligatorik mit der Funktion als Kontakt zum Gegenüber stiftenden Signal und situativ vergemeinschaftendem Beziehungszeichen.[11] In dieser Interpretation spielen die prosodische Gestaltung und der sequenzielle Kontext auf der Ebene der Konstruktion keine Rolle. Sie verbleiben im Bereich der sprachlichen Praktiken.

Für diesen Ansatz spricht, dass *du*-Formate dem Nicht-Kompositionalitätskriterium entsprechen, denn formale und funktionale Aspekte der Konstrukte können nicht durch den Rekurs auf die Kombination ihrer Bestandteile erklärt werden. Zudem ist der Form-Funktions-Zusammenhang rekurrent und substanziell für die Ähnlichkeit der Konstrukte: Sämtliche *du*-Formate sind syntaktisch desintegriert und das *du* kann weggelassen werden, ohne dass das Syntagma

---

[11] Dafür dürften, wie unsere Daten vermuten lassen, Register eine Rolle spielen. Dies müsste in Zukunft genauer untersucht werden.

ungrammatisch würde; darüber hinaus wird es in unseren Daten durchgängig als kontaktstiftendes Signal und in vergemeinschaftender Funktion verwendet.

Dennoch werden sämtliche *du*-Formate so systematisch durch syntaktische, prosodische und sequenzielle Parameter kontextuell partikularisiert, dass eine Konstruktionsbeschreibung mit höherer analytischer Granularität zu erwägen ist, die diese Merkmale fasst:

Mit einer höheren analytischen Granularität sind die *du*-Formate nicht nur als *eine* Konstruktion zu beschreiben; vielmehr lassen sich verschiedene Subtypen der Konstruktion identifizieren. Demnach sind der hochgradig unterspezifizierten *du*-Konstruktion formal und funktional spezifizierte Subtypen zuzuordnen. Die syntaktischen, prosodischen und sequenziellen Informationen, die mit bestimmten Funktionen auf der Ebene der Interaktionssteuerung verknüpft sind, würden die Unterscheidungen spezifizieren (i) in vorangestellte und nachgestellte *du*-Konstruktionen sowie (ii) reflexiv an ein Kontinuum prosodischer Exponierung geknüpfte Prototypen vorangestellter Konstruktionen und durch die Art prosodischer Exponierung binär differenzierte nachgestellte Konstruktionen.

Für diese Interpretation spricht, dass es sich bei den fraglichen Subtypen um rekurrente Formate in der Interaktion handelt, an denen sich die Interaktionsbeteiligten systematisch orientieren und die sich nur durch die syntaktische Desintegration, die fehlende grammatische Obligatorik und die Vergemeinschaftungsfunktion, sondern auch durch den dialogischen Handlungscharakter und die interaktionssteuernde Funktion verknüpft sind. Maximalistische und nicht-reduktionistische Ansätze wie Langacker (1987), Croft (2001) und exemplartheoretisch argumentierende Ansätze (Bybee 2013) warnen, dass die menschliche Kognition nicht unterschätzt werden darf, sondern von einem hohen Grad an Details bei der Speicherung kommunikativen Wissens ausgegangen werden muss. Diese Ansätze proklamieren auf Ähnlichkeit basierende, weit verzweigte Netzwerke von Konstruktionen verschiedener Abstraktionsgrade.

Gegen die Annahme von Subtypen spricht allerdings, dass dennoch bestimmte formale oder funktionale Aspekt der Subtypen durch den Rekurs auf die Kombination anderer Konstruktionen erklärt werden können: Die syntaktische Stellung vor oder nach dem Kernsyntagma (Auer/Lindström 2016) sowie der Grad prosodischer Exponierung (vgl. Auer 1996b; 1997; Kern/Selting 2006; Couper-Kuhlen 2004) sind über die *du*-Formate hinaus relevant.

Letzten Endes kann die Annahme von Subtypen der Konstruktion zur Konsequenz haben, dass nahezu jedes Konstrukt erforderlich macht, eine eigene Konstruktion zu postulieren, da mit jedem neuen Datum (minimale) formale oder funktionale Unterschiede auftreten (vgl. Imo 2011; Depperman 2011). Bestimmte Eigenschaften, die Konstrukten situiert zukommen, werden also in die entsituierte

Konstruktion als deren Potenzial verlagert. Das Problem ist dabei, dass der Beitrag, den Kontext, Sequenz und allgemeine kognitive Prozesse zur Bedeutung von Konstrukten leisten, in die Bedeutung der aus den Konstrukten inferierten Konstruktionen verlagert wird. Damit rückt die Konstruktion nahe an den Status des kognitiven Pendants zur sprachlichen Praktik. Dies mag zu der irrigen Auffassung verleiten, dass es im Gespräch lediglich um Instantiierung mentaler Repräsentationen und nicht um flexible Anpassung verfügbarer kommunikativer Ressourcen geht, obgleich – wie interaktional ausgerichtete Studien immer wieder verdeutlichen – Konstruktionen im tatsächlichen kommunikativen Gebrauch nicht als Abfolge einer instanziierten Realisierung konstruktionaler Schemata zu verstehen sind (Günthner 2006a; 2006b; 2009a; 2009b; 2011; Deppermann 2011), sondern flexibel einsetzbare und rekonfigurierbare Orientierungsmuster bieten, auf die Interagierende in der kommunikativen Praxis als kontingente Ressourcen zurückgreifen. Dies darf jedoch nicht darüber hinwegtäuschen, dass der Prosodie im Fall der Verwendung von *du* in der Interaktion unzweifelhaft eine zentrale Rolle als Kontextualisierungsressource zukommt, mit deren Hilfe Interaktionsbeteiligte im Alltag nicht weniger als die Ordnung ihres Miteinanders organisieren. Ob man prosodische Informationen jedoch in die fraglichen Konstruktionen als eingeschrieben betrachtet und als zu ihrer Spezifiziertheit beitragend ansieht, hängt nicht zuletzt von der analytischen Granularität der Beschreibung ab.

Literatur

Agha, Asif (2007): Language and Social Relations. Cambridge: Cambridge University Press.
Agha, Asif (2015): Enregisterment and Communication in Social History. In: Agha, Asif und Frog (Hrsg.): Registers of Communication. Helsinki: Finnish Literature Society, 27–53.
Androutsopoulos, Jannis K. (1998): Deutsche Jugendsprache. Untersuchungen zu ihren Strukturen und Funktionen. Frankfurt am Main: Peter Lang.
Auer, Peter (1996a): On the Prosody and Syntax of Turn-continuations. In: Couper-Kuhlen, Elizabeth und Margret Selting (Hrsg.): Prosody in Conversation: Interactional Studies. Cambridge: Cambridge University Press, 57–100.
Auer, Peter (1996b): The Pre-front Field Position in Spoken German and its Relevance as a Grammaticalization Position. In: Pragmatics 6 (3), 295–322.
Auer, Peter (1997): Formen und Funktionen der Vor-Vorfeldbesetzung im Gesprochenen Deutsch. In: Schlobinski, Peter (Hrsg.): Syntax des gesprochenen Deutsch. Opladen: Westdeutscher Verlag, 55–92.
Auer, Peter (2017): Anfang und Ende fokussierter Interaktion: Eine Einführung. In: LiSt – Interaction and Linguistic Structures 59, 1–56 (http://www.inlist.uni-bayreuth.de/issues/59/Inlist59.pdf, abgerufen am 16.01.2020).

Auer, Peter, Elizabeth Couper-Kuhlen und Frank Müller (1999): Language in Time: The Rhythm and Tempo of Spoken Interaction. Oxford: University Press.

Auer, Peter und Jan Lindström (2016): Left/right Asymmetries and the Grammar of Pre- vs. Postpositioning in German and Swedish Talk-in-interaction. In: Language Sciences 56, 68–92.

Bergmann, Jörg (1982): Schweigephasen im Gespräch – Aspekte ihrer interaktiven Organisation. In: Soeffner, Hans-Georg (Hrsg.): Beiträge zu einer empirischen Sprachsoziologie. Tübingen: Narr, 143–184.

Biq, Yung-O. (1991): The Multiple Uses of the Second Singular Pronoun ni in Conversational Mandarin. In: Journal of Pragmatics 44, 929–957.

Birkner, Karin (2008): Was X betrifft: Textsortenspezifische Aspekte einer Redewendung. In: Stefanowitsch, Anatol und Kerstin Fischer (Hrsg.): Konstruktionsgrammatik II – Von der Konstruktion zur Grammatik. Tübingen: Stauffenburg, 59–80.

Bladas, Òskar und Neus Nogué (2016): 'Que bé tu!': An Emerging Emphatic Use of the Second Person Singular Pronoun tu (you) in Spoken Catalan. In: Pragmatics 26 (3), 473–500.

Brown, Penelope und Stephen C. Levinson (1987): Politeness. Some Universals in Language Usage. Cambridge: Cambridge University Press.

Bücker, Jörg, Susanne Günthner und Wolfgang Imo (Hrsg.) (2015): Konstruktionsgrammatik V: Konstruktionen im Spannungsfeld von sequenziellen Mustern, kommunikativen Gattungen und Textsorten. Tübingen: Stauffenburg.

Bybee, Joan L. (2013): Usage-based Theory and Exemplar Representation. In: Hoffman, Thomas und Graeme Trousdale (Hrsg.): The Oxford Handbook of Construction Grammar. Oxford: Oxford University Press, 49–69.

Couper-Kuhlen, Elizabeth (2004): Prosody and Sequence Organization in English Conversation. The Case of New Beginnings. In: Couper-Kuhlen, Elizabeth und Cecilia E. Ford (Hrsg.): Sound Patterns in Interaction. Amsterdam/Philadelphia: John Benjamins, 335–376.

Croft, William (2001): Radical Construction Grammar. Syntactic Theory in Typological Perspective. Oxford: Oxford University Press.

Deppermann, Arnulf (2011): Konstruktionsgrammatik und Interaktionale Linguistik: Affinitäten, Komplementaritäten und Diskrepanzen. In: Lasch, Alexander und Alexander Ziem (Hrsg.): Konstruktionsgrammatik III. Aktuelle Fragen und Lösungsansätze. Tübingen: Stauffenburg, 205–238.

Fischer, Kerstin (2015): Conversation, Construction Grammar, and Cognition. In: Language and Cognition 7, 563–588.

Goffman, Erving (1963): Behavior in Public Places. Notes on the Social Organization of Gatherings. New York: The Free Press.

Goffman, Erving (1971): Relations in Public. Microstudies of the Public Order. New York: Basic Books.

Goffman, Erving (1981): Forms of Talk. Philadelphia: University of Pennsylvania Press.

Goldberg, Adele E. (1995): Constructions. A Construction Grammar Approach to Argument Structure. Chicago: University of Chicago Press.

Gumperz, John J. (1982): Discourse Strategies. Cambridge: Cambridge University Press.

Gumperz, John J. (1992): Contextualization and Understanding. In: Duranti, Alessandro und Charles Goodwin (Hrsg.): Rethinking Context. Language as an Interpretative Phenomenon. Cambridge: Cambridge University Press, 229–252.

Günthner, Susanne (2006a): Von Konstruktionen zu kommunikativen Gattungen: Die Relevanz sedimentierter Muster für die Ausführung kommunikativer Aufgaben. In: Deutsche Sprache 34 (1–2), 173–190.

Günthner, Susanne (2006b): ‚Was ihn trieb, war vor allem Wanderlust' (Hesse: Narziss und Goldmund). Pseudocleft-Konstruktionen im Deutschen. In: Günthner, Susanne und Wolfgang Imo (Hrsg.): Konstruktionen in der Interaktion. Berlin/New York: de Gruyter, 59–90.

Günthner, Susanne (2009a): Konstruktionen in der kommunikativen Praxis. Zur Notwendigkeit einer interaktionalen Anreicherung konstruktionsgrammatischer Ansätze. In: Zeitschrift für Germanistische Linguistik 37 (3), 402–426.

Günthner, Susanne (2009b): ‚Adjektiv + dass-Satz'-Konstruktionen als kommunikative Ressourcen der Positionierung. In: Günthner, Susanne und Jörg Bücker (Hrsg.): Grammatik im Gespräch. Konstruktionen der Selbst- und Fremdpositionierung. Berlin/New York: de Gruyter, 149–184.

Günthner, Susanne (2011): Between Emergence and Sedimentation: Projecting Constructions in German Interactions. In: Auer, Peter und Stefan Pfänder (Hrsg.): Constructions: Emerging and Emergent. Berlin/New York: de Gruyter, 156–185.

Günthner, Susanne und Wolfgang Imo (Hrsg.) (2006): Konstruktionen in der Interaktion. Berlin/New York: de Gruyter.

Günthner, Susanne und Jörg Bücker (Hrsg.) (2009): Grammatik im Gespräch. Konstruktionen der Selbst- und Fremdpositionierung. Berlin/New York: de Gruyter.

Günthner, Susanne, Wolfgang Imo und Jörg Bücker (Hrsg.) (2014): Grammar and Dialogism. Sequential, Syntactic, and Prosodic Patterns Between Emergence and Sedimentation. Berlin/Boston: de Gruyter.

Imo, Wolfgang (2007): Construction Grammar und Gesprochene-Sprache-Forschung: Konstruktionen mit zehn matrixsatzfähigen Verben im gesprochenen Deutsch. Tübingen: Niemeyer.

Imo, Wolfgang (2011): Die Grenzen von Konstruktionen: Versuch einer granularen Neubestimmung des Konstruktionsbegriffs der Construction Grammar. In: Engelberg, Stefan, Anke Holler und Kristel Proost (Hrsg.): Sprachliches Wissen zwischen Lexikon und Grammatik. Berlin/Boston: de Gruyter, 113–145.

Imo, Wolfgang (2013): Sprache in Interaktion. Analysemethoden und Untersuchungsfelder. Berlin/Boston: de Gruyter.

Imo, Wolfgang (2015): Interactional Construction Grammar. In: Linguistics Vanguard 1 (1), 69–77.

Jakobson, Roman (1971): Shifters, Verbal categories, and the Russian Verb. In: Jakobson, Roman (Hrsg.): Selected Writings: Word and Language. Band 2. Den Haag: Mouton, 130–147.

Kallmeyer, Werner (1978): Fokuswechsel und Fokussierungen als Aktivitäten der Gesprächskonstitution. In: Reinhard Meyer-Hermann (Hrsg.): Sprechen – Handeln – Interaktion. Tübingen: Niemeyer, 191–241.

Kendon, Adam (1988): Goffman's Approach to Face-to-face Interaction. In: Drew, Paul und Anthony J. Wootton (Hrsg.): Erving Goffman: Exploring the Interaction Order. Cambridge: Polity Press, 14–40.

Kendon, Adam (1990): Conducting Interaction: Patterns of Behavior in Focused Encounters. Cambridge: Cambridge University Press.

Kern, Friederike und Margret Selting (2006): Einheitenkonstruktion im Türkendeutschen: Grammatische und prosodische Aspekte. In: Zeitschrift für Sprachwissenschaft 25, 239–272.

König, Katharina (2017): Question tags als Diskursmarker? – Ansätze zu einer systematischen Beschreibung von ne im gesprochenen Deutsch. In: Blühdorn, Hardarik, Arnulf Deppermann, Henrike Helmer und Thomas Spranz-Fogasy (Hrsg.): Diskursmarker im Deutschen. Reflexionen und Analysen. Göttingen: Verlag für Gesprächsforschung, 233–258.

Kretzenbacher, Heinz L. (1991): Vom Sie zum Du – und retour? In: Kretzenbacher, Heinz L. und Wulf Segebrecht (Hrsg.): Vom Sie zum Du – mehr als eine neue Konvention? Hamburg/Zürich: Luchterhand, 9–78.

Langacker, Ronald W. (1987): Foundations of Cognitive Grammar. Vol. 1: Theoretical Prerequisites. Stanford: Stanford University Press.

Lerner, Gene H. (1996): On the Place of Linguistic Resources in the Organization of Talk-in-Interaction: "Second Person" Reference in Multi-Party Conversation. In: Pragmatics 6 (3), 281–294.

Maschler, Yael (2009): Metalanguage in Interaction: Hebrew Discourse Markers. Amsterdam/Philadelphia: John Benjamins.

Mondada, Lorenza (2014): Conventions for Multimodal Transcription. (https://franz.unibas.ch/fileadmin/franz/user_upload/redaktion/Mondada_conv_multimodality.pdf, abgerufen am 16.01.2020).

Raymond, Chase Wesley (2016): Linguistic Reference in the Negotiation of Identity and Action: Revisiting the T/V Distinction. In: Language 92 (3), 636–670.

Sacks, Harvey und Emanuel A. Schegloff (1979): Two Preferences in the Organization of Reference to Persons in Conversation and Their Interaction. In: Psathas, George (Hrsg.): Everyday Language. Studies in Ethnomethodology. New York: Irvington Publishers, 15–21.

Schegloff, Emanuel A. (1968/1972): Sequencing in Conversational Openings. In: Gumperz, John und Dell Hymes (Hrsg.): Directions in Sociolinguistics. New York: Holt, Rinehart & Winston, 346–380.

Schegloff, Emanuel A. (2002): Opening Sequencing. In: Katz, James E. und Mark A. Aakhus (Hrsg.): Perpetual Contact. Mobile Communication, Private Talk, Public Performance. Cambridge: Cambridge University Press, 326–385.

Schegloff, Emanuel A., Gail Jefferson und Harvey Sacks (1977): The Preference for Self-Correction in the Organization of Repair in Conversation. In: Language 53 (2), 361–382.

Selting, Margret et al. (2009): Gesprächsanalytisches Transkriptionssystem 2 (GAT 2). In: Gesprächsforschung – Online-Zeitschrift zur verbalen Interaktion 10, 353–402.

Selting, Margret und Elizabeth Couper-Kuhlen (2001): Forschungsprogramm ‚Interaktionale Linguistik'. In: Linguistische Berichte 187, 257–287.

Sicoli, Mark A. et al. (2015): Marked Initial Pitch in Questions Signals Marked Communicative Function. In: Language and Speech 58 (2), 204–223.

Silverstein, Michael (1976): Shifters, Linguistic Categories, and Cultural Description. In: Basso, Keith H. und Henry A. Selby (Hrsg.): Meaning in Anthropology. Albuquerque: University of New Mexico Press, 1–55.

Silverstein, Michael (1993): Metapragmatic Discourse and Metapragmatic Function. In: Lucy, John (Hrsg.): Reflexive Language: Reported Speech and Metapragmatics. Cambridge: Cambridge University Press, 33–58.

Stivers, Tanya (2008): Stance, Alignment, and Affiliation during Storytelling: When Nodding is a Token of Affiliation. In: Research on Language and Social Interaction 41 (1), 31–57.

Stivers, Tanya und Federico Rossano (2010): Mobilizing Response. In: Research on Language & Social Interaction 43 (1), 3–31.

Stivers, Tanya, Lorenza Mondada und Jakob Steensig (2011): Knowledge, Morality and Affiliation in Social Interaction. In: Stivers, Tanya, Lorenza Mondada und Jakob Steensig (Hrsg.): The Morality of Knowledge in Conversation. Cambridge: Cambridge University Press, 3–26.

Stukenbrock, Anja (2015): Deixis in der face-to-face-Interaktion. Berlin/Boston: de Gruyter.

Traugott, Elizabeth C. (1997): The Rhetoric of Counter-expectation in Semantic Change: A Study in Subjectification. In: Historical Semantics and Cognition 12, 1–12.

Traugott, Elizabeth C. (2015): Investigating 'Periphery' from a Functional Perspective. In: Linguistics Vanguard 1 (1), 119–130.

Zifonun, Gisela, Ludger Hoffmann und Bruno Strecker (1997): Grammatik der deutschen Sprache. Band 1–3. Berlin/New York: de Gruyter.

Heiner Apel, Ines Bose, Sven Grawunder und Anna Schwenke
Der „Kaiser" in einer Autobahnbaustelle – Prosodische Markierung von modalisierenden Anführungszeichen in Radionachrichten

1 Einleitung

Anführungszeichen können in geschriebenen Texten funktional unterschiedlich verwendet werden. Eine besondere Form stellen die modalisierenden Anführungszeichen dar, mit denen sich SchreiberInnen von dem durch die Zeichen umschlossenen Textteil distanzieren. Insbesondere wenn diese in Nachrichtentexten vorkommen, stellt sich die Frage ihrer prosodischen Realisierung. Im folgenden Beitrag wird ein Beispiel aus einer Nachrichtenmeldung (*der „Kaiser" in einer Autobahnbaustelle*) – gesprochen von 26 NachrichtensprecherInnen – hinsichtlich seiner Informationsstruktur, Prosodie und Hörerwirkung analysiert sowie mit einem weiteren Beispiel aus derselben Meldung kontrastiert. Abschließend wird die Frage diskutiert, ob die hier beschriebene Form „gesprochener Anführungszeichen" aufgrund ihrer relativ festen Form-Funktions-Beziehung als Modalisierungsmarkierung eine Konstruktion darstellt.

2 Theoretischer Hintergrund: Anführungszeichen

2.1 Funktionen von Anführungszeichen

Im Gegensatz zu den Einzelzeichen wie Punkt, Semikolon oder Einzelkomma werden Anführungszeichen wie das paarige Komma, der paarige Gedankenstrich und die Klammern zu den paarigen Satzzeichen gezählt. Paarige Satzzeichen „dienen vor allem der Einschließung bestimmter Satzteile" (Baudusch 2000: 245). Der Funktionsbereich von Anführungszeichen ist vielseitig: Grundsätzlich heben sie Teile eines Textes, Satzes oder Wortes heraus; es geht also um eine „besondere

---
Hinweis: Die Reihenfolge der Namen ist alphabetisch - alle AutorInnen haben zu gleichen Anteilen zu diesem Artikel beigetragen. Wir danken Frau Maria Naumann (M.A. Sprechwissenschaft) herzlich für ihre Mithilfe bei der Durchführung des Hörexperiments.

Open Access. © 2020 Heiner Apel et al., publiziert von De Gruyter. Dieses Werk ist lizenziert unter der Creative Commons Attribution-NonCommercial-NoDerivatives 4.0 Lizenz.
https://doi.org/10.1515/9783110637489-004

Charakterisierung" (Baudusch 2000: 245) des von den Anführungszeichen Umschlossenen. SchreiberInnen können mittels Anführungszeichen bestimmte kommunikative Bezüge herstellen und so eine besondere Aussageabsicht zum Ausdruck bringen. Die Hauptfunktion der Anführungszeichen ist die Kennzeichnung fremder Äußerungen: als direkte Rede, Zitat, Titel und Überschrift. Darüber hinaus können Anführungszeichen jedoch auch metasprachliche und modalisierende Aufgaben erfüllen (Baudusch 2000: 245).

Für Gutzmann/Stei (2011: 2662) ist die grundlegende Funktion von Anführungszeichen „to mark the expression they enclose and, thereby, indicate that the standard interpretation of the quotatum is pragmatically blocked". Die Autoren konzeptualisieren Anführungszeichen somit als „minimal pragmatic indicators" (Gutzmann/Stei 2011: 2652) ohne eigene semantische Bedeutung, aber mit der Aufgabe, den Bedeutungsspielraum des von den Anführungszeichen Umschlossenen einzuschränken und damit das Erkennen der gemeinten Bedeutung im Verstehensprozess zu erleichtern. Dabei lassen sich verschiedene Typen von Anführungszeichen unterscheiden (Gutzmann/Stei 2011: 2651; in diesem Sinn auch Baudusch 2000: 245 ff. sowie bereits Klockow 1980):

a) *pure quotation* – das von den Anführungszeichen Umschlossene wird als Phrase herausgestellt bzw. erwähnt: *Das Wort „Bodensee" ist ein dreisilbiges Wort.* (Gutzmann/Stei 2011: 2651)
b) *direct quotation* – Zitierung/Wiedergabe direkter Rede: *Ich rief ihm zu: „Es gibt Ofenhuhn mit Butter und Estragon."* (McEwan 2019: 45)
c) *mixed quotation* – Zitierung/Wiedergabe von direkter und indirekter Rede in gemischter Form: *Er sagte über sich selbst, sein Werk sei so verzettelt, dass sein Ruf gerade mal „so dünn wie ein Blatt" sei.* (McEwan 2019: 288)
d) *scare quotes* – modalisierende Anführungszeichen in distanzierender Funktion: *Die „Diskussion" endete mit einem gebrochenen Kiefer und einer angebrochenen Nase.* (Gutzmann/Stei 2011: 2651)
e) *emphatic quotes* – Anführungszeichen in emphatischer bzw. nachdrücklicher Funktion: *Hier wird „frisch" gebacken.* (Gutzmann/Stei 2011: 2651)

Im Folgenden ist die modalisierende Funktion der Anführungszeichen von besonderem Interesse, wodurch SchreiberInnen anzeigen, dass sie sich nicht vollständig mit dem Geschriebenen identifizieren (Klockow 1980; Baudusch 2000: 247). Stattdessen signalisieren sie eine (persönliche) Wertung, z. B. eine sprachstilistische Markierung, einen Vorbehalt bzw. eine Distanzierung gegenüber dem angeführten Ausdruck: „Wörter oder Wortgruppen in Anführungszeichen können sogar das Gegenteil ihrer eigentlichen Bedeutung ausdrücken. Sinngemäß lassen sich diese Anführungszeichen meist durch *angeblich* oder *so genannt* ersetzen" (Baudusch 2000: 247; Hervorhebung i. O.). Damit sind die modalisierenden Anführungszeichen „ein metakommunikatives signal. Sie zeigen an, daß der markierte ausdruck irgendwie ungewöhnlich ist, kritisch verwendet wird und in besonderer weise interpretiert werden soll" (Klockow 1980: 131; Kleinschreibung i. O.).

2.2 Sprechen von Anführungszeichen

Die schriftlich fixierte syntaktische Markierung der Anführungszeichen muss in mündlicher Kommunikation prosodisch und/oder mimisch-gestisch realisiert werden. Allerdings gibt es dafür keine festen bzw. eindeutigen Konventionen:

> Zweifellos gibt es gewisse intonatorische mittel (von gestik, mimik etc. abgesehen), die eine den AZ [Anführungszeichen] entsprechende funktion ausüben können [...]. Aber zum einen sind diese mittel anscheinend unbequem zu realisieren und viel weniger spezifisch als die AZ (AZ sind diskrete elemente, intonationsbewegungen sind kontinuierlich). Zum anderen nimmt die möglichkeit ihres einsatzes mit der länge des markierenden textstückes ab. (Klockow 1980: 9; Kleinschreibung i. O.).

In direkten oder medienvermittelten Face-to-face-Situationen hat sich ein nonverbales Äquivalent von modalisierenden Anführungszeichen etabliert: die *air quotes* (stellvertretend Graf 2016). Dabei handelt es sich um eine redebegleitende Geste, mit der durch Heben beider Hände sowie zweimaliges Strecken und Beugen der Zeige- und Mittelfinger die Anführungszeichen in der Luft angedeutet werden. Graf (2016: 101) zeigt anhand von deutschsprachigen YouTube-Erzählsequenzen eines Sprechers, dass es sich bei den *air quotes* um ein „Phänomen sprachlicher Vagheit" handelt, dessen Funktion je nach Kontext variieren kann.

In Situationen, in denen VorleserInnen nicht sichtbar sind, z. B. im Radio, müssen Anführungszeichen prosodisch markiert werden. Klewitz/Couper-Kuhlen (1999: 30) kommen in einer empirischen Untersuchung zur Redewiedergabe in englischsprachigen Gesprächen zu dem Schluss: „The prosodic marking of reported speech in spoken discourse is not wholly comparable to typographical marking in writing, because it is a stylistic device rather than a norm: it may be used to signal reported speech or not, depending on speakers' local goals and strategic choices." Für die prosodische Markierung von Anführungszeichen in vorgelesenen Texten gilt nach O'Connell/Kowal (2008: 86): „there are no conventional means to do so, except to indicate in words that a segment of text is a quotation (e.g., 'quote,' 'unquote')". Dennoch können VorleserInnen aus dem Vorhandensein von Anführungszeichen im Text eine Art Sprechanweisung entnehmen. So wird in Sprechtrainings zur Aus- und Weiterbildung von professionellen SprecherInnen vermittelt, dass mit den Anführungszeichen ein sprecherischer Haltungswechsel, d. h. ein Kontrast zu den umgebenden Textteilen, einhergehen sollte. Dies gilt im Übrigen ebenso für eine modalisierende Verwendung der paarigen Gedankenstriche, die für wertende oder distanzierende Einschübe – auch von Einzelwörtern – genutzt werden (Leuchte 2015). Dieser sprecherisch erzeugte Kontrast ist besonders dann notwendig, wenn die Funktion der Satzzeichen nicht syntaktisch durch die Position im Satz oder lexikalisch (z. B. „ich zitiere" oder „so wörtlich") abgesichert ist. Bei modalisierenden Anführungszeichen, die wie in unseren Beispielen nur ein Wort umschließen, *muss* diese pragmatisch relevante Funktion durch die prosodische Gestaltung umgesetzt werden, wenn sich für RezipientInnen aus der morphosyntaktischen Gestalt sonst keine Hinweise darauf ergeben.

Dennoch bleibt das Sprechen von Anführungszeichen „semantisch riskant" (Ullrich 2015: 80): Es entsteht das Risiko, missverstanden zu werden. Hierfür gibt es einige prominente Beispiele, darunter die Rede des vormaligen Bundestagspräsidenten Philipp Jenninger im Jahr 1988. Dessen Zitierung antisemitischer Fremdtexte, die im Manuskript seiner Rede durch Anführungszeichen eindeutig markiert waren, kam im mündlichen Vortrag nicht ausreichend zur Geltung, konnte daher von einem kritisch eingestellten Publikum als missverständlich interpretiert werden und führte zum politischen Skandal (O'Connell/ Kowal 2008: 86; König 2011; Ullrich 2015: 80 f.). Ob es beim Vorlesen gelingt, modalisierende Anführungszeichen sprecherisch eindeutig zu markieren, hängt nicht allein von der sprecherischen Gestaltung ab, sondern wird vom Gesamtkontext beeinflusst: z. B. auch von einer bestimmten Erwartungshaltung der KommunikationspartnerInnen, d. h. ob sie mit einer Modalisierung rechnen oder nicht (Schmiedel 2017). Klewitz/Couper-Kuhlen (1999: 30) haben untersucht, wie Anführungszeichen sprecherisch realisiert werden, und nennen folgende Merkmale zitierenden Sprechens im Englischen: „Among the prosodic and paralinguistic devices used most frequently are global pitch (register) and loudness shifts, global changes in speech rate and shifts to isochronous timing". Kasimir (2008: 75f.) unterscheidet mindestens vier Formen der prosodischen Markierung von Anführungszeichen: „an audible leading pause, an audible trailing pause, a change in the voice quality (i. e. lengthening of stressed vowels) and shifting of the location of pitch accents". Ob diese Beobachtungen auch für die prosodische Markierung von Anführungszeichen in modalisierender Funktion gelten und inwieweit modalisierende Anführungszeichen als grammatische Konstruktion diskutiert werden können, soll nun am Beispiel von Radionachrichten untersucht werden.

3 Vorgelesene Texte: Radionachrichten

Nachrichten im Radio stellen eine „Kerntextsorte" des Rundfunks dar (Brand 2000, 2162), die „in Struktur und sprachlicher Gestaltung über viele Jahre nahezu unverändert geblieben" ist (Burger/Luginbühl 2014: 255). Für den Sprechstil zeigen aktuelle Untersuchungen eine gewisse interne sprechstilistische Differenziertheit der Radionachrichten in Abhängigkeit von geografischer Verortung der Sender, Programmformaten, nachrichtlichen Darstellungsformen und sprecherspezifischen Eigenschaften (Grawunder 2011: 158; Leuchte 2015; Schwenke i. V.). Kommunikatives Ziel der Radionachrichten ist die regelmäßige Übermittlung aktueller Informationen in begrenzter Zeit.

Häufig werden die Nachrichteninhalte mittels Partizipialkonstruktionen syntaktisch komprimiert; es gibt eine „Tendenz zu nominalen Gruppen mit Verbalab-straktum als Kern und angegliederten Genitivattributen [...] und/oder präpositionalen Attributen" (Burger/Luginbühl 2014: 262). Auf lexikalischer Ebene wird überwiegend ein offizielles Vokabular verwendet, das fachsprachlich geprägt ist. Aus informationsstruktureller Perspektive treten zahlreiche neue bzw. unbekannte Elemente auf, wobei deren Status und der des potentiellen Satzfokus nicht immer klar markiert sind (Apel 2018: 175 ff.). Auf prosodischer Ebene sind Radionachrichten durch eine eher stereotype Melodisierung mit geringem Tonumfang und wenigen Melodiebewegungen, durch zahlreiche (meist dynamische) Akzente und ein hohes Sprechtempo gekennzeichnet, wobei Pausen und Zäsuren oft regelmäßig und rhythmisch realisiert werden. Die klassischen Nachrichten werden mittellaut mit tendenziell tiefer Sprechstimmlage und einem ‚seriösen' bzw. sachlich-informierenden Stimmklang gesprochen, zudem ist Standardaussprache gefordert (Bose et al. 2011; Grawunder 2011; Schwenke i. V.).

Bei der Produktion der journalistischen Darstellungsform Radionachrichten greifen Prinzipien wie Trennung von Nachricht und Kommentar, inhaltliche Ausgewogenheit, Sachlichkeit und Objektivitätsverpflichtung (Schwiesau/Ohler 2016: 79 ff.). Auch daraus ergeben sich Formulierungskonventionen, z. B. bei der Wiedergabe fremder Äußerungen. Hier ist eine Tendenz zur indirekten Redewiedergabe zu beobachten, während direkte Rede in Anführungszeichen seltener vorkommt (Burger/Luginbühl 2014: 262).

3.1 Zwei Beispiele aus Radionachrichten

Für die empirische Analyse nutzen wir eine Meldung aus einer Test-Nachrichtensendung, die für Forschungen zur Hörverständlichkeit von Radionachrichten verfasst wurde. Sie besteht aus sechs Meldungen sowie Verkehr und

Wetter und wurde in zwei verschiedenen Textvarianten geschrieben und mit Sprechpartituren versehen sowie von einem professionellen Nachrichtensprecher sprecherisch umgesetzt (Bose et al. 2011). In Wirkungsuntersuchungen haben RadiohörerInnen und Nachrichtenchefs bestätigt, dass es sich bei der Testsendung um typische Radionachrichten handelt (Bose et al. 2011; Böhme 2011). Anhand dieser Partitur-Sprechfassungen wurden Verständlichkeitsuntersuchungen durchgeführt, um den Einfluss der Text- und Prosodiegestaltung auf das Behalten von Radionachrichten zu ermitteln (Apel 2018). Die Nachrichtentexte der Testsendung wurden darüber hinaus für eine Untersuchung zum aktuellen Sprechstil von Radionachrichten genutzt (Schwenke i. V.). Dafür wurden die Texte an Nachrichtenredaktionen in Deutschland gegeben, mit der Bitte, die Texte wie im Arbeitsalltag einzusprechen. Die so entstandenen *Sprechversionen ohne Vorgabe* entsprechen quasi-authentischen Nachrichten. In der letzten Meldung der Testsendung wird darüber berichtet, dass Franz Beckenbauer zu schnell gefahren ist und deshalb laut einer Entscheidung des Amtsgerichts München seinen Führerschein abgeben muss. Darüber hinaus wird berichtet, wie Beckenbauer sein zu schnelles Fahren begründet (Bose et al. 2011).

> (Satz 1) *Zu einem Führerscheinentzug von drei Monaten wegen Fahrens mit stark überhöhter Geschwindigkeit hat das Amtsgericht München den Präsidenten des FC Bayern München, Franz Beckenbauer, verurteilt.*
> (Satz 2) *Im Rahmen einer Kontrollmaßnahme hatte die Polizei mit einem mobil eingesetzten Lasermessgerät festgestellt, dass der „Kaiser" in einer Autobahnbaustelle mit einem Tempo von 155 Kilometern pro Stunde unterwegs war.*
> (Satz 3) *Im Verlauf des Prozesses bezeichnete der frühere Teamchef der deutschen Fußballnationalmannschaft sein zu schnelles Fahren als Ausnahme, weil er sonst seinen Flieger nach Südafrika verpasst hätte.*

In Satz 2 der Beckenbauer-Meldung markieren Anführungszeichen das Wort *Kaiser*, ein Synonym für den Fußballstar und Sportfunktionär Franz Beckenbauer, der in verschiedenen Medien scherzhaft als „Fußball-Kaiser" Deutschlands (oder mindestens Bayerns) bezeichnet wird (Krull 2005). Hier kommt ein Prinzip zum Tragen, das bis in die 1970er und 1980er Jahre in Nachrichtentexten weit verbreitet war: die stilistische Variation unter dem Stichwort *variatio delectat*. Dieses Prinzip besagt, dass bei einer Wiederaufnahme eines Sachverhalts oder Begriffs möglichst nicht die gleichen Wörter, sondern Synonyme bzw. Hyperonyme oder Hyponyme verwendet werden sollten. Es zielt damit auf die Abwechslung in der sprachlichen Gestaltung.

Das Prinzip wurde allerdings von linguistischer Seite in Bezug auf die Verständlichkeit von Nachrichten stark kritisiert (Böhm et al. 1972; Straßner 1975), sodass seit den 1980er Jahren auf eine größere Redundanz in Nachrichtentexten Wert gelegt wird und die Verwendung von Synonymisierungen vorwiegend auf *soft news* beschränkt ist (Burger/Luginbühl 2014: 167). Eine solche sog. ‚bunte Meldung' zum Abschluss des Nachrichtenblocks liegt auch hier vor. Insofern entspricht die Verwendung des Synonyms „Kaiser" für Franz Beckenbauer üblichen Sprachgebrauchsmustern, muss allerdings unter Verständlichkeitsaspekten kritisch betrachtet werden (Bose et al. 2011; Apel 2018: 338 f.).

3.2 Informationsstrukturelle und pragmatische Einbettung

Beispiel 1 („*Kaiser*"): Aus informationsstruktureller Perspektive nach Musan (2010) wird mit Blick auf die Dimension Topik vs. Kommentar in Satz 2 der Beckenbauer-Meldung das Diskurstopik des *Fahrens mit stark überhöhter Geschwindigkeit* aus Satz 1 wieder aufgegriffen und spezifiziert. Das Topik von Satz 2 wiederum ist *Franz Beckenbauer*, d. h. der *„Kaiser"*, über den im Kommentar-Teil des Satzes die Aussage gemacht wird, dass die Polizei ihn in einer Autobahnbaustelle mit 155 km/h geblitzt hat. Die Zuschreibung *„Kaiser"* kann darüber hinaus aus zwei weiteren Perspektiven betrachtet werden: a) aus der informationsstrukturellen Dimension der Bekanntheit vs. Unbekanntheit/Neuheit und b) aus pragmatischer Perspektive im Hinblick auf die Verwendung der Anführungszeichen.

Zu a): Die Informationseinheit *Franz Beckenbauer* in Satz 1 ist zwar neu und im informationellen Zusammenhang von Satz 1 unbekannt, kann aber mit Prince (1981) als *unused* bezeichnet werden, da Franz Beckenbauer den meisten RezipientInnen prinzipiell bekannt ist und nicht näher eingeführt werden muss (wobei hier allerdings der Referent bereits durch den ersten Teil der Apposition *den Präsidenten des FC Bayern München* im Weltwissen der Rezipienten aktiviert wurde). Wenn die TextproduzentInnen der Meldung das Prinzip der stilistischen Variation bewusst anwenden, so gehen sie davon aus, dass den RezipientInnen das Wort *Kaiser* als Bezeichnung von Franz Beckenbauer potentiell bekannt ist. In Satz 2 kann demnach der Referent von *Kaiser* als bekannt bzw. als *textually evoked* (Prince 1981: 237) angesehen werden. Aber auch die HörerInnen, die dies nicht wissen, können aus dem Textzusammenhang den Schluss ziehen, dass Franz Beckenbauer auch als *Kaiser* bezeichnet wird, da er das Topik des Satzes darstellt und so ein Bezug zur in Satz 1 erwähnten Person hergestellt wird (siehe oben). Insofern soll hier nicht vorwiegend die Information vermittelt werden, dass Beckenbauer auch als *Kaiser* bezeichnet wird, sondern es wird einfach die Bezeichnung der bereits erwähnten Person stilistisch variiert, bzw. es erfolgt – aus einer anderen Perspektive betrachtet – eine gewisse Akkumulation von Wissen in Bezug auf den Referenten als Nebenbei-Prädikation (Linke/Nussbaumer 2000, 312). *Kaiser* als bekannte Informationseinheit muss somit prosodisch nicht herausgestellt, d. h. akzentuiert werden. Dies entspricht der typischen prosodischen Realisierung der informationsstrukturellen Dimension Bekanntheit vs. Unbekanntheit/Neuheit: Neue Elemente werden akzentuiert, während bereits bekannte Elemente deakzentuiert werden (Musan 2010).

Zu b): Die Verwendung von Anführungszeichen in Nachrichten stellt eine markierte bzw. ungewöhnliche Form dar (Burger/Luginbühl 2014: 262). Die Anführungszeichen, die das Wort *Kaiser* in Satz 2 der Beckenbauer-Meldung umschließen, stellen u. E. jedoch eine Sonderform bzw. spezifische Verwendungsvariante von Anführungszeichen dar und evozieren möglicherweise eine charakteristische prosodische Gestaltung. Unser Beispiel – *der „Kaiser" in einer Autobahnbaustelle* – kann dabei den *scare quotes* (Gutzmann/Stei 2011) bzw. den *modalisierenden Anführungszeichen* (Klockow 1980) zugerechnet werden. Zum einen wird *Kaiser* nicht in seiner eigentlichen Bedeutung (als Herrscher) gebraucht, sondern steht als Bezeichnung für den Fußballstar und Sportverbandsfunktionär: Es handelt sich um eine inhaltliche Distanzierung und die Anführungszeichen fungieren als Ersatz für „sogenannter". Zum anderen ist die Verwendung der Anführungszeichen bei *Kaiser* eine sprachstilistische Markierung: Diese Wortwahl ist für Nachrichten eher ungewöhnlich und wird vermutlich häufiger in Boulevard-Medien gebraucht als im sachlich-seriösen sprachlichen Register der Rundfunknachrichten.

Beispiel 2 (*Ausnahme*): Im nächsten Satz der Meldung wird die Rechtfertigung Beckenbauers als indirekte Rede wiedergegeben. Obwohl im Nachrichtentext das Wort *Ausnahme* nicht durch Anführungszeichen markiert wurde, bietet sich aus Gründen, die im Folgenden erläutert werden, eine Vergleichsuntersuchung zum sprecherischen Umgang mit dem Wort *Kaiser* an. Deswegen wird auch das dritte Syntagma (das das Wort *Ausnahme* enthält) a) aus informationsstruktureller Perspektive und b) aus pragmatischer Perspektive analysiert.

Zu a): Das Wort *Ausnahme* kann als neu betrachtet werden, in der Terminologie von Prince (1981: 237) zudem genauer als *brand new, anchored*. Durch den Satzanfang (*Im Verlauf des Prozesses bezeichnete der frühere Teamchef [...]*) ergibt sich für die Rezeption eine gewisse Erwartungshaltung; man erwartet die Antwort auf die Frage, wie Beckenbauer sein zu schnelles Fahren rechtfertigen wird. Diesen Überlegungen folgend sollte *Ausnahme* als neue Information akzentuiert werden, während die restlichen Informationselemente des Teilsatzes bis dahin schon als bekannt angesehen werden können. Die Begründung für das ausnahmsweise vorkommende zu schnelle Fahren – das rechtzeitige Erreichen des Flugs nach Südafrika – im anschließenden kausalen Relativsatz liefert dann eine neue Information.

Zu b): In diesem Fall liegt indirekte Redewiedergabe vor. Eingeleitet durch das im Präteritum stehende Prädikat (*bezeichnete*) wird das Nachfolgende als indirekte Rede markiert (*sein zu schnelles Fahren als Ausnahme, weil er sonst seinen Flieger nach Südafrika verpasst hätte*). Die als indirekte Rede formulierte Rechtfertigung Beckenbauers steht im kausalen Nebensatz. Das davorstehende Wort Ausnahme gehört zwar indirekt zur wiedergegebenen Rechtfertigung, hätte aber auch in Anführungszeichen gesetzt werden können: entweder als eine *direct quotation* (direkte Rede) (Gutzmann/Stei 2011: 2651) oder als Markierung journalistischer Distanz (modalisierende Anführungszeichen).

4 Empirische Untersuchung

Datengrundlage für die empirische Analyse sind 26 quasi-authentische Sprechversionen der Beckenbauer-Meldung, gesprochen von 16 Nachrichtensprechern und 10 Nachrichtensprecherinnen verschiedener deutscher Radiosender. Zunächst wurde die prosodische Markierung der beiden Beispiele in den 26 Sprechversionen von vier phonetisch trainierten HörerInnen (Expertengruppe) unabhängig voneinander auditiv-phonetisch beschrieben, dann haben phonetische Laien in einem Hörexperiment beurteilt, ob ihrer Meinung nach bei beiden Beispielen Anführungszeichen realisiert wurden oder nicht. Beide Untersuchungsschritte erfolgten im Nachvollzug der Rezeptionssituation des Radiohörens konsequent auditiv-phonetisch.

4.1 Prosodische Markierung von modalisierenden Anführungszeichen

Die prosodische Beschreibung konzentrierte sich auf die unmittelbare Umgebung der Wörter „Kaiser" bzw. *Ausnahme*. Ausgehend von den prosodischen Charakteristika der Radionachrichten (siehe Kap. 2) sowie in Anlehnung an die vier Formen prosodischer Markierung von Anführungszeichen nach Kasimir (2008: 75 f.; siehe Kap. 1.2) wurden folgende Merkmale bestimmt:
– auditiv wahrnehmbarer Einschnitt vor dem Wort „Kaiser" aufgrund von melodischen, temporalen, dynamischen Kontrasten und/oder einer Sprechpause (kein Einschnitt – geringer Einschnitt – mittlerer Einschnitt – tiefer Einschnitt),
– auditiv wahrnehmbarer prosodischer Einschnitt nach dem Wort „Kaiser",
– Akzentuierung der ersten Silbe von „Kaiser" (kein Akzent – schwacher Akzent – starker Akzent – extrastarker Akzent),

– melodische Veränderung in der Phrase, d. h. melodischer Kontrast zwischen *der* und *„Kaiser"* (gleichbleibend – melodisch bewegt – melodisch stark bewegt).

Die *„Kaiser"*-Belege wurden mit den *Ausnahme*-Belegen kontrastiert und es wurde überprüft, ob sich in beiden Beispielen eine ähnliche prosodische Form ergibt und ob die Laien-HörerInnen ähnlich darauf reagieren. Generell handelt es sich bei den ausgewählten Kriterien um Merkmale, die intersubjektiv sicher zu bestimmen sind (Terhardt 1998). Die ExpertInnen haben eine hohe Übereinstimmung erzielt, die mit Hilfe einer *average score interclass correlation* (Bartko 1966) ermittelt wurde (0,892). Für die skalierbaren Merkmale wurden aus den unabhängigen Experten-Urteilen Mittelwerte gewonnen, die den folgenden Darstellungen zugrunde liegen.

Beispiel 1 (*„Kaiser"*)

Prosodischer Einschnitt vor und nach *Kaiser*: Vor dem Wort *„Kaiser"* setzen 12 der 26 SprecherInnen nach Expertenmeinung keinen Einschnitt, mindestens 10 SprecherInnen realisieren einen auditiv wahrnehmbaren Einschnitt und bei 4 weiteren ist die Experten-Entscheidung nicht eindeutig. Nach dem Wort *„Kaiser"* hat die Expertengruppe bei mindestens 12 SprecherInnen einen Einschnitt wahrgenommen, 2 weitere wurden als uneindeutig und 13 als ohne Einschnitt beurteilt. Ausgehend von der Gesamtheit der 26 SprecherInnen realisieren davon nach Expertenmeinung 7 SprecherInnen sowohl vor als auch nach dem Wort *„Kaiser"* einen tendenziell mittleren bis tiefen prosodischen Einschnitt.

Akzentuierung: Alle 26 *„Kaiser"*-Belege sind nach mehrheitlicher Experten-Meinung akzentuiert: 9 schwach, 7 weitere mindestens schwach, 8 stark und 2 extrastark.

Sprechmelodie: In der auditiven Beurteilung des melodischen Verlaufs ergab sich eine stärkere Streuung als bei den anderen Merkmalen; dieser Effekt ist nicht unerwartet (Stock 1980; Terhardt 1998). 18 SprecherInnen setzen demnach das Wort *„Kaiser"* melodisch vom Artikel *der* ab (davon 5 stark bewegt), wobei bei keinem Beispiel die melodische Absetzung schon vor dem Artikel beginnt. In 8 Sprechversionen wird die Sprechmelodie der Phrase als eher gleichbleibend wahrgenommen.

Wie die Ergebnisse zeigen, überschreibt die pragmatische Markierung der Distanzierung durch die gesprochenen Anführungszeichen die informationsstrukturelle Dimension, die eigentlich eine Deakzentuierung des Topik-Ausdrucks fordert (siehe Kap. 2.2). Mittels Akzentuierung, prosodischer Einschnitte und Melodieveränderung wird in zahlreichen Sprechversionen eine charakteristische Sprechgestaltung des in modalisierende Anführungszeichen gesetzten Wortes

„Kaiser" erzeugt. Jedoch muss auch konstatiert werden, dass nach Auffassung der Expertengruppe längst nicht alle SprecherInnen die Anführungszeichen prosodisch markieren.

Beispiel 2 (*Ausnahme*)

Prosodischer Einschnitt vor und nach *Inconsolata Font*: Vor dem Wort *Ausnahme* realisieren nach Expertenmeinung mindestens 11 SprecherInnen einen Einschnitt, 6 weitere uneindeutig und 9 SprecherInnen realisieren keinen Einschnitt. Nach dem Wort *Ausnahme* folgt die Rechtfertigung Beckenbauers in Form eines kausalen Nebensatzes, welcher durch ein Komma abgesetzt ist. Die syntaktische Position von *Ausnahme* legt – im Abgleich mit Vorleseregeln in Sprechtrainings – einen prosodischen Einschnitt nach dem Wort nahe (Bose et al. 2011; Bose/Schwenke 2018). Nach der auditiv-phonetischen Analyse der Expertengruppe wird hier tatsächlich von allen SprecherInnen ein prosodischer Einschnitt realisiert.

Akzentuierung: Alle 26 *Ausnahme*-Belege sind nach auditiver Beschreibung der Experten akzentuiert: 4 schwach, 3 weitere mindestens schwach, 18 stark und 1 extrastark.

Sprechmelodie: 18 SprecherInnen setzen das Wort *Ausnahme* nach der Expertenwahrnehmung melodisch von *als* ab (davon 4 stark bewegt). In 8 Sprechversionen wird die Sprechmelodie der Phrase auditiv als eher gleichbleibend beschrieben.

Es lässt sich festhalten, dass das aus informationsstruktureller Perspektive als *brand new, anchored* definierte Wort *Ausnahme* prosodisch auch dementsprechend realisiert wird – mit Akzent. Aus pragmatischer Perspektive liegt eine prosodisch erzeugte Distanzierung vor, da mehrere SprecherInnen *Ausnahme* insbesondere durch einen Einschnitt vor dem Wort herausheben und es auch melodisch absetzen. Damit ist die prosodische Gestaltung von *Ausnahme* derjenigen von *„Kaiser"* sehr ähnlich, beide Wörter werden prosodisch mit den gleichen Mitteln aus dem Kontext herausgehoben.

4.2 Hörurteile zur prosodischen Markierung von modalisierenden Anführungszeichen

Im zweiten Untersuchungsschritt sollten phonetisch nicht-trainierte HörerInnen entscheiden, ob sie in den Sprechversionen Anführungszeichen hören oder nicht. ProbandInnen waren 26 Studierende des ersten BA-Fachsemesters Sprechwissenschaft an der Martin-Luther-Universität Halle-Wittenberg zu Studienbeginn (Oktober 2017). Es wurden zwei Hörexperimente durchgeführt: zunächst mit allen *„Kaiser"*-Belegen (26 Studierende), nach einer Woche mit allen

Ausnahme-Belegen (22 Studierende derselben Gruppe). In beiden Hörexperimenten wurden die jeweiligen 26 Sprechversionen nacheinander vorgespielt, getrennt durch eine kurze Pause (2 s) und einen akustischen Trenner. Um Reihenfolge-Effekte auszuschließen bzw. zu kontrollieren, wurden die Gruppen wiederum geteilt: Die jeweils andere Hälfte der ProbandInnen hörte dieselben Belege in einer anderen randomisierten Reihenfolge. Zu Beginn des Fragebogens wurden die ProbandInnen instruiert; anhand eines Beispiels wurde der Versuchsablauf demonstriert.

Hörexperiment zu Beispiel 1 („*Kaiser*")
Im Instruktionstext des Fragebogens wurde folgende Erläuterung gegeben:

> Der Fußball-Superstar und Sportverbandsfunktionär Franz Beckenbauer wurde in den Medien wegen seiner Bekanntheit und seines Auftretens auch als „Kaiser Franz" bezeichnet. Er ist natürlich kein echter Kaiser. Deshalb wird diese Bezeichnung in Anführungszeichen geschrieben. In einer Radionachrichtenmeldung wird darüber berichtet, dass ihm der Führerschein entzogen wurde, weil er zu schnell gefahren ist. Entscheiden Sie für jeden Beleg, ob nach Ihrem Eindruck der Sprecher bzw. die Sprecherin die Anführungszeichen mitspricht oder nicht.

Die ProbandInnen wurden also im Vorhinein über das Vorhandensein modalisierender Anführungszeichen im Text – und somit über die Uneigentlichkeit der Bezeichnung *„Kaiser"* – informiert. Sie sollten dann, nach dem Hören der Belege, entscheiden, ob sie die Anführungszeichen auch gesprochen wahrnehmen konnten. Damit sie sich auf den jeweiligen Sprechstil der NachrichtensprecherInnen einstellen konnten, wurde ihnen jedesmal der gesamte Satz 2 der Meldung vorgespielt.

Ergebnisse: Berücksichtigt man eine Übereinstimmung von 75 % in den Hörer-Urteilen, wurden 11 Sprechversionen als *mit-Anführungszeichen-gesprochen* bewertet und 11 als *ohne-Anführungszeichen-gesprochen* (siehe Abb. 1).

3 Sprechversionen haben die Studierenden zu 100 % als *mit-Anführungszeichen-gesprochen* beurteilt (S10, S14, S26) und 2 Sprechversionen zu 100 % als *ohne-Anführungszeichen-gesprochen* (S8, S25). Wenn man diese 5 eindeutigen Urteile der Laiengruppe mit den Prosodie-Beschreibungen der Expertengruppe in Beziehung setzt (siehe Tab. 1), zeigt sich folgende Tendenz: Leitend für das Probanden-Urteil *mit-Anführungszeichen-gesprochen* waren vermutlich die Tiefe des Einschnitts vor und nach dem Wort *Kaiser* sowie die Stärke des Akzents. Das bestätigt sich auch bei den Urteilen *ohne-Anführungszeichen-gesprochen* (siehe Tab. 2): Hier sind die beiden eindeutig beurteilten Sprechversionen gekennzeichnet durch das Fehlen eines Einschnitts vor und nach dem Wort *Kaiser* und durch maximal schwache Akzentuierung. Für den

Melodieverlauf zeigt sich dagegen in beiden Tabellen ein indifferentes Bild (siehe auch Kap. 3.1).

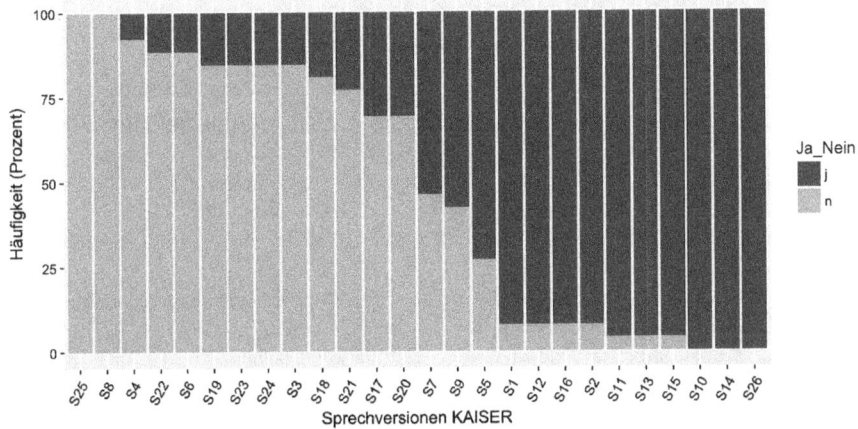

Abb. 1: „*Kaiser*" mit Anführungszeichen gehört.

Tab. 1: „*Kaiser*"-Sprechversionen zu 100 % als *mit-Anführungszeichen-gesprochen* beurteilt.

	Einschnitt vor *Kaiser*	Einschnitt nach *Kaiser*	Akzent auf *Kai*	Melodieverlauf auf *Kai*
S10	mittel	mittel/tief	stark	stark bewegt
S14	mittel	tief	stark/extrastark	gleichbleibend
S26	mittel	gering	stark/extrastark	uneindeutig

Tab. 2: „*Kaiser*"-Sprechversionen zu 100 % als *ohne-Anführungszeichen-gesprochen* beurteilt.

	Einschnitt vor *Kaiser*	Einschnitt nach *Kaiser*	Akzent auf *Kai*	Melodieverlauf auf *Kai*
S08	ohne	gering/ohne	schwach/ohne	gleichbleibend
S25	ohne	ohne	schwach	bewegt

Dieser Zusammenhang wird noch deutlicher, wenn nicht nur die Extreme, sondern alle Urteile berücksichtigt werden: Sobald ein prosodischer Einschnitt wahrnehmbar ist, selbst wenn er von der Expertengruppe als gering beurteilt wird, reagieren die Laien-HörerInnen mit dem Urteil *mit-Anführungszeichen-gesprochen*. Dagegen zeigt sich nur ein sehr schwacher, nicht signifikanter statistischer Zusammenhang (i. S. Spearman-Korrelation) zwischen melodischer Bewegtheit und der Wahrnehmung von Anführungszeichen.

Hörexperiment zu Beispiel 2 (*Ausnahme*)
Wiederum wurde jeweils der gesamte Satz vorgespielt (zwei randomisierte Reihenfolgen) und es wurde im Vorhinein auf die Anführungszeichen hingewiesen:

> In Nachrichten müssen Aussagen z.B. von Politikern oder bekannten Persönlichkeiten als Zitat gekennzeichnet werden. Das kann sprachlich durch die Verwendung der indirekten Rede im Konjunktiv I oder durch ein direktes Zitat in Anführungszeichen erfolgen.
> In einer Radionachrichtenmeldung wird über Franz Beckenbauer berichtet: Ihm wurde der Führerschein entzogen, weil er zu schnell gefahren ist. Franz Beckenbauer ist als Fußball-Superstar und Sportverbandsfunktionär bekannt. In der Meldung wird eine Aussage von Beckenbauer wiedergegeben. Entscheiden Sie für jeden Beleg, ob nach Ihrem Eindruck der Sprecher bzw. die Sprecherin die Anführungszeichen mitspricht oder nicht.

Ergebnisse: Berücksichtigt man eine Übereinstimmung von 75 % in den Hörer-Urteilen, wurden 13 Sprechversionen als *mit-Anführungszeichen-gesprochen* bewertet und 4 als *ohne-Anführungszeichen-gesprochen* (siehe Abb. 2). 2 Belege wurden zu 100 % als *mit-Anführungszeichen-gesprochen* beurteilt (S12, S13), 2 weitere zu 100 % als *ohne-Anführungszeichen-gesprochen* (S4, S24) (bei S20 haben nicht alle Versuchspersonen geantwortet, daher der verkürzte Balken).

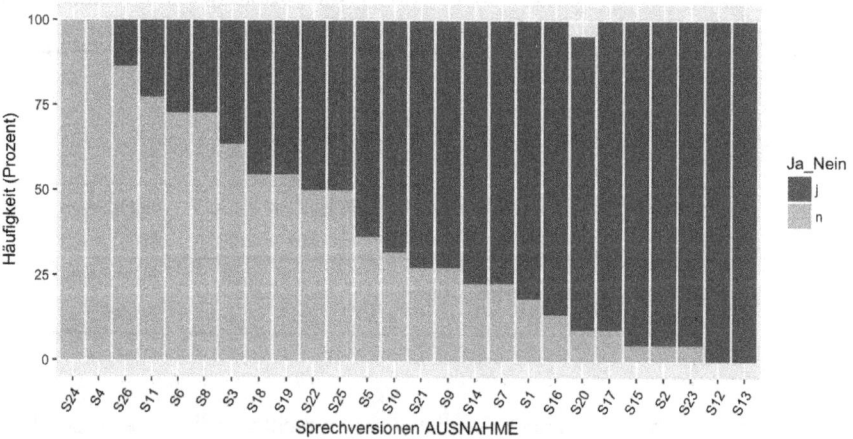

Abb. 2: *Ausnahme* mit Anführungszeichen gehört.

Leitend für das Hörerurteil *mit-Anführungszeichen-gesprochen* scheint auch hier – wie bei *"Kaiser"* – der Einschnitt vor dem Wort gewesen zu sein (siehe die vier Extreme in Tab. 3 und 4). Anders jedoch als bei *"Kaiser"* spielen die Tiefe des Einschnitts nach *Ausnahme* sowie die Akzentstärke keine Rolle für das Hörerurteil. Dies lässt sich gut mit der syntaktischen Position und der informationsstrukturellen Einbindung von *Ausnahme* begründen (siehe Kap. 3.1): Die Interpunktion und der Beginn eines kausalen Relativsatzes sowie die mit *Ausnahme* verbundene *neue* Information evozieren eine solche prosodische Realisierung durch die SprecherInnen (starker Akzent und Einschnitt *nach* dem Wort). Hier wird also das prosodische Muster der Modalisierung (Akzent und Einschnitt vor/nach dem Wort), das bei *"Kaiser"* auftritt, von der syntaktischen und informationsstrukturellen Markierung überlagert.

Tab. 3: *Ausnahme*-Sprechversionen zu 100 % als *mit-Anführungszeichen-gesprochen* beurteilt.

	Einschnitt vor *Ausnahme*	Einschnitt nach *Ausnahme*	Akzent auf *Aus*	Melodieverlauf auf *Aus*
S12	mittel	tief	stark	bewegt
S13	mittel	tief	stark	uneindeutig

Tab. 4: *Ausnahme*-Sprechversionen zu 100 % als *ohne-Anführungszeichen-gesprochen* beurteilt.

	Einschnitt vor *Ausnahme*	Einschnitt nach *Ausnahme*	Akzent auf *Aus*	Melodieverlauf auf *Aus*
S08	ohne	tief	stark	bewegt
S25	ohne/gering	tief	stark	uneindeutig

4.3 Zusammenfassung der Ergebnisse

Offensichtlich resultiert aus den modalisierenden Anführungszeichen im Nachrichtentext eine spezifische prosodische Gestaltung der *"Kaiser"*-Belege, die vor allem mit einer Akzentuierung und einem prosodischen Einschnitt vor und nach dem Wort einhergeht. Die Sprechmelodie scheint dagegen weniger relevant zu sein. Eine ähnliche prosodische Gestaltung zeigt sich auch bei dem Beispiel *Ausnahme*: Hier ist das prosodische Muster jedoch keine Realisierung der

Anführungszeichen, sondern es ergibt sich aus der Interpretation des Textes durch die Sprechenden. Denn der journalistische Kontext erlaubt einen sprecherischen Haltungswechsel im Sinne einer Distanzierung, die prosodisch dem Sprechen mit Anführungszeichen gleicht. HörerInnen nehmen dies entsprechend wahr bzw. erkennen dieses prosodische Muster: Im Hörexperiment bewerten sie es als *mit-Anführungszeichen-gesprochen* und ordnen dies der entsprechenden im Fragebogen vorgegebenen Textform zu. Das heißt, dass ein Unterschied der beiden dargestellten Beispiele sich nur in der Textvorlage beschreiben lässt: einmal *mit* und einmal *ohne* Anführungszeichen. In der prosodischen Realisation der pragmatischen Kontextualisierung *Distanzierung* gleichen bzw. ähneln sich die Beispiele. Dies spricht für eine charakteristische, die Distanzierung markierende prosodische Gestaltung.

In den folgenden Grafiken wird die prosodische Beschreibung der Expertengruppe (Einschnitte und Akzentstärke) mit den Laienurteilen (Vorhandensein von Anführungszeichen) konfrontiert (siehe Abb. 3 und 4). Die Position auf der x-Achse folgt der Skalierung des Merkmals und entspricht jeweils dem Mittelwert der vier Expertenurteile. Der Zusammenhang zwischen der Prosodiebeschreibung und den Hörer-Urteilen ist für das Beispiel „*Kaiser*" stärker ausgeprägt als für *Ausnahme*. Die Linie entspricht der eines linearen Modells, die mit der üblichen Methode der kleinsten Quadrate (OLS) ermittelt wird und hier (wie auch weiter unten) lediglich der Verdeutlichung des Trends dient. Bei den im Plot angezeigten Korrelationen sind signifikante Werte (P < 0.05) als Spearmansche Rangkorrelationskoeffizienten (ρ „rho") angegeben.

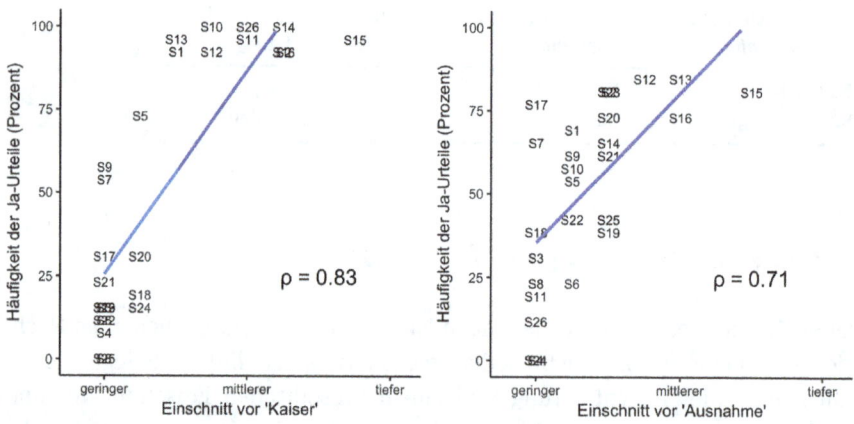

Abb. 3: Zusammenhang zwischen gehörten Anführungszeichen und prosodischem Einschnitt vor „*Kaiser*" (links) und vor „*Ausnahme*" (rechts).

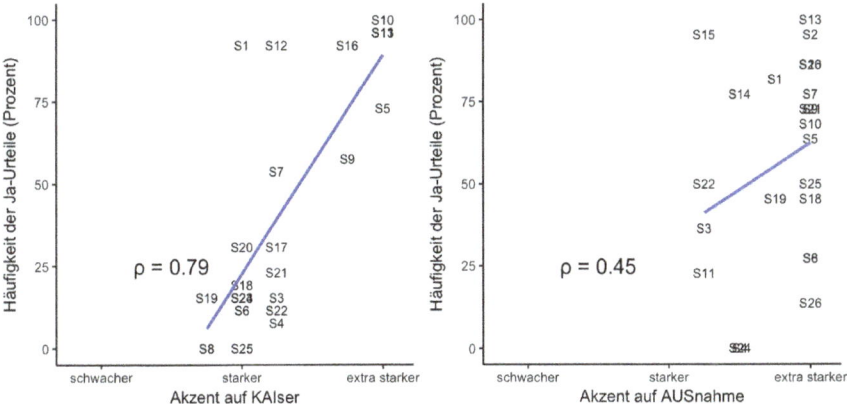

Abb. 4: Zusammenhang zwischen gehörten Anführungszeichen und Akzentstärke von *[Kai]ser* (links) und *[Aus]nahme* (rechts).

Ein bemerkenswerter Nebenbefund ist der Zusammenhang zwischen der Hörer-Wahrnehmung von Anführungszeichen und der Berufserfahrung der SprecherInnen (erfasst in einem SprecherInnen-Fragebogen; Schwenke i. V.). Die SprecherInnen wurden nach dem Vorlesen der Testnachrichten u. a. danach gefragt, wie lange sie schon als NachrichtensprecherIn arbeiten: Angegeben wurden durchschnittlich 13 Jahre (von 6 Monaten bis 34 Jahre). Für beide Beispiele gibt es einen – wenn auch z. T. nur schwachen – Zusammenhang von wahrgenommener Realisierung der Anführungszeichen durch die HörerInnen (hier als Anzahl der Ja-Urteile) und dem von den SprecherInnen angegebenen Dienstalter (Jahre als SprecherIn). Dieser Zusammenhang ist in Abb. 5 auch als (Spearman-)Korrelation verzeichnet. Es ist davon auszugehen, dass SprecherInnen mit zunehmender Professionalisierung (Erfahrung und Weiterbildung) prosodische Gestaltungsmittel systematisch und reflektiert einsetzen. Prinzipiell lässt sich die sprecherische Realisierung von Textvorlagen als radiorhetorisches Produkt beschreiben, welches unter der Einwirkung rhetorischer *techné* als fein entwickelte, elaborierte Technik (hier: Vorlesetechnik) hervorgebracht wird (vgl. Schwenke i. V.). Im dargestellten Experiment ließe sich demnach allein anhand der Berufserfahrung der NachrichtensprecherInnen vorhersagen, wie wahrscheinlich ihre Sprechversionen von den Studierenden als *mit-Anführungszeichen-gesprochen* wahrgenommen werden: In beiden Beispielen steigt die Wahrscheinlichkeit nach 10 bis 15 Dienstjahren auf deutlich über 50 %. Inwieweit dieser Zusammenhang tatsächlich linearer Natur ist, kann bezweifelt werden und wird zu einem späteren Zeitpunkt geklärt.

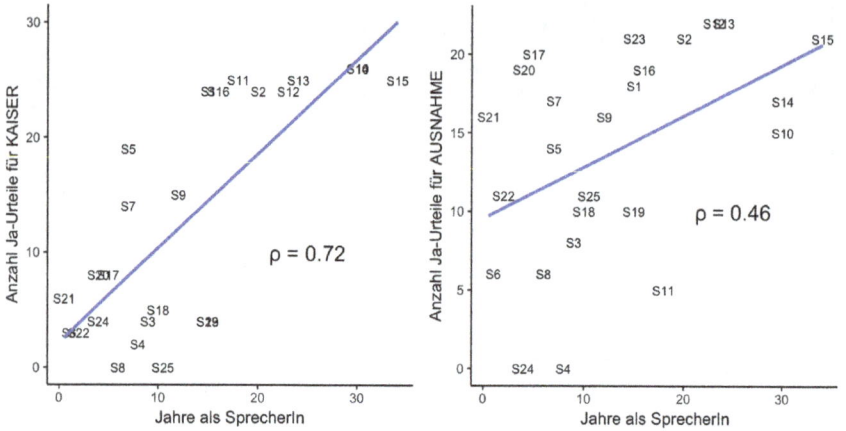

Abb. 5: Zusammenhang zwischen gehörten Anführungszeichen und Erfahrung als SprecherIn für „Kaiser" (links) und *Ausnahme* (rechts).

5 Die Prosodie von modalisierenden Anführungszeichen als Konstruktion

5.1 Einordnung der Ergebnisse

Für die Untersuchung des Form-Funktions-Zusammenhangs von Konstruktionen spielt u. a. der Verwendungskontext der Konstruktion eine Rolle, „d. h. wie und unter welchen Bedingungen sie eingesetzt wird bzw. werden kann/muss (oder eben nicht)" (Schoonjans 2018: 75). Unser Beispiel „Kaiser" betrifft die Verwendung der *gesprochenen modalisierenden Anführungszeichen* im Rahmen der Textsorte Radionachrichten. Betrachtet man den engeren Kontext auf Satzebene, so lässt sich festhalten, dass modalisierende Anführungszeichen relativ frei verwendet werden können: Es lassen sich damit v. a. autosemantische Wortarten wie Substantive, Verben und Adjektive bzw. Adverbien markieren. Hier unterliegt die Verwendung der Anführungszeichen bzw. des prosodischen Musters in gesprochener Sprache nur geringen Einschränkungen (Klockow 1980, 65 ff.). Betrachtet man den weiteren Kontext der Textsorte Radionachrichten, so fällt die Verwendung von modalisierenden Anführungszeichen möglicherweise deshalb besonders auf, weil sie den Standards zum Schreiben von Nachrichten als objektiver Informationsinstanz tendenziell entgegensteht (Volpers et al. 2005: 28). D. h., wenn in Nachrichten modalisierende Anführungszeichen verwendet werden, stellen sie eine deutlich markierte Form dar, die einer Kommentierungsfunktion sehr nahekommt. Über die Häufigkeit von modalisierenden Anführungszeichen bzw. ihrer prosodischen Form lässt sich allerdings bislang keine zuverlässige Aussage treffen. In der *Nachrichtenarche*, in der seit 2003 einmal im Jahr öffentlich-rechtliche Radionachrichten in ganz Deutschland gesammelt werden (Schwiesau et al. 2011) und die zurzeit ca. 500 Nachrichtensendungen umfasst, treten in Anführungszeichen gesetzte Formulierungen jedenfalls nicht auf. Inwieweit und wie häufig diese prosodische Form der Modalisierung in anderen Kontexten verwendet wird, muss in weiterführenden Untersuchungen geklärt werden.

Die Verbindung von Anführungszeichen als syntaktischer Markierung und ihrer prosodischen Realisierung ergibt sich aus der pragmatischen Funktion: Die prosodische Gestaltung erfüllt als pragmatischer Indikator in der gesprochenen Sprache (Gutzmann/Stei 2011: 2652) die gleiche Funktion wie die Anführungszeichen „in Kookkurrenz mit anderen Kommunikationsmitteln" (Stock 1996: 230; so auch Apel 2018: 159 ff.). Man könnte demzufolge von einer prosodischen Distanzierungsmarkierung sprechen. Den Bezug zur nonverbalen Kommunikationsebene stellt Graf (2016) mit einer Untersuchung zur kommunikativen Funktion der redebegleitenden Geste *air quotes* als nonverbales Äquivalent von Anführungszeichen her.

Wenn die prosodische Gestaltung eines Wortes, einer Akzentgruppe oder einer Äußerung als pragmatischer Indikator fungiert, so drückt diese prosodische Gestaltung per se zwar noch keine Bedeutung aus, stellt aber einen Interpretationsvorschlag der SprecherInnen für die RezipientInnen dar. Mit der prosodischen Markierung der modalisierenden Anführungszeichen erzeugen die SprecherInnen einen Kontextualisierungshinweis auf eine gegenüber der eigentlichen Wortbedeutung veränderte Bedeutung, wie beispielsweise *der sogenannte Kaiser*. Die neue Bedeutung ergibt sich allein aus der charakteristischen prosodischen Form, die im Kapitel 3.1 auditiv-phonetisch beschrieben wurde: Insbesondere prosodische Einschnitte vor und nach dem jeweiligen Wort in Verbindung mit einem Akzent markieren das Wort als *mit-Anführungszeichen-gesprochen* bzw. als *modalisiert/distanziert-gesprochen*. Während sich in geschriebener Sprache die Einstellung der SchreiberInnen in den Anführungszeichen ausdrückt, zeigt sich in gesprochener Sprache die distanzierende Bewertung des Wortes „*Kaiser*" durch die SprecherInnen in der prosodischen Gestaltung. Dies setzt letztendlich die modalisierende Funktion der (geschriebenen/gesprochenen) Anführungszeichen um und stellt damit eine pragmatische Eigenschaft des Wortes dar.

Beim Beispiel *Ausnahme* handelt es sich dagegen um die indirekte Redewiedergabe einer Rechtfertigung (siehe Kap. 2.2). Der Text enthält keine modalisierenden Anführungszeichen, damit auch keine Sprechanweisung für die NachrichtensprecherInnen. Allerdings ermöglicht der nachrichtliche Kontext beim Wort *Ausnahme* eine Modalisierung im Sinne einer Markierung von journalistischer Distanz; sprecherisch lässt sich ein Haltungswechsel (objektive Fakten vs. Aussage Beckenbauers) durch einen prosodischen Kontrast deutlich machen. Dafür haben sich 18 von 26 SprecherInnen entschieden und *Ausnahme* prosodisch ebenso realisiert wie „*Kaiser*": mit prosodischen Einschnitten und Äußerungsakzent. Genau das haben die HörerInnen gemäß der Aufgabenstellung des Hörexperiments als *mit-Anführungszeichen-gesprochen* interpretiert. Offensichtlich verfügen SprecherInnen und RezipientInnen über ein prosodisches Modell zur Kennzeichnung von (modalisierenden) Anführungszeichen bzw. zur Kennzeichnung von Modalisierung überhaupt. Die prosodischen Markierungen von *scare quotes* (Beispiel „*Kaiser*") und von Modalisierung bzw. Distanzierung *ohne Anführungszeichen im Text* (Beispiel *Ausnahme*) liegen nicht sehr weit auseinander und in beiden Fällen interpretieren die HörerInnen einen Großteil der Sprechversionen als *mit-Anführungszeichen-gesprochen*.

5.2 Diskussion der Ergebnisse

Aus den vorangegangenen Überlegungen und Analyseergebnissen ergibt sich die Frage, ob es sich bei der hier beschriebenen prosodischen Form gesprochener Anführungszeichen um eine Konstruktion handelt. Eine Hauptidee des Konstruktionsbegriffs im Rahmen der Konstruktionsgrammatik ist „eine symbolische Paarung von Form und Bedeutung" (Schoonjans 2018: 73). Auf der Formseite werden syntaktische, morphologische und phonologische Eigenschaften erfasst, während auf der Bedeutungsseite semantische, pragmatische und diskursfunktionale Eigenschaften beschrieben werden (Imo 2011: 252; Ziem/Lasch 2013: 14; Schoonjans 2018: 73). Bei unseren Beispielen handelt es sich potentiell um die Verbindung einer prosodischen Form (Einschnitt und Akzent) mit einer pragmatischen Bedeutung (Modalisierung):

- Im Fall „*Kaiser*" lesen erfahrene SprecherInnen die modalisierenden Anführungszeichen im Text als Interpretationsanweisung und erzeugen eine prosodische Form, welche HörerInnen als *mit-Anführungszeichen-in-modalisierender-Funktion-gesprochen* erkennen. Die prosodische Form (v. a. Einschnitt und Akzent) erzeugt also eine pragmatische Bedeutung (Modalisierung/Distanzierung). Dies deutet auf eine Konstruktion hin.
- Im Fall *Ausnahme* erzeugt die Mehrheit der SprecherInnen in ihrer Sprechinterpretation des Textes eine ähnliche prosodische Form, auch wenn im Text gar keine Anführungszeichen vorkommen. Aufgrund des journalistischen Kontexts vollziehen diese SprecherInnen einen Haltungswechsel und markieren die Distanzierung durch die Gestaltung eines prosodischen Kontrastes, der von HörerInnen ebenfalls als *mit-Anführungszeichen-gesprochen* interpre-

tiert wird. Welche Funktion dieses *mit-Anführungszeichen-gesprochen* für die HörerInnen des Hörexperiments hat, ist nicht eindeutig bestimmt. Nichtsdestotrotz deuten die Realisierung der prosodischen Form (vor allem Einschnitt mit folgendem Akzent) und das Erkennen von Anführungszeichen auf eine Orientierung an einer Konstruktion hin.

Als Antwort auf die Frage, ob die Verbindung aus (modalisierenden) Anführungszeichen im Text, der spezifischen prosodischen Form in gesprochensprachlicher Realisierung und einer pragmatischen Funktion (Modalisierung/Distanzierung) nicht nur eine Eigenschaft einzelner Konstrukte, sondern eine Konstruktion im grammatischen Sinne darstellt, können wir Folgendes festhalten:

Für die Annahme einer Konstruktion spricht die deutliche Übereinstimmung der prosodischen Realisationen der NachrichtensprecherInnen bei den *„Kaiser"*-Belegen. Hier tritt bei gleichem Ausgangstext also eine gewisse Regelhaftigkeit der sprecherischen Realisierungen auf. Zudem erkennen Laien-HörerInnen diese prosodische Markierung als *mit-Anführungszeichen-gesprochen*. D. h. auf Sprecher- sowie auf Hörerseite lässt sich ein Form-Funktions-Paar nachweisen. Auch das Beispiel *Ausnahme* wird von der Mehrheit der SprecherInnen in ähnlicher Form prosodisch realisiert und von den Laien-HörerInnen gleichermaßen als *mit-Anführungszeichen-gesprochen* identifiziert, allerdings ist der Zusammenhang nicht so deutlich wie bei *„Kaiser"*. In der geschriebenen Vorlage findet sich hier keine Markierung der Modalisierung, d. h. es kommen keine Anführungszeichen vor – die Markierung der Distanzierung erfolgt allein auf prosodischer Ebene.

Ein weiteres Indiz für die Gebrauchsbasiertheit dieser spezifischen Form lässt sich aus dem Nebenbefund entnehmen, der die wahrgenommene Realisierung der Anführungszeichen mit der sprecherischen Erfahrung in Beziehung setzt: In den Daten (siehe Kap. 3.3) zeigt sich ein Zusammenhang von wahrgenommener Realisierung der Anführungszeichen durch die HörerInnen und den angegebenen Berufsjahren der SprecherInnen. Es ist eben eine sprecherische Professionalität nötig, um die Sprechanweisung, die in den Anführungszeichen liegt, so umzusetzen, dass die Modalisierung von HörerInnen erkannt werden kann.

Einschränkend sollen auch Indizien gezeigt werden, die **gegen die Annahme einer Konstruktion sprechen:** Wie oben beschrieben zeigt sich in der parallel geführten Analyse der *Ausnahme*-Belege ohne Anführungszeichen ein ähnliches prosodisches Muster wie im *„Kaiser"*-Beispiel. D. h. beim Beispiel *Ausnahme* ist das Form-Funktions-Paar nicht so umfassend erfüllt wie beim *„Kaiser"*-Beispiel: Zwar identifizieren die RezipientInnen aufgrund der prosodischen Form Anführungszeichen, aber wir können anhand des Hörexperiments keine Aussage darüber treffen, welche Funktion sie den Anführungszeichen zuschreiben (Zitierung oder Distanzierung). Dies lässt sich einerseits (wenn man auf die Verbindung von Text und Prosodie abhebt) als Hinweis auf die Grenzen der Eindeutigkeit prosodischer Markierung (Klockow 1980; Couper-Kuhlen 1999; O'Connell/Kowal 2008) bewerten: RezipientInnen nehmen zwar durchaus modalisierendes Sprechen wahr; jedoch zeigt sich im Vergleich der „*Kaiser*"- und *Ausnahme*-Belege auch, dass unterschiedliche Textvorgaben (mit/ohne Anführungszeichen geschrieben) ähnlich prosodisch markiert werden. Diese ähnlichen prosodischen Markierungen evozieren wiederum ähnliche Hörer-Wahrnehmungen, obwohl die Textgrundlage unterschiedlich markiert ist.

Andererseits lässt sich aufgrund dieser Übereinstimmung in der prosodischen Form und dem Erkennen durch die RezipientInnen trotz unterschiedlicher Textgrundlage durchaus auf eine von der Textvorlage gelöste prosodische Konstruktion schlussfolgern. Für die auditive Rezeption stellen schließlich nicht die Anführungszeichen im Text die wesentliche Markierung der Modalisierung dar, sondern die spezifische prosodische Form (vor allem Einschnitt und Akzent). Für den Form-Funktions-Zusammenhang der Konstruktion ist demnach nicht relevant, ob *Ausnahme* im Text von Anführungszeichen umschlossen ist oder nicht, sondern ob *Ausnahme* beim Sprechen charakteristisch prosodisch markiert wird – wie im Beispiel geschehen – und RezipientInnen diese Markierung erkennen.

Bislang fehlt der empirische Nachweis des Form-Funktions-Paares in weiteren Textbeispielen und anderen Verwendungskontexten. Einen Hinweis in diese Richtung liefern jedoch die Untersuchungen von Graf (2016) mit Fokus auf die gestische Realisation von Anführungszeichen (ansatzweise auch Kasimir 2008). Aus unserer Sicht deuten zahlreiche Indizien auf eine Konstruktion: Die prosodische Realisierung von „*Kaiser*" als Modalisierung ist jedenfalls keine Ausnahme.

Literatur

Apel, Heiner (2018): Nachrichten: hörbar informativ. Eine Untersuchung zur Text- und Hörverständlichkeit von Radionachrichten. Berlin: Frank & Timme.
Baudusch, Renate (2000): Das syntaktische Prinzip und sein Geltungsbereich. In: Nerius, Dieter (Hrsg.): Duden. Deutsche Orthographie. Mannheim: Dudenverlag, 227–254.
Bartko, John J. (1966). The intraclass correlation coefficient as a measure of reliability. Psychological Reports, 19, 3–11.
Böhm, Stefan, Gerhard Koller, Jürgen Schönhut und Ernst Straßner (1972): Rundfunknachrichten. Sozio- und psycholinguistische Aspekte. In: Rucktäschel, Annemarie (Hrsg.): Sprache und Gesellschaft. München: Fink, 153–194.

Böhme, Grit (2011): In: Bose, Ines und Dietz Schwiesau (Hrsg.): Nachrichten schreiben, sprechen, hören. Forschungen zur Hörverständlichkeit von Radionachrichten. Berlin: Frank & Timme, 99–124.

Bose, Ines, Norbert Gutenberg, Josef Ohler und Dietz Schwiesau (2011): Testmaterial zur Hörverständlichkeit von Radionachrichten – Theoretische und methodische Grundlagen. In: Bose, Ines und Dietz Schwiesau (Hrsg.): Nachrichten schreiben, sprechen, hören. Forschungen zur Hörverständlichkeit von Radionachrichten. Berlin: Frank & Timme, 15–79.

Bose, Ines und Anna Schwenke (2018): Vorlesetraining kompakt. (unter Mitarbeit von Veronika Grandke, Antonia Kaloff und Dietz Schwiesau) (= Учебно-методическое пособие по фонетике и фоностилистике немецкого языка. Выпуск 3.). Woronesh: Universitätsverlag.

Brandt, Wolfgang (2000): Sprache in Hörfunk und Fernsehen. In: Besch, Werner, Gerold Ungeheuer und Armin Burkhardt (Hrsg.): Sprachgeschichte. Ein Handbuch zur Geschichte der deutschen Sprache und ihrer Erforschung. Berlin, New York: Walter de Gruyter, 2159–2168.

Burger, Harald und Martin Luginbühl (2014): Mediensprache. Eine Einführung in Sprache und Kommunikationsformen der Massenmedien. Berlin/Boston: de Gruyter.

Graf, Marius (2016): Air Quotes im YouTube-Format „Shore, Stein, Papier". Gesprächsanalytische Betrachtung einer redebegleitenden Geste. In: Arens, Katja und Sarah Torres Cajo (Hrsg.): Sprache und soziale Ordnung. Studentische Beiträge zu sozialen Praktiken in der Interaktion. Wissenschaftliche Schriften der WWU Münster, Reihe XII, Band 15. Verlagshaus Monsenstein und Vannerdat OHG Münster.

Grawunder, Sven (2011): Die Erforschung des Sprechens mittels Nachrichtenkorpora – Die Nachrichtenarche der ARD. In: Bose, Ines und Dietz Schwiesau (Hrsg.): Nachrichten schreiben, sprechen, hören. Forschungen zur Hörverständlichkeit von Radionachrichten. Berlin: Frank & Timme, 157–178.

Gutzmann, Daniel und Erik Stei (2011): How quotation marks what people do with words. In: Journal of Pragmatics, Vol. 43 (Issue 10), 2650–2663.

Imo, Wolfgang (2011): Ad-Hoc-Produktion oder Konstruktion? Verfestigungstendenzen bei Inkrement-Strukturen im gesprochenen Deutsch. In: Lasch, Alexander und Alexander Ziem (Hrsg.): Konstruktionsgrammatik III. Aktuelle Fragen und Lösungsansätze. Tübingen: Stauffenburg Verlag, 239–254.

Kasimir, Elke (2008): Prosodic correlates of subclausal quotation marks. In: Papers in Phonetics and Phonology. ZAS Papers in Linguistics, Vol. 49 (ZASPiL), 67–77.

Klewitz, Gabriele und Elisabeth Couper-Kuhlen (1999): Quote – unquote? The role of prosody in the contextualization of reported speech sequences. In: InLiSt (Interaction and Linguistic Structures) No. 12 (Juli 1999). (online: http://www.inlist.uni-bayreuth.de/issues/12/index.htm) auch:In: Pragmatics Vol. 9, 1999/4, 459–485.

Klockow, Reinhard (1980): Linguistik der Gänsefüßchen: Untersuchungen zum Gebrauch der Anführungszeichen im gegenwärtigen Deutsch. Frankfurt/Main: Haag u. Herchen.

König, Jan C.L. (2011): Über die Wirkungsmacht der Rede. Strategien politischer Eloquenz in Literatur und Alltag. Göttingen: V&R unipress.

Krull, Patrick (2005): Des Kaisers falscher Schluss. Online unter: https://www.welt.de/print-wams/article132202/Des-Kaisers-falscher-Schluss.html (30.03.2018)

Leuchte, Jessica (2015): Radionachrichten für Kinder. „Kinder wünschen sich Nachrichten. Aber welche, die sie verstehen – und die sie wirklich interessieren" (André Kudernatsch).

In: Radio, Sprache, Klang. (= SPIEL. Neue Folge. Eine Zeitschrift zur Medienkultur). Jg. 1 2015 (Heft 1/2), 77–101.
Linke, Angelika und Nussbaumer, Markus (2000): Rekurrenz. In: Brinker, Klaus, Gerd Antos, Wolfgang Heinemann und Sven F. Sager (Hrsg.): Text- und Gesprächslinguistik. 1. Halbband. Berlin, New York: de Gruyter, 305–315. (HSK, Bd. 16.1)
McEwan, Ian (2019): Maschinen wie ich und Menschen wie ihr. Zürich: Diogenes.
Musan, Renate (2010): Informationsstruktur. Heidelberg: Universitätsverlag Winter.
O'Connell, Daniel C. und Sabine Kowal (2008): Communicating with one another: toward a psychology of spontaneous spoken discourse. New York: Springer Science + Business Media.
Prince, Ellen F. (1981): Toward a Taxonomy of Given-New Information. In: Cole, Peter (Hrsg.): Radical Pragmatics. New York u. a.: Academic Press.
Schmiedel, Astrid (2017): Phonetik ironischer Sprechweise. Produktion und Perzeption sarkastisch ironischer und freundlich ironischer Äußerungen. Berlin: Frank & Timme.
Schoonjans, Steven (2018): Modalpartikeln als multimodale Konstruktionen. Eine korpusbasierte Kookkurrenzanalyse von Modalpartikeln und Gestik im Deutschen. Berlin/Boston: de Gruyter.
Schwenke, Anna (i. V.): Nachrichtensprechstile im Radio. Zwischen Hörverständlichkeit und Formatierung. Diss. MLU Halle-Wittenberg.
Schwiesau, Dietz, Sven Grawunder und Ines Bose (2011): Die Nachrichtenarche der ARD. In: Bose, Ines und Dietz Schwiesau (Hrsg.): Nachrichten schreiben, sprechen, hören. Forschungen zur Hörverständlichkeit von Radionachrichten. Berlin: Frank & Timme, 147–155.
Schwiesau, Dietz und Josef Ohler (2016): Nachrichten – klassisch und multimedial. Ein Handbuch für Praxis und Ausbildung. Wiesbaden: Springer VS.
Stock, Eberhard (1980): Untersuchungen zu Form, Bedeutung und Intonation im Deutschen. Berlin: Akademie-Verlag.
Stock, Eberhard (1996): Text und Intonation. In: Sprachwissenschaft 21 (Heft 2), 211–240.
Straßner, Ernst (1975): Produktions- und Rezeptionsprobleme bei Nachrichtentexten. In: ders. (Hrsg.): Nachrichten. Entwicklungen – Analysen – Erfahrungen. München: Wilhelm Fink Verlag, 83–111.
Terhardt, Ernst (1998): Akustische Kommunikation: Grundlagen mit Hörbeispielen. Berlin u. a.: Springer.
Ullrich, Anna Valentine (2015): Gebaute Zitate. Formen und Funktionen des Zitierens in Musik, Bild und Architektur. Bielefeld: transcript.
Volpers, Helmut, Detlef Schnier und Christian Salwiczek (2005): Nachrichten im Hörfunk. Ein Vergleich der Nachrichtenprofile norddeutscher Radioprogramme. Berlin: Vistas Verlag.
Wilson, Deirdre und Tim Wharton (2006): Relevance and prosody. In: Journal of Pragmatics, Vol. 38 (10/2006), 1559–1579.
Ziem, Alexander und Alexander Lasch (2013): Konstruktionsgrammatik. Konzepte und Grundlagen gebrauchsbasierter Ansätze. Berlin/Boston: de Gruyter.

Elisabeth Reber
Zur Rolle von Phonetik und Prosodie in CAN I X-, LE? ME X-, und LEMME X-Konstruktionen

1 Einleitung

In diesem Beitrag beschäftige ich mit sprachlichen Konstruktionen, die von Teilnehmern und Teilnehmerinnen an Interviews als metapragmatische Verfahren zur Einleitung von Fragen und zur Rederechtssicherung bzw. beanspruchung verwendet werden können: CAN I X sowie LE? ME X und LEMME X, welche in der Literatur meist als *let me X* verallgemeinert worden sind.[1] Nach Caffi ([2]2006: 86) werden metapragmatische Verfahren zur Steuerung der laufenden Rede (*speech control*) verwendet, indem Sprecher die vorherige und nachfolgende Handlung benennen. Hierbei konzentriert sich der Sprecher auf die Linearität der laufenden Interaktion und ist gleichzeitig involvierter Teilnehmer (*participant*) sowie Beobachter (*observer*) von sich selbst und der Interaktion. Metapragmatische Ausdrücke erlauben es also, einen Einblick in die weitere Rede- und Handlungsplanung zu gewinnen (vgl. auch Hübler 2011).

Schegloff (1980) analysiert *can I X* und *let me X* entsprechend als Verfahren, die Produktion einer nachfolgenden Handlung zu projizieren. Hierbei können beide Verfahren als *pre-delicates* dienen, d. h. mit ihnen wird eine potentiell heikle oder schwierige Handlung projiziert: *Can I X* wird dazu benutzt, um um Erlaubnis bzgl. der Sprecherrechte zu bitten, und das potentielle Ergreifen des Rederechts wird als heikel behandelt: „[T]he possibly violative or special character of the party in question talking at all is what is relevant here" (Schegloff 1980: 144–145). Sprecher können damit eine Orientierung an eine asymmetrische Ge-

---

[1] Großbuchstaben werden dazu verwendet, um generisch auf alle möglichen Formen – phonetisch, prosodisch, morphosyntaktisch – eines sprachlichen Ausdrucks in meinen Daten zu verweisen.

Danksagung: Erste Vorüberlegungen zu dem Beitrag wurden in einem Vortrag im Panel „Metapragmatic units in talk-in-interaction" auf der Seventh International Conference of the German Cognitive Linguistics Association, Universität Duisburg-Essen, 5.-7. Oktober 2016, vorgestellt. Ich danke den Herausgebern und den anonymen Gutachtern für die Kommentare zu einer früheren Version dieses Textes.

Open Access. © 2020 Elisabeth Reber, publiziert von De Gruyter. Dieses Werk ist lizenziert unter der Creative Commons Attribution-NonCommercial-NoDeratives 4.0 Lizenz.
https://doi.org/10.1515/9783110637489-005

sprächssituation anzeigen. Im Gegensatz dazu wird *let me X* dazu verwendet, die Eigenschaft der projizierten Handlung selbst als heikel oder schwierig zu markieren (vgl. auch Troemel-Ploetz 1994: 202). In einer neueren Arbeit bespricht Szczepek Reed (2017) u. a. *can I X* und *let me X* als zwei Ressourcen, die in amerikanischen Gesprächsdaten für Metaformulierungen zum Redewechsel verwendet werden.

Das besondere Interesse meines Beitrags besteht darin, musterhafte Verbindungen zwischen den lautsprachlichen Realisierungen von CAN I X, LE?ME X und LEMME X und ihren Funktionen in der Interaktion herauszuarbeiten und damit Hinweise auf kognitiven Repräsentationen von gesprochen-sprachlichen Einheiten zu gewinnen.[2]

Aus einem linguistischen Interesse an Fragen kognitiver Repräsentationen sprachlicher Strukturen heraus gibt es seit Mitte der 2000er Jahre eine intensive Diskussion in der deutschen Interaktionalen Linguistik, ob und wie kognitive Grammatikmodelle als theoretisches Modell benutzt werden können, um zu beschreiben, wie sich mentale Repräsentationen sprachlicher Strukturen in der gesprochenen Interaktion manifestieren (vgl. z. B. die Beiträge zu Auer/Pfänder 2011, Bücker et al. 2015 (Teil 3), Deppermann et al. 2006 und Günthner/Imo 2006; Imo 2007). Wie Imo (2015: 72) bemerkt, kann hier der kognitiv-linguistische Begriff der Konstruktion als Entsprechung des konversationsanalytischen Terminus des Verfahrens verstanden werden. Mit diesem Beitrag soll an diesen Diskurs angeknüpft und insbesondere auf das Thema des vorliegenden Bandes eingegangen werden, inwieweit es feste, obligatorische Verbindungen zwischen phonetisch-prosodischen Formen und lexikalischen bzw. syntaktischen Strukturen gibt und damit phonetisch-prosodischen Ressourcen als konstituierend und nicht nur kontextualisierend für sprachliche Konstruktionen zu verstehen sind (vgl. die Einleitung von Imo/Lanwer in diesem Band).

In konstruktionellen Grammatikmodellen wird in einer Reihe von Ansätzen die Rolle phonologischer Eigenschaften für die Beschreibung von Konstruktionen anerkannt bzw. ist für sie sogar zentral (z. B. Croft 2001, Sag 2012; vgl. die Übersicht in Traugott/Trousdale 2013: 2–8), jedoch sind Arbeiten aus der gebrauchsbasierten Grammatiktheorie, deren Interesse bzgl. der lautlichen Form von Konstruktionen sich streng induktiv auf die Untersuchung von

---

2 Auch wenn die grundsätzliche Frage berechtigt ist, ob man mit dieser Methode einen Einblick in kognitive Repräsentationen gewinnen kann, so deckt sich diese m. E. mit Bybees Verständnis von Sprache, nach dem ein individueller, wiederholter Sprachgebrauch nicht nur zur Etablierung eines kognitiv repräsentierten Systems beim einzelnen Sprecher führt, sondern auch zur Bildung, zum Wandel und zur Aufrechterhaltung der in einer Sprachgemeinschaft konventionalisierten Grammatik (Bybee 2006: 730).

Gesprächsdaten stützen, nach wie vor rar. Ausnahmen bilden Arbeiten wie z. B. Berkenfield (2001), die eine Korrelation von phonetischen Eigenschaften und syntaktischen Funktionen von *that* herausarbeitet und daraus schlussfolgert, dass jede Funktion von *that* (z. B. als Demonstrativ- oder Relativpronomen) im phonologischen System einzeln repräsentiert ist. Bybee/Scheibman (1999; vgl. auch Scheibman 2000) zeigen anhand einer phonetischen und funktionalen Untersuchung von *don't*, dass Frequenzeffekte das Chunking von Konstituenten im Gespräch bedingen, was auch neue Konstituentenbeziehungen hervorbringen kann. Fox/Thompson (2007) argumentieren, dass die lexikosyntaktische Struktur von Relativ- und Hauptsätzen mit deren prosodischer Integration korreliert und von diesen musterhaften Strukturen auf verschiedene Grade der kognitiven Speicherung geschlossen werden kann.

Vor dem Hintergrund dieser Überlegungen ist es das Ziel der Untersuchung, auf Grundlage einer interaktional-linguistischen Analyse die formalen Merkmale und spezifischen metapragmatischen Funktionen von CAN I X, LE? ME X und LEMME X zu erörtern. Als Beitrag zu einer theoretischen Modellierung der gesprochenen Sprache soll herausgearbeitet werden, inwieweit CAN I X, LE? ME X und LEMME X verfestigte, formelhafte Konstruktionen bilden, die aus einem kontextspezifischen Sprachgebrauch heraus entstanden sind (Hopper 1987, 1998) und inwiefern Phonetik und Prosodie konstitutiv für deren Formen ist.

Im Folgenden gebe ich einen kurzen Überblick bisheriger Forschung zu *can I X*- und *let me X-/lemme X*-Formaten (Abschnitt 2) und beschreibe meine Datengrundlage (3) und Methode (4). Nach einer Darstellung meiner Ergebnisse zu CAN I X (5), LE? ME X und LEMME X (6) schließe ich mit einem Fazit (7).

2 Beschreibungen von Phonetik, Morphosyntax, Semantik und Pragmatik von *can I X*- und *let me X-/lemme X*-Formaten in der Literatur

Syntaktisch betrachtet werden *can I X*-Formate als Entscheidungsfrage beschrieben, wobei das Modalverb *can* die Funktion eines *operators* einnimmt (Quirk et al. 1985). Mit dem Modalverb können die Bedeutungsdimensionen der Möglichkeit (*possibility*), des Könnens und der Fähigkeit (*ability*), und der Erlaubnis (*permission*, Leech [3]2004: 74–76) ausgedrückt werden.

Im Gegensatz zu *can I X* ist die Pragmatik des Formats mit dem pronominalen Subjekt in der zweiten Person (*can you X*) als vielzitiertes Verfahren analysiert worden, eine Bitte zu äußern:

> A speaker may utter a sentence and mean what he says and also mean another illocution with a different propositional content. For example, a speaker may utter the sentence Can you reach the salt? and mean it not merely as a question but as a request to pass the salt. (Searle 1975: 59–60)

Levinson (1983: 268) stellt dazu fest, dass solche indirekten Bitten ebenso wie z. B. *kick the bucket* als Ausdruck für *to die* (*sterben*) Idiome darstellen in dem Sinne, dass sie nicht kompositionell analysiert werden können, sondern als Bedeutungseinheit abgespeichert sind und abgerufen werden.

Im Zuge eines Interesses an Formen des Bittens in der sozialen Interaktion ist das Format *can you X* (und die Unterschiede zu anderen Formaten) weiterhin konversationsanalytisch eingehend untersucht worden (z. B. Curl und Drew 2008).

Wie bereits erwähnt, ist die Forschungslage zu *can I X*-Formaten – abgesehen von Schegloffs sowie Szczepek Reeds eingangs zitierten Arbeiten – hingegen dürftig. Zinken (2015) untersucht *can I have X* als eine Form der Bitte nach Gegenständen in Alltagsgesprächen. In den untersuchten Kontexten hat der Rezipient den betreffenden Gegenstand momentan und der Sprecher bittet diesen deshalb darum, ihn zur Verfügung zu stellen (vgl. auch Fox 2015 zu *can I get X* als Bitte in Kundengesprächen; Levinson 1983 allgemein zu *can I X* in Bittsequenzen). Wie von Zinken (2015: 37) angemerkt, besteht bei *can I have X*-Formaten eine Nähe zu Imperativen. Dieser Standpunkt wird z. B. von Köymen/Kyratzis (2014: 513) geteilt: Sie beschreiben die Äußerung „Can I have the knife?" in einer Interaktion zwischen Kleinkindern als Anweisung (*directive*).

Zusammenfassend kann man sagen, dass *can I X*-Formate multifunktional verwendet werden können. Die spezifischen Funktionen (Bitte, Anweisung) werden dabei u. a. durch die Semantik des X-Slots bestimmt. Zudem sind der spezifische interaktionale Kontext und die soziale Beziehung zwischen den Interagierenden maßgeblich für die Interpretation der Handlung (als Bitte oder Anweisung), die durch die Form ausgeführt wird. Arbeiten zur lautlichen Produktion von *can I X* in der sprachlichen Interaktion fehlen meines Wissens bislang.

Das *let me X*-Format stellt gleichermaßen wie *let us X* grammatisch betrachtet eine Imperativform in der ersten Person mit exhortativer Bedeutung dar, wobei *let* dem Subjekt vorangestellt wird: „Let us all work hard.", „Let me think what to do next." (Quirk et al. 1985: 829; vgl. auch Hopper/Traugott ²2003: 10). In dieser Verwendung ist *let* „no more than an introductory particle." (Quirk et al. 1985: 830).[3]

---

[3] Dieser Befund wird insbesondere durch die bisherige Forschung zu *let us X* gestützt. Es wird konstatiert, dass *let us X* eine Grammatikalisierung unterlaufen hat, deren Pfad sich als *let us* > *let's* > *lets* beschreiben lässt. Dies steht exemplarisch für den Wandel von Konstruktionen mit

Ein Großteil der Forschung hat sich hauptsächlich mit *let us X* beschäftigt (vgl. die bereits zitierten Arbeiten von Traugott 1995, Hopper/Traugott ²2003 sowie Davies 1986: 229–250, Tregidgo 1982). Im Gegensatz zu diesen Arbeiten, in denen Form-Funktionsunterschiede von *let us X* diskutiert werden, wird zwar neben der Vollform *let me* die klitisierte Form *lemme* in Beispielen auch belegt, aber mögliche Unterschiede werden nicht diskutiert (vgl. z. B. Schegloff 1980). Eine nähere Beschreibung liefert Tomasello (2003: 106), der *lemme X* (in einer Reihe mit z. B. *gimme X* und *I wanna X?*) als „mixed constructions" analysiert, in denen ein Teil automatisiert und zu einer Einheit verschmolzen ist, während der andere Teil variabel ist. Das Beispiel von *lemme-see* zeigt, dass *lemme* auch als Teil von „frozen phrases" verwendet werden kann (vgl. auch *gimme-that, I-wanna-do-it*; Tomasello 2003: 306). Der Gebrauch von solchen Holophrasen ist laut Autor charakteristisch für die frühe Phase des Erstspracherwerbes. Jedoch wird ein möglicher Unterschied zwischen *lemme* und *let me* nicht diskutiert.[4]

Köymen/Kyratzis (2014: 497) befassen sich weiterhin mit *let me* in seiner Verwendung zur Anzeige der Sprechereinstellung (*stance-indexing verbs*; auch *I said, I want*) in der sozialen Interaktion zwischen Kleinkindern. Wie in Tomasello (2003) werden diese Verben syntaktisch als Matrix-Verben analysiert. Die Autorinnen zeigen exemplarisch für die Funktion von *let me* einen Gesprächsausschnitt, in dem der zweijährige Devon den Turm des gleichaltrigen Marcus umstößt:

Beispiel 1 (Köymen/Kyratzis 2014: 506)
```
1 ((DEVON KNOCKS DOWN MARCUS' TOWER.))
2 MARCUS;  I'm building it.
3         ...
>4        Let ^me do it.
```

Sie stellen fest:

> [T]he matrix clause "let me" does not only express the speaker's stance, it expresses the speaker's stance on the addressee's stance, of not *letting* or *allowing* Marcus to build the tower. By using the "let me" construction, Marcus highlights the blockage of his action by Devon and the opposition between Devon's stance (of not "letting") and his own stance (of wanting to build the tower). (Köymen/Kyratzis (2014: 506)

Köymen/Kyratzis (2014: 507, 515) schließen daraus, dass die *let ^me*-Konstruktion dazu dient, die Wirksamkeit des Handelns durch den Rezipienten und die

---

Hauptverb (hier *let*) zu „discourse particles with quasi-adverbial properties" (Traugott 1995: 36; Hopper/Traugott ²2003: 10–13; vgl. auch Fillmore et al. 1988 zu *let alone*).
4 Das Cambridge Dictionary beschreibt *lemme* lediglich als eine nicht-standardsprachliche Kurzform von *let me* (https://dictionary.cambridge.org/de/worterbuch/englisch/lemme).

Blockade des eigenen Handels hervorzuheben. Somit sind *let me*-Konstruktionen typisch für konfliktreiche Kontexte zwischen *peers*. Einen weiteren Hinweis auf die Funktionen von *let me* gibt Troemel-Ploetz (1994) in einer Analyse der Äußerung „Let me put it this way, John". Diese wird von der Chefin gegenüber dem Mitarbeiter als metapragmatischen Sprechakt verwendet mit folgenden Funktionen:

- introducing and -preparing for an unpleasant, unwanted, somehow difficult utterance, [...]
- establishing and confirming authority [...]
- toning down the negative impact of what is to follow by conceding: "I am aware that what is to come is difficult for you" or even "I don't like it, but I have to tell you." [...] (Troemel-Ploetz 1994: 202)

Der Literaturüberblick hat gezeigt, dass *let me* neben der phonetisch reduzierten Form *lemme* genannt wird. Letztere scheint insbesondere stark verfestigte, konventionalisierte Konstruktionen zu bilden. Die beiden Formate werden in konfliktreichen Kontexten sowohl für metapragmatische Handlungen als auch – zumindest unter Kindern – für Anweisungen verwendet, jedoch sind mögliche musterhafte Beziehungen zwischen Form und Funktion im der sprachlichen Interaktion noch nicht eingehend untersucht worden.

3 Datengrundlage

Die Studie basiert auf knapp 5 Stunden (4:51h) willkürlich ausgewählter Videoaufnahmen von Interviews mit Politikern und Politikerinnen in der Fernsehsendung „The Andrew Marr Show" aus den Jahren 2012–2018, die wöchentlich live sonntagmorgens durch die BBC One ausgestrahlt wird. Die einstündige Sendung ist nach dem gleichnamigen politischen Journalisten benannt und beinhaltet neben Interviews mit Politikern und Menschen, die Schlagzeilen machen, eine Presseschau, die Wettervorhersage und einen Nachrichtenteil. Nachdem Andrew Marr im Januar 2013 einen Schlaganfall erlitt, wurde seine Sendung temporär von anderen Moderatoren weitergeführt, bis er wieder genesen war. Dies erlaubt eine größere Bandbreite an Sprechern und Sprecherinnen nicht nur, was die Interviewgäste betrifft, sondern auch in der Moderatorenrolle. Insgesamt wurden 18 Interviews untersucht, welche zwischen 4 und 25 ½ min. lang waren (vgl. Tab. 1 im Anhang).

4 Methode

Mein methodologisches Vorgehen orientiert sich an der Interaktionalen Linguistik (Couper-Kuhlen/Selting 1996, 2001, 2018) und den Annahmen gebrauchsbasierter Grammatiktheorien, insbesondere der *Examplar Theory* (z. B. Bybee 2013) und *Emergent Grammar* (Hopper 1987, 1998). Es umfasste folgende Schritte, wobei insbesondere die Schritte 3–4 in mehrmaliger, sich gegenseitig bedingender Abfolge vollzogen wurden.

1) Zunächst wurden die Daten nach Verwendungen von *can I X* und *let me X* durchsucht. Dies ergab, dass die Daten keine Vollform /ˈlet mi/ (*let me*) enthalten – wie sie die schriftsprachliche Norm darstellt –, jedoch zwei Formen, die durch Glottalverschluss /ˈleʔ mi/, und durch Klitisierung /ˈlemi/ gekennzeichnet sind. Um diese beiden Varianten in meiner Beschreibung der Konstruktionen zu unterscheiden, spreche ich von LEʔ ME X- und LEMME X-Konstruktionen.[5]
2) Die so erhobene Sammlung von Fällen wurde nach Teilnehmerrollen (Moderator, Studiogast) geordnet.
3) In einer Sequenzanalyse wurden der funktionale Gebrauch von CAN I X und LET ME X entsprechend der Teilnehmerrolle beschrieben.
4) In einer detaillierten Untersuchung wurden phonetische, prosodische, syntaktische, semantische – und teilweise auch visuelle – Eigenschaften der CAN I X- und LET ME X-Konstruktionen erhoben, formale Varianten ausdifferenziert und deren Einbettung in die Turn- und Sequenzstruktur analysiert. Die semantische Klassifizierung der Vollverben im X-Slot wurde nach WordNet (https://wordnet.princeton.edu/; Fellbaum 2005) vollzogen.
5) Ausgehend von der Annahme, dass jede kontextspezifische Verwendung der Konstruktion ihre mentale Repräsentation formt und gleichzeitig diese abbildet (Hopper 1987, 1998, Bybee 2013), wurden rekurrente Muster von Form-Funktionspaaren als Konstruktionen analysiert.

---

5 Nach Lindsey ist im heutigen Britischen Englisch die *Received Pronunciation* (RP) von der *Standard Southern British pronunciation* als prestigereiche Standardvarietät abgelöst worden. Im Gegensatz zum RP sind hier Glottalverschlüsse vor Konsonanten sowohl innerhalb eines Wortes als auch an Wortgrenzen absolut standardisiert (Lindsey 2019: 67). Ausgehend von der Annahme, dass die Sprecher und Sprecherinnen im untersuchten Korpus als Angehörige der Medien- und politischen Machtelite in London diesen Akzent sprechen (Lindsey 2019: 4), kann die Glottalisierung in LEʔ ME X also als Realisierung der gesprochenen Varietät betrachtet werden. Dies zeigt, dass meine Studie auch interessante Befunde an der Schnittstelle zwischen Sprachsystem und Sprachgebrauch ermöglicht, was aus Platzgründen jedoch nicht weiter ausgeführt werden kann.

Alle Beispiele wurden nach den Konventionen von GAT 2 (Couper-Kuhlen/Barth-Weingarten 2011) und –wo relevant – nach Mondadas (2014) „Conventions for multimodal transcription" sowie mit Hilfe von Praat und QuickTime transkribiert.

5 CAN I X

Die Daten enthalten insgesamt 20 Beispiele von CAN I X. CAN I X stellt ein Format da, das mehrheitlich durch Moderatoren verwendet wird. Knapp zwei Drittel (65 %, 13) der Konstruktionen wurde in Frageturns und ca. ein Drittel (35 %, 7) in Antwortturns produziert. CAN I X wird durchgängig in Kontexten verwendet, in denen der Studiogast *alignment* mit der gesetzten Handlungsagenda des Moderators zeigt (vgl. Clayman/Heritage 2002; Stivers 2008). In Frageturns wird das Format zur Einleitung von Fragen gebraucht, in Antwortturns zur Rederechtssicherung. Es wird gezeigt, dass diese Multifunktionalität an rekurrente formale Varianten gekoppelt ist. Deswegen wird in der Folge zwischen CAN I X_1 und CAN I X_2 unterschieden.

5.1 CAN I X_1 zur Einleitung von Fragen, bei deren Anwort *alignment* gezeigt wird

Die Mehrheit der CAN I X_1-Konstruktionen, die in Frageturns produziert werden, werden dazu verwendet, Fragen einzuleiten, deren *constraints* im Antwortturn erfüllt werden. Dies bedeutet, dass Studiogäste *alignment* mit der Aktivität zeigen und die Fragen zumindest eingeschränkt beantworten. Der X-Slot wird hier meist durch ein Kommunikationsverb (fast immer *ask*) oder seltener durch ein Verb der Bewegung (ausschließlich *turn*) gefüllt. Die Interrogativsätze werden immer in einer unabhängigen Intonationsphrase gebildet. Prosodisch ist die Konstruktion durch rekurrente Merkmale, die den Tonhöhenverlauf und Akzentuierung betreffen, gekennzeichnet:
– CAN I unbetont, mit leichten Tonhöhenanstieg auf dem Pronomen,
– oft Hauptakzent oder zumindest Nebenakzent auf letzter betonter Silbe und
– tieffallende finale Tonhöhenbewegung in der Intonationsphrase.

Nachfolgend möchte ich den Gebrauch der CAN I X_1-Konstruktionen zur Einleitung von Frageturns und ihr prosodisches Format anhand von zwei Beispielen erörtern. Es wird argumentiert, dass diese mit demselben prosodischen Format produziert werden, jedoch die spezifische Funktion abhängig von der Semantik des Vollverbs variieren kann.

Bsp. 2 illustriert den Gebrauch einer CAN I X$_1$-Konstruktion mit dem Vollverb *turn to* (Zeile 12). Zeile 1–11 zeigt die letzte von mehreren kontroversen Frage-Antwort-Sequenzen, in denen die Moderatorin den Studiogast zum Thema Syrien befragt hat, bevor sie die Konstruktion zu Anfang des nächsten Frageturns verwendet, um einen Themenwechsel und eine Frage, die eher zur Zustimmung einlädt, einzuleiten.[6] Die Abkürzung für *united nations* (UN) wurde mit „ju en" (Zeile 2) transkribiert.

Beispiel 2 (AM 03.02.2013 Moderatorin: Sian Williams; Studiogast: Tony Blair)

1	Mod:	but you mentioned yourSELF the difficulties;
2		getting a ju en resoLUtion,
3		with russia already °h having reJECted it uh? a few tImes; (0.55)
4		IS the only Answer; (1.09)
5		to go IN?
6	StG:	(1.07) <<all> no=i don't think you're ever gonna go in> in the sense of (0.22) british troops on the GROUND;=
7		=but the QUEStion's what more you can do to help the opposItion. (0.35)
8	StG:	an' you know=there ARE,
9		°h options THERE;
10		which i think (.) is important to LOOK at.
11	Mod:	(0.20) hm;
12		-> °h (0.60) can i turn to (0.26) EURope.
13	Mod:	+which is uh+ a battle that david CAMeron
	stgH	+nickt +
	Mod:	is having;
14	Mod:	°h uh: at the moment he wants to re↑FO:RM britain's relationship with Europe;
15		and THEN have an in out rEferendum.
16		YOU said-
17		<<all>that when you HEARD his speech;>
18		NINEty per cent of it-
19		↑RESonated with you;

---

[6] Mod steht für Moderator oder Moderatorin, StG für Studiogast. Die Kopfbewegungen des Studiogasts (stgH) werden durch + + markiert.

```
20          <<all> and you aGREED with ninety per cent of david cameron's
            speech on Europe.>
21          ↑whAt aBOUT the in out referendum;
22          wouldn't that be a way of (.) SOLVing things once and for all;
23          drawing a LINE under it.
24   StG:   well it's not a way of SOLVing (.) things.
25          <<all>i mean LOOK,>
26          (.) i- if the case is ho- (.) whY should europe reFORM;
27          i mean i'm a hundred per cent WITH him;
28          and that's the case been made by british prime MINisters-
29          <<all> margaret THATcher->
30          <<all> john MAjor->
31          <<all> mySELF->
32          <<all> gordon BROWN->
33          <<all> ↑EVeryone.>
34          and it's absolutely RIGHT? ((Turn wird weitergeführt))
```

In Zeile 12 verwendet die Moderatorin nach einer turninitialen Verzögerung eine CAN I X-Konstruktion („can i turn to (0.26) EURope."). Der Interrogativsatz, der in einer eigenen Intonationsphrase mit tieffallender finale Tonhöhenbewegung gebildet wird, trägt den Primärakzent auf der letzten betonten Silbe, wobei „can i" unbetont ist und auf dem Pronomen ein leichter Tonhöhenanstieg zu hören ist. Das Vollverb im X-Slot ist „turn to". Das Format dient dazu, um zu einem neuen Thema („EURope") überzuleiten. Der Studiogast ratifiziert dies durch eine nickende Kopfbewegung (Zeile 13). Die Daten enthalten kein Beispiel, in dem der Themendirektive widersprochen wurde.[7] Die Konstruktion bildet also eine syntaktische, prosodische und pragmatische Einheit, die nicht als Bitte, sondern als indirekte Anweisung bzgl. des nächsten Themas behandelt wird. Evidenz hierfür findet sich hier auch in der phonetischen Reduzierung des Modalverbs, was mit einem semantischen *bleaching* einhergeht.

In Überlappung mit der Ratifizierung führt die Moderatorin ihre Rede in einem Relativsatz weiter, um das Thema zu spezifizieren bzw. die Themenwahl näher zu motivieren („which is uh a battle that david CAMeron is having"; Zeile 13). Sie gibt dann an das Fernsehpublikum gerichtet Hintergrundinformationen (Zeile 14–20), die sowohl die Bewertung („a battle (…)") näher begründen als auch die Fragen einleiten, mit denen der Frageturn abschlossen wird („↑whAt aBOUT the in out

---

[7] Die einzige Ausnahme bildet ein Fall, in dem der Benennung des Themas widersprochen wird, jedoch nicht der Themenwahl selbst.

referendum; wouldn't that be a way of (.) SOLVing things once and for all; drawing a LINE under it.", Zeile 21–23). Mit der negierten Form des Modalverbs „wouldn't" lädt die Moderatorin den Studiogast dazu ein, die Position zu bestätigen, dass ein Referendum über den Austritt Großbritanniens aus der EU die Dinge endgültig lösen würde. Der Antwortturn wird in einem dispräferierten Turnformat mit *well*-Einleitung (Heritage 2015) gebildet. Der Studiogast widerspricht dieser Position zunächst direkt und explizit („well it's not a way of SOLVing (.) things.", Zeile 24), führt dann aber seinen Turn konzedierend weiter (Zeile 25–34). Obwohl der Studiogast die Entscheidungsfrage nicht mit einem *type-conforming token* (Raymond 2003) aufnimmt, erfüllt er die Bedingungen, die durch das Frageformat gestellt werden und antwortet im Wortsinn auf die Frage.

In Bsp. 3 wird mit der CAN I X_1-Konstruktion ebenfalls ein Themen- und Agendawechsel eingeleitet (Zeile 12). Der Studiogast Caroline Lucas ist zur Zeit der Aufnahme (zusammen mit Jonathan Bartley) Parteivorsitzende der Green Party, welche mit der Labour Party in starker Konkurrenz steht. Nachdem der Moderator zunächst die Autorität des Studiogasts als Parteivorsitzende mit Fragen zum Zurückgang an Parteimitgliedern in ihrer Partei (Zeile 1–5) und den Verlust von Wählerstimmen an Labour (im Transkript nicht gezeigt) angegriffen hat, spricht er nun die aktuelle Vorgehensweise des von Labour geführten Stadtrates in Sheffield an (Zeile 12–15). Damit greift er die Positionierung des Studiogasts auf, dass der Parteivorsitzende von Labour, Jeremy Corbyn, zwar viele der grünen Positionen übernommen habe, jedoch nicht in der Umweltpolitik (Zeile 8–10). Wie in Bsp. 2 lädt dieser von CAN I X_1 eingeleitete Frageturn nun zur Zustimmung ein, wird jedoch nicht mit einem Fragesatz, sondern mit einer Bewertung abgeschlossen. PFI („pee ef ai", Zeile 25) ist eine Abkürzung für *Private Finance Initiative*.

Beispiel 3 (AM 25.03.2018 Moderator: Andrew Marr; Studiogast: Caroline Lucas)

```
1    Mod:    HOLD on a second;=
2            it was S:IXty three thOusand in twenty sixtEen,
3            and is thirty nIne thousand NO[W;]
4    StG:                                [YEAH;]=
             =<<all>so what i mean [is> unless]
5    Mod:                          [that's a massive]
             [(0.50) FALL;]
6    StG:    [°h <<all> now THAT is] a massive> (.) drOp;
7            but we had the green SURGE;
((18 Sek. Auslassung))
8    StG:    where he HASn't;
9            °h IS on the environment;
```

```
10                  (xxx xxx) just not say [a WORD] about this;
11      Mod:                              [xxx xxx]
12      Mod:  ->   <<all> can i> can i ask you about SHEFfield.=
13      Mod:       =which is a +LAbour controlled+ cOuncil;=
        stgH                    +nickt           +
14                  =where they are demOlishing (.) ALmost all the old trees in
                    the in the (0.29) cIty.
15                  °h and that is causing a HUGE local story and a lOt of local
                    upset.
16                  (0.48)
17      StG:        it is a (.) MASsive story,=
18                  =we're SEEing-
19                  °h six THOUSand;
20                  maTURE;
21                  beautiful TREES;
22      Mod:        [hm:,]
23      StG:        [°h] bEing cut DOWN;
24                  for nO better reason than it's CHEAper; (0.25)
25                  to dO so under the pee ef ai contract that the labour °h
                    cOuncillors have uh °h uh (0.31) set UP;
        ((Turn wird weitergeführt))
```

Der Moderator beginnt seinen Turn mit der CAN I X_1-Konstruktion „can i ask you about SHEFfield." (Zeile 12). Die Konstruktion hat das gleiche prosodische Format wie in Bsp. 2, wird jedoch mit dem Vollverb *ask* im X-Slot produziert. Die Semantik des Verbs geht mit einer Funktionserweiterung einher: Sie dient dazu, sowohl zu einem neuen Thema („SHEFfield") hinüberzuleiten als auch die nachfolgende Handlung als Frage zu rahmen. Damit wird mit der Konstruktion sowohl eine Themen-, als auch eine Handlungsanweisung gegeben, wie die nachfolgende Rede zu behandeln ist. Dies ratifiziert der Studiogast durch ein Nicken, während der Moderator einen Relativsatz anschließt, in dem er das Thema näher relevant macht („which is a LAbour controlled cOuncil;", Zeile 13). Der Moderator gibt nachfolgend weitere Hintergrundinformationen zu aktuellen Ereignissen in Sheffield („where they are demOlishing (.) ALmost all the old trees in the in the (0.29) cIty.", Zeile 14) und und evaluiert diese abschließend („°h and that is causing a HUGE local story and a lOt of local upset.", Zeile 15).

Nach einer kurzen Pause (Zeile 16) übernimmt der Studiogast den Turn, indem sie die abschließende Bewertung als Einladung dazu behandelt, eine zweite, zustimmende Bewertung zu produzieren (Pomerantz 1984). Indem sie die erste Bewertung verstärkt, wird ein präferiertes Format verwendet, was Zustimmung anzeigt („it is a (.) MASsive story,", Zeile 17). Der Studiogast führt den Turn in einer evidenziellen Begründung für ihre evaluative Position weiter aus (Zeile 18–25).

Zusammengefasst handelt es sich bei CAN I X_1 um ein Format mit starker prosodischer Verfestigung, dessen allgemeine Funktion, Fragen einzuleiten, die von Studiogästen mit *alignment* an die gestellten Handlungserwartungen beantwortet werden, je nach verwendetem Vollverb spezifiziert wird. Mit dem Verb *turn to* wird eine Themenanweisung gegeben, mit *ask* zusätzlich dazu eine Handlungsanweisung.

5.2 CAN I X_2 zur Sicherung/Behauptung des Rederechts in Antwortturns, die *alignment* zeigen

6 von 7 CAN I X_2-Konstruktionen, die in Antwortturns gefunden wurden, dienen dazu, das Rederecht in einem Kontext zu sichern, nachdem der Studiogast die Antwort des Moderators beantwortet hat, d. h. die Bedingungen, die durch die Frage gestellt wurden, erfüllt hat und somit *alignment* mit der laufenden Aktivität gezeigt hat. Bis auf den einen Fall, in dem die Konstruktion nach dem Pronomen abgebrochen wird, verläuft die Sicherung bzw. das Behaupten des Rederechts erfolgreich.

In dieser Verwendung von CAN I X_2 lassen sich folgende rekurrente prosodische Merkmale bzgl. Akzentuierung und Intonationsverlauf feststellen:
- Modalverb mit Haupt- oder Nebenakzent,
- hohes Onset und
- separate Intonationsphrase mit fallender (mittel, tief) finaler Tonhöhenbewegung.

In kompetitiven Umgebungen bzgl. des Rederechts kann die Konstruktion mit erhöhtem Tempo produziert werden. Was die lexikosyntaktischen Eigenschaften betreffen, enthalten die Daten keine negierten Formen (z. B. „Can't I just say it was me."). Das Vollverb im X-Slot ist entweder *say* oder *finish*, d. h. es gehört entweder der semantischen Kategorie „Kommunikation" (*communication*) oder „Veränderung" (*change*) an.

Bsp. 4 ist für diese Verwendung der CAN I X_2-Konstruktion (Zeile 14) typisch.[8] Sie wird durch den Interviewgast verwendet, um das Rederecht zu behaupten, nachdem er seine Antwort ausgeführt hat und noch einen weiteren Punkt hinzufügen möchte. Der Frageturn in Zeile 1 bezieht sich darauf, ob der

---

[8] Aus Platzgründen wird nur ein Bsp. gezeigt.

Studiogast Jeremy Corbyn, der Vorsitzende der Labour Party, das überwiegende Outsourcen von Dienstleitungen innerhalb des nationalen Gesundheitssystems NHS („en aitch es", *National Health Service*, Zeile 7) beenden möchte, was dieser bestätigt. Die Dankesäußerung in Zeile 8 („THANK you;") ist nicht an den Studiogast adressiert, sondern scheint sich an einen Mitarbeiter hinter der Kamera zu richten.

Beispiel 4 (AM 23.04.2017 Moderator: Andrew Marr; Studiogast: Jeremy Corbyn)

```
1    Mod:   uh: and you'd go [from EIGHty percent now
2    StG:                    [    (xxx)       (inhouse
     Mod:   it is ] to zEro eventually.
     StG:   work)]
3    StG:   (0.31) <<p> eVENtually.>
4           (0.33)
5    Mod:   <<pp> eVEN[tually.>]
6    StG:              [the !WHOLE!] point is:.
7    StG:   the en aitch es was en!VIS!ag[ed (.)] as a
8    Mod:                                [THANK you;]
     StG:   service for All of us.
9    StG:   °h and=i' i↑MAGine what it's like working in the en aitch es
            a[lOngside some]body
     Mod:    [(<<p> SURE.>]
     StG:   working for a dIfferent employer,
10   StG:   °h with POSsibly (.) dIfferent objEctives,
11          it's Actually CHEAper <<all>for all of us;>
12          °h <<all> lOcal [authorities tha   >]
13   Mod:                   [i'm <<all>i'm] i'm> SORry-
14   StG:   -> <<all> cAn i [FINish saying;>]
15   Mod:                   [on the same] on [the same
16   StG:                                    [<<all> lOcal
     Mod:   SUBject;]
     StG:   authori]ties> that have brought the ser[vices] °h BACK in
            house,
17   Mod:                                          [yeah';]
18   StG:   °h find it's MORE efficient and [chEaper.]
19   Mod::                                  [<<pp> RIGHT.>]
20   StG:   (0.99)
21          on the SAME subject you've Also suggested this morning,
     ((Turn wird weitergeführt))
```

Der Moderator bildet den Frageturn in einem Deklarativsatz, der an die vorherige Antwort anknüpft („uh: and you'd go [from EIGHty percent now it is] to zEro eventually,", Zeile 1) und durch das Adverb „eventually" zeitlich qualifiziert wird. Nach einer kurzen Pause bestätigt er die in der Frage geäußerten Annahme, indem er das einschränkende Adverb leise wiederholt („<<p> eVENtually.>", Zeile 3). Die nachfolgende weitere kurze Pause signalisiert, dass er das Rederecht abgibt (Zeile 4). Der Moderator orientiert sich daran, indem er das Adverb selbst sehr leise recycelt (<<pp> eVEN[tually.>, Zeile 5). In Überlappung ergreift der Studiogast den Turn und führt seine Position mit einem *account* weiter aus („[the !WHOLE!] point is: (...)", Zeile 6–10), die er mit einer Bewertung abschließt („it's Actually CHEAper <<all>for all of us;>", Zeile 11). Nach einer gefüllten Pause führt er seine Rede fort, um einen weiteren Punkt anzuführen („°h <<all>lOcal [authorities tha?>]", Zeile 12). Der Moderator unterbricht diese mit einem Ausdruck des Bedauerns [„i'm <<all>i'm] i'm>SORry-", Zeile 13). Der Studiogast behandelt dies als kompetitive Handlung, das Rederecht zu ergreifen, indem er eine CAN I X_2-Konstruktion produziert („<<all>cAn i [FINish saying;>]", Zeile 14). Die Konstruktion wird in einer unabhängigen Intonationsphrase mit mittelfallender finaler Tonhöhenbewegung produziert, wobei das Modelverb den Nebenakzent und das Vollverb den Hauptakzent trägt. Der Onset ist leicht höher als die vorherige Rede desselben Sprechers. Die Syntax und Semantik der Konstruktion weisen direkt auf die ausgeführte Handlung hin: Mit der Verwendung des Modalverbes „cAn" in der Interrogativstruktur bittet der Studiogast um Erlaubnis, seine laufende Rede abzuschließen („FINish saying"). Der Moderator ratifiziert den Versuch, das Rederecht zu behaupten, zunächst nicht, sondern projiziert in Unterbrechung die Produktion der nächsten Frage („[on the same] on [the same SUBject;]", Zeile 15). Der Studiogast führt seine Rede gleichzeitig fort, indem er in Reparatur seinen in Zeile 12 begonnenen neuen Punkt wiederaufgreift („[<<all> lOcal authori]ties> that have brought the ser[vices] °h BACK in house,", Zeile 16) und – nach einer Ratifizierung des Moderators (Zeile 17) – schließlich zu Ende führt (Zeile 18).

Die von Studiogästen allgemein verwendete CAN I X_2-Konstruktion wird zur Sicherung des Rederechts in Antwortturns, durch die Studiogäste *alignment* mit der Frage gezeigt haben, benutzt. Im Gegensatz zu den unter 5.1 gezeigten CAN I X_1-Konstruktionen in Frageturns trägt das Modalverb einen Haupt- oder Nebenakzent. Dadurch wird der Erhalt der modalen Semantik angezeigt und die Handlung als Bitte um Erlaubnis in einem asymmetrischen Sprecherverhältnis formatiert. Erneut ist die Wahl des Vollverbs auf wenige Varianten eingeschränkt, was auf weitere Verfestigungen hinweist. Der Befund, dass die Konstruktion in erhöhten Sprechtempo produziert werden kann, zeigt, dass ihre Verwendung den laufenden, lokalen Bedingungen der Interaktion entsprechend eingesetzt wird.

6 LEʔ ME X und LEMME X

Meine Sammlung enthält insgesamt 29 Beispiele, wobei der Großteil (55, 2 %, 16) auf Antwortturns entfällt (Frageturns: 44,8 %, 13). Die Daten zeigen eine musterhafte Verteilung von Form und Funktion: LEʔ ME X-Konstruktionen werden im Allgemeinen durch den Moderator für Turneinleitungen von kontroversen Fragestellungen verwendet, und LEMME X durch den Studiogast zur Sicherung des Rederechts. Im Gegensatz zu den beiden CAN I X-Formaten, welche in Umgebungen mit *alignment* verwendet werden, werden LEʔ ME X und LEMME X somit in Kontexten, die von Dissens geprägt sind, eingesetzt.

Wie im Fall von CAN I X enthalten die Daten keine negierten Formen (z. B. „Don't let me disturb me" oder „Let me not believe such accusations"; Bsp. zitiert nach Quirk et al. 1985: 831).

6.1 LEʔ ME X zur Turneinleitung von Fragen, deren Antwort als schwierig oder unzureichend behandelt wird

Die Daten zeigen einen allgemeinen Gebrauch von LEʔ ME X-Konstruktionen in Turneinleitungen von Fragen, deren Antwort als schwierig oder unzureichend behandelt wird. Prosodisch ist die Konstruktion durch rekurrente Merkmale bzgl. Phonetik, der Akzentuierung und des Intonationsverlaufs gekennzeichnet:
– Nebenakzent (oder manchmal Hauptakzent) auf der glottalisierten Form LEʔ und
– Produktion in unabhängiger Intonationsphrase (manchmal mit schwacher finaler Grenze; vgl. Barth-Weingarten 2016)

Was den X-Slot betrifft, so ist dieser in Turneinleitungen meist durch Kommunikationsverben besetzt (und hier am häufigsten durch *ask*).

Bsp. 5 zeigt die gewöhnliche Variante mit Glottalverschluss „lEʔ me" X (Zeile 5) zur Einleitung von Fragen, deren Antwort als schwierig oder unzureichend behandelt werden.

Beispiel 5 (AM 03.09.2017 Moderator: Andrew Marr; Studiogast: David Davis)

```
1    StG:     °h but the ↑TRUTH is;
2             °h we'll GET through it,
3             (.) <<all,p,l> we'll get a good [DEAL.>]
4    Mod:                                     [<<p,l>oKAY.>]
              (.)
5        ->  lEʔ me ask you then aBOUT the money,
```

```
6    StG:   [hm,]
7    Mod:   [jA]cob rees mogg [SA]YS,
8    StG:                    [yeahˀ -]
9    Mod:   actually if we LEAVE;
10          <<all>we could just without an agreement> we owe NOT a pEnny.
11   StG:   (0.36) °h WELL;
12          (0.51) °h thEre is (0.38) <<all>the the> the strIct position is
            there is °h no en↑↑FORceable;
13          (0.35) uh: (.)
14          <<all> but WHAT we've said All along;>
15          °h is <<len> WE are: a cOuntry:;> (0.23)
16          that MEETS its international obligAtions;
17          °h but they've gotta BE that.
18          <<all> i mean they may not be lEgal ones they may be mOral ones
            maybe poLITical ones;>
19          °h but with we (.) MEET our international obligAtions.
20          °h ↑ALso we want to lEave °h in: an Orderly and smooth mAnner;=
21          <<all> (xxx xxx) i come back to THAT in a minute;
22          °[h] ((13.42 Sek. Auslassung))
23   Mod:   [hm;]

24   StG:   °h OUR view is we're aiming °h for a smooth (.) sensible (.)
            Amicable exit,
25          °h which leaves U:S;
26          (.) AND the european union (.) in a gOod position.
27          (0.53)
28   Mod:   uhm (.) now (.) CLEARly money remains a big problem.=
((Turn wird weitergeführt))
```

Während der Studiogast seinen Beitrag abschließt (Zeile 1–3), produziert der Moderator in Überlappung ein Grenzsignal („oKAY.", Zeile 4), das seine Übernahme des Rederechts und die Produktion der nächsten Frage projiziert. Indem er nachfolgend Bezug auf monetäre Fragen nimmt, knüpft der Moderator mit dem LEˀ ME X-Format thematisch an die vorherige Rede an und projiziert gleichzeitig eine neue Frage („lEˀ me ask you then aBOUT the money,", Zeile 5), was durch den Studiogast ratifiziert wird (Zeile 6). Der Moderator zitiert nun einen Parteifreund des Interviewgasts mit der extremen Position, dass Großbritannien im Falle eines Verlassens der EU ohne Abkommen keinen Penny schulde (Zeile 7, 9–10). Mit dem direkten Zitat lädt der Moderator zu einer Stellungnahme des Studiogasts ein. Der Studiogast beginnt mit einem dispräferierten Turnformat, das durch Pausen, eine Einleitung durch *well*, Selbstreparaturen, und Abbrüche gekennzeichnet ist („(0.36) °h WELL; (0.51) °h thEre is (0.38) <<all> the the> (...)", Zeile 11–13). Er erklärt implizit eine eingeschränkte Zustimmung zu der zitierten Position, die jedoch syntaktisch unvollständig bleibt („the strIct position is there is °h no en↑↑FORceable (0.35) uh (.)", Zeile 12–13). In der nachfolgenden Rede, die durch *but* als konzedierend gerahmt wird, legt er dar, dass die britische Regierung die Position vertritt, den Brexit ohne Komplikationen in einer vernünftigen und freundschaftlichen Weise gestalten zu wollen (Zeile 14–26). Indem der Moderator im Anschluss wieder auf den Schlüsselbegriff seiner vorherigen Frage zurückkommt („uhm (.) now (.) CLEARly money remains a big problem.=", Zeile 28), zeigt er an, dass er die Rede des Studiogasts nicht als Beantwortung seiner Frage behandelt.

In Bsp. 6 wird der einzige abweichende Fall gezeigt, in dem die Moderatorin eine klitisierte Form der Konstruktion verwendet (Zeile 6).

Beispiel 6 (AM 03.03.2013 Moderatorin: Sophie Raworth; Studiogast: William Hague)

```
1    StG:    and at the NEXT general election, dO people want a
             GOvernment-
2            °h that has rEally brought down imiGRAtion,
4            THIS one,
5    StG:    °h <<len> Or a labour gOvernment: that
     StG:    threw the doors open comPLETEly;> +(.)
     stgH                                      +wendet

6    Mod: -> <<all> okay=+lEmme just [(.)] ask you two
     stgH               Blick ab+

7    StG:                          [hm;]
     Mod: -> POINTs th',>=
8    Mod:    <<all>oKAY';> =FIRST of a:ll,
9            (.) uhm (xxx) <<all> roMAnians and bulgarians;>=
10           =<<all> do you sAying to me> you have ABsolutely no idea;
11           <<all> there ARE no assessments;>=
12           =<<all> you have N:O clue how many pEople;>
13           =<<all> because obviously miGRAtion watch_is saying,>=
14           =<<all> quarter of a million people over the next
             five YEARS;>
15   StG:    °hh i don't think Anybody can give you a:
             uh: an a[ccurate (.) FOREcast] of that,
```

```
16  Mod:            [that's rather ↑WORying;=isn't it?]
17  StG:            °h because the? the european: union of course a
                    fundaMENtal principle of that,
18                  is the free MOVEment of people;=
19                  uh: and british people bEnefit eNORmously (.) from that.
20                  °h so yes we will have that but we will ALso be cAreful,
21                  °h to make sure that benefit TOUrism comes to an End.
22                  °h thAt has to be: TACkled,
23                  so that people are not °h DRAWN to one <<all> (they're) not
                    drawn to our country or Any coun>try: in particular,
24                  °h [jUst] bY being attracted by the
25  Mod:              [bu?]
    StG:            BENe[fit system;]
26  Mod:                [so miGRAtion;]
27                  <<all> but miGRAtion watch's figures;>=
28                  =<<all> so you think they're just (.) they're just (0.21) i
                    it's impossible to GUESS;>=
29                  =<<all>it's it's> NONs[ense xxx xxx xxx
30  StG:                                  [i think it is
    Mod:            xxx]
    Stg:            GUESS]work.
```

Die Moderatorin produziert den Diskursmarker „okay", der als Grenzsignal fungiert, nach einer turnübergaberelevanten Stelle in der Rede des Studiogasts und in einer Intonationseinheit zusammen mit der LEMME X-Konstruktion („<<all> okay;= lEmme just [(.)] ask you two POINTs th?,>", Zeile 6). Die Intonationseinheit ist durch eine globale hohe Sprechgeschwindigkeit und relativ hohes Tonhöhenregister gekennzeichnet, welche u. a. als charakteristisch für kompetitive Turnübernahmen beschrieben worden sind (French/Local 1983). Diese Interpretation wird durch die visuelle Analyse gestützt: In der Mikropause löst der Studiogast den Blick von der Moderatorin, was eine Beibehaltung des Rederechts signalisiert. Nachdem die Moderatorin ihren Turn begonnen hat, wendet er ihr wieder den Blick zu und ratifiziert die Turnübernahme verbal („hm;", Zeile 7). In diesem Kontext wird LEMME als klitisierte Form mit einem Nebenakzent auf der ersten Silbe produziert. Wie unter Punkt 6.2 weiter ausgeführt wird, stellen LEMME X-Konstruktionen eine Ressource für Studiogäste in Umgebungen dar, in der das Rederecht verhandelt wird.

Nach einer weiteren Produktion von *okay* als Grenzsignal markiert die Moderatorin die nachfolgende Rede als ersten Punkt („<<all> oKAY?; ≥FIRST of a:ll,", Zeile 8) Sie produziert eine Verständnisfrage bzgl. der vorherigen Rede des Studiogasts und begründet dies, indem sie eine Position von dritter Seite zitiert, die seiner Position widerspricht „(...) roMAnians and bulgarians; do you sAying to me you have ABsolutely no idea; (...) because obviously miGRAtion watch_is saying, quarter of a million people over the next five YEARS;", Zeile 9–14). Der Studiogast bestätigt seine Position („°hh i don't think Anybody can give you a: uh: an a[ccurate (.) FOREcast] of that,", Zeile 15) und begründet diese (Zeile 17–19), bevor er seinen Turn mit einem mit „so" eingeleiteten Fazit abschließt (Zeile 20–24, Reber 2012).

Der Moderator gibt sich nicht mit der Antwort zufrieden, sondern kommt in einem Follow-up (Reber 2012) auf ihre ursprüngliche Frage zurück „(...) but miGRAtion watch's figures; so you think they're just (.) they're just (0.21) i$^?$ it's impossible to GUESS;> (...)", (Zeile 25–29).

Zusammenfassend ist zu sagen, dass die betonte glottalisierte Silbe LE$^?$ kennzeichnend für die LE$^?$ ME-Konstruktionen in der gezeigten Funktion als Turneinleitungen des Moderators zu sein scheint, während andere prosodische Parameter in der Konstruktion variabler sind. Wie in Bsp. 6 dargestellt wurde, sind jedoch die Übergänge zur klitisierten Variante fließend, wenn durch die Konstruktion eine zusätzliche Funktion (hier die der kompetitiven Rederechtsübernahme) erfüllt werden muss. Dies legt den Schluss nahe, dass es hier um ein Kontinuum von Konstruktionen handelt, die den lokalen interaktionalen Umständen gemäß gebraucht werden.

6.2 Lemme X zur Sicherung/Behauptung des Rederechts in von Dissens geprägten Kontexten

Die Aushandlung des Rederechts kann in Gegensatz zu den in 5.2 gezeigtem Beispiel auch nach einem Dissens bzgl. der laufenden Handlung oder nach inhaltlichen Unstimmigkeiten erfolgen. Um das Rederecht in solchen Kontexten zu sichern bzw. zu behaupten, verwenden Studiogäste im Korpus fast ausschließlich LEMME X-Konstruktionen.[9] Phonetisch-prosodisch trägt die Konstruktion folgende rekurrenten Merkmale:

- Haupt- oder Nebenakzent auf der ersten Silbe der klitisierten Form LEMME
- Bildung in separater Intonationsphrase mit fallender (mittel oder tief) finaler Tonhöhenbewegung

---

[9] Der abweichende Fall, in dem eine glottalisierte Form verwendet wird, wird durch *well* eingeleitet und ist nicht erfolgreich in der Sicherung des Rederechts.

Neben Kommunikationsverben (am häufigsten *answer*) werden gleichermaßen Verben der Veränderung (am häufigsten *finish*) im X-Slot eingesetzt. Dies zeigt einerseits, dass die Semantik der Verben mit der Funktion konkordant ist, und weist andererseits auf weitere Verfestigungen hin. Im Folgenden möchte ich diese Befunde genauer erläutern.

Bsp. 7 veranschaulicht die Sicherung des Rederechts nach einem Dissens über die laufende Handlung. Die Sequenz wird durch einen Turn initiiert, der durch eine wie unter 6.1 besprochene LE⁷ ME X-Konstruktion eingeleitet wird (Zeile 1). Nachdem der Moderator explizit in Überlappung zum Ausdruck bringt, dass der Studiogast nicht auf den Inhalt seiner Frage eingeht, produziert jener u. a. eine LEMME X-Konstruktion (Zeile 18).

Beispiel 7 (AM 07.05.2017 Moderator: Andrew Marr; Studiogast: Jeremy Hunt)

```
1   Mod:      [lE'me (.) interrogate] that a LITtle bit.
2             °h in tErms of (.) the GOOD deal that you say this country
              must have for the en aitch es to thrIve,
3             °h presUmably that does not include (.) NO deal.
4   StG:      (0.50) ((click)) °h [well']
5   Mod:                          [wouldn't] <<all>would would> NO deal,
                                  (.)
6             DAMage the en aitch es bAdly.
7   StG:      ((click)) well (0.23) uhm (0.47) we been very CLEAR;=
8             =that uh: °h NO deal is better than a bAd deal,
9             °hh uhm [an']
10  Mod:              [i'm] Asking you whether NO deal, (0.25)
11            LEAving (.) withOut an agreement; (.)
12            would DAMage the en aitch es; (.)
13            in YOUR view. (0.29)
14  StG:      well' (.) we WANT a deal, (0.24)
15            we think [(.) a DEAL,]
16  Mod:               [<<creaky> that's not my QUEStion;>]
17  StG:      well <<all>no no> we (0.64)
18        ->  <<all> LEMme an[swer];>=
19  Mod:                     [hm;]
20  StG:      (<<all>VEry true;>)
21            we think a DEAL,
22            °h GETting uh a good dEal,=
23            =would be BETter for the the En aitch es-
24            BETter for the ecOnomy-
```

```
25          BETter for jObs-
26          °h better for ALL of us;
27          °hh BUT:;
28          uh we Also recognise that a BAD deal,
29          °h would be BAD for the cOuntry;
30          <<all> bAd for our long term future> and we're NOT prepared-
31          °h to say that WE will °h get a dEal at any cost;
32          <<all> and the q°> and the ↑REAL question there
            [is;]
33   Mod:   [but] with resPECT,
34          (but sor°) i'm SORry;
35          with resPECT;
36          <<all> what you're really saying is> gOod is good and bad
            is BAD;
37          and what i'm Asking you is if we DON'T get a deal,
38          °h is THAT bad for the En aitch es.
```

Indem der Moderator ankündigt, den Studiogast zu dem vorher Gesagten näher zu befragen, knüpft dieser mit der LE? ME X-Konstruktion an das vorherige Thema an und projiziert gleichzeitig eine kontroverse Frage („lE? me (.) intErrogate that a LITtle bit.", Zeile 1). Nachfolgend nimmt er auf einen Teil der vorherigen Rede Bezug, indem er ihn als Zitat rahmt („°h in tErms of (.) the GOOD deal that you say this country (...)", Zeile 2), und bringt seine Annahme darüber, was dies beinhaltet, als „B-event question" (Clayman/Heritage 2002: 102–103) zum Ausdruck („°h presUmably that does not include (.) NO deal.", Zeile 3).[10] Mit dieser Einheit lädt er den Studiogast ein, seine Annahme zu bestätigen. Nach einer Pause beginnt der Studiogast seinen Antwortturn mit einem *well*-Preface (Zeile 4), das einen dispräferierten Turn projiziert. In Orientierung an diesen verzögerten Turnanfang produziert der Moderator in Überlappung eine Reformulierung der Frage, diesmal in Form einer Entscheidungsfrage („(...) would> NO deal, (.) DAMage the en aitch es bAdly.", Zeile 5–6). Der Studiogast erwidert diese mit einen Antwortturn („((click)) well (0.23) uhm (0.47) we been very CLEAR;= (...)", Zeile 7–9), den der Moderator als Handlung behandelt, die seine Frage inhaltlich nicht beantwortet, indem er die vorherige Reformulierung der Frage teilweise recycelt und präzisiert

---

10 „B-event questions" werden syntaktisch als Deklarativsätze, jedoch ohne steigende finale Tonhöhenbewegung wie deklarative Fragen (Quirk et al. 1985: 814), gebildet und dienen dazu eine Bestätigung bzgl. von Themengebieten seitens einzuholen, auf denen der Studiogast u. a. besonderes Wissen, eine Expertise oder Autorität besitzt (Clayman/Heritage 2002: 102).

(„[i'm] Asking you whether NO deal, (...)", Zeile 10-13). Der Studiogast beginnt erneut seinen Antwortturn mit einem *well*-Preface („well? (.) we WANT a deal (...)", Zeile 14-15), den der Moderator bald unterbricht. Er erklärt diesmal in einer metakommunikativen Äußerung, dass die begonnene responsive Handlung nicht seine Frage beantwortet („[<<creaky> that's not my QUEStion;>]", Zeile 16). Der Studiogast reagiert darauf mit Dissensmarkern und führt seine Rede in einer Reparatur weiter, die er schließlich abbricht („well <<all>no no> we (0.64)", Zeile 17). Nach einer mittleren Pause benutzt er eine LEMME X-Konstruktion „<<all> LEMme an[swer];≥" (Zeile 18) zur Sicherung des Rederechts, die der Moderator ratifiziert (Zeile 19). Die LEMME X-Konstruktion wird in einer separaten Intonationsphrase in schnellem Tempo produziert, der Hauptakzent liegt auf der ersten Silbe („LEM"), und die finale Tonhöhenbewegung ist mittelfallend. Die Semantik des Kommunikationsverbs im X-Slot benennt die zu sichernde Handlung.

Der Studiogast nimmt seine Rede mit einer Reparatur wieder auf und produziert einen längeren Antwortturn (Zeile 20-31). Nachdem er einen neuen Punkt beginnt, der durch einen hohen Tonhöhenakzent am Onset gekennzeichnet ist (Zeile 32; vgl. Couper-Kuhlen 2004), macht der Moderator zum dritten Mal relevant, dass der Studiogast nicht auf seine Frage geantwortet hat („[but with resPECT i'm sorry with respect (...)", Zeile 33-38).

Ex. 8 enthält ebenfalls eine LEMME X-Konstruktion (Zeile 15). Der Studiogast verwendet sie hier dazu, das Rederecht zu sichern, nachdem er inhaltlich einen Dissens angezeigt hat und der Moderator signalisiert, den Turn abzubrechen, nachdem der Studiogast nicht den von ihm zunächst projizierten *account* produziert. Die Bezeichnung *Poundland* (Zeile 11) entspricht dem in etwa, was in Deutschland Ein-Euro-Läden sind.[11]

Beispiel 8 (AM 17.02.2013 Moderator: Eddie Mair; Studiogast: Iain Duncan Smith)

```
1  Mod:    kate RIle[y;]
2  StG:             [(mm)[_hm)]
3  Mod:             [the woman] who brought (xxx) uh the CASE;
4          she has a degree in geOlogy;
5          °h dO [you think it makes SENSE;]
6  StG:          [((räuspert sich))]
7  Mod:    she was DOing vOlun[tary] work in a musEum;
8  StG:                       [yeah?;]
9          (0.34)
```

---

[11] In der mit „stgG" gekennzeichneten Transkriptzeile werde gestische Aspekte des Studiogasts beschrieben und mit * * der Zeitpunkt während der Rede verortet.

```
10  Mod:      °h and then she's TOLD,
11            (0.59) you ↑MUST go and stack shelves in pOundland;
12  StG:      (.) no-=she wAsn't told that at ALL,
13            °h what HAPpened was,
14            WORK experience;
15  StG:  ->  *LEMme explain* what wOrk experience is.
    stgG:    *abwehrende Geste*

16            °hh when I first came In,
17            i was asked by °h THOUsands of kids up and down the country,
18            °h who SAID-
19            we CAN'T get jobs-
20            because the FIRST thing they ask us fOr- (.)
21            what exPErience do you hAve.
22            °h we CAN'T get the experience;
23            so we dOn't have a JOB.
24            °h so whAt we did is we alLOWED people on benefits,
25            °h to have TWO months;
26            °h in a COMpany,
27            WORK experience.
28            just WORKing,
29            dOing what other people would DO. ((Turn wird weitergeführt))
```

Das laufende Thema ist eine von dem Studiogast eingeführte Maßnahme, jungen Leuten durch Praktika Berufserfahrung zu verschaffen und damit den Eintritt ins Arbeitsleben zu erleichtern. In der gezeigten Frage thematisiert der Moderator den Fall einer Geologin, der in den Medien bekannt wurde, um den Sinn der Maßnahme in Zweifel zu ziehen. Er führt die junge Frau zunächst namentlich ein („kate RIle[y;]", Zeile 1), was durch den Studiogast ratifiziert wird (Zeile 2), und beschreibt ihren akademischen Hintergrund näher („the woman] who brought (xxx) uh the CASE; she has a degree in geOlogy;", Zeile 3–4). Dies dient als *preface* (Clayman and Heritage 2002) für die nachfolgende Entscheidungsfrage („°h dO [you think it makes SENSE;]", Zeile 5), bzgl. eines fragwürdigen Szenarios, dem zufolge die Geologin zunächst ehrenamtlich in einem Museum tätig war („she was DOing vOlun[tary] work in a musEum;", Zeile 7) und dann Regale in einem Ein-Euro-Laden auffüllen musste („°h and then she's TOLD, (0.59) you ↑MUST go and stack shelves in pOundland;", Zeile 10–11). Letzteres Ereignis ist als direkte Rede gerahmt, was laut Tannen (^{2}2007) ein rhetorisches Mittel darstellt, Behauptungen zu legitimieren, Einwände zu entkräften und eine emotionale

Identifikation mit dem Gesagten zu schaffen.[12] Nach einer Mikropause produziert der Studiogast einen *type-conforming token* (Raymond 2003) „no" und negiert dann die Wahrheitsgehalt der Redewiedergabe („(.) no-=she wAsn't told that at ALL,", Zeile 12). Im Anschluss projiziert er mit dem ersten Teil einer *pseudo-cleft*-Konstruktion einen *account*, um seinen Widerspruch mit einer Gegendarstellung zu begründen („°h what HAPpened was,", Zeile 13). Diese wird jedoch nicht ausgeführt. Stattdessen greift der Studiogast das allgemeine Thema der Frage-Antwort-Sequenz auf („WORK experience;", Zeile 14) und weicht damit von der Agenda der Moderatorenfrage ab. Für den Zuschauer verborgen scheint der Moderator nonverbal eine Sanktion dieser Abweichung zu signalisieren. Der Studiogast orientiert sich daran, indem er eine LEMME X-Konstruktion verwendet („LEMme explain what wOrk experience is.", Zeile 15). Diese wird in einer unabhängigen Intonationsphrase mit tieffallender finale Tonhöhenbewegung gebildet. „LEMme" trägt hier den Hauptakzent, und der X-Slot ist mit einem Kommunikationsverb gefüllt. Nonverbal wird „LEMme explain" mit einer abwehrenden Geste gerahmt. Der Moderator ratifiziert die metapragmatische Handlung, indem er ihm das Rederecht überlässt und ihn ungestört die Rede fortsetzen lässt (Zeile 16–29).

Es wurde gezeigt, dass LEMME X musterhaft in von Dissens geprägten Kontexten durch den Studiogast eingesetzt wird, um das Rederecht zu sichern bzw. zu behaupten. Die klitisierte Form kann hier als Produkt eines Grammatikalisierungsprozesses interpretiert werden. Hinweise darauf liefern die reduzierte phonetische Form und Verschmelzung zweier Konstituenten zu einem Partikel sowie die Subjektifizierung der Form, indem LEMME zum Vollzug einer Handlung eingesetzt wird, mit der eine konfrontative Sprechereinstellung angezeigt wird.[13]

7 Fazit

In meinem Fazit möchte ich wieder auf die eingangs gestellten Fragestellungen meiner Untersuchung zurückkommen:
1) Welche formalen Merkmale und spezifischen metapragmatischen Funktionen lassen sich bei CAN I X, LE? ME X und LEMME X feststellen?

---

12 Da direkte Redewiedergabe nicht unbedingt wortwörtlich zu nehmen ist, sondern von Sprechern strategisch eingesetzt wird, spricht Tannen von „constructed dialogue" (Tannen [2]2007: 112).
13 Vgl. z. B. Dehé/Wichmann 2010, Bybee et al. 1994, Hopper 1991, Traugott 2010 zu Merkmalen von Grammatikalisierung in der gesprochenen Sprache.

Es wurde gezeigt, dass CAN I X_1 allgemein in Frageturns, mit denen Studiogäste *alignment* zeigen und LE? ME X in Frageturns, deren Beantwortung durch den Moderator als problematisch behandelt wird, für Turneinleitungen verwendet wird. CAN_2 I X und LEMME X werden hingegen zur Sicherung bzw. Behauptung des Rederechts in Antwortturns gebraucht; ersteres Format in von *alignment*, letzteres in von Dissens geprägten Kontexten. Diese allgemeinen Funktionen werden von der Wahl des Vollverbs im X-Slots näher ausdifferenziert oder diversifiziert. Alle Formate haben gemein, dass sie mit einer geringen Anzahl an Varianten des Vollverbs und in einer unabhängigen Intonationsphrase produziert werden, was sowohl auf eine lexikosemantische als auch auf eine lautliche Verfestigung hinweist. Während die Verfahren mit CAN I X je nach Funktion distinktive rekurrente prosodische Formate aufweisen (insbesondere was die Akzentuierung von *can* betrifft), unterscheiden sich LE? ME X und LEMME X vor allem durch Aspekte ihrer phonetischen Realisierung (Glottalisierung und Klitisierung).

2) Inwieweit handelt es sich bei CAN I X_1 und CAN IX_2 sowie LE? ME X und LEMME X um Konstruktionen? Ist Prosodie konstitutiv für ihre Bildung?

Die unter 1) beschriebenen Verbindungen zwischen rekurrenten Merkmale bzgl. Phonetik und/oder Prosodie, Syntax, Lexik, metapragmatischen Funktionen und Sprecherrolle weisen darauf hin, dass es sich um teilweise verfestigte Konstruktionen handelt, bei denen die Lautgestalt konstituierend für das Format ist, indem sie bedeutungsunterscheidend wirkt (vgl. hierzu auch Barth-Weingarten/Couper-Kuhlen/Deppermann in diesem Band): Der unakzentuierten Produktion des Modalverbs in CAN I X_1 in Turneinleitungen, mit der eine semantischen Bleichung von *can* und die vollzogene Handlung in der asymmetrischen Interaktion u. a. als Direktive formatiert wird, steht eine akzentuierte Form von *can* in Antwortturns gegenüber, mit der die modale Dimension von Erlaubnis erhalten bleibt und die Handlung als Bitte um Erlaubnis gegenüber der institutionellen Autorität des Moderators konstruiert wird.[14] Gleichzeitig lassen die funktionalen Unterschiede zwischen z. B. CAN I TURN TO X (Themendirektive) und CAN I ASK X (Themen- und Handlungsdirektive) auf eine noch feinkörnigere Ausdifferenzierung zwischen ver-

---

[14] Die beschriebenen Varianten lassen sich natürlich durch die üblichen grammatischen Funktionen von Akzentuierung erklären, nach der Akzentuierung Prominenz verleiht und die hervorgehobene Einheit fokussiert. Damit bilden diese beiden prosodischen Varianten in ihrer Verbindung mit den jeweils beschriebenen lexikosyntaktischen, semantischen und funktionalen Varianten Form-Funktionsbündel, die aufgrund ihrer Rekurrenz als (teilweise) vorgefertigte Einheiten zu betrachten sind.

schiedenen Konstruktionen im Sinne von Form-Bedeutungspaaren schließen, die eigenständig mental repräsentiert sind.[15]

Der Vergleich von LE? ME X und LEMME X belegt nicht nur die konstitutive, unterscheidende Funktion von phonetischen Faktoren bei der Bildung von verschiedenen kontextspezifisch verwendeten Form-Bedeutungspaaren, sondern lässt insbesondere darauf schließen, dass hier Grammatikalisierungsprozesse mit der Bildung von Konstruktionen einhergehen (vgl. auch Reber angenommen). Als weiteres Indiz für eine Grammatikalisierung/Konstruktionalisierung lässt sich hier die Erosion der Konstituentengrenzen heranziehen.

Der Befund, dass bei Turneinleitungen von Fragen, die als problematisch behandelt werden, und mit denen gleichzeitig das Rederecht übernommen wird, die klitisierte Form verwendet wird, zeigt jedoch, dass das Abrufen von mentalen Repräsentationen nicht statisch und kontextfrei, sondern passgenau und entsprechend der Dynamik der lokalen Erfordernisse der laufenden Interaktion flexibel vollzogen wird.

Literatur

Auer, Peter und Stefan Pfänder (Hrsg.) (2011): Constructions: Emerging and emergent. Berlin: DeGruyter, 263–292.
Barth-Weingarten, Dagmar (2016): Intonation units Revisited – Cesuras in Talk-in-interaction. Amsterdam /Philadelphia: John Benjamins.
Berkenfield, Catie (2001): "The role of frequency in the realization of English *that*." In: Bybee, Joan und Paul Hopper (Hrsg.): Frequency and the Emergence of Linguistic Structure. Amsterdam/Philadelphia: John Benjamins, 281–308.
Bücker, Jörg, Susanne Günthner und Wolfgang Imo (Hrsg.) (2015): Konstruktionsgrammatik V. Konstruktionen im Spannungsfeld von sequenziellen Mustern, kommunikativen Gattungen und Textsorten. Tübingen: Stauffenburg.
Bybee, Joan (2006): From usage to grammar: The mind's response to repetition. In: Language 82, 711–733.
Bybee, Joan L. (2013): Usage-based theory and exemplar representation. In: Hoffmann, Thomas und Graeme Trousdale (Hrsg.): The Oxford Handbook of Construction Grammar. Oxford: Oxford University Press, 49–69.
Bybee, Joan, Revere Perkins und William Pagliuca (1994): The Evolution of Grammar: Tense, aspect and modality in the languages of the world. Chicago: University of Chicago Press.

---

[15] Evidenz für diese These kann wohl nur auf Grundlage weiterer Forschung, bei der eine größere Datenmenge und ggf. zusätzliche Methoden herangezogen werden, erbracht werden. Die festgestellte begrenzte Auswahl an Vollverben im X-Slot weist jedoch eindeutig auf starke *constraints* hin, was der These einer kompositionellen Produktion entgegensteht.

Bybee, Joan und Joanne Scheibman (1999): The effect of usage on degrees of constituency: The reduction of *don't* in English. In: Linguistics 37, 575–596.
Caffi, Claudia (²2006): Metapragmatics. In: Keith Brown (Hrsg.): Encyclopedia of Language and Linguistics. London et al.: Elsevier, 82–88.
Clayman, Steven und John Heritage (2002): The News Interview: Journalists and public figures on the air. Cambridge: Cambridge University Press.
Couper-Kuhlen, Elizabeth (2004): Prosody and sequence organization: The case of new beginnings. In: Couper-Kuhlen, Elizabeth und Cecilia E. Ford (Hrsg.): Sound Patterns in Interaction. Amsterdam/Philadelphia: John Benjamins, 335–376.
Couper-Kuhlen, Elizabeth und Dagmar Barth-Weingarten (2011): A system for transcribing talk-in-interaction: GAT 2 (English translation and adaptation of Margaret Selting et al.: Gesprächsanalytisches Transkriptionssystem 2). In: Gesprächsforschung – Onlinezeitschrift zur verbalen Interaktion 12, 1–51.
Couper-Kuhlen, Elizabeth und Margret Selting (1996): Towards an interactional perspective on prosody and a prosodic perspective on interaction. In: Couper-Kuhlen, Elizabeth und Margret Selting (Hrsg.): Prosody in Conversation: Interactional studies. Cambridge: Cambridge University Press, 11–56.
Couper-Kuhlen, Elizabeth und Margret Selting (2001): Introducing Interactional Linguistics. In: Selting, Margret und Elizabeth Couper-Kuhlen (Hrsg.): Studies in Interactional Linguistics. Amsterdam: John Benjamins, 1–22.
Couper-Kuhlen, Elizabeth und Margret Selting (2018): Interactional Linguistics: Studying language in social interaction. Cambridge: Cambridge University Press.
Croft, William (2001): Radical Construction Grammar. Syntactic theory in typo-logical perspective. Oxford: Oxford University Press.
Curl, Tracy. S. und Paul Drew (2008): Contingency and action: a comparison of two forms of requesting. In: Research on Language and Social Interaction 41 (2), 129–153.
Davies, Eirlys E. (1986): The English Imperative. London: Croom Helm.
Dehé, Nicole und Anne Wichmann (2010): The multifunctionality of epistemic parentheticals in discourse: prosodic cues to the semantic-pragmatic boundary. In: Functions of Language 17(1), 1–28.
Deppermann, Arnulf, Reinhard Fiehler und Thomas Spranz-Fogasy (Hrsg.) (2006): Grammatik und Interaktion. Radolfzell: Verlag für Gesprächsforschung.
Fellbaum, Christiane (2005): WordNet and wordnets. In: Brown, Keith (Hrsg.): Encyclopedia of Language and Linguistics. London et al.: Elsevier, 665–670.
Fillmore, Charles J., Paul Kay und Mary Catherine O'Connor (1988): Regularity and idiomaticity in grammatical constructions: The case of let alone. In: Language 64 (3), 501–538.
Fox, Barbara A. (2015): On the notion of pre-request. In: Discourse Studies 17 (1), 41–63.
Fox, Barbara A. und Sandra A. Thompson (2007): Relative Clauses in English conversation: Relativizers, frequency, and the notion of construction. In: Studies in Language 31(2): 293–326.
French, Peter und John Local (1983): Turn-competitive incomings. In: Journal of Pragmatics 7, 17–38.
Günthner, Susanne und Wolfgang Imo (Hrsg.) (2006): Konstruktionen in der Interaktion. Berlin/New York: de Gruyter.
Heritage, John (2015): *Well*-prefaced turns in English conversation: A conversation analytic perspective. In: Journal of Pragmatics 88, 88–104.
Hopper, Paul (1987): Emergent Grammar. In: Berkeley Linguistic Society 13, 139–157.

Hopper, Paul J. (1991): On some principles of grammaticization. In: Traugott, Elizabeth Closs und Bernd Heine (Hrsg.): Approaches to Grammaticalization, (Bd. I). Amsterdam/ Philadelphia: John Benjamins, 17–35.

Hopper, Paul (1998): Emergent Grammar. In: Tomasello, Michael (Hrsg.): The New Psychology of Language: Cognitive and functional approaches to linguistic structure. Englewood Cliffs, NJ: Erlbaum, 154–175.

Hopper, Paul und Elizabeth Closs Traugott (^{2}2003): Grammaticalization. Cambridge: Cambridge University Press.

Hübler, Axel (2011): Metapragmatics. In: Bublitz, Wolfram und Neal R. Norrick (Hrsg): Foundations of Pragmatics, (Handbooks of Pragmatics, Bd. I). Berlin: de Gruyter, 107–136.

Imo, Wolfgang (2007): Construction Grammar und Gesprochene-Sprache-Forschung: Konstruktionen mit zehn matrixsatzfähigen Verben im gesprochenen Deutsch. Tübingen: Niemeyer.

Imo, Wolfgang (2015): Interactional Construction Grammar. In: Linguistics Vanguard, 1–9.

Köymen, Bahar und Amy Kyratzis (2014): Dialogic syntax and complement constructions in toddlers' peer interactions. In: Cognitive Linguistics 25(3), 497–521.

Leech, Geoffrey (^{3}2004): Meaning and the English Verb. Harlow: Longman.

Levinson, Stephen C. (1983): Pragmatics. Cambridge: Cambridge University Press.

Lindsey, Geoff. (2019): English after RP. Standard British pronunciation today. London: Palgrave Macmillan.

Mondada, Lorenza (2014): Conventions for multimodal transcription. Version 3.0.1. Online unter: https://franz.unibas.ch/fileadmin/franz/user_upload/redaktion/Mondada_conv_ multimodality.pdf (Dezember 2018)

Pomerantz, Anita (1984): Agreeing and disagreeing with assessments: some features of preferred/dispreferred turn shapes. In: Heritage, John und J. Maxwell Atkinson (Hrsg.): Structures of Social Action: Studies in Conversation Analysis. Cambridge: Cambridge University Press, 57–101.

Quirk, Randolph, et al. (1985): A Comprehensive Grammar of the English Language. London: Longman.

Raymond, Geoffrey (2003): Grammar and social organization: Yes/no type interrogatives and the structure of responding. American Sociological Review 68, 939–967.

Reber, Elisabeth (2012): Evidential positioning in follow-ups in news interviews. In: Fetzer, Anita, Elda Weizman und Elisabeth Reber (Hrsg.): Proceedings of the EFS Strategic Workshop on Follow-ups across Discourse Domains: A cross-cultural exploration of their forms and functions, Würzburg (Germany), 31 May – 2 June 2012, Würzburg: Universität Würzburg, 205–220. Online unter: http://opus.bibliothek.uni-wuerzburg.de/volltexte/ 2012/7165/ (Dezember 2018)

Reber, Elisabeth (angenommen): Quoting in Parliamentary Question Time. Exploring recent change. Cambridge: Cambridge University Press.

Sag, Ivan A. (2012): Sign-Based Construction Grammar: An informal synopsis. In: Boas, Hans und Ivan A. Sag (Hrsg.): Sign-Based Construction Grammar. Stanford: CSLI Publications, 69–202.

Schegloff, Emanuel (1980): Preliminaries to preliminaries: Can I ask you a question? In: Sociological Inquiry 50(3-4), 104–152.

Scheibman, Joanne (2000): *I dunno*. A usage-based account of the phonological reduction of *don't* in conversation. In: Journal of Pragmatics 32, 105–124.

Searle, John (1975): Indirect speech acts. In: Cole, P. und J. L. Morgan (Hrsg.): Syntax and Semantics. (Bd. 3: Speech acts). New York: Academic, 59–82.

Stivers, Tanya (2008): Stance, alignment, and affiliation during storytelling: When nodding is a token of affiliation. In: Research on Language & Social Interaction 41(1), 31–57.

Szczepek Reed, Beatrice (2017): "Can I say something?" Meta turn-taking in natural talk. In: Pragmatics and Society 8, 161–182.

Tannen, Deborah (^{2}2007): Talking Voices: Repetition, dialogue, and imagery in conversational discourse. Cambridge: Cambridge University Press.

Tomasello, Michael (2003): Constructing a Language. A usage based theory of language acquisition. Cambridge, MA: Harvard University Press.

Traugott, Elizabeth (1995): "Subjectification in grammaticalization." In: Stein, Dieter und Susan Wright (Hrsg.): Subjectivity and Subjectivisation. Cambridge: Cambridge University Press, 37–54.

Traugott, Elizabeth Closs. (2010): "Grammaticalization." In: Silvia Luraghi und Vit Bubenik (Hrsg.): Continuum Companion to Historical Linguistics. London: Continuum Press, 269–283.

Traugott, Elizabeth und Graeme Trousdale (2013): Constructionalization and Constructional Changes. Oxford: Oxford University Press.

Tregidgo, P. S. (1982): 'Let' and 'let's'. In: ELT Journal 36(3), 186–188.

Troemel-Ploetz, Senta (1994): 'Let me put it this way, John': Conversational strategies of women in leadership positions. In: Journal of Pragmatics 22(2), 199–209.

Zinken, Jörg (2015): Contingent control over shared goods. 'Can I have x' requests in British English informal interaction. In: Journal of Pragmatics 82, 23–38.

Anhang

Tab. 1: Zusammensetzung des Interviewkorpus „The Andrew Marr Show".

	Datum	Moderator (in)	Studiogast	Länge des Interviews (min)
1	20.01.2012	Jeremy Vine	William Hague	15:00
2	03.02.2013	Sian Williams	Tony Blair	20:00
3	10.02.2013	James Landale	Natalie Bennett	04:24
4	10.02.2013	James Landale	Jeremy Hunt	19:09
5	17.02.2013	Eddie Mair	Iain Duncan Smith	17:16
6	24.02.2013	Jeremy Vine	Harriet Harman	17:20
7	03.03.2013	Sophie Raworth	Nigel Farage	05:30
8	03.03.2013	Sophie Raworth	William Hague	14:14

Tab. 1 (fortgesetzt)

	Datum	Moderator (in)	Studiogast	Länge des Interviews (min)
9	10.03.2013	Susanna Reid	Yvette Cooper	11:55
10	02.10.2016	Andrew Marr	Theresa May	25:30
11	23.04.2017	Andrew Marr	Jeremy Corbyn	23:14
12	30.04.2017	Andrew Marr	Theresa May	23:43
13	07.05.2017	Andrew Marr	Jeremy Hunt	14:50
14	03.09.2017	Andrew Marr	David Davis	15:03
15	19.11.2017	Andrew Marr	Philip Hammond	20:31
16	28.01.2018	Andrew Marr	Jeremy Corbyn	21:21
17	25.02.2018	Andrew Marr	Liam Fox	15:00
18	25.03.2018	Andrew Marr	Caroline Lucas	09:17

Katharina König
Prosodie und *epistemic stance*: Konstruktionen mit finalem *oder*

1 Einleitung

Die Untersuchung von Konstruktionen in ihrem handlungs- und sequenzgebundenen Gebrauch bildet den Ausgangspunkt der Interaktionalen Konstruktionsgrammatik (Günthner 2009; Imo 2016; Linell 2009; siehe auch Deppermann 2011): Form-Bedeutungs-Paare sind auf spezifische Verwendungskontexte zugeschnitten; sie haben sich im Gebrauch sedimentiert und werden stets in diesem re-aktualisiert. Insbesondere am Rand von Äußerungen oder Äußerungseinheiten haben sich zur Bearbeitung verschiedener diskurspragmatischer Aufgaben rekurrente Strukturen herausgebildet: So erfolgt die Verknüpfung sprachlicher Handlungen etwa über initial positionierte, syntaktisch desintegrierte Diskursmarker, die sich u. a. aus Subjunktionen, Imperativen oder Matrixsatzkonstruktionen entwickelt haben (Günthner 2017; Imo 2012). Über äußerungsinitiale Partikeln können zudem verschiedene epistemische Haltungen indiziert werden (Imo 2009; Barth-Weingarten 2011; Betz/Deppermann 2018).

Auch das Äußerungsende erweist sich als relevante Scharnierstelle für die Kontextualisierung von Diskursrelationen und Wissenszuschreibungen (Haselow 2015): Insbesondere mit *question tags* etablieren SprecherInnen spezifische Antwortrelevanzen. Zugleich können sie anzeigen, über welchen epistemischen Zugang oder welche epistemischen Rechte sie in Bezug auf den Äußerungsgegenstand verfügen (Raymond/Heritage 2006). Zwar existieren bereits einige Studien, die sich mit einzelnen *question tags* im Deutschen befassen (Drake 2016; Hagemann 2009; Imo 2011b; Jefferson 1981; König 2017; Willkop 1988), eine systematische Beschreibung, die *question tags* in einem konstruktionsgrammatischen Rahmen erfasst und die spezifischen interaktionalen Leistungen einzelner *tag*-Konstruktionen in einem Netzwerk verwandter Konstruktionen verortet, steht bislang jedoch aus.

Hinweis: Für Anmerkungen und Kommentare danke ich den Herausgebern und den TeilnehmerInnen des Workshops „Prosodie und Konstruktionsgrammatik". Der Beitrag steht in Zusammenhang mit dem von der Deutschen Forschungsgemeinschaft geförderten Netzwerk „Interaktionale Linguistik – Diskurspartikeln aus sprachvergleichender Perspektive" (Projektnummer 413161127).

Open Access. © 2020 Katharina König, publiziert von De Gruyter. Dieses Werk ist lizenziert unter der Creative Commons Attribution-NonCommercial-NoDeratives 4.0 Lizenz.
https://doi.org/10.1515/9783110637489-006

Der vorliegende Beitrag wendet sich Gebrauchsmustern mit finalem *oder* zu, die als teilschematische Konstruktionen – bestehend aus einer schematischen Bezugsäußerung und einem final appendierten, lexikalisch spezifischen *oder* – beschrieben werden sollen. Bisherige Forschungsarbeiten zeigen auf, dass finales *oder* Unsicherheit der SprecherInnen über das Zutreffen der in der Bezugsäußerung ausgedrückten Proposition zum Ausdruck bringen (Drake 2016; Willkop 1988). Eine genaue Binnendifferenzierung von epistemischen Haltungen, die mit verschiedenen *oder*-Konstruktionen ausgedrückt werden, liegt bislang jedoch nicht vor. Zudem ist die Rolle der prosodischen Formatierung der Bezugsäußerung und des appendierten *oder* erst in Ansätzen empirisch erfasst (Drake 2016). Für eine konstruktionsgrammatische Modellierung von Gebrauchsmustern mit finalem *oder* kann der Einbezug dieses Formmerkmals von zentraler Relevanz sein. Sprachliche Zeichen im Sinne der Konstruktionsgrammatik können von unterschiedlichem Komplexitäts- und Schematizitätsgrad sein (Fillmore et al. 1988; Goldberg 1995); sie sind jedoch stets holistisch zu beschreiben. Während als konsensual gelten kann, dass syntaktische, semantische, pragmatische und sequenzielle Merkmale von Konstruktionen symbolisch miteinander verknüpft sind, ist strittig, ob auf der Formseite eines sprachlichen Zeichens auch prosodische Informationen verfestigt sind (Auer 2016; Ogden 2010) oder ob die prosodische Formatierung bei der Realisierung eines Konstrukts lediglich als Kontextualisierungshinweis hinzutritt, jedoch keinen festen Bestandteil der aus dem konkreten Gebrauch abstrahierten Konstruktion darstellt (Couper-Kuhlen 2012). Am Beispiel von Gebrauchsmustern mit finalem *oder* soll aufgezeigt werden, dass in dem Zusammenspiel von Bezugsäußerung und *tag* spezifische prosodische Verfestigungen feststellbar sind, die zur Differenzierung verschiedener Konstruktionen beitragen und somit im Rahmen einer holistischen Konstruktionsbeschreibung mit erfasst werden müssen.

Im Folgenden werden zunächst lexikalische, prosodische, syntaktische und sequenzielle Verfestigungen für Gebrauchsmuster mit finalem *oder* sowie typische Formatierungen der reaktiven Redezüge beschrieben (Abschnitt 3), um hierauf aufbauend die jeweils kontextualisierte epistemische Haltung zu bestimmen (Abschnitt 4). Durch die Analyse verschiedener Gesprächstypen (Gespräche unter Freuden, Radio-Phone-Ins, qualitative Interviews, Prüfungsgespräche, Unterrichtsinteraktionen) soll zudem ermittelt werden, ob sich die *oder*-Konstruktionen für die Bearbeitung spezifischer kommunikativer Aufgaben ausdifferenziert haben. Die Befunde können somit auch zur Klärung des Zusammenhangs grammatischer Konstruktionen und kommunikativer Gattungen beitragen (Bücker et al. 2015; Günthner 2006; Imo 2010).

2 Befunde zu finalem *oder*

In Grammatiken wird *oder* meist ausschließlich in seiner Verwendung als disjunktive, koordinierende Konjunktion aufgeführt. Hervorgehoben wird etwa, dass *oder* zur Bildung des Satztyps der Alternativfrage gebraucht wird (Helbig/Buscha 2013: 616) oder dass es zur Einführung des letzten Elements mehrgliedriger Listen eingesetzt wird (Weinrich 2007: 811). Zwei Lesarten der Disjunktion sind dabei möglich: In der inklusiven Lesart können alle genannten Optionen ausgewählt werden, während in der exklusiven Lesart lediglich ein Alternative gültig sein kann (*entweder – oder*). Ferner wird laut Hoffmann (2013: 439 f.) durch *oder* eine spezifische epistemische Haltung ausgedrückt: SprecherInnen sind nicht in der Lage, „für einen der Sachverhaltsentwürfe einen Wahrheitsanspruch zu erheben, aber [gehen] davon aus[...], dass wenigstens einer (,inklusives' *oder*) oder genau einer (,exklusives' *oder*) wahr ist".

Finales *oder* findet etwa bei Hoffmann (2013: 440) und Zifonun et al. (1997: 384) Erwähnung. Es kommt jedoch zu widersprüchlichen Annahmen über die epistemische Haltung, die SprecherInnen gegenüber den Bezugsäußerungen einnehmen. Laut Hoffmann (2013: 440) eröffnet finales *oder* „die Möglichkeit, das zweite Konjunkt bzw. die zweite Alternative zu ersparen und damit die formulierte Alternative als präferiert, in besonderer Weise erwartet oder als gültig angenommen hinzustellen und zu gewichten". Diese Auslegung geht also davon aus, dass die bereits verbalisierte Aussage für wahrscheinlich oder zutreffend erachtet wird. Die IDS-Grammatik nimmt eine gegenteilige Präferenz an: „*Oder* wird nachgeschaltet, wenn der Vergewisserungsbedarf größer ist, der Sprecher also eine Alternative zum assertierten Sachverhalt für möglich oder wahrscheinlich hält" (Zifonun et al. 1997: 384; vgl. auch Willkop 1988: 271 ff.).

Grammatiken erfassen finales *oder* in seiner Funktion als *question tag* bzw. Vergewisserungsfrage (Zifonun et al. 1997: 384; Duden 2016: § 883; Weinrich 2007: 833 f.). Oft werden jedoch wenige, zumeist dekontextualisierte Beispiele aufgeführt. Angaben über die syntaktische Formatierung der Bezugsäußerung, sequenzielle Kontexte, in die finales *oder* eingebettet ist, oder sprachliche Handlungen, für die finales *oder* verwendet wird, erfolgen i. d. R. nicht. Zudem differenzieren Grammatiken nur unzureichend zwischen verschiedenen prosodischen Varianten von finalem *oder*.

Mit Drake (2016) liegt eine erste Studie vor, die für zwei prosodische Varianten von finalem *oder*, (final steigender Tonhöhenverlauf) und *oder–* (final gleichbleibend, *trail-off*, vgl. Walker 2012, bei Drake als *oder_* notiert) unterschiedliche Diskursfunktionen nachweist. Während *oder*, lediglich zu einer kurzen Bestätigung (oder Ablehnung) der in der Bezugsäußerung ausgedrückten Proposition auffordert (was der Lesart in Hoffmann 2013 entspricht), zeigen

SprecherInnen durch *oder–* an, dass sie eine weitere Alternative für möglich erachten (vgl. die Lesart bei Zifonun et al. 1997). Ferner zeigt Drake auf, dass sich die prosodischen Varianten von finalem *oder* sowohl in Bezug auf die syntaktische Formatierung der Bezugsäußerung als auch in dem Format, das sie als Antwort erwartbar machen, unterscheiden. Ein an Deklarativsätze angehängtes *oder,* macht eine polare *Ja-Nein-*Antwort relevant, wobei laut Drake keines der beiden Antwortformate präferiert ist. Mit diesem Gebrauchsmuster werden in Drakes Daten oftmals Nachfragen zum bisher Gesagten gestellt, die im Rahmen kurzer Nebensequenzen geklärt werden. Auf diese Klärung folgt meist ein schneller Themenwechsel. Ein *oder–*, das sowohl an Interrogativ- als auch an Deklarativsätze angehängt werden kann, lässt hingegen weitere Antworttypen ohne die Responsive wie *ja* oder *nein* zu: „*oder_*-turns weaken polar constraints" (Drake 2016: 180). Mit *oder–* machen SprecherInnen eine Antwortexplikation relevant, bei der eine Ablehnung der in der Bezugsäußerung ausgedrückten Annahme möglich ist. Finales *oder–* ist daher oftmals themenexpandierend.

Tab. 1: Befunde zu finalem *oder* nach Drake (2016).

	oder,	*oder–*
Prosodie des *tags*	in die IP integriert, keine eigene Kontur, keine Akzentuierung, final steigend	in die IP integriert, i.d.R. keine eigene Kontur, keine Akzentuierung, final gleichbleibend
Syntax der Bezugsäußerung	Deklarativsatz	Interrogativ- oder Deklarativsatz
Sequentielle Einbettung	Anzeige einer Verstehensinferenz	Anzeige einer Verstehensinferenz
Fortsetzungserwartung	macht J/N-Antwort relevant, keine eindeutige Präferenz für Zustimmung oder Ablehnung schneller Wechsel zu neuem Thema	Nur schwache Relevantsetzung einer J/N-Antwort, Ablehnung der Bezugsäußerung wird erleichtert weitere thematische Ausführungen
Epistemische Haltung zur Bezugsäußerung	Relativ sicheres Wissen (im Vergleich zu *oder–*)	Relativ unsicheres Wissen (ähnlich wie finales *or–*, Drake 2015)

Beide Gebrauchsmuster mit finalem *oder* (vgl. Tab. 1) werden laut Drake zur Anzeige einer Verstehensinferenz genutzt („formulate an understanding" (Drake 2016: 174, 179). In den Bezugsäußerungen werden mögliche Deutungen der vorausgegangenen Beiträge der GesprächspartnerInnen formuliert; sie dokumentieren also gleichzeitig, wie ein vorhergehender Beitrag des Gesprächspartners verstanden wurde, und bieten dieses Verstehen dem Gesprächspartner zur Ratifikation an. Unterschiede können sich jedoch in der epistemischen Haltung zeigen, die mit *oder,* und *oder–* gegenüber der Bezugsäußerung zum Ausdruck gebracht wird. Drake (2016) zufolge weist finales *oder–* Ähnlichkeiten zu finalem *or–* im amerikanischen Englisch auf, das eine relativ hohe Sprecherunsicherheit gegenüber der Bezugsäußerung kontextualisiert, da es eine weitere Alternative andeutet, eine unproblematische Ablehnung ermöglicht und eine elaborierte Reaktion erwartbar macht (Drake 2015: 312ff.). Da *oder,* diese Funktionen nicht aufweist, müsste geschlossen werden, dass es im Gegensatz zu *oder–* eine sicherere epistemische Haltung anzeigt. Eine Diskussion über einen epistemischen Gradienten zwischen *oder,* und *oder–* erfolgt bei Drake jedoch nicht.

Im vorliegenden Beitrag soll daher eruiert werden, ob und wie die Annahme eines epistemischen Gefälles zwischen den beiden *oder*-Varianten aus den Daten hergleitet werden kann. Der Artikel baut somit auf den Befunden Drakes auf und geht auf Basis von Gesprächsdaten aus verschiedenen Interaktionstypen der Frage nach, ob Konstruktionen mit finalem *oder* auf verschiedene Handlungskontexte zugeschnitten sind. Dabei soll die Rolle der lexikalischen, syntaktischen und prosodischen Formatierung der Bezugsäußerung ebenso reflektiert werden wie die Einbettung der Bezugsäußerungen in den vorhergehenden sequenziellen Kontext. Ferner sollen die Befunde dahingehend systematisiert werden, dass die präferentielle Ordnung der Antwortalternativen in verschiedenen *oder*-Konstruktionen untersucht wird. Auf Basis dieser Analysen werden vier Form-Funktions-Paare mit finalem *oder* differenziert, die sich insbesondere in der jeweils ausgedrückten epistemischen Haltung unterscheiden.

3 Konstruktionen mit finalem *oder*

Die Untersuchung basiert auf einer Kollektion von 41 Vorkommen von Äußerungen mit finalem *Oder,*[1] und 58 Vorkommen mit finalem *Oder–,* die anhand von 77 Gesprächen erstellt wurde, von denen ca. 18 Stunden transkribiert vorliegen. Als Gesprächstypen sind neben privaten Alltagsgesprächen zwischen FreundInnen und Familienmitgliedern (Telefongespräche und Tischgespräche) auch sprachbiographische Interviews und Radio-Phone-Ins als institutionelle

---

1 Um hervorzuheben, dass der Fokusakzent bei appendiertem *Oder* stets auf der ersten Silbe liegt, wird die Akzentsilbe im Folgenden mit einer Majuskel notiert.

bzw. medial vermittelte, öffentliche Interaktionen repräsentiert.² Die Daten entstammen der linguistischen Audio-Datenbank (lAuDa), dem *Korpus Multimodaler Interaktion* (KoMI), dem Interviewkorpus des Projekts *Sprachvariation in Norddeutschland* sowie dem *Lehrkorpus Sprachbiographien*.³ Darüber hinaus wurden zur Untersuchung von Prüfungs- und Unterrichtsgesprächen als weiteren institutionellen Interaktionstypen Daten im Umfang von etwa sechs Stunden aus dem Forschungs- und Lehrkorpus (FOLK) herangezogen, in denen 17 Belege von finalem *!O!der,* identifiziert wurden.⁴

Die Transkription erfolgt nach den GAT2-Konventionen (Selting et al. 2009). Es zeigt sich, dass – anders als in den von Drake (2016) untersuchten Daten – in der Regel sowohl die Bezugsäußerung als auch das angehängte *oder* eigenständige Intonationsphrasen bilden. Informationen über finale Tonhöhenbewegungen werden im Folgenden daher sowohl für die Bezugsäußerung als auch für das appendierte *oder* erfasst. Prototypischerweise folgen *Oder,* und *Oder–* im schnellen Anschluss an die vorhergehende Äußerung (Abb. 1 und 2); sie können jedoch auch durch Pausen (und teilweise auch durch Sprecherwechsel)

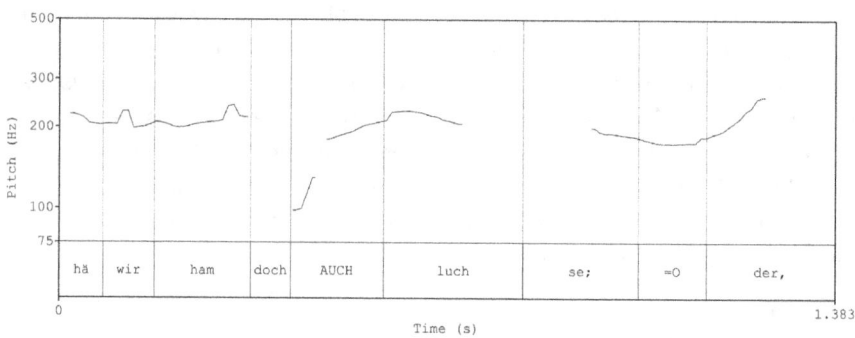

Abb. 1: [X_{V2};=*Oder*,] aus Beispiel (1).

---

2 Die hier präsentierten Befunde beziehen sich auf Verwendungsmuster von finalem *oder* im norddeutschen Sprachraum. Dass sich in anderen Sprachgebieten unterschiedliche Verwendungsweisen von finalem *oder* vorliegen können, belegt etwa die Untersuchung Glasers (2003) zu finalem *oder* im Berndeutschen.
3 Für weitere Angaben zur lAuDa siehe http://lauda-ms.lingdata.de/. Für die Bereitstellung der Daten des KoMI danke ich Pepe Droste. Zu den Daten des SiN-Interviewkorpus siehe https://www.corpora.uni-hamburg.de/sin/startseite.html. Informationen zu dem *Lehrkorpus Sprachbiographien* sind der folgenden Webseite zu entnehmen: https://www.uni-muenster.de/Germanistik/Lehrende/sprachwissenschaft/koenig_katharina/lehrkorpus.html.
4 Die FOLK-Daten sind über die Datenbank Gesprochenes Deutsch am Institut für Deutsche Sprache abrufbar: https://dgd.ids-mannheim.de.

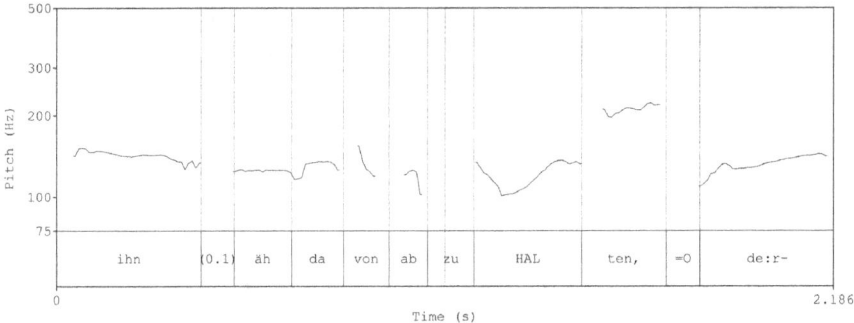

Abb. 2: [X_{V2},=Oder-] aus Beispiel (4).

von der Bezugsäußerung abgesetzt sein. Es kommt also zu unterschiedlich starken Zäsurierungen (Barth-Weingarten 2016). Finales *Oder–* ist meist durch einen tiefen Tonhöhenansatz von der vorherigen Intonationsphrase abgesetzt; ferner ist die erste Silbe i. d. R. in Knarrstimme realisiert. In einigen Fällen kommt es zudem zu einer Dehnung des Vokals der zweiten Silbe. Auch finales *!O!der,* (Abb. 3) bildet eine eigene Intonationsphrase; der finale Tonhöhenverlauf ist (leicht) steigend. Die erste Silbe ist hingegen i. d. R. durch einen tiefen Tonhöhenansatz abgesetzt und durch starke Akzentuierung hervorgehoben.

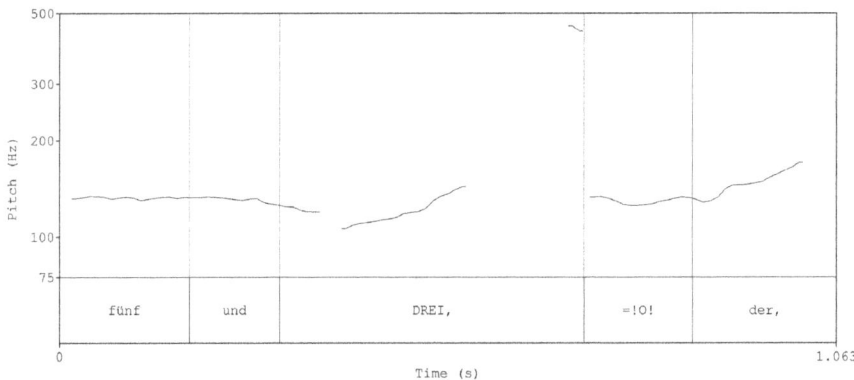

Abb. 3: [X_{V2/Fragment}, *!O!der,*] aus Beispiel (7).

Im Folgenden werden Vorkommen von finalem *oder* stets im Zusammenspiel mit der vorhergehenden Äußerung betrachtet, die sich im Skopus von *oder* befindet. Es zeigt sich, dass die in der Kollektion nachgewiesenen prosodische Varianten von finalem *oder* (*Oder,* sowie *Oder–* und *!O!der,*) mit jeweils spezifisch formatierten Bezugsäußerungen auftreten und sich für die Kombinationen aus

Bezugsäußerung und *tag* verschiedene Bedeutungspotenziale nachweisen lassen. Daher ist von teilschematischen Form-Funktions-Paarungen auszugehen.

3.1 [X_{V2;}=Oder,]

Die erste Konstruktion erweist sich als hochgradig stabil in der prosodischen Formatierung: Alle 41 Vorkommen von *oder,* in der Kollektion haben einen Verbzweitsatz als Bezugsäußerung; in allen Fällen ist die Bezugsäußerung mit fallender oder leicht fallender finaler Tonhöhenbewegung realisiert. Das *Oder,* wird in einer schnell angeschlossenen, eigenständigen Intonationsphrase mit final (leicht) steigender Tonhöhenbewegung appendiert. Das folgende Beispiel aus einem Skype-Telefonat zweier Freundinnen präsentiert eine prototypische Verwendungsweise dieses Musters. Dana befindet sich gerade für ein Auslandssemester in Kanada und berichtet von einem Besuch in einem Naturkundemuseum, bei dem sie zahlreiche Exponate von kanadischen Wildtieren erkunden konnte.

Beispiel 1: 1AuDa #895 „Luchse"
```
001    Dana:   und irgendwie sehen die total ANders aus als bei Un:s,
002            [zum BEIspiel-]
003    Nici:   [HM_hm,      ]
004    Dana:   (ich mein) wir hAm die jetzt nich UNbedingt so;=
005            =aber son LUCHS oder so,
006            °h die sind hier halt so m:Ega mega PLÜschig?
007    Nici:   hä wir ham doch AUCH luchse;=
008            =Oder,
009            (0.4)
010    Dana:   <<h> JA;
011            aber die sind doch bei uns nich so mega PLÜschig;>
012            <<:-)> die sehen aus als hätten die irgendwie so ne ART->
013            WEISS ich ni:ch;
014            son PLÜSCH (0.1) pullover oder so [an;]
015    Nici:                                    [he ]he
                [<<h> PLÜSCH> (0.1) pullover;                        ]
016    Dana:   [weil die einfach so richtig KRASS (plüschig) sind;]
```

In Nicis Nachfrage in 007 dokumentiert sich ein thematischer Anschluss an den vorherigen Gesprächskontext: Sie formuliert den Einwand, dass Luchse in Europa (im Gegensatz zu Nordamerika) ebenfalls heimisch seien. Durch die Gesprächspartikel *hä* sowie die Modalpartikel *doch* ist die ausgedrückte Annahme als Widerspruch markiert.[5] Nici rahmt die Äußerung auf diese Weise als eine Proposition, von deren Gültigkeit sie bislang überzeugt war. Auch wenn sie mit ihrem Einwand ein Verstehen des vorher Gesagten dokumentiert (sie unterstellt Dana die Annahme, dass es in Europa keine Luchse gibt, vgl. Danas Äußerung in 004) und zugleich mögliche Präsuppositionen von Danas Ausführungen überprüft (vgl. Selting 1995: 268), ist festzuhalten, dass die in dem Einwand ausgedrückte Proposition selbst nicht aus dem bisher Gesagten inferiert wird, sondern in einer gesprächsunabhängigen Wissensdomäne verortet ist.

Bestätigungen von mit *oder*, appendierten final fallenden Verbzweitsätzen werden wie hier oftmals durch ein einfaches responsives *ja* realisiert. Es folgen keine oder nur kurze Antworterläuterungen; wie Drake (2016: 179) bereits konstatiert, leiten SprecherInnen schnell zum nächsten Handlungsschritt über (in diesem Fall weitere Ausführungen zum Phänotyp kanadischer Luchse). Die eigentliche Bestätigung der zur Ratifikation angebotenen Aussage in 007 erfolgt also als schnell abgehandelte Nebensequenz.

Anders gestalten sich hingegen Ablehnungen der in der Bezugsäußerung ausgedrückten Annahmen. In einem Telefongespräch berichtet Jenny ihrer Freundin Silke von Problemen, die sie mit den hohen Sprachanforderungen ihres Anglistik-Studiums hat.

Beispiel 2: 1AuDa #894 „Englisch"
```
001  Jenny:   alter das is RICHtig schwer;
002           (0.6)
003           die voKAbeln ey:;
004           was die voRAUSsetzen,
005           (0.4)
006  Silke:   E:CHT?
007  Jenny:   boa:h ich WEISS noch gar nich-
008           (wie/ob) ich das erste seMEster <<behaucht> übersteh;>
009  Silke:   ja wir waren doch ALle-
```

---

5 Zu *doch* als Modalpartikel siehe auch Diewald/Fischer (1998: 92f.). In der Grundbedeutung der Partikel kommt laut Diewald/Fischer die Existenz einer möglichen Alternative zum Ausdruck. Der Sprecher/die Sprecherin ist aber der Überzeugung, dass die verbalisierte Proposition gilt.

```
010             also es war doch (-) das kann doch KEIner so richtig geil;=
011             =Oder,
012    Jenny:   das proBLEM is,
013             ey es IS einfach so-
014             °h DEUTSCH wählen alle die-
015             (0.7)
016             SORry,
017             °h h°-
018    Silke:   [hehe;]
019    Jenny:   [aber ] VOLL viele halt auch-
020             die_s NICH so gut können;
021             WEISST du-
022             weil du (0.1) nur en ZE brauchst;
023             !ENG!lisch wählen ja eigentlich NUR die leute-
024             die_s auch wirklich KÖNnen;
025             weil du ja nen TOEfl test brauchst;
026             (0.9)
027             also die MEISten;
```

Auch in diesem Beispiel stellt die zur Ratifikation angebotene Aussage zwar eine thematische Fortführung des zuvor etablierten Gesprächsgegenstands dar, sie bezieht sich jedoch erneut nicht auf bereits in das Gespräch eingeführte Wissensbestände. Vielmehr nimmt Silke eine Charakterisierung der Gruppe der Anglistik-Studierenden vor, der sie selbst nicht angehört. Mit der Partikel *doch* findet sich abermals eine Modalisierung als Widerspruch zu Jennys bisherigen Ausführungen. Durch das finale *Oder,* wird ein herabgestufter epistemischer Zugang angezeigt, der zugleich die Direktheit des Widerspruchs abschwächen kann.[6]

In der Folge bestätigt Jenny Silkes Annahme, dass Anglistik-Studierende die Sprache nicht gut beherrschen, nicht, sondern bringt eine gegenteilige Einschätzung zum Ausdruck (023–024). Die Zurückweisung von Silkes Bewertung erfolgt dabei in einem indirekten Format: Die Projektor-Konstruktion „das Problem ist" wird als verzögerndes Vorlaufelement eingesetzt (vgl. Imo 2010), bevor Jenny schließlich ihre Einschätzung verbalisiert, die zudem noch durch eine Begründung expandiert wird. Anders als im ersten Beispiel wird die Bearbei-

---

6 Eine ähnliche Funktion lässt sich auch für Beispiel 1 annehmen.

tung des nächsten Handlungsschritts hierdurch verzögert. Dies deutet darauf hin, dass die Antwortalternativen nach einer Äußerung mit appendiertem *Oder,* entgegen der Befunde Drakes präferenziell geordnet sind: Während eine Zustimmung problemlos erfolgen kann, ist eine Zurückweisung der Äußerung als dispräferiert markiert. Zwar finden sich in der Kollektion nicht viele Ablehnungen (12/41) von mit *Oder,* appendierten Annahmen, jedoch sind diese in zehn Fällen durch Pausen, Zögerungen oder Vorlaufelemente (wie etwa Projektorkonstruktionen) als dispräferiert gerahmt.

In Äußerungen mit appendiertem *Oder,* verbalisieren SprecherInnen i.d.R. Annahmen, die sich nicht aus dem unmittelbaren Gesprächskontext inferieren lassen (und mitunter sogar im Gegensatz zu Präsuppositionen des zuvor Gesagten stehen), derer sie sich aber relativ sicher sind (u. a. angezeigt durch die Wahl eines deklarativen Verbzweitsatzes sowie die fallende Kontur der Bezugsäußerung).[7] Durch finales *Oder,* bieten SprecherInnen die Bezugsäußerung ihren GesprächspartnerInnen aber zur intersubjektiven Ratifikation an, wodurch sie wiederum eine epistemische Herabstufung vornehmen.[8] Es werden also keine weiteren Antwortmöglichkeiten in Aussicht gestellt, sondern es soll lediglich die Gültigkeit der Bezugsäußerung überprüft werden (Gilt X oder ¬X?).[9] In ihren Reaktionen behandeln SprecherInnen Zustimmungen daher als präferiert, Ablehnungen hingegen als dispräferiert.

3.2 [X$_{V2,}$=*Oder*-]

Auch mit Deklarativsätzen, an die ein *Oder*- angehängt wird, bieten SprecherInnen ihren GesprächspartnerInnen eine Proposition zur Ratifikation an. Bei dieser Konstruktion zeigen sich jedoch zum einen andere lexikalische, prosodische und sequenzielle Verfestigungen und zum anderen von dem ersten Muster abweichende epistemische Bedeutungspotenziale. Von den 58 Vorkommen von finalem *Oder*- in der Kollektion sind 21 an einen vorhergehenden Verbzweitsatz appendiert. Dieser ist – im Unterschied zu der in 3.1. beschriebenen

---

[7] Zum möglichen epistemischen Gradienten zwischen Deklarativ- und Interrogativsätzen siehe Heritage (2013: 378), und Deppermann (2015). Zum epistemischen Kontextualisierungspotenzial der prosodischen Formatierung von V2-Deklarativsätzen vgl. Selting (1995), für ähnliche Befunde im Englischen siehe Couper-Kuhlen (2012).
[8] Diese Herabstufung kann sowohl den Wissenszugang (*epistemic access*) als auch die Wissensrechte (*epistemic rights,* etwa bei Bewertungen) betreffen.
[9] Vermittels dieser Positionierung kann auch ein ggf. in der Bezugsäußerung ausgedrückter Widerspruch abgemildert werden.

Konstruktion – nur in fünf Fällen mit final fallender Kontur realisiert.[10] Bei den meisten Vorkommen findet sich eine leicht steigende finale Tonhöhenbewegung. Anhand der folgenden Beispiele sollen prototypische sequenzielle Einbettungen und Antwortpräferenzen aufgezeigt werden.

Beispiel 3 ist einem Radio-Phone-In entnommen, bei dem der Anrufer Andreas (AS) berichtet hat, dass er sich in seine beste Freundin verliebt hat, die derzeit jedoch noch in einer anderen Beziehung lebt. Der Moderator Benjamin (BJ) stellt nun Nachfragen zu der Freundschaft.

Beispiel 3: 1AuDa #12 „Platonische Beziehung"
```
001   BJ:   wie lAnge seid ihr denn schon beFREUNdet;
002         (0.4)
003   AS:   wir sind schon recht lange beFREUNdet;
004   BJ:   WIE lange;
005         (0.4)
006   AS:   ähm:: knapp_n JAHR jetzt.
007         (0.4)
008   BJ:   joa das is nich SO lange;
009         (0.3)
010   AS:   °h ja ich DENke mal-=
011         =ne freundschaft äh:m: entwIckelt sich auch auf ne gewisse ZEIT;=
012         =das war vorher nicht so ne wirkliche FREUNDschaft-
013         sondern d[ie f]reundschaft als solches (0.5) ist jetzt eigentlich seit einem JAHR,
014   BJ:           [JA; ]
015   AS:   °hh[h    ][VORher-      ]
016   BJ:      [oKAY;]
017              [ich dacht es wär] so ne so ne so_n Uralt (0.1) KINdergartenfreundschaft;
018         oder SO was;
019         das [NICH; ]
020   AS:       [NEIN; ]
021         nich nich [(0.1) n]ich WIRKlich;
022   BJ:             [NEIN;  ]
```

---

10 Bei fünf Vorkommen liegt eine gleichbleibende finale Formatierung vor, wobei es sich bei diesen Belegen um Bezugsäußerungen im Kontext einer mindestens zwei Elemente umfassenden Auflistung handelt (vgl. Selting 2004). Durch diese Einbettung wird bereits eine potenzielle Fortführbarkeit, also die Möglichkeit einer weiteren Alternative, kontextualisiert.

```
023    AS:   [NEIN;    ]
024    BJ:   [also !EI]N! jahr;
025          °h und seit EInem jahr habt_eh habt ihr so eine so no so ne_m: ja:;
026          so ne kUmpel: (0.1) frEundschaft platonisch gute beZIEhung,=
027          =↓Oder-
028    AS:   R:ICHtig;=
029          =geNAU;=
030          =also es ist ähm:: ne sehr gute FREUNDschaft-
031          weil man tAuscht auch wirklich sehr viel AUS,
032    BJ:   aber du w[eißt DEN]noch nicht ganz genau,
033    AS:           [°hh     ]
034    BJ:   was da in ihrer ehe paSSIERT;=
035          =das erzählt sie dir NI[CHT.]
036    AS:                          [äh  ] (0.1) NEIN-=
037          =das is keine Ehe;
```

In Segmenten 025–026 bietet Benjamin Andreas eine mögliche Charakterisierung der Freundschaftsbeziehung an. Anders als bei der in Abschnitt 3.1 vorgestellten Konstruktion ist die in der Bezugsäußerung verbalisierte Proposition aus Andreas' vorherigen Ausführungen inferiert. Bereits in Segment 017 hat Benjamin sein Verständnis des bisherigen Gesprächs dokumentiert. Im thematischen Anschluss, durch das initiale *und* kontextualisiert, setzt er diese Inferenzdokumentation fort und verbalisiert eine Proposition, die ihm für das Nachvollziehen von Andreas' Situation in der vorherigen Darstellung fehlt (siehe auch Bolden 2010).

In dem Format eines Verbzweitsatzes mit final steigender Tonhöhenbewegung ist Benjamins Inferenz bereits als offene Frage realisiert, die eine elaborierte Antwort relevant macht (vgl. Selting 1995: 252). Zudem ist die Inferenzdarstellung durch Wiederholungen, Reparaturen und Neuansätze als Suche nach einer passenden Formulierung gerahmt, was in dem gegebenen Kontext ebenfalls zur Anzeige einer relativen Unsicherheit in Bezug auf die Passung der Formulierung dient. Partikeln, die eine relativ sichere epistemische Haltung dokumentieren (wie etwa *doch* in Beispiel 1), finden sich in dieser Konstruktion nicht. Schließlich rahmt das appendierte *Oder-* (027) die Kategorisierung nachträglich als eine von weiteren möglichen Bezeichnungsalternativen. Sowohl die disjunktive Semantik der Konjunktion *oder* als auch die final gleichbleibende Kontur und die Dehnung kontextualisieren eine potenzielle Fortführbarkeit. Anders als dies etwa bei Aposiopesen der Fall ist (Imo 2011a), wird die insinuierte Alternative nicht als zwischen den Interagierenden geteiltes Wissen behandelt; vielmehr obliegt es der adressierten Person, über das Zutreffen der verbalisierten Proposition zu urteilen oder ggf. eine bislang noch nicht verbalisierte Alternative zu präsentieren.

Da eine weitere Möglichkeit in Aussicht gestellt wird, erfolgt die Bestätigung der Passung der Beziehungscharakterisierung mit sprachlichen Ausdrücken, die gegenüber einem einfachen *ja* als starke Zustimmung markiert sind: Mit den Responsiven „RICHtig;" und „geNAU"; vollzieht Benjamin mehr als nur eine Passungsbestätigung. Er unterstreicht die uneingeschränkte Gültigkeit der vorherigen Aussage sowie seinen primären epistemischen Zugang zu dem Gegenstand (vgl. Oloff 2017), der allein in seinem biographischen Wissen verortet ist. In Segmenten 030 und 031 beginnt Andreas zudem eine erläuternde Ausführung, die prosodisch eine Weiterführung erwartbar macht, jedoch durch den Moderator unterbrochen wird. SprecherInnen betreiben somit auch bei einer Zustimmung nach einer [$X_{V2,}$=*Oder*–]-Konstruktion einen höheren konversationellen Aufwand als bei der [X_{V2};=*Oder*,]-Konstruktion.

Beispiel 4, das ebenfalls aus einem Radio-Phone-In stammt, illustriert den Umgang mit einer Zurückweisung der in der Bezugsäußerung verbalisierten Proposition. Die Anruferin Christina berichtet davon, dass ihr Freund als Soldat in den Afghanistan-Krieg ziehen will und sich daher von ihr getrennt hat.

Beispiel 4: 1AuDa #24 „Krieg"

```
001    CH:    und ich habe geSAGT-
002           du SCHATZ ähm:;
003           da unten wird das diesmal SCHLIMmer;
004           als im letzten KRIEG;=
005           =ALso:;
006    BJ:    also du hast schon verSUCHT-
007           ihn (0.1) äh davon abzuHALten,=
008           =↓Ode:r-
009           (0.5)
010    CH:    NEE-
011           nicht davon ABzuhalten;
012           aber ähm (--) er hat immer so geREdet-
013           als WÄR das äh-
014           als würd er da unten auf Übung gehen-
015           und das wär alles ganz EIN[fach;]
016    BJ:                              [ver  ]STEhe;
017           °hh mit welcher begründung hat er SCHLUSS gemacht;
```

In diesem Ausschnitt stellt der Sprecher die Äußerung in 006–008 ebenfalls als Inferenz aus dem zuvor Gesagten dar (angezeigt durch den im Vor-Vorfeld positionierten Konnektor *also*, vgl. Deppermann/Helmer 2013). Die Inferenz wird Christina zur Ratifikation bzw. zur weiteren Kommentierung vorlegt. Auch hier kontextualisieren Pausen und andere Zögerungssignale, die final steigend formatierte Bezugsäußerung wie auch das gedehnte „Ode:r–" (008), das eine weitere mögliche Alternative andeutet, einen herabgestuften epistemischen Zugang des Moderators.

Anders als in Abschnitt 3.1 skizziert wurde, erfolgen Ablehnungen nach der [$X_{V2,}$=*Oder*–]-Konstruktion oftmals in einem direkten und nicht oder nur minimal als dispräferiert markierten Format. Auf das kurz verzögerte negative Responsiv „nee" (010) erfolgt in dem gegebenen Beispiel eine negierte Wiederholung der von dem Moderator eingebrachten Formulierung. Im nächsten Segment reformuliert Christina ihre Kritik an der Perspektive, die ihr Freund auf den Krieg einnimmt. Der Account wird jedoch nicht weiter ausgebaut, da Benjamin schnell Verstehen signalisiert und zu einer Nachfrage ansetzt (016–017).

Die Reaktionen auf Verbzweitsätze mit finalem *Oder*–, nach denen ein Sprecherwechsel erfolgt, sind überwiegend mit Responsiven (*genau, richtig, nee, nein, nö*) realisiert.[11] Anders als Drake konstatiert, hebt *Oder*– also nicht in allen Fällen die Verpflichtung zu einem polaren Antwortformat auf. Vielmehr bleibt die Präferenz für *Ja/Nein*-Antworten bei [$X_{V2,}$=*Oder*–]-Konstruktionen erhalten. Jedoch ist die eindeutige Präferenz für zustimmende Handlungen aufgehoben. Ablehnungen und Zustimmungen sind in der Kollektion weitgehend gleich gestaltet. Bei beiden Handlungen sind Accounts für die (Nicht-)Passung der Inferenzdokumentationen festzustellen. Dieses Reaktionsverhalten kann als Hinweis dafür gedeutet werden, dass die SprecherInnen mit *Oder*– appendierte Äußerungen als epistemisch herabgestufter behandeln als durch *Oder*, appendierte Äußerungen.

3.3 [$X_{V1,}$=*Oder*–]

Am häufigsten findet sich finales *Oder*– in der Kollektion in Bezug auf eine final steigend formatierte Verberstfrage (27/58).[12] Bei dieser Konstruktion nun bestätigt sich der Befund Drakes, dass mit dem finalen *oder*– die Verpflichtung zu einer für

---

11 In acht von elf Fällen werden Responsive vor den Accounts platziert.
12 Nur ein Vorkommen einer *w*-Verb-Zweit-Frage mit finalem *oder*– ist belegt. Vorkommen von *oder*– im Kontext von Alternativfragen (9 Belege) werden hier nicht ausgewertet. Zu den 21 Vorkommen mit Verbzweitsätzen siehe Abschnitt 3.2.

Verberstfragen charakteristischen binären *Ja-Nein*-Antwort gelockert wird. In dem folgenden Ausschnitt aus einem sprachbiographischen Interview wird das Format von der Interviewerin realisiert.

Beispiel 5: Lehrkorpus #8 „Großeltern"
```
001   Ugur:   meine Eltern fahren: (-) eigentlich nur in die türKEI;=
002           =zum BEIspiel.
003   Int:    hm_[HM,          ]
004   Ugur:      [WEIL se halt-]
005           da haben sie ihre faMIlie noch-
006   Int:    [hm_HM,          ]
007   Ugur:   [nen BISSchen-]
008           °hh die geht man beSUchen-
009           und (0.1) JA.
010   Int:    HM;
011           leben denn deine GROSSeltern noch,
012           =<<p>↓Oder->
012   Ugur:   ÄH:;
013           (0.4)
014           meine Oma?
015           also_äh die mutter meines VAters-=
017           =ähm: wohnt HIER,
018   Int:    [hm_HM, ]
019   Ugur:   [bei UNS,]
020           in DEUTSCHland,
021           direkt tür and TÜR wohnen wir,
022   Int:    [AH ja;]
023   Ugur:   [SO,   ]
024   Int:    [oKAY; ]
025   Ugur:   [°h    ] ÄHM;
026           <<creaky> mh>;
027           die eltern meiner (0.1) mutter wohnen in der türKEI noch-
028           un:d ÄHM-
029           (0.4)
030   Int:    [HM;  ]
031   Ugur:   [°h ja] dann gibt_s halt regelmäßig telefoNAte-
032           und dann wird halt auch geSPROchen-=
```

```
033            =UND-
034    Int:    und die f äh_telefonate sind dann: auf [TÜRkisch,]
035    Ugur:                                        [(    )     ]
```

Die Verwendung der Partikel *denn* ist charakteristisch für das vorliegende Verwendungsmuster, in dem oftmals Verstehensinferenzen zum Ausdruck gebracht werden (vgl. Deppermann 2009). Die in 011 formulierte Frage wird so als Nachfrage gerahmt, die sich für die Interviewerin aus den vorherigen Ausführungen des Interviewpartners Ugur ergibt. Zum einen dokumentiert die Frage also ein Verstehen des bisher Gesagten (Familienbesuche) und verpflichtet den Adressaten Tim zum anderen auf eine Präzisierung der vorherigen Aussage (es soll spezifiziert werden, ob als Familienbesuche auch Besuche bei den Großeltern möglich sind). Neben der Partikel *denn* werden in den untersuchten Daten ebenso initiales *und* oder andere additive Ausdrücke wie *auch* oder *sonst noch* gebraucht, um die Frage explizit als Anschlussfrage zu markieren. In nur sechs der 27 Vorkommen der Konstruktion erfolgt keine solche Anschlussmarkierung auf der sprachlichen Oberfläche. Ferner deutet sich an, dass *Oder-* mit bestimmten Wissensbeständen verbunden wird: Wie auch in Beispielen 3 und 4 ist es hier abermals biographisches Wissen, das mit einer durch *Oder-* appendierten Äußerung abgefragt wird.

In seiner Reaktion auf die Frage der Interviewerin stimmt Ugur der in der Frage ausgedrückten Annahme zu, allerdings ohne *confirmation token*. Die Zustimmung wird vielmehr implizit in einer längeren thematischen Ausführung vollzogen, in der die genauen Lebensumstände der Großeltern dargelegt werden. Insgesamt sind in der Kollektion nur acht Responsive als Antwortformat bei dieser Konstruktion dokumentiert; die Bestätigung oder Ablehnung der in der Frage ausgedrückten Inferenz erfolgt also überwiegend durch expandierende Ausführungen.

Das folgende Beispiel aus einem WG-Gespräch zeigt, dass SprecherInnen eine explizite Ablehnung der in der Bezugsäußerung ausgedrückten Proposition ohne Dispräferenzmarker realisieren können.

Beispiel 6: KoMI 11 „Tristan und Isolde"
```
001    Tim:    aber ich bin auch (auf jeden fall) gespannt auf die
                hausarbeiten in DEUTSCH;
002            (1.5)
003    Jenny:  (xxx xxx) das litertaTURseminar;
004    Anna:   <<p>hm_JA->
005    Tim:    trIstan und iSOLde;
006            (-)
```

```
007    Jenny:   COOL,
008             (-)
009    Tim:     <<lachend> hehe-
010             war das iROnisch,>
011             =↓Ode:r-
012    Jenny:   <<h> NEI:N,
013    Tim:     [oKAY;          ]
014    Jenny:   [ich hätt das] VOLL gerne ge[macht;]>
015    Tim:                                 [   a]
                [HA,]
016    Jenny:   [a  ]ber das GING nich-
017             weil ich hab gleichzeitig ne (0.1) philosoPHIEvorlesung;
018             is [halt voll SCHAde;]
019    Tim:        [ah oKAY;         ]
```

Wie bereits im vorherigen Beispiel wird auch in diesem Ausschnitt eine Nachfrage gestellt, die sich für Tim aus dem bisherigen Gesprächskontext ergibt.[13] Der Ausschnitt belegt, dass eine direkte Ablehnung der in der Bezugsäußerung ausgedrückten Annahme vermittels eines negativen Responsivs ohne Dispräferenzmarker wie Verzögerung oder Vorlaufelemente möglich ist. Das *nein* ist durch die Dehnung und den Wechsel in eine höhere Stimmlage sogar prosodisch herausgestellt. Auch in diesem Fall erfolgt eine Ausführung über die Gründe der Ablehnung. Sowohl bei zustimmenden als auch bei ablehnenden Reaktionen auf Verberstfragen macht finales *Oder–* also themenexpandierende Elaborationen relevant.

3.4 [X$_{V2/Fragment}$, *!O!der,*]

Finales *oder* wurde in allen der bisher diskutierten Verwendungsweisen als Marker für ein epistemisches *downgrading* verwendet, das sich für die Durchführung verschiedener Handlungen in den untersuchten Gesprächskontexten als funktional erweist (etwa für die kurze Verhandlung konträrer Annahmen oder für erzählgenerierenden Nachfragen). In den ausgewerteten Prüfungs- und Unterrichtsgesprächen findet sich eine weitere Verwendungsweise von

---

[13] Auch hier wird Wissen thematisiert, über das einzig die adressierte Person selbst verfügen kann.

finalem *oder* die unter von den bisherigen Konstruktionen abweichenden epistemischen Grundbedingungen operiert.

Das folgende Beispiel aus dem Forschungs- und Lehrkorpus (FOLK) entstammt einer Unterrichtsinteraktion einer Berufsschulklasse, die sich mit der Funktionsweise von Ottomotoren befasst. Der Lehrer Lukas Bade (LB) hat im Voraus eine Frage nach den Prüfbedingungen gestellt, die gegeben sein müssen, um eine bestimmte Spannung abzulesen. Der Schüler Jason Mendel (JM) hat diese Frage bereits in Teilen richtig beantwortet (vgl. die Bewertung in 001). Ab Segment 003 setzt JM seine Antwort fort.

Beispiel 7: FOLK_E_00001_SE_01_T_01_DF_01 „Steuergerät"
```
001   LB:    korREKT;
002   XM:    ((hustet))
003   JM:    und dann am steuergerät zwischen fÜnf fünf und DREI-
004          (0.7)
005   LB:    fünf und DREI,
006          ↓!O!der,
007   JM:    oder ahm an de zünd (---) verTEIler,
008          (0.3)
009          zwischen plus und MInus;
010          (1.8)
011   XM:    ((hustet))
012          (1.9)
013   LB:    JA,
014          (1.0)
015          ↓!O!der,
016          (2.0)
017          wo NOCH,
018          (0.9)
019          also fünf bleibt konSTANT-
020          als konSTANte stehen,
021          wo NOCH,
022          (0.2)
023          gucken sie mal ihren schaltplan AN,=
024          =ja (herr günther)
025   RG:    ja (0.1) in ZWEI,
026          oder [dire][kt am fahrzeug]MASse;
027   LB:         [JA, ]
028                     [korREKT;    ]
029          (0.2)
```

```
030        Absolut korREKT;
031        (0.3)
032        GUT;
```

Der Lehrer LB wiederholt die Antwort des Schülers JM zunächst (005, hier als Fragment realisiert) und schließt ein *!O!der,* an, das in seiner prosodischen Gestaltung von den bisher betrachteten Vorkommen von finalem *oder* abweicht (siehe Abschnitt 3). Auch in der kontextualisierten epistemischen Haltung ist das in Segment 006 realisierte *!O!der,* von den bisherigen Konstruktionen mit finalem *oder* zu unterscheiden: Zum einen behandelt es die zuvor wiederholte Schülerantwort grundsätzlich als zutreffend. Eine alleinige Wiederholung mit final steigender Kontur hätte als Infragestellung der Richtigkeit der Schülerausführungen gehört werden können. In Kombination mit dem finalen *!O!der,* werden die bisherigen Ausführungen hingegen als Sicherung einer in Teilen richtigen Antwort gerahmt. Zum anderen macht *!O!der,* weitere Antwortalternativen relevant, die durch die SchülerInnen verbalisiert werden müssen (vgl. Koshik 2002 zu „designedly incomplete utterances"). Die Schülerantwort war also nicht vollständig; die Existenz weiterer Antworten, die ebenfalls Gültigkeit besitzen, wird angezeigt. Während sich in den bisher betrachteten Konstruktionen mit finalem *oder* zumeist eine exklusive Lesart der Disjunktion rekonstruieren lässt, wird für Konstruktionen mit *!O!der,* also eine inklusive Lesart impliziert.

Eine solche Antwortergänzung wird im Nachgang von Schüler JM präsentiert (007). Durch ein initiales *oder* wird die Äußerung zum einen als kollaborative Expansion zu der vorherigen Lehreräußerung formatiert (vgl. Lerner 1991) und zum anderen explizit als Ergänzung weiterer Möglichkeiten gerahmt. Auch diese Antwort wird zunächst durch den Lehrer bestätigt (durch ein mittel steigendes „JA," (013), bevor dann nach kurzer Pause mit einem erneuten *!O!der,* (015) nach einer zusätzlichen Antworterweiterung gesucht wird.[14] Als diese wiederum nicht direkt gegeben wird, fragt der Lehrer explizit nach einer zusätzlichen Stelle, an dem der Spannungswert abgelesen werden kann („wo NOCH,", 017). Diese Reformulierung dokumentiert, dass das zuvor platzierte *!O!der,* eine Suche nach weiteren Möglichkeiten dargestellt hat. Die nun von dem Schüler Richard Günther (RG) gegebene Antwort wird bestätigt und mehrfach als richtig evaluiert (027–032). An dieser Stelle wird also manifest, dass der Lehrer bereits

---

14 Dieses zweite *!O!der,* ist zum einen durch die umgebenden Pausen als selbstständige Einheit formatiert. Zum anderen wird die Proposition, zu der eine weitere Alternative präsentiert werden soll, nicht noch einmal wiederholt. Das *!O!der,* steht also ohne Bezugsäußerung, verweist aber auf 003 bzw. 005.

von Beginn an über das erfragte Wissen verfügt hat und zudem die epistemische Autorität besitzt, über die Richtigkeit der Angaben zu urteilen.

Die Typizität für Unterrichts- und Prüfungsgespräche ist u. a. an dem spezifischen sequenziellen Format „Frage – Antwort – Bewertung" erkennbar (Mehan 1979, Macbeth 2004), die auf die kommunikative Aufgabe der Wissensvermittlung zu beziehen ist: Die vollständige Antwort ist der Lehrkraft bereits bekannt. Die SchülerInnen sollen jedoch das ihnen implizit zugeschriebene Wissen oder Verständnis ausführen, um für die Lehrkraft (und die anderen SchülerInnen) Verstehen oder Wissensfortschritte zu dokumentieren. Der dritte Zug dokumentiert daher keinen Wissenszuwachs auf Seiten der Lehrkraft, sondern eine Anerkennung (oder Zurückweisung) der Antwort unter schulischen oder prüfungsbezogenen Bewertungsmaßstäben. Mit der Konstruktion [$X_{V2/Fragment}$, *!O!der*,] bearbeiten SprecherInnen also die Aufgabe, vorherige Antworten auf eine ebenfalls bereits zuvor gestellte Frage aufzugreifen und in eine Wissensüberprüfung zu überführen.

4 Diskussion

Die Kollektionsanalyse zeigt, dass die *oder*-Varianten in der Kollektion rekurrent mit spezifischen Arten von Bezugsäußerungen auftreten. Dieser Befund spricht gegen eine Interpretation von finalem *oder* als eigenständige Diskurspartikel, die als inkrementelle Erweiterung an beliebige Äußerungen angehängt werden kann. Die enge Verzahnung der Bestandteile legt also bereits nahe, dass es sich bei den beschriebenen Gebrauchsmustern um Konstruktionen handelt.

Darüber hinaus lassen sich für die jeweiligen Kombinationen aus Bezugsäußerung und den prosodischen Varianten von *oder* unterschiedliche epistemische Bedeutungspotenziale beschreiben. Im Folgenden soll gezeigt werden, worin die spezifische epistemische Kontextualisierungsleistung der jeweiligen Verwendungsweisen liegt und wie diese anhand der untersuchten Gesprächsdaten bestimmt werden kann.

Folgt man bisherigen Arbeiten (Drake 2016; Willkop 1988) besteht die epistemische Haltung, die durch Äußerungen mit finalem *oder* ausgedrückt wird, darin, dass SprecherInnen eine relative Unsicherheit über das Zutreffen der in der Bezugsäußerung verbalisierten Proposition anzeigen. Diese epistemische Herabstufung vermittels *Oder–* ist für Drake (2015, 2016) daran ablesbar, dass *Oder–* eine weitere Alternative als möglich rahmt, die Präferenz für eine polare *Ja/Nein*-Antwort lockert und eine Antwortelaboration relevant macht. Da Äußerungen mit finalem *Oder,* hingegen eine polar formatierte Zustimmung präferieren, eine Alternative damit also als nicht erwartet rahmen und zudem keine extensive Elaboration relevant machen, müsste mit dieser Konstruktion eine gegenüber Äußerungen mit *Oder–* vergleichsweise sicherere epistemische Haltung zum Ausdruck kommen.

Damit ist das Funktionspotenzial der Konstruktionen jedoch nicht hinreichend genau erfasst. Letztlich bleibt unmotiviert, warum Äußerungen mit *Oder–* eine weitere Alternative als möglich in Aussicht stellen, Äußerungen mit *Oder,* diese jedoch als unwahrscheinlicher darstellen. Allein durch die disjunktive Semantik von *oder* können diese Differenzen nicht erklärt werden, da diese für beide Konstruktionen anzunehmen wäre. Vielmehr zeigt sich hier, dass das Zusammenspiel zwischen den prosodischen Varianten von finalem *oder* und den spezifisch formatierten Bezugsäußerungen eingehender betrachtet werden muss. Evidenzen für die differenten Funktionen der *oder*-Konstruktionen lassen sich etwa in der Art der Eingliederung der Bezugsäußerungen in den Diskurs und der Art der verhandelten Wissensgegenstände finden. Die sequentielle Analyse der Belegstellen hat gezeigt, dass SprecherInnen sowohl bei Konstruktionen mit *Oder,* als auch bei Konstruktionen mit *Oder–* i. d. R. keine neuen Themen einführen, sondern auf vorerwähnte Gesprächsgegenstände verweisen.[15] Diese Bezüge zum vorherigen Diskurs sind in den verschiedenen Konstruktionen jedoch unterschiedlich gerahmt, wie der Überblick in Tab. 2 illustriert.[16]

Tab. 2: Überblick Bezugsäußerungen mit *oder,* und *oder–*.

Oder,	Oder–
hä wir ham doch AUCH luchse;=//=Oder, [Beispiel 1]	und seit EInem jahr habt habt **ihr** so eine so ne so ne-//ja so ne kUmpel freundschaft platOnisch gute beZIEhung,// ↓Ode:r– [Beispiel 3]
das kann doch KEIner so richtig geil; =//=Oder, [Beispiel 2]	also **du** hast schon verSUCHT-//ihn (0.1) äh davon abzuHALten,=//=Ode:r– [Beispiel 4]
dEr spielt bei LAzio;=//=Oder, [KoMI #05]	leben denn **deine** GROSSeltern noch, //=<<p>↓ Ode:r–> [Beispiel 5]
es sind aber noch MEHR;=//=Oder, [lAuDa #940]	war das iROnisch,//=Ode:r– [Beispiel 6]
das sieht doch sowieSO keiner;=//=Oder, [KoMI #01]	bist **du** denn STARK allergisch,//=Oder- [KoMI #11]
aber bei dir in der Ecke-//ist doch der Supermarkt;//=Oder, [lAuDa #938]	und (.) da: (.) warst **du** dann (.) länger in der (.) TÜRkei:,//=↓Oder- [Lehrkorpus #15]

---

15 Diese Funktion umschreibt Drake (2016: 174, 179) als „formulate an understanding". Auch bei Selting (1995) lässt sich in den meisten Fällen die Tendenz zu einem thematischen Anschluss an das bisher Gesagte ausmachen.
16 Der Überblick wurde mit weiteren Belegen aus der Kollektion ergänzt.

Der Blick auf die durch Unterstreichung hervorgehobenen Partikeln und Konnektoren lässt erkennen, dass sich *Oder,* auf solche Propositionen bezieht, die in der Regel nicht aus dem Gesprächsverlauf ableitbar sind und oftmals im Widerspruch zu bisherigen Sprecherannahmen stehen (u. a. markiert durch die Partikeln *aber, doch*). Die durch *Oder–* appendierten Äußerungen werden hingegen meist als themenadditiv (*und*) oder als Inferenz aus dem bisher Gesagten (*also, denn*) gerahmt. Betrachtet man die durch Fettsatz hervorgehobenen Pronomina und Possessivartikel zeigt sich ferner, dass sich Konstruktionen mit finalem *Oder,* und *Oder–* auf unterschiedliche Wissensdomänen beziehen. Während Äußerungen mit *Oder,* auf meist vorerwähnte Gegenstände verweisen, die interpersonell erfassbar sind (Informationen über andere Personen, Umstände etc.), werden bei Äußerungen mit *Oder–* Wissensbestände tangiert, die oftmals ausschließlich im Wissens- und Wahrnehmungsbereich der angesprochenen Person liegen. Dies umfasst etwa das Wissen über die eigene Biographie (Beispiele 3, 4, Lehrkorpus #15, siehe Tab. 2), die eigene Familie (Beispiel 5), weitere persönliche Informationen (KoMI #11, siehe Tab. 2) oder auch die intendierte Rahmung vergangener Äußerungen (Beispiel 6). Die Verankerung im Hörerwissen spiegelt sich in der Kollektion zudem darin, dass in 43 aller 58 mit *Oder–* appendierten Bezugsäußerungen eine direkte Adressierung des Gegenübers erfolgt.[17]

In Konstruktionen mit finalem *Oder,* und *Oder–* werden somit nicht ausschließlich unterschiedliche Grade an Sicherheit über die in der Bezugsäußerung ausgedrückten Propositionen kontextualisiert. Vielmehr werden darüber hinaus auch die Quelle des Wissens („epistemic access" siehe Raymond/Heritage 2006, Stivers et al. 2011) oder die epistemische Autorität für die in der Bezugsäußerung ausgedrückten Proposition enkodiert („epistemic authority" Raymond/Heritage 2006, „epistemic primacy", Stivers et al. 2011). Im Fall von Konstruktionen mit finalem *Oder,* wird ausgedrückt, dass SprecherInnen bereits über Vorwissen bzw. Annahmen über den Gegenstand verfügen, die sie außerhalb der aktuellen Gesprächssituation erlangt haben. Dies deckt sich mit dem Befund, dass *Oder,* im Kontext von Verbzweitsätzen steht, die oftmals weitere Marker relativer epistemischer Sicherheit aufweisen (final fallende Tonhöhenbewegung, Partikeln wie *aber, ja* oder *doch*). Dagegen verweisen SprecherInnen in Konstruktionen mit *Oder–* auf Gegenstände, zu denen die SprecherInnen im Sinne einer „epistemic authority" keinen oder einen nur eingeschränkten, nicht primären Zugang haben

---

17 Dem gegenüber sind nur 9 von 41 Vorkommen von Äußerungen mit appendiertem *oder*, direkt an das Gegenüber adressiert. Auch bei diesen werden Inhalte angesprochen, über die die SprecherInnen ein gemeinsames Vorwissen haben (etwa die Nachfrage im Gespräch zweier Freundinnen, die sich schon häufiger gegenseitig besucht haben, vgl. Beispiel lAuDa #938 in Tab. 2).

dürfen (biographisches Wissen etc., siehe oben). Entsprechend kann *Oder–* nicht nur mit deklarativen Verbzweitsätzen, sondern auch mit Verberstfragen mit final steigender Tonhöhenbewegung verwendet werden, die eine größere Unsicherheit zum Ausdruck bringen. Konstruktionen mit finalem *Oder–* kontextualisieren also nicht nur Unsicherheit über das Zutreffen der Bezugsäußerung, sondern zeigen zudem an, dass SprecherInnen selbst kein „Recht" auf das verhandelte Wissen haben.

Neuere konversationsanalytische Arbeiten diskutieren ähnliche Kontextualisierungsleistungen sequenzieller Muster im Rahmen eines Modells von interaktionaler Evidenzialität (Clift 2006; Sidnell 2012). Evidenzialität ist demnach nicht allein in grammatikalisierten Affixen enkodiert (Evidenzialität als grammatische Kategorie, Aikhenvald 2003), sondern auch sequenzielle Muster können eine evidenzielle Lesart kontextualisieren (Evidenzialität als semantisch-funktionale Kategorie, Clift 2006, siehe auch Diewald/Smirnova 2010). Eine solche Analyse setzt einen weiten Begriff von Evidenzialität voraus, der sowohl Angaben zu der Verortung des Wissens (Wer hat das Wissen? Wer darf das Wissen haben?) als auch zum Ursprung des Wissens (Habe ich das Wissen erschlossen oder unabhängig von der aktuellen Situation erlangt?) sowie zu der Wissensquelle (z. B. Habe ich Wissen durch Anschauung oder durch Hörensagen?) umfasst (siehe Chafe 1986). In einem solcherart weiten und funktionalen Verständnis können demnach auch die teilschematischen Konstruktionen mit finalem *oder* (deren Beschreibung um Angaben zu typischen sequenziellen Kontexten angereichert ist) evidenzielle Rahmungen ausdrücken.

Aus dieser differenten Verortung des Wissens (außerhalb oder innerhalb der Sprechsituation) oder von Zugangsrechten (ausschließlich bei den HörerInnen oder bei HörerInnen *und* SprecherInnen) kann schließlich der Unterschied in der Sprechersicherheit zwischen Konstruktionen mit *Oder,* und *Oder–* abgeleitet werden: Wissen, das unabhängig von der Sprechsituation gewonnen wurde, kann sicherer sein als Wissen, das erst in der Sprechsituation inferiert wird und für das SprecherInnen zudem keinen primären Zugang beanspruchen dürfen.[18]

Anders verhält es sich hingegen für Konstruktionen mit finalem *!O!der,,* die in den untersuchten Daten ausschließlich in Prüfungs- und Unterrichtsgesprächen belegt sind. Mit diesen Konstruktionen bringen SprecherInnen zum Ausdruck, dass sie über eine hohe epistemische Autorität verfügen. Nicht nur haben sie gesichertes Wissen über das Zutreffen der bereits durch jemand ande-

---

[18] Hier zeigen sich die engen Bezüge, die zwischen evidenziellen und epistemischen Lesarten bestehen (vgl. Diewald/Smirnova 2010).

ren verbalisierten Bezugsäußerung, sondern auch über die noch zu verbalisierenden Inhalte. Die Ratifikation der Antworten im dritten Turn zeugt von genau dieser epistemischen Konstellation. Den befragten SchülerInnen oder Prüflingen wird aber zugleich unterstellt, dass sie über das notwendige Wissen verfügen können, um die richtige Antwort zu geben.

Auch wenn in den Bezugsäußerungen weitere lexikalische oder grammatische Ressourcen enthalten sind, die epistemische Haltungen ausdrücken, lassen sich die verschiedenen Lesarten nicht in allen Fällen ausschließlich kompositionell aus der Formatierung der Bezugsäußerungen und des finalen *oder* herleiten. Nicht immer werden SprecherInnen von Äußerungen mit finalem *Oder–* direkt adressiert (Beispiel 6), auch bei Konstruktionen mit finalem *Oder,* können SprecherInnen direkt angesprochen werden (Beispiel 1AuDa #938, siehe Tab. 2), nicht immer kontextualisieren Modalpartikeln bei Äußerungen mit finalem *Oder,* Widersprüche zu vorher als gültig angenommenem Wissen (KoMI #05, siehe Tab. 2). Bei Belegen, die keine lexikalischen oder syntaktischen Marker enthalten, kommt der Prosodie der Bezugsäußerung und des appendierten *oder* eine entscheidende Rolle für die Differenzierung der verschiedenen Konstruktionen zu. Die präsentierten Befunde weisen also darauf hin, dass die jeweilige prosodische Formatierung als Merkmal der teilspezifischen Konstruktionen mit finalem *oder* ebenfalls zu erfassen ist (vgl. Tab. 3).

Durch ihre Funktion, verschiedene epistemische Haltungen (epistemische Autorität, Zugang zum Wissen, Sprechersicherheit) auszudrücken, sind Konstruktionen mit finalem *oder* auf die Lösung unterschiedlicher kommunikativer Aufgaben zugeschnitten (Günthner 2006; Imo 2010). Dies erklärt, dass Konstruktionen mit *Oder–* häufig in institutionellen Gesprächsgattungen wie qualitativen Interviews oder Radio-Phone-Ins vorkommen, in denen sich die am Gespräch beteiligten Personen nicht oder nicht gut kennen. In einer solchen Teilnehmerkonstellation erweisen sich Konstruktionen mit *Oder–* als funktional, um eine elaborierte Antwort über biographische Wissensbestände der GesprächspartnerInnen relevant zu machen. Sie fungieren als erzählgenerierende Technik, mit der die InterviewerInnen eine an vorher Gesagtes anknüpfende, weiterführende Frage stellen, zu deren Gegenstand sie über keinerlei Wissen verfügen und für deren Beantwortung sie längere Ausführungen über biographische Wissensbestände relevant machen (König i. E.).

Durch Konstruktionen mit finalem *Oder,* werden hingegen Annahmen oder Überzeugungen präsentiert, die außerhalb des bisherigen Gesprächs erlangt wurden, um sie einer gemeinsamen Überprüfung und ggf. Sicherung zu unterziehen. In diesem Format zeigt sich eine Aktivitätsspezifik darin, dass oftmals Widersprüche zwischen den vorherigen Gesprächsbeiträgen zugrundeliegenden Präsuppositionen und bisherigen Annahmen oder Erwartungen der Spre-

Tab. 3: Prototypische Merkmale der Konstruktionen mit finalem *oder*.

	X$_{VZ}$; = *Oder,*	X$_{VZ}$, = *Oder-*	X$_{V1}$, = *Oder-*	X$_{VZ/Fragment}$, *!O!der,*
Syntax der Bezugsäußerung	deklarativer Verbzweitsatz	deklarativer Verbzweitsatz	Verberstfrage	deklarativer Verbzweitsatz, oft Satzfragment
Lexik in Bezugsäußerung	*aber, doch, ja, wahrscheinlich* ohne Adressierung des Gegenübers	*und, also, dann* Adressierung des Gegenübers	*und, denn* Adressierung des Gegenübers	ohne Adressierung des Gegenübers
Prosodie des tags	bildet eigene IP, meist in schnellem Anschluss, final steigend	bildet i. d. R. eigene IP, meist in schnellem Anschluss oder als *trail-off*, meist mit tiefem Neuansatz, final gleichbleibend	bildet i. d. R. eigene IP, meist in schnellem Anschluss oder als *trail-off*, mit tiefem Neuansatz, final gleichbleibend	bildet eigene IP, starker Akzent auf erster Silbe, mit tiefem Neuansatz, final steigend
Prosodie der Bezugsäußerung	final fallend	i. d. R. final steigend	final steigend	final steigend
Sequenzielle Einbettung	Thematischer Anschluss, keine Inferenz aus bisher Gesagtem	Anzeige einer Inferenz aus dem zuvor Gesagten, die weiterer Elaboration bedarf	Anzeige einer Inferenz aus dem zuvor Gesagten, die weiterer Elaboration bedarf	Wiederholung der Äußerung anderer SprecherIn, die als Antwort auf Frage gerahmt ist
	macht J/N-Antwort relevant, Präferenz für Zustimmung, schneller Wechsel zu neuem Thema	macht J/N-Antwort relevant, keine eindeutige Präferenz für Zustimmung oder Ablehnung, weitere Elaboration	nur schwache Relevantsetzung einer J/N-Antwort, Ablehnung der Bezugsäußerung wird erleichtert, weitere Elaboration	Fortsetzung durch kollaborative Expansion, Bestätigung/ Ablehnung der Antwort im 3. Zug

Disjunktive Semantik	X oder (~X) exklusive Lesart	X oder (Y) exklusive Lesart	X oder (Y) exklusive Lesart	X und (Y) inklusive Lesart
Epistemische Haltung zur Bezugsäußerung	Anzeige von Wissen, das SprecherIn außerhalb der Gesprächssituation erlangt hat („access")	SprecherIn mit geringer epistemischer Autorität, Anzeige von exklusiv hörerseitigem Wissen („authority")	SprecherIn mit geringer epistemischer Autorität, Anzeige von exklusiv hörerseitigem Wissen („authority")	SprecherIn mit hoher epistemischer Autorität
	im Vergleich zu $X_{V2}=Oder$– relativ sicheres Wissen, HörerIn verfügt aber über epistemische Rechte	im Vergleich zu $X_{V2}=Oder$, relativ unsicheres Wissen	im Vergleich zu $X_{V2,}=Oder$– relativ unsicheres Wissen	Gesichertes Wissen über verbalisierte und noch nicht verbalisierte Proposition, zudem Möglichkeit, dass HörerIn ebenfalls über Wissen verfügt
Funktion	(widersprüchliche), nicht abgeleitete Vorannahmen zur Ratifikation anbieten, in geteiltes Wissen überführen	Elaborationsaufforderung, ungesicherte Inferenz aus vorher Gesagtem/fehlende Informationen anzeigen, Formulierungsvorschlag unterbreiten	Elaborationsaufforderung, abgeleitete Anschlussfrage über fehlende Informationen zu X und weiteren möglichen Alternativen stellen	Rahmung einer vorherigen Antwort als korrekt, Abfrage einer weiteren potenziell bekannten Information zur Wissenspräsentation

cherInnen bearbeitet werden, um zu einem geteilten Verständnis über den Gesprächsgegenstand zu gelangen.

Darüber hinaus hat die Erweiterung des Korpus um Diskurstypen wie Prüfungs- und Unterrichtsinteraktionen aufgezeigt, dass es weitere Konstruktionen mit finalem *oder* gibt, die sich in ihrer sequenziellen Einbettung und der prosodischen Formatierung grundlegend unterscheiden. Antworten auf Wissensfragen werden wiederholt oder rephrasiert; ein angehängtes *!O!der*, kontextualisiert, dass es weitere mögliche Antworten gibt, in Bezug auf die die Lehrperson über gesichertes Wissen verfügt. SchülerInnen und PrüfungskandidatInnen werden vermittels dieser Konstruktion dazu aufgefordert, ihr Wissen zu verbalisieren und zur Begutachtung zu stellen. Konstruktionen mit finalem *!O!der* sind also spezifisch auf die kommunikative Aufgabe der Wissensüberprüfung zugeschnitten.

Bei dem Zusammenspiel von Bezugsäußerung und finalem *oder* lassen sich verschiedene rekurrente Merkmale auf prosodischer, lexikalischer, syntaktischer und sequenzieller Ebene aufzeigen (vgl. Tab. 3), die auf die Verfestigung teilschematischer Konstruktionen hindeuten. Die Erfassung der Gebrauchsmuster als Konstruktionen wird zusätzlich dadurch gestützt, dass sich die verschiedenen Funktionspotenziale auch dann rekonstruieren lassen, wenn keine oder nur wenige Formmerkmale in der Bezugsäußerung realisiert sind. Die Konstruktionsbedeutung lässt sich also nicht immer vollumfänglich aus einzelnen Äußerungsbestandteilen herleiten. Der prosodischen Gestaltung kommt hingegen eine entscheidende Rolle zu. Sie ist nicht durch den jeweiligen sequenziellen Kontext motiviert, sondern ist ein zentrales Merkmal für die Unterscheidung der verschiedenen Konstruktionen mit finalem *oder*.

5 Ausblick

Während es etwa für das Englische zahlreiche Arbeiten zu finalen Konjunktionen wie *but, though, or* oder *and* gibt (vgl. Barth-Weingarten 2014; Barth-Weingarten/Couper-Kuhlen 2002; Mulder/Thompson 2008; Walker 2012), steht die interaktionale Analyse von finalen Konjunktionen im gesprochenen Deutsch erst an ihrem Anfang (vgl. Haselow 2015). Die hier untersuchten Konstruktionen mit finalem *oder* sind in ein Netzwerk von weiteren Konstruktionen mit *question tags* und finalen Markern eingebettet (König 2017), bei dem sich im Gebrauch distinkte, aber teilverwandte Form-Funktions-Profile entwickelt haben. Darüber hinaus ähnelt finales *Oder*– in seiner nicht eingelösten Projektion weiterer Inhalte finalen Konnektoren wie *insofern* (Imo 2011a), *von daher* (Bücker 2014) oder *deswegen* (König 2012). Anders als diese bringt finales *oder* aber eine epistemische Modalisierung der Bezugsäußerung zum Ausdruck und führt hierdurch in der Regel einen Sprecherwechsel herbei. Zukünftige Untersuchungen sollten also die gesamte Konstruktionsfamilie der finalen Konnektoren erfassen, um die spezifischen Leistungen der einzelnen Konstruktionen im Abgleich untereinander konturieren zu können. Ebenso sollten im Rahmen einer solchen Netzwerkanalyse weitere Konstruktionen erschlossen werden, für die sich ähnliche Antwortpräferenzen beobachten lassen. So weisen etwa die Arbeiten von Selting (1995) und Steensig/Heinemann (2013) darauf hin, dass es weitere Frageformate gibt, die zusätzlich zu einer Zustimmung eine Elaboration des Antwortturns einfordern („yes/no+questions", Steensig/Heinemann 2013).

Neben der Analyse einer möglichen arealen Ausdifferenzierung verschiedener Konstruktionen mit *question tags* (vgl. Lanwer i. V.) müssen zudem weitere Interaktionstypen untersucht werden (insbesondere im Feld der zielgeleiteten und wissenszentrierten institutionellen Kommunikation), in denen finale Konjunktionen für die Lösung jeweils spezifischer Aufgaben genutzt werden können. Es besteht die Möglichkeit, dass weitere Form-Funktions-Paare mit finalem *oder* aufzufinden sind, die in der vorliegenden Kollektion nicht belegt sind. Darüber hinaus kann eine multimodale Interaktionsanalyse aufzeigen, inwiefern finale Konjunktionen etwa mit Blickverhalten koordiniert werden, um in Mehrparteien-Interaktionen nächste SprecherInnen zu selegieren (Weiß 2018).

Arbeiten zu finalem *or* im Englischen (Drake 2015), finalem *eller* im Schwedischen (Lindström 1999) oder finalem *ou* Französischen (Persson 2017) dokumentieren ähnliche Konstruktionen mit disjunktiven Konjunktionen in anderen Sprachen. Eine sprachvergleichende Analyse sollte daher der Frage nachgehen, inwiefern sich in solchen Konstruktionen generische Lösungen zu ähnlichen kommunikativen Problemen ausgebildet haben oder inwiefern sich sprachspezifische formale und funktionale Verfestigungen beschreiben lassen. Hierfür kann es relevant sein, mögliche Entstehungskontexte für die verschiedenen Gebrauchsmuster zu rekonstruieren: Bislang wurden ausschließlich solche Vorkommen von finalem *oder* untersucht, auf die ein Sprecherwechsel erfolgt. Damit lässt man jedoch solche Kontexte außer Acht, in denen eine mit *oder* begonnene TCU inkrementell komplettiert wird. In solchen Turn-Fortführungen könnte ein Kontext gegeben sein, aus dem heraus sich *oder* von einem Haltesignal zur Anzeige einer Wortsuche zu einer finalen Partikel zur Anzeige verschiedener epistemisch-evidenzieller Haltungen grammatikalisiert hat.

Literatur

Aikhenvald, Alexandra Y. (2003): Evidentiality in typological perspective. In: Aikhenvald, Alexandra Y. und R. M. W. Dixon (Hrsg.): Studies in Evidentiality. Amsterdam: Benjamins, 1–31.
Auer, Peter (2016): „Wie geil ist das denn?". Eine neue Konstruktion im Netzwerk ihrer Nachbarn. In: Zeitschrift für germanistische Linguistik 44(1), 69–92.
Barth-Weingarten, Dagmar (2011): Response tokens in interaction – prosody, phonetics and a visual aspect of German *JAJA*. In: Gesprächsforschung. Online-Zeitschrift zur verbalen Interaktion 12, 301–370.
Barth-Weingarten, Dagmar (2014): Dialogism and the emergence of final particles: The case of *and*. In: Günthner, Susanne, Wolfgang Imo und Jörg Bücker (Hrsg.): Grammar and Dialogism. Sequential, Syntactic, and Prosodic Patterns between Emergence and Sedimentation. Berlin/Boston: de Gruyter, 335–366.
Barth-Weingarten, Dagmar (2016): Intonation Units Revisited. Cesuras in talk-in-interaction. Amsterdam: Benjamins.
Barth-Weingarten, Dagmar und Elizabeth Couper-Kuhlen (2002): On the development of final *though*. A case of grammaticalization? In: Wischer, Ilse und Gabriele Diewald (Hrsg.): New Refelctions on Grammaticalization. Amsterdam: Benjamins, 345–361.
Betz, Emma und Arnulf Deppermann (2018): Indexing Priority of Position: *Eben* as Response Particle in German. In: Research on Language & Social Interaction 51(2), 171–193.
Bolden, Galina B. (2010): 'Articulating the unsaid' via *and*-prefaced formulations of others' talk. In: Discourse Studies 12(1), 5–32.
Bücker, Jörg (2014): Konstruktionen und Konstruktionscluster: das Beispiel der Zirkumposition *von XP her* im gesprochenen Deutsch. In: Lasch, Alexander und Alexander Ziem (Hrsg.): Grammatik als Netzwerk von Konstruktionen. Sprachwissen im Fokus der Konstruktionsgrammatik. Berlin: de Gruyter, 117–136.
Bücker, Jörg, Susanne Günthner und Wolfgang Imo (Hrsg.) (2015): Konstruktionsgrammatik V: Konstruktionen im Spannungsfeld von sequenziellen Mustern, kommunikativen Gattungen und Textsorten. Tübingen: Stauffenburg.
Chafe, Wallace (1986): Evidentiality in English conversation and academic writing. In: Chafe, Wallace und Johanna Nichols (Hrsg.): Evidentiality: The Linguistic Coding of Epistemology. Norwood: Ablex, 261–272.
Clift, Rebecca (2006): Indexing stance. Reported speech as an interactional evidential. In: Journal of Sociolinguistics 10(5), 569–595.
Couper-Kuhlen, Elizabeth (2012): Some truths and untruths about final intonation in conversational questions. In: Ruiter, Jan P. de (Hrsg.): Questions. Formal, functional and interactional perspectives. Cambridge: Cambridge University Press, 123–145.
Deppermann, Arnulf (2009): Verstehensdefizit als Antwortverpflichtung: Interaktionale Eigenschaften der Modalpartikel *denn* in Fragen. In: Günthner, Susanne und Jörg Bücker (Hrsg.): Grammatik im Gespräch. Konstruktionen der Selbst- und Fremdpositionierung. Berlin: de Gruyter, 23–56.
Deppermann, Arnulf (2011): Konstruktionsgrammatik und Interaktionale Linguistik: Affinitäten, Komplementaritäten und Diskrepanzen. In: Lasch, Alexander und Alexander Ziem (Hrsg.): Konstruktionsgrammatik III. Aktuelle Fragen und Lösungsansätze. Tübingen: Stauffenburg, 207–240.

Deppermann, Arnulf (2015): Wissen im Gespräch: Voraussetzung und Produkt, Gegenstand und Ressource. In: InLiSt 57, 1–31.
Deppermann, Arnulf und Henrike Helmer (2013): Zur Grammatik des Verstehens im Gespräch. Inferenzen anzeigen und Handlungskonsequenzen ziehen mit *also* und *dann*. In: Zeitschrift für Sprachwissenschaft 32 (1), 1–39.
Diewald, Gabriele und Kerstin Fischer (1998): Zur diskursiven und modalen Funktion der Partikeln *aber, auch, doch* und *ja* in Instruktionsdialogen. In: Linguistica 38(1), 75–99.
Diewald, Gabriele und Elena Smirnova (2010): Evidentiality in German. Linguistic Realization and Regularities in Grammaticalization. Berlin: de Gruyter Mouton.
Drake, Veronika (2015): Indexing uncertainty. The case of turn-final *or*. In: Research on Language and Social Interaction 48(3), 301–318.
Drake, Veronika (2016): German questions and turn-final *oder*. In: Gesprächsforschung. Online-Zeitschrift zur verbalen Interaktion 17, 168–195.
Duden (2016): Die Grammatik. Unentbehrlich für richtiges Deutsch. Berlin: Dudenverlag.
Fillmore, Charles J., Paul Kay, Paul und Mary Catherine O'Connor (1988): Regularity and idiomaticity in grammatical constructions. The case of *Let Alone*. In: Language 64(3), 501–538.
Glaser, Elvira (2003): „Is de für Herrn König, oder?". Zur Sprachgeographie von Gliederungspartikeln. In: Funk, Edith et al. (Hrsg.): Sprachgeschichten. Ein Lesebuch für Werner König zum 60. Geburtstag. Heidelberg: Winter, 63–79.
Goldberg, Adele E. (1995): Constructions. A Construction Grammar Approach to Argument Structure. Chicago: University of Chicago Press.
Günthner, Susanne (2006): Von Konstruktionen zu kommunikativen Gattungen. Die Relevanz sedimentierter Muster für die Ausführung kommunikativer Aufgaben. In: Deutsche Sprache 34(1–2), 173–190.
Günthner, Susanne (2009): Konstruktionen in der kommunikativen Praxis – Zur Notwendigkeit einer interaktionalen Anreicherung konstruktionsgrammatischer Ansätze. In: Zeitschrift für germanistische Linguistik 37(3), 402–426.
Günthner, Susanne (2017): Diskursmarker in der Interaktion – Formen und Funktionen univerbierter *guck mal-* und *weißt du*-Konstruktionen. In: Blühdorn, Hardarik et al. (Hrsg.): Diskursmarker im Deutschen. Reflexionen und Analysen. Göttingen: Verlag für Gesprächsforschung, 103–130.
Hagemann, Jörg (2009): *Tag questions* als Evidenzmarker. Formulierungsdynamik, sequentielle Struktur und Funktionen redezuginterner *tags*. In: Gesprächsforschung. Online-Zeitschrift zur verbalen Interaktion 10, 145–176.
Haselow, Alexander (2015): Final particles in spoken German. In: Hancil, Sylvie, Alexander Haselow und Margje Post (Hrsg.): Final particles. Berlin: de Gruyter Mouton, 77–107.
Helbig, Gerhard und Joachim Buscha (2013): Deutsche Grammatik. Ein Handbuch für den Ausländerunterricht. Berlin/München: Langenscheidt.
Heritage, John (2013): Epistemics in conversation. In: Sidnell, Jack und Tanya Stivers (Hrsg.): The Handbook of Conversation Analysis. Chichester: Blackwell, 370–394.
Hoffmann, Ludger (2013): Deutsche Grammatik. Grundlagen für Lehrerausbildung, Schule, Deutsch als Zweitsprache und Deutsch als Fremdsprache. Berlin: Erich Schmidt Verlag.
Imo, Wolfgang (2009): Konstruktion oder Funktion? Erkenntnisprozessmarker (*change-of-state-token*) im Deutschen. In: Günthner, Susanne und Jörg Bücker (Hrsg.): Grammatik im Gespräch. Konstruktionen der Selbst- und Fremdpositionierung. Berlin: de Gruyter: 57–86.

Imo, Wolfgang (2010): „Mein Problem ist/mein Thema ist" ('My problem is/my topic is'): How syntactic patterns and genres interact. In: Dorgeloh, Heidrun und Anja Wanner (Hrsg.): Syntactic Variation and Genre. Berlin/New York: de Gruyter Mouton, 141–166.

Imo, Wolfgang (2011a): Cognitions are not observable but their consequences are: Mögliche Aposiopese-Konstruktionen in der gesprochenen Alltagssprache. In: Gesprächsforschung. Online-Zeitschrift zur verbalen Interaktion 12, 265–300.

Imo, Wolfgang (2011b): „Jetzt gehen wir einen trinken, gell?" Vergewisserungssignale (*tag questions*) und ihre Relevanz für den DaF-Unterricht. In: Moraldo, Sandro M. (Hrsg.): Deutsch aktuell 2. Einführung in die Tendenzen der deutschen Gegenwartssprache. Rom: Carocci, 127–150.

Imo, Wolfgang (2012): Wortart Diskursmarker? In: Rothstein, Björn (Hrsg.): Nicht-flektierende Wortarten. Berlin/Boston: de Gruyter, 48–88.

Imo, Wolfgang (2016): Satzmodus, Konstruktion oder keines von beidem? Äußerungsformen und Äußerungsbedeutungen in interaktionaler gesprochener Sprache. In: Finkbeiner, Rita und Jörg Meibauer (Hrsg.): Satztypen und Konstruktionen. Berlin/Boston: de Gruyter, 373–405.

Jefferson, Gail (1981): The abominable *Ne?* An exploration of post-response pursuit of response. In: Schröder, Peter und Hugo Steger (Hrsg.): Dialogforschung. Düsseldorf: Pädagogischer Verlag Schwann, 53–88.

König, Katharina (i. E.): Die gemeinsame Konstruktion von dialektbezogenem Wissen und Sprachbewertungen in den Interviews aus dem SiN-Korpus. In: Denkler, Markus und Jens Lanwer (Hrsg.): Dialektologie und Gesprächslinguistik. Hildesheim: Olms.

König, Katharina (2012): Formen und Funktionen von syntaktisch desintegriertem *deswegen* im gesprochenen Deutsch. In: Gesprächsforschung. Online-Zeitschrift zur verbalen Interaktion 13, 45–71.

König, Katharina (2017): *Question tags* als Diskursmarker? – Ansätze zu einer systematischen Beschreibung von ne im gesprochenen Deutsch. In: Blühdorn, Hardarik et al. (Hrsg.): Diskursmarker im Deutschen. Reflexionen und Analysen. Göttingen: Verlag für Gesprächsforschung, 233–258.

Koshik, Irene (2002): Designedly incomplete utterances: A pedagogical practice for eliciting knowledge displays in error correction sequences. In: Research on Language and Social Interaction 35(3), 277–309.

Lanwer, Jens (i. V.): Alignmentmarker in nord(west)deutscher Alltagssprache. In: Niederdeutsches Wort 59.

Lerner, Gene H. (1991): On the syntax of sentences-in-progress. In: Language in Society 20, 441–458.

Lindström, Anna (1999): Language as social action. Grammar, prosody, and interaction in Swedish conversation. Uppsala: Uppsala University.

Linell, Per (2009): Grammatical constructions in dialogue. In: Bergs, Alexander und Gabriele Diewald (Hrsg.): Contexts and Constructions. Amsterdam: Benjamins, 97–110.

Macbeth, Douglas (2004): The relevance of repair for classroom correction. In: *Language in Society* 33(5), 703–736.

Mehan, Hugh (1979): "What time is it, Denise?" Asking known information questions in classroom discourse. In: Theory Into Practice 18(4), 285–294.

Mulder, Jean und Sandra A. Thompson (2008): The grammaticization of *but* as a final particle in English conversation. In: Laury, Ritva (Hrsg.): Crosslinguistic Studies of Clause Combining. Amsterdam: Benjamins, 179–204.

Ogden, Richard (2010): Prosodic constructions in making complaints. In: Barth-Weingarten, Dagmar, Elisabeth Reber und Margret Selting (Hrsg.): Prosody in Interaction. Amsterdam: Benjamins, 81–103.

Oloff, Florence (2017): *Genau* als redebeitragsinterne, responsive, sequenzschließende oder sequenzstrukturierende Bestätigungspartikel im Gespräch. In: Blühdorn, Hardarik et al. (Hrsg.): Diskursmarker im Deutschen. Reflexionen und Analysen. Göttingen: Verlag für Gesprächsforschung, 207–232.

Persson, Rasmus (2017): Tentatively designed polar questions and their responses. Vortrag bei der 15th International Pragmatics Association Conference, Belfast.

Raymond, Geoffrey und John Heritage (2006): The epistemics of social relations. Owning grandchildren. In: Language in Society 35(5), 677–705.

Selting, Margret (1995): Prosodie im Gespräch. Aspekte einer interaktionalen Phonologie der Konversation. Tübingen: Niemeyer.

Selting, Margret (2004): Listen: Sequenzielle und prosodische Struktur einer kommunikativen Praktik – eine Untersuchung im Rahmen der Interaktionalen Linguistik. In: Zeitschrift für Sprachwissenschaft 23, 1–46.

Selting, Margret et al. (2009): Gesprächsanalytisches Transkriptionssystem 2 (GAT 2). In: Gesprächsforschung. Online-Zeitschrift zur verbalen Interaktion 10, 353–402.

Sidnell, Jack (2012): Who knows best. Evidentiality and epistemic asymmetry in conversation. In: Pragmatics and Society 3(2), 294–320.

Steensig, Jakob und Trine Heinemann (2013): When 'yes' is not enough – as an answer to a yes/no question. In: Szczepek Reed, Beatrice und Geoffrey Raymond (Hrsg.): Units of Talk – Units of Action. Amsterdam: Benjamins, 207–242.

Stivers, Tanya, Lorenza Mondada und Jakob Steensig (2011): Knowledge, morality and affiliation in social interaction. In: Stivers, Tanya, Lorenza Mondada und Jakob Steensig (Hrsg.): The Morality of Knowledge in Conversation. Cambridge: Cambridge University Press, 3–24.

Walker, Gareth (2012): Coordination and interpretation of vocal and visible resources: 'trail-off' conjunctions. In: Language and speech 55(1), 141–163.

Weinrich, Harald (2007): Textgrammatik der deutschen Sprache. Hildesheim: Georg Olms Verlag.

Weiß, Clarissa (2018): When gaze-selected next speakers do not take the turn. In: Journal of Pragmatics 133, 28–44.

Willkop, Eva-Maria (1988): Gliederungspartikeln im Dialog. München: Iudicium.

Zifonun, Gisela et al. (1997): Grammatik der deutschen Sprache. Berlin/New York: de Gruyter.

Heike Baldauf-Quilliatre und Wolfgang Imo
Pff

1 Einleitung

Bislang befassten sich Analysen aus dem Bereich der Interaktionalen Konstruktionsgrammatik meist mit lexikalischen (z. B. Auer 2006; Barth-Weingarten 2011; Deppermann 2009; Imo 2008, 2009, 2018), phraseologischen (Auer 2016; Birkner 2006, 2008; Bücker 2011; Günthner 2011b), syntaktischen (Barth-Weingarten /Couper-Kuhlen 2011; Birkner 2008a, b; Günthner 2006, 2015a, Imo 2007, 2014a, b, 2015b, c; Lanwer 2017) oder sequentiellen bzw. gattungsbezogenen (Barth-Weingarten 2009; Günthner 2006a, 2015b; Imo 2010) Mustern, bei denen jeweils konventionelle lexikalische Einheiten (Wörter) die Grundlage für die Bedeutungskonstitution bilden. Wenig Beachtung fanden dagegen „non-lexicalized vocalizations" (Baldauf 2016: 89; „vocalization" meint dabei etwas wie ‚Lautgebung' oder ‚Lautphänomen') wie Lachpartikeln, Seufzen, Weinen oder Stöhnen. Diese sprachlichen Einheiten wurden eher aus der Perspektive der Konversationsanalyse (z. B. Jefferson 1979; Hepburn/Potter 2012; Hoey 2014) oder der konversationsanalytisch orientierten Phonetik (z. B. Ogden 2013) analysiert. Bei Analysen dieser Ausdrücke stehen daher entsprechend stärker Konzepte wie Handlungen oder Praktiken im Mittelpunkt: Es wird gezeigt, an welchen sequentiellen Positionen in der Interaktion solche Lautphänomene vorkommen, wie sie strukturiert sind, wie die Interagierenden darauf reagieren und welche interaktionalen Funktionen sie haben. Nicht im Zentrum des Interesses steht dagegen deren grammatische Beschreibung. Selbst bei eigentlich relativ stark konventionalisierten Einheiten wie *oh* oder *ah* wird oft unter einer solchen Perspektive die Diskussion um den Einheitenstatus – wie beispielsweise in der Untersuchung von Reber (2012) zu Affektivität oder von Szczepek Reed (2014) zu Bewertungsäußerungen mit dem Adjektiv *süß* – dadurch umgangen, dass sie als „sound objects" (Reber) oder „assemblages" von Merkmalen (Szczepek Reed) bezeichnet werden. Dies ist sinnvoll, wenn es, wie bei Reber und Szczepek Reed, um die Untersuchung einer interaktionalen Praxis, des Markierens von Affektivität, geht, und das Augenmerk auf der Emergenz von Struktur und Bedeutung sowie auf der Indexikalität von Sprache und auf Kontextualisierungsprozessen liegt. Die Frage nach dem Einheitenstatus stellt sich aber dann, wenn man solche Lautphänomene im Rahmen von interaktionsgrammatischen Untersuchungen beschreiben will. Die klassische Kategorie der Interjektion weist dabei eine Reihe von Problemen auf (siehe auch Reber/Couper-Kuhlen 2010; Baldauf-Quilliatre 2018), auf die bisher nur ansatzweise Antworten gegeben wurden.

Auch bei dem im Fokus der vorliegenden Untersuchung stehenden *pff* handelt es sich um ein Lautphänomen, das eng mit dem Management von *Stance* (vgl. zu einer aktuellen Überblicksdarstellung zu *Stance-Taking* Couper-Kuhlen/Selting 2018) und Affektivität verbunden ist und dessen regelhafter Einsatz als *Stancemarker* unter einer konversationslinguistischen Perspektive für das Französische von Baldauf-Quilliatre (2016) bereits untersucht wurde. Da in jener Untersuchung nicht eine grammatische Beschreibung, sondern das Durchführen von Handlungen im Mittelpunkt stand, wurde dort der grammatische Status von *pff* nur in Ansätzen bestimmt. Stattdessen wurde in Orientierung an Reber von *sound objects* gesprochen. Die Analyse zeigt aber, dass für *pff* in französischen Interaktionen eine stabile Form-Funktions-Zuordnung vorliegt. Dies trifft auch für *pff* in deutschen Interaktionen zu. In einer Untersuchung von Lautäußerungen am Beispiel von *pff* zeigt Baldauf-Quilliatre (2018) zum einen, dass unter dem Phänomen *pff* eine Reihe von funktionell sehr verschiedenen Lautäußerungen zusammengefasst werden, die sich aber nicht nur in ihrer phonologischen und prosodischen Form voneinander abgrenzen, sondern bei denen die unterschiedlichen Formen jeweils mit unterschiedlichen Funktionen einhergehen. Zum anderen weist sie darauf hin, dass es je nach sequenzieller Umgebung deutliche und systematische Unterschiede zwischen diesen verschiedenen Lautäußerungen gibt.

Dies ist nun der Anlass, das phonetisch-prosodische Phänomen *pff* unter einer konstruktionsgrammatischen Perspektive – genauer unter der Perspektive der Interaktionalen Konstruktionsgrammatik (Imo 2015c) – näher zu betrachten. Als Datenmaterial wurden hierfür deutschsprachige Interaktionen aus dem *Forschungs- und Lehrkorpus FOLK* des *IDS Mannheim* ausgewählt. Die Frage lautet, ob es möglich ist, *pff* nicht lediglich als Lautphänomen, als *sound object* oder als eine immer nur lokal zu interpretierende, emergierende *assemblage* von sequentiellen, funktionalen und phonologisch-prosodischen Merkmalen, zu klassifizieren, sondern als Konstruktion mit einer relativ stabilen Form-Funktions-Korrelation.

2 Von *sound objects* zu Konstruktionen

Der Terminus *sound object* wurde von Reber (2012) in ihrer Untersuchung zur Markierung von Affektivität in der Interaktion eingeführt. Reber (2012: 12) schlägt die folgende Definition vor:

> To give a first, general definition, sound objects are described as conversational objects with minimal semantic content. Here the label sound object aims to reflect the fact that these objects are spoken language resources for which the sound pattern and its context-specific use are distinctive for the meaning. They include so-called 'primary interjections',

such as e.g. *oh*, *ah* and *ooh*, and non-lexical sounds such as clicks and whistling, which have been found to function similarly in talk-in-interaction.

Der Vorteil bei diesem Ansatz ist, dass eine große Gruppe von unterschiedlich stark konventionalisierten Einheiten erfasst wird, die alle dazu eingesetzt werden können, eine Reihe von mit der Markierung von Affektivität verbundene Handlungen durchzuführen, die jeweils bestimmte sequentielle Positionen einnehmen und die gesprächsorganisierende Funktionen haben. Zugleich umgeht man dabei die kontroversen Fragen nach dem lexikalischen Status dieser Einheiten (Reber 2012: 36).

Unbestreitbar ist, dass diese Einheiten nicht referentiell sind, keinen propositionalen Gehalt haben und nur schwer als Symbole klassifiziert werden können. Üblicherweise werden sie als ikonische oder indexikalische Zeichen eingestuft. Allerdings, so stellt Reber (2012: 39) fest, gilt – wie bereits von Garfinkel (1967) beschrieben – für die gesprochene Sprache (und nicht nur für diese), dass „all signs used in conversation, including interjections, are indexical". Eine systematische Ausgrenzung von Interjektionen (und *sound objects* allgemein) aus dem symbolischen Inventar ist also problematisch (siehe auch Baldauf-Quilliatre 2018). Darüber hinaus, so Reber (2012: 39), zeigt sich, dass, wenn man die Prosodie sowie die sequentiellen Positionen und die diskursorganisatorischen und beziehungsgestaltenden Funktionen von diesen *sound objects* systematisch mit in die Analyse einbezieht, sich Muster ergeben, die dafürsprechen, dass diese Einheiten doch in irgendeiner Weise – so unser Argument im vorliegenden Beitrag – als Konstruktionen erfasst werden können und es nicht nötig ist, mit dem Begriff *sound objects* eine Spezialkategorie zu schaffen. Reber (2012: 39) führt allerdings einen nicht ganz unwichtigen Grund an, warum *sound objects* als Konzept zu bevorzugen seien: Dieses Konzept sei besonders dazu geeignet, die zentrale Rolle der Prosodie zu betonen, die maßgeblich dazu beiträgt, die Bedeutungen der *sound objects* zu erzeugen:

> Because of the relevance of the sound shape of interjections for meaning construction, we will refer to conversational objects with minimal semantic content, which have traditionally been described as primary interjections, as sound objects. Since paralinguistic sounds such as clicks and whistling have been found to fulfil similar functions in talk-in-interaction, such objects are also classified as sound objects. Since prosody has been found to be relevant for the interactional and sequential functions of the instantiations of *oh*, *ooh*, and *ah*, we now outline major findings in the field of Prosody-in-Conversation and then concentrate on prosody and affectivity in the next section. (Reber 2012: 39)

Wenn auch Reber in ihrer Untersuchung explizit die Frage nach dem Einheitenstatus durch die Einführung des Terminus *sound object* umgeht – was damit zusammenhängt, dass diese Frage gar nicht im Zentrum ihrer Analyse steht – so lassen sich ihre Ergebnisse letztendlich als Plädoyer für die Behandlung von *sound objects* als Konstruktionen (und somit als Zeichen) interpretieren: Reber zeigt, dass die ‚packages' aus Lautform, Prosodie, sequenzieller Position und Funktion sehr stabil sind. Dies gilt beispielsweise für die Interjektion „ooh", die in drei Form-Funktions-Einheiten auftritt (Reber 2012: 168), für „ah", das zwei Form-Funktions-Einheiten bildet (wobei beide Funktionsseiten sich je nach Position noch jeweils in zwei Unterfunktionen aufteilen) (Reber 2012: 221), sowie für „clicks" und „whistles", die jeweils eine Form-Funktions-Einheit bilden (Reber 2012: 235).

Diese Form-Funktions-Einheiten sind nichts weiter als Konstruktionen, wie das von Reber als Resultat ihrer Analyse vorgeschlagene Schema zur Analyse von *sound objects* eindrücklich nahelegt: Die Analysebox, die jeweils Attribute wie „segmental substance", „prosodic-phonetic properties", „sequential placement", „sequence-organising function", „interactional function" und „subsequent turn expansion/other-speaker talk" enthält (Reber 2012: 249), denen dann die entsprechenden Werte zugeordnet werden, unterscheidet sich nicht von der aus der Konstruktionsgrammatik (und auch aus Ansätzen wie der HPSG) bekannten Attribut-Wert-Matrix, mit der Konstruktionen dargestellt werden.

Es kann also konstatiert werden, dass im Endeffekt die Analyse von Reber deutliche Belege für den Konstruktionsstatus von *sound objects* liefert.

Ähnliches wird auch in der Untersuchung von Baldauf-Quilliatre (2018) deutlich. In Anlehnung an Reber/Couper-Kuhlen (2010) plädiert sie für eine Eingliederung dieser Lautphänomene in die systematische Betrachtung von Sprache. Ihre Argumentation basiert dabei auf der grammatischen Kategorie *Interjektion* und ihrem problematischen Status. Am Beispiel von *pff* zeigt die Autorin, dass je nach sequenzieller Umgebung ein anderer *pff*-Laut verwendet wird, der semantisch, pragmatisch und interaktional andere Funktionen hat. Ihr Anliegen ist es dabei, die Unterscheidung zwischen nicht-sprachlichen interaktionalen Lautgebilden und sprachlichen Interjektionen zu hinterfragen.

Zu vergleichbaren Ergebnissen wie Reber kommt auch Szczepek Reed (2014) in ihrer Analyse des alleine stehenden Adjektivs *süß*, das sie als eine „assemblage" bezeichnet. Gemeint sind damit Verwendungsweisen wie in dem folgenden Beispiel aus Szczepek Reed (2014: 164): „In the case reported here, the issue at hand is the assemblage [*süß* + prosodic stylization + freestanding turn design], for example: <<high, tense, held pitch> ganz SÜ::ß->. This assemblage is found to perform highly affiliative and at times mitigating assessments of third parties in first position." In gleicher Argumentation wie Reber nennt Szczepek Reed dieses *süß* eine „assemblage", um auf die wichtige Rolle der Prosodie zu verweisen:

An analytical decision was made not to approach the phenomenon as a word (*süß*) that is accompanied by certain prosodic or sequential features (stylization, freestanding position). Instead, the whole bundle of features was presented together as equally significant. In doing so the analysis committed itself to that bundle, but not to other uses of a) *süß*, b) prosodic stylization, or c) freestanding turn design. The term 'assemblage' was chosen to refer to such bundles because it carries the notion of an emergent, active assembling of cues, which is well-fitted to the analysis of spontaneous talk.

Aus der Perspektive der Konstruktionsgrammatik könnte das erste Argument allerdings widerlegt werden: Wenn in einer Attribut-Wert-Matrix die Eigenschaften einer Konstruktion aufgelistet werden, dann wird gerade dadurch ja angezeigt, dass alle diese Merkmale gleich wichtig sind und nicht auf eine Einheit als sekundär ‚aufgesetzt' werden. Wichtiger ist dagegen das zweite Argument. Szczepek Reed betont, dass es sich bei dieser Verwendung von *süß* um ein prozessuales und situationales Phänomen handelt, das in der Interaktion erst entsteht. Diese Sichtweise trägt dem emergenten Charakter von Sprache, wie er u. a. von Hopper (1998) postuliert wurde, in besonderem Maße Rechnung.

Auf der anderen Seite scheint diese Verwendung aber auch wieder so routinisiert zu sein, dass sie auffällt – d. h., dass das alleine stehende *süß* sich ganz offenbar so stark von anderen Verwendungsweisen des Adjektivs unterscheidet, dass es in den Blick fällt. Genau aus diesem Grund wäre daher nun aus Sicht der Konstruktionsgrammatik zu fragen, ob diese *assemblage* auf Grund ihrer Routinisiertheit nicht bereits als Konstruktion angesehen werden könnte.

Bei Kategorien wie *sound object* oder *assemblage* handelt es sich somit also im Endeffekt um das Bemühen, kognitive Aspekte der Sprachverwendung konsequent auszuklammern, um stattdessen die lokale Emergenz von Struktur und Bedeutung als zentrales Charakteristikum von Sprachverwendung zu betonen. Bei einer solchen Herangehensweise wird impliziert, dass die Lautkette eines *sound objects* bestenfalls kontextualisierende Funktionen haben kann – was *sound objects* auf eine Ebene stellt mit prosodischen Mitteln, die, wie durch zahlreiche Studien aus den Bereichen der Interaktionalen Linguistik und Konversationsanalyse bekannt ist (vgl. exemplarisch den Sammelband von Couper-Kuhlen/Selting 1996 zu diesem Thema), ebenfalls kontextualisierende, aber nicht selbst bedeutungstragenden Rollen spielen (siehe aber auch Reber/Couper-Kuhlen 2010, die für eine Erweiterung der Kategorie Lexem in Bezug auf *Lautobjekte* argumentieren).

In den Hintergrund gedrängt wird dabei der Aspekt der Musterhaftigkeit, d. h. die Tatsache, dass die Interaktanten sprachliche Routinen einsetzen, um zu kommunizieren, und dass diese Routinen als mehr oder weniger stark sedimentierte Muster entsprechend auch einen kognitiven Status haben. An dieser Stelle setzt die Konstruktionsgrammatik an, die Sprachverwendung von der Seite der Routinisierung her betrachtet. Es ist daher empirisch zu überprüfen, ob es wirklich sinnvoll ist, Ausdrücke wie Gesprächspartikeln und Interjektionen, Seufzer, Lachpartikeln aber auch prosodische Muster wie Konturtypen u. ä. automatisch der Gruppe der kontextualisierenden Mittel zuzurechnen. Zwar sind Kontextualisierungsprozesse an sich natürlich ebenfalls Routinen und somit als geteiltes Wissen innerhalb einer Sprechergemeinschaft verfügbar. Zu klären ist aber, ob nicht dadurch, dass eine ursprünglich rein kontextualisierende Einheit immer wieder mit denselben Funktionen, in derselben Form, in derselben sequentiellen Position etc. vorkommt, sich daraus ableiten lassen kann, dass eine Routine vorliegt, die sich dann wiederum als Konstruktion beschreiben lassen kann (sofern man den Konstruktionsbegriff der Interaktionalen Linguistik heranzieht; s. u.). Unsere Argumentation ist, dass eine solche Entscheidung erst im Anschluss an eine empirische Analyse getroffen werden sollte (siehe dazu auch Baldauf-Quilliatre 2018).

Zunächst ist es notwendig, den hier verwendeten Konstruktionsbegriff zu klären. Die ‚klassische' Definition einer Konstruktion stammt dabei von Goldberg (1996: 4): „C is a construction iff$_{def}$ C is a form-meaning pair <F_i, S_i> such that some aspect of F_i or some aspect of S_i is not strictly predictable from C's component parts or from other previously established constructions." (Goldberg 1996: 4) Da es sich in dem vorliegenden Fall um eine Einheit handelt, die auf der Morphemebene angesiedelt ist, ergibt sich die nicht-Vorhersagbarkeit dabei automatisch: Alleine aus der Lautfolge oder auch, im Schriftlichen, Graphemfolge *pff* (bzw. den Varianten *pf*, *pfff* etc.) lässt sich nicht auf die Bedeutung schließen. Dies ist insofern eine banale Beobachtung, als sie zurückgeht auf die Definition von Wörtern als arbiträre Verbindungen von Laut- und Inhaltsseite bei Saussure. Diese Bezüge sind nicht zufällig, da das Konstruktionskonzept genau auf dieser arbiträren Koppelung von Form und Inhalt/Funktion beruht. Wie Croft (2001: 17) feststellt, besteht eine der zentralen Errungenschaften der Konstruktionsgrammatik darin, die Strukturverhältnisse umgedreht zu haben: Es stehen nun nicht mehr syntaktische und kompositorische Regeln im Mittelpunkt, die auf ein der Grammatik ausgelagertes Lexikon angewandt werden, sondern Lexikon und Grammatik sind im Kern dasselbe:

> The constructional tail has come to wag the syntactic dog: everything from words to the most general syntactic and semantic rules can be represented as constructions. [...] Construction Grammar's great attraction as a theory of grammar – not just syntax – is that it provides a uniform model of grammatical representation and at the same time captures a broader range of empirical phenomena than componential models of grammar.

Der Unterschied besteht lediglich in der internen Simplizität/Komplexität sowie Konkretheit/Abstraktheit: Ein Wort ist eine atomistische und spezifische, eine Wortart eine atomistische und abstrakte, ein Phraseologismus eine komplexe und spezifische und ein syntaktisches Muster eine komplexe und schematische Konstruktion (vgl. Croft 2001: 17 und für das Deutsche Imo 2007: 26–35). Langacker (1995: 153) bezeichnet diese qualitative Ähnlichkeit von Wörtern und grammatischen Mustern als „Lexikon-Syntax-Kontinuum": „Lexicon and grammar are thus conceived of as forming a continuum whose full and proper characterization reduces to assemblies of symbolic structures." Der Mehrwert einer konstruktionsgrammatischen Perspektive auf Einheiten auf der Wortebene gegenüber der traditionellen Sichtweise im Sinne Saussures ist, dass sowohl die Saussure'schen Komponenten der Formseite als auch der Inhaltsseite deutlich erweitert wurden. In der Entwicklung der Konstruktionsgrammatik erfolgte zunächst eine Ausweitung des Inhaltskonzepts.

Goldberg (1996: 68) zufolge bestehen Konstruktionen aus Koppelungen „of form with meaning/use", wobei dieser ‚Gebrauch' von Konstruktionen „facts about the use of entire constructions, including facts about registers, restricted dialect variation etc." (Goldberg 1996: 69) umfasse. Der gebrauchsbasierte Fokus der Konstruktionsgrammatik machte diesen Ansatz entsprechend für die empirisch orientierten Ansätze der Konversationsanalyse und Interaktionalen Linguistik attraktiv, bei denen schon immer die Bedeutung der sequentiellen Position, Interaktionsfunktion, Kommunikationssituation und Verschränkung mit jeweiligen kommunikativen Gattungen eine wichtige Rolle spielten. Sowohl Deppermann (2006a, 2011) als auch Fried/Östman (2005) stellten die konzeptionelle Nähe und die wechselseitige vorteilhafte Ergänzung von Konversationsanalyse/Interaktionaler Linguistik und Konstruktionsgrammatik heraus: Die Konstruktionsgrammatik profitiert von der kontextsensitiven, alle relevanten Interaktionsebenen umfassenden Beschreibung von sprachlichen Strukturen, die typisch für die Konversationsanalyse und Interaktionale Linguistik ist, während diese Ansätze umgekehrt von der kognitiven Ausrichtung der Konstruktionsgrammatik und deren Fokus auf eine grammatische Beschreibung profitieren.

Die Kombination von interaktionslinguistischen und konstruktionsgrammatischen Herangehensweisen führte zur Entwicklung des Ansatzes der *Interaktionalen Konstruktionsgrammatik* (Deppermann 2006b, 2011; Imo 2015a), zu der u. a. Arbeiten von Auer (2006), Birkner (2006, 2008a, b), Bücker/Günthner/Imo (2015), Deppermann (2006a, b; 2011), Fischer (2006, 2008, 2010), Fried/Östman (2005), Günthner (2006a, b, c, 2008, 2011a, b, 2015a, b, c), Imo (2006; 2007a, b; 2008, 2009, 2011a, b, 2012; 2014a, b; 2015a, b, c; 2017; 2018), Lanwer (2017), Schoonjans (2018) oder Zima/Brône (2011) gerechnet werden können. Der Konstruktionsbegriff der Interaktionalen Konstruktionsgrammatik ist deutlich offener als der der meisten anderen Ansätze in der Konstruktionsgrammatik:

> Unter Konstruktionen verstehe ich [...] unterschiedlich komplexe, konventionalisierte, rekurrente Sequenzen von Formen, die den Interagierenden zur Ausführung verschiedener interaktiver Funktionen zur Verfügung stehen. [...] Sie erleichtern insofern die Kommunikation, als sie die Indizierung und Interpretation mehr oder weniger vorbestimmter Muster in halbwegs verlässliche, bekannte und gewohnte Bahnen lenken. Konstruktionen sind somit als Bindeglieder zwischen sedimentierten Strukturen und emergenten Produkten in der konkreten Interaktionssituation zu betrachten. (Günthner 2007: 126)

Dieser deutlich vagere Konstruktionsbegriff hat damit zu tun, dass aus einer interaktionslinguistischen und gebrauchsbasierten Perspektive der Tatsache Rechnung getragen werden muss, dass sprachliche Mittel in ihrer konkreten Verwendung stets kontextsensitiv, mit einer gewissen Offenheit in Form und Funktion, eingesetzt werden (vgl. den bereits oben angesprochenen Ansatz der „emergent grammar" von Hopper (1998)).

Neben der Ausweitung der Inhaltsseite von Konstruktionen auf interaktionale Funktionen (Interaktionsmanagement, Modalisierung, Markierung von *Stance*, *Hedging* etc.) ist für die Interaktionale Konstruktionsgrammatik auch eine Ausweitung der Formseite wichtig: Hier sind vor allem die sequentielle Position als mögliche Konstruktionseigenschaft zu nennen (äußerungsprojizierend oder retrahierend, responsiv, an Anfang/Mitte/Ende von bestimmten kommunikativen Projekten wie Erzählungen etc.) sowie prosodische Eigenschaften und, in letzter Zeit vermehrt in den Blick genommen, multimodale Aspekte (zu letzteren u. a. Lanwer 2017 und Schoonjans 2018).

Als eine ‚Checkliste' für eine Analyse aus der Perspektive der Interaktionalen Konstruktionsgrammatik sind folgende Fragen zu stellen:
- Lassen sich routinisierte Verwendungsweisen der zu untersuchenden Einheit feststellen?
- Welche interaktionalen Funktionen hat sie?
- An welchen sequentiellen Positionen kommt sie vor?
- In welchen kommunikativen Kontexten oder Gattungen taucht sie auf?
- Welche Positionierungen nehmen die Interagierenden damit vor? Wie reagieren die RezipientInnen darauf?
- Gibt es feste prosodische Muster der Realisierung?

Diesen Fragen soll nun anhand einer empirischen Analyse von *pff* nachgegangen werden.

3 *pff* im gesprochenem Deutsch

Im Folgenden soll nun zuerst die bisherige Forschung zu *pff* rekapituliert werden (3.1), gefolgt von einer Darstellung der für die vorliegende Untersuchung verwendeten Daten (3.2) und der Analyse dieser Daten unter interaktionslinguistischer Perspektive (3.3). In Abschnitt 4 werden die so gewonnenen Erkenntnisse dann konstruktionsgrammatisch reinterpretiert.

3.1 Bisherige Forschung

Insgesamt kann konstatiert werden, dass die Forschung zu Vokalisierungen wie Lachpartikeln (Jefferson 1979), Aufschreien und Stöhnen (Baldauf 1998), Weinen (Hepburn/Potter 2012), Seufzen (Hoey 2014), aber auch zu Interjektionen generell eher gering ausfällt. Aus grammatisch-lexikalischer Sicht liegen einige mehr oder weniger umfangreiche Interjektionslisten und Beschreibungen zu solchen Einheiten vor (z. B. Nübling 2004), während aus konversationsanalytischer Perspektive einige mehr oder weniger systematische Studien zum interaktionalen Gebrauch von solchen Lautphänomenen durchgeführt wurden. Das hier im Zentrum stehende *pff* nimmt dabei eine gesonderte Stellung ein, da es teils zu den Interjektionen gezählt wird (und damit als Wortart Teil des Sprachsystems ist), teils als interaktionales Phänomen und *sound object* im Sinne Rebers gehandelt wird (und der Status damit nicht geklärt ist).

Im Deutschen findet man erste Angaben zu *pff* in einer phonetischen Untersuchung. Pompino-Marschall (2004), der 83 Interjektionen in einem Fernsehinterview analysiert, weist auf eine Interjektion *(p)ff* hin, die an dritter Stelle hinsichtlich ihrer Auftretenshäufigkeit rangiert. Sie kann auf verschiedene Arten realisiert werden; Pompino-Marschall zeigt zehn verschiedene Formen auf (entsprechend der phonetischen Realisierung des Lauts bzw. der Laute und ihrer Länge) und ordnet einige davon einer bestimmten Funktion zu (etwa als Zitieren im Rahmen einer direkten Redewiedergabe). In einer anderen Untersuchung (Baldauf-Quilliatre 2018) wird vor allem die sequenzielle Einbettung von *pff* analysiert. Die Autorin zeigt fünf verschiedene Handlungsstrukturen, die man mindestens zwei verschiedenen Funktionsgruppen zuordnen kann: zum einen *pff* als Einstellungsmarker nach einer Frage oder Erklärung, zum anderen *pff* als Anzeichen für Schwierigkeiten bei der Beantwortung einer Frage. Wir bauen auf diesen Analysen auf und präzisieren sie im weiteren Verlauf.

In einer empirischen Untersuchung zum Gebrauch von *pff* im Französischen (Baldauf-Quilliatre 2016) wird sehr detailliert eine spezifische Funktion beschrieben. Baldauf-Quilliatre (2016: 89) verwendet dabei den Terminus *sound object* zur Bezeichnung dieser Struktur, da ihr Interesse nicht an der Rekonstruktion des syntaktischen Status von *pff* besteht, sondern an dessen Funktionen im Kontext der Markierung von Aktivitätswechseln. Dabei wird *pff* wie folgt definiert: „'pf' is a non-vocalic, mostly bilabial, voiceless sound that varies in length and can be used in very different ways in an interaction, although it always seems to be related to affectivity and affective stance." (Baldauf-Quilliatre 2016: 89) Die handlungsbezogenen Funktionen beschreibt Baldauf-Quilliatre (2016: 90) folgendermaßen:

> 'pf' can be used as a device to indicate disengagement from a previously displayed stance, a previous action or, more generally, the on-going interaction. The speaker displays the difficulty or inability encountered in producing the relevant next turn or activity. This difficulty or inability is related, to some extent, to an affective stance, in particular disappointment, frustration, resignation or relief. In other cases, 'pf' is used to indicate alignment and an affective stance: the speaker recognizes and affiliates with the (mostly negative) stance conveyed by the previous speaker and indicates his own disappointment, indignation or relief.

Im Zentrum dieser Untersuchung stand dabei eine besondere Funktion von *pff*: Es ging nicht generell um alle Verwendungsweisen, in denen durch *pff* eine ‚Sprecherhaltung' (*stance*) markiert wird, sondern um solche Fälle, in denen ein Sprecher oder eine Sprecherin damit anzeigt, dass eine geplante oder laufende Aktivität unterbrochen oder geändert wird. Baldauf-Quilliatre (2016: 90) bezeichnet diese Funktion als „disengagement" im Sinne eines „change in orientation". Die Analysen ergaben, dass dieses spezielle *pff* stets in der gleichen Art und Weise realisiert wird. Es besteht aus einem schwach wahrnehmbaren bilabialen Plosiv, der von einem langen bilabialen Frikativ gefolgt wird. Die Analyse von Videoaufnahmen zeigte darüber hinaus, dass *pff* stets mit einem deutlich sichtbaren Schürzen der Lippen begleitet wird und mit anderen körperbezogenen Merkmalen (Veränderung der Körperhaltung, Wechsel des Blicks, Veränderung der Mimik) einhergeht.

Funktional zeigen Sprecherinnen und Sprecher mit diesem *pff* an, dass sie sich von einer zuvor geäußerten eigenen oder fremden Sprechereinstellung oder von einer eigenen oder fremden Handlung distanzieren und diese Handlung in der Folge verändern.

Während in der Analyse von Baldauf-Quilliatre (2016) das disalignierende *pff* im Fokus stand, das durch eine stabile Kookkurrenz aus phonologischer Form, sequentieller Platzierung und Funktion gekennzeichnet ist, stehen in der vorliegenden Untersuchung dagegen Verwendungsweisen im gesprochenen Deutsch im Mittelpunkt, die sich in allen der drei genannten Merkmalen unterscheiden: Bei diesen ist der bilabiale Plosiv deutlich wahrnehmbar, die sequentiellen Positionen sind andere und entsprechend ist das Funktionsspektrum auch ein anderes. Es zeigt sich, dass diese kookkurrenten Merkmale so stabil sind, dass es naheliegt, von Konstruktionen zu sprechen.

3.2 Daten

Die Untersuchung basiert auf einer Analyse von *pff* im *Forschungs- und Lehrkorpus (FOLK)* des *Instituts für Deutsche Sprache Mannheim*. In ihren Transkriptionskonventionen für das computergestützte Transkribieren mit GAT weisen Schmidt, Schütte & Winterscheidt (2015) darauf hin, dass bei nicht im Duden verzeichneten Lautäußerungen eine Schreibung bestimmt und konsistent angewendet werden sollte. Für *pff* schlagen sie in diesem Zusammenhang die Schreibung *pff* vor, um eine Verwechslung mit dem Abbruch eines Wortes, das mit *pf* beginnt, zu vermeiden. Davon ausgehend wurde <pff> zunächst unter dieser Schreibweise als Token in der DGD gesucht und 296 Einträge gefunden (Stand: 14.02.2018). Zur Kontrolle wurde eine zweite Suche mit <pf> durchgeführt. Diese ergab 79 Einträge. Anschließend wurden alle Beispiele von *pff* und *pf* angehört und die Ausschnitte aussortiert, in denen es sich nicht um eine Lautäußerung *pff* handelt (z. B. Wortabbruch, Lachpartikel, Prusten) oder in denen *pff* nicht hörbar war (etwa, weil es sich vor einem unkenntlich gemachten Namen befand). Die übrig gebliebenen 326 Ausschnitte wurden zunächst nach Turnposition (freistehend, am Turnbeginn, im Turn, am Turnende) und sequenzieller Position klassifiziert. Dadurch entstanden verschiedene Gruppen, die wir im Weiteren genauer untersucht und auf ihren potentiellen Konstruktionsstatus hin eingeordnet haben, indem nach rekurrenten Verbindungen aus Form, sequenzieller Position und Funktion gefragt wurde.

Drei besonders interessante Kollektionen werden im folgenden Absatz näher betrachtet:

Bei der ersten Gruppe (19 Fälle) handelt es sich um *pff* allein oder gemeinsam mit anderen Partikeln am Turnbeginn. Der nachfolgende Turn schließt direkt an und ist nicht durch eine Pause von *pff* getrennt; ob es sich dabei um eine Integration handelt oder nicht, lässt sich bei einem stimmlosen Laut nur schwer entscheiden. Der Turn stellt eine Bewertung dar oder einen Kommentar im weiteren Sinne, als ersten oder zweiten Schritt, aber keinesfalls eine Antwort im Rahmen einer Frage-Antwort-Sequenz.

Die zweite Gruppe umfasst zwei ähnliche Verwendungsweisen von *pff* am Turnbeginn, nach einem Sprecherwechsel, in der Regel nach einer Frage oder Bitte (23 Fälle) oder in Turnmitte, meist bei langen Turns wie Erzählungen oder Erklärungen (34 Fälle). In diesem Fall tritt *pff* gemeinsam mit anderen

Zögerungssignalen wie *äh* oder *ähm*, Pausen, Wiederholungen und Reparaturen auf. In beiden Turnpositionen werden Schwierigkeiten mit dem zu realisierenden Turn angezeigt, entweder Formulierungsschwierigkeiten (Gülich 2005; Günthner 2006c) oder Schwierigkeiten mit der Produktion des projizierten Turns.

Eine dritte, relativ kleine Gruppe betrifft *pff* am Ende einer Turnkonstruktionseinheit nach einem Konnektor wie *aber*, *deswegen* oder *also* (11 Fälle). Der Turn endet mit der Einheit [Konnektor + *pff*] und es kommt entweder zu einem Sprecherwechsel oder derselbe Sprecher ergreift nach einer Pause wieder das Wort und beginnt eine neue syntaktische Konstruktion.

Wir haben diese drei Kollektionen ausgewählt, da sie deutlich verschiedene Verwendungsweisen von *pff* zeigen, sowohl hinsichtlich der Sequenzposition und der Turnposition als auch hinsichtlich der phonetischen Realisierung. Andere, hier nicht weiter behandelte, (große) Kollektionen umfassen etwa *pff* in Frage-Antwort-Sequenzen.

3.3 *pff* als Konstruktion?

3.3.1 *pff* vor Bewertungen und Kommentaren

Eine erste Funktion von *pff* besteht darin, eine Bewertung oder einen Kommentar einzuleiten. Im Falle der Einleitung einer Bewertung handelt es sich dabei immer um eine negative Bewertung; ebenso stehen Kommentare oft im Zusammenhang mit negativen Bewertungen, die bereits geäußert wurden oder im weiteren Verlauf des Gesprächs geäußert werden. Mit *pff* werden diese negativen Bewertungen angekündigt bzw. retrospektiv erneut relevant gesetzt. Im letzteren Fall bezieht man sich auf eine bereits zuvor geäußerte Bewertung. Gleichzeitig drückt *pff* eine emotionale Einstellung zu der Bewertung oder dem Kommentar bzw. zu dem Objekt des Kommentars oder der Bewertung aus: Die ProduzentInnen von *pff* inszenieren damit, dass ihnen die Worte fehlen, um die Bewertung auf andere Weise verbal zu äußern. Warum dies so ist, muss von den RezipientInnen aus dem weiteren sequenziellen und situativen Kontext erschlossen werden.

An zwei Beispielen soll dies im Folgenden näher erläutert werden. Im ersten Beispiel diskutieren Thea, ihre Mutter Foline und Theas Freundin Astrid über Schulprobleme von Kindern, die zu Hause nur plattdeutsch gesprochen haben. Thea berichtet aus ihrer Kinderzeit, in der viele Kinder plattdeutsch sprachen und ihrer Ansicht nach dadurch Probleme mit der standarddeutschen Grammatik hatten.

Beispiel 1: Alltagsgespräch FOLK E 00161 SE 01 T 01

```
092   Thea      hier doris a ne äh mei meine couSIne;
093   Foline    ja;
094             (0.42)
095   Thea      die is äh (.) is_n jahr ÄLter,
096             (0.37)
097   Thea      is aber mit MIR Eingeschult worden;
098             (0.71)
099   Thea      waRUM,
100             (.)
101   Thea      äh ach weil_se im okTOber ers sechs geworden is so,
102             un da ham sie noch n jahr geWARtet;
103             mit mir EINge [schult] worden.
104   Foline                  [hmhm;  ]
105             (0.83)
106   Thea      die hatte am anfang SOLche schwIErigkeiten,
107             (.)
108   Thea      [oder hier] noch ne ANdere freundin von früher;
109   Foline    [mhm;     ]
110   Thea      (.) COsima,
111             (0.78)
112   Foline    ach DIE, (.)
113             ja.
114   Thea      DIE- (.)
115      →      also pff das das ging GAR nich.
116             [also das waren;]
117   Foline    [hmhm;       hm;]
118             (.)
119   Thea      STIMMT,
120             jetzt fällts mir wieder EIN.
```

Zunächst führt Thea als erstes Beispiel für Kinder, die Probleme mit der Grammatik hatten, ihre Kusine Doris an, die ein Jahr später als sie eingeschult worden war und große Schwierigkeiten in der Schule hatte (Z. 95–104). Ab Zeile 108 beginnt sie mit einem zweiten, durch den disjunktiven Konnektor „oder" eingeleiteten Beispiel, das sich auf eine „ANdere freundin von früher" (Z. 108) bezieht, die das gleiche Problem mit dem Erwerb der standardsprachlichen Grammatik hatte. Die Konstruktion dieses zweiten Beispiels ist zunächst parallel zu der für das erste Beispiel (die Probleme ihrer Kusine Doris) angelegt: Dort wird erst eine Nominalgruppe eingeführt, die dann durch ein Pronomen „d-" in einer Linksversetzung bzw. Referenz-Aussage-Struktur (Duden 2009: 1210–1211) wieder aufgegriffen wird: NG [+ Erweiterungen], *die* + Verb + Objekt (*doris [...] die hatte solche schwierigkeiten*).

Im zweiten Beispiel (die Probleme der anderen Freundin) beginnt die Sprecherin vergleichbar („ne ANdere freundin von früher (.) Cosima; Z. 108–110). Sie bricht jedoch in Zeile 114 die Konstruktion ab und leitet nach einer Mikropause mit dem Diskursmarker „also" eine Reformulierung oder Konklusion ein. Es erfolgt zunächst die Lautäußerung „pff" mit der Dauer von 0.32 Sekunden, einem deutlich wahrnehmbaren bilabialen Plosiv und einem ebenso deutlich wahrnehmbaren labialen Frikativ[1] und anschließend eine Bewertung („das das ging GAR nich"; Z. 115), deren Bewertungsobjekt nur durch das vorangegangene Beispiel bzw. die vorangegangenen Turns erschlossen werden kann. Mit dieser Bewertung markiert Thea eine Steigerung im Vergleich zum ersten Beispiel: Während die Kusine „schwIErigkeiten" hatte, ging es bei der Freundin „GAR nich" mehr.

Das der Bewertung vorausgehende *pff* kündigt diese negative Bewertung an und verbindet sie mit der zuvor geäußerten Bewertung in Zeile 105. Gleichzeitig zeigt es an, dass der Sprecherin zumindest vorerst die Worte fehlen, um diese Bewertung auszudrücken. Anzeichen dafür sind u. a. der Konstruktionsabbruch und der Neuanfang mit „also" sowie die Wiederholung des Pronomens zu Beginn der nachfolgenden Bewertung. Über das Warum lässt sich hier nur spekulieren, da die Teilnehmer keine Aufzeigepraktiken realisieren, die Aufschluss darüber geben könnten. Wesentlich ist, dass die Bewertung direkt angeschlossen ist und nicht durch eine Pause oder Zögerungssignale von *pff* getrennt ist.

Beim zweiten Beispiel handelt es sich um einen Ausschnitt aus einer Spielinteraktion zwischen einem Vater und seinen beiden Töchtern Nina und Sabine. Die drei spielen Monopoly und der Ausschnitt setzt am Ende des Spiels ein: Sabine schuldet Nina Geld im Rahmen des Spiels, besitzt aber keins mehr, und damit wird das Spiel für beendet erklärt. Sabine hat jedoch eine Lösung gefunden: sie will ein Haus mit einer Hypothek belasten, um somit ihre Schulden bezahlen zu können. Das Spiel geht weiter. Der Vater ist Mitspieler, hält jedoch gleichzeitig die Bank und wickelt die Transaktion mit Sabine ab.

---

[1] In den hier untersuchten Kollektionen scheint es keinen Unterschied zwischen der Verwendung eines labialen Frikativs [ɸ] und eines bilabialen Frikativs [f] zu geben. Wir behalten deshalb durchgängig die Schreibung „pff" bei.

Beispiel 2: Spielinteraktion FOLK E 00011 SE 01 T 07

```
435   Vater       ((würfelt))
436               (2.73)
437   Sabine      DANN kannsts ham.
438               (3.99)
439   Vater    →  pff ELF,
440               (1.48)
441   Vater       ich WECHsel mal der bank,
442               (1.29)
443   Vater       HUNdertdreißig.
```

Der Vater würfelt und kümmert sich gleichzeitig um Sabines Hypothek. Seinen Wurf kommentiert er in Zeile 439 mit „pff ELF", ohne im weiteren Verlauf wieder darauf zurückzukommen (das *pff* hat eine Dauer von 0.49 Sekunden und besteht aus einem deutlich wahrnehmbaren bilabialen Plosiv und einem deutlichen labiodentalen Frikativ). Auch von den anderen beiden Teilnehmerinnen wird nicht hörbar auf den Turn Bezug genommen. Der Vater verbalisiert in seinem Turn die gewürfelte Zahl. Die Zahl kann für ihn positive oder negative Auswirkungen im Spiel haben, je nachdem, auf welches Feld er dadurch gelangt. Es kann sich jedoch auch um einen ‚langweiligen Spielzug' handeln, wenn nämlich (aus Sicht des Spielers) nichts passiert. Welche dieser drei Auswirkungen hier vorliegt, lässt sich nicht eindeutig feststellen. Entsprechend bleibt hier offen, ob *pff* eher Freude, Ärger, Genervt-Sein oder schlicht abwartendes Nachdenken kundtut. Die Hauptfunktion besteht darin, dass damit das Spiel selbst als soziales Geschehen konstruiert wird: Die Verbalisierung des Spielzugs wird durch *pff* eingeleitet. Dieses *pff* lässt sich allerdings insofern als Einstellungsmarker interpretieren, wenn man strukturell ähnliche Belege wie in Beispiel 1 heranzieht, in denen *pff* in eindeutig beobachtbarer Verbindung zu negativen Bewertungen steht.

Was die phonologische und prosodische Form von *pff* angeht, so ist zu sagen, dass die Verwendung von [ɸ] oder [f] in unseren Daten keine Rolle für die Interpretation des Einstellungsmarkers spielt. In beiden hier präsentierten Beispielen handelt es sich bei dem *pff* um eine relativ lange Lautäußerung (andere Beispiele weisen sogar Längungen im Umfang von bis zu etwa einer Sekunde auf). Auch wenn der Plosiv in den hier angeführten Ausschnitten relativ deutlich wahrnehmbar war, verliert er durch die Längung an Bedeutung gegenüber dem zum Teil sehr langen frikativischen Laut. Es kann sich dabei um einen labiodentalen Frikativ (wie in Beispiel 2) oder einen labialen Frikativ (Beispiel 1) handeln. Der labiale Frikativ, der in den Daten am häufigsten auftritt, ähnelt einem hörbaren Ausatmen oder besser ‚Pusten'.

3.3.2 *pff* im Kontext von Zögerungssignalen und Vagheitsausdrücken

Pff tritt sowohl zu Turnbeginn als auch in der Turnmitte regelmäßig gemeinsam mit Pausen, Zögerungssignalen wie *äh* oder *ähm* oder Lexemen auf, die Unsicherheit (Vagheitsausdrücke wie *irgendwie* oder *nich unbedingt*) oder Nicht-Wissen (*keine Ahnung, weiß ich nicht* etc.) anzeigen. Es kann sich dabei um Antwortturns handeln oder um längere monologische Turns wie Erklärungen, Berichte, Erzählungen o. ä. *Pff* steht dabei in der Regel am Anfang der Verzögerung, das heißt nach einer Pause (wenn vorhanden), meist vor weiteren lexikalischen Einheiten der Zögerungsmarkierung und vor oder nach Zögerungssignalen wie *äh* oder *ähm*.

Die folgenden drei Beispiele verdeutlichen die Funktion von *pff* in dieser Art von Turns bzw. Sequenzen. Ausschnitt 3 und 4 zeigen Beispiele mit *pff* am Turnanfang, Ausschnitt 5 zeigt ein Beispiel mit *pff* in Turnmitte. Der erste Ausschnitt (Beispiel 3) stammt aus einem Telefongespräch zwischen zwei Freundinnen:

Beispiel 3: Telefongespräch FOLK E 00084 SE 01 T 03

```
230   Finja      na ja hast du un äh guckst du (.) oLYMpia,
231              NEE_ne,
232              (2.14)
233   Evelyn     jEtz grAde die erÖFFnung und dann oder was-
234              (0.28)
235   Finja      ja,
236              (0.68)
237   Evelyn →   JA:- pff
238              WEIß ich nich.
239              (0.39)
240   Evelyn     NÖ;
241              nich unbeDINGT. (.) °h
242              (0.22)
243   Evelyn     die erÖFFnung_nEE;
244              (0.98)
245   Finj       nee;
246   Evelyn     nee;
```

In Z. 230 fragt Finja ihre Freundin Evelyn, ob sie sich die Olympischen Spiele im Fernsehen anschaut. Sie bietet gleichzeitig mit „nEE_ne," eine mögliche abschlägige Antwort als *candidate answer query* (Pomerantz 1988, 2012) an. Auf diese Frage erfolgt eine für Telefongespräche lange Pause, auf die allerdings im Gespräch nicht Bezug genommen wird. Erst nach mehr als zwei Sekunden fragt

Evelyn in Z. 233 nach, indem sie eine Präzisierung anbietet – nämlich ob die Frage die Eröffnungsveranstaltung der Olympischen Spiele betrifft. Finja bestätigt diese Präzisierung. Nach einer wiederum relativ langen Pause (Z. 236) produziert Evelyn den Antwortturn, der sich über drei durch Pausen voneinander getrennte Intonationsphrasen erstreckt. Sie weist zunächst das Antwortangebot zurück, indem sie deutlich macht, dass sie die Frage zum jetzigen Zeitpunkt noch nicht mit *ja* oder *nein* beantworten kann (Z. 238), stimmt anschließend dem Antwortangebot zu, modalisiert es jedoch („nich unbeDINGT", Z. 241) und beantwortet die Frage schließlich eindeutig negativ („nEE; Z. 243).

Die erste Intonationsphrase in Zeile 237 wird nach einer längeren Pause mit dem Diskursmarker „JA:" und der Lautäußerung „pff" mit einer Dauer von 0.19 Sekunden, einem deutlich wahrnehmbaren bilabialen Plosiv und einem labialen Frikativ eingeleitet. Es handelt sich bei der gesamten Einheit um eine einzige Intonationsphrase, so dass *ja* hier nicht als Antwortpartikel interpretiert werden kann. Gemeinsam mit Pausen oder Vagheitsausdrücken (König 2014) wird *pff* dazu benutzt, um anzuzeigen, dass die Beantwortung der Frage schwierig oder problematisch ist. Gleichzeitig wird durch *pff* eine emotionale Einstellung deutlich, die durch die prosodische Struktur eng mit der nachfolgenden Konstruktion „wEiß ich nich" verbunden ist. Die Antwort ist nicht klar und eindeutig, sondern wird als zögerlich und unsicher angezeigt, was sich durch die weitere und schrittweise Entwicklung der Antwort in den nachfolgenden Einheiten bestätigt. Die Schwierigkeit, die u. a. durch *pff* angezeigt wird, betrifft nicht die Formulierung (etwa die Suche nach dem geeigneten Wort), sondern die Realisierung des durch die Entscheidungsfrage projizierten Turns (erwartet wird hier eine Antwort mit *ja* oder *nein*).

Auch im folgenden Ausschnitt findet sich *pff* in einem Antwortturn nach einer Frage, die Funktion ist ebenfalls sehr ähnlich. Im Rahmen eines sprachbiografischen Interviews fragt der Interviewer MF den Gymnasialschüler CHE3, ob man ihn schon einmal irgendwo an seinem (sächsischen) Dialekt erkannt hat.

Beispiel 4: Sprachbiografisches Interview FOLK E 000129 SE 1 T 01
```
822    MF      °h h° ähm ist es dir schon mal passiert in einer andern
               reGION,
823            oder äh von leuten die dich eigentlich NICHT kennen,
824            dass du an deiner SPRAche von denen erkannt worden bist,
825            (0.46)
826    MF      woher du KOMMST,
827            (0.57)
828    CHE3→   pf[f         ]
829    MF         [also (.) im] URlaub passiert das am Ehesten? (.)
```

```
830            (.) Oder-
831            (0.43)
832   MF       °hhhh
833   CHE3     pff (.) <<pp> lululuf> NEE eher nich,
834            also im URlaub da sprechen wa,
835            (.)
836            ham_mer meistens ENGlisch gesprochen halt,
```

Genau wie im vorangegangenen Ausschnitt antwortet CHE3 nicht sofort; erst nach einer Pause von 0.57 Sekunden erfolgt die Lautäußerung „pff" (Z. 828) mit einer Dauer von 0.57 Sekunden, einem deutlich wahrnehmbaren bilabialen Plosiv und einem labialen Frikativ. Allerdings handelt es sich dabei nicht um eine ausreichende Antwort auf die Frage. Der Interviewer präzisiert daher in Überlappung noch einmal seine Frage (Z. 829), diesmal mit einem Antwortangebot (Pomerantz 1988; 2012). Auch auf dieses Antwortangebot erfolgt zunächst eine signifikante Pause. Danach leitet der Interviewte mit „pff" und einer weiteren Lautäußerung nach einer Mikropause eine Verneinung ein, die aber durch „am Ehesten" als vage und zögerlich angezeigt wird (Z. 829). In einem Account (Z. 834–836) führt er dann einen Grund für die Verneinung an. Beide „pff" sind hier im Rahmen einer verzögerten Antwort zu sehen. Sie verdeutlichen, dass der Sprecher Schwierigkeiten mit der Beantwortung der Frage hat. In Zeile 828 verzögert „pff" die Antwort, und der Interviewer reagiert darauf mit einer Hilfestellung. Dies entspricht der Struktur, die von Pomerantz (1988: 367) als mögliche Funktion von *candidate answer queries* beschrieben wurde. In Zeile 833 reiht sich „pff" in eine Reihe von Mitteln und Verfahren ein, die anzeigen, dass die Beantwortung der Frage trotz des Antwortangebots schwierig bleibt. Wie im vorangegangenen Beispiel handelt es sich um eine Entscheidungsfrage, die eine Antwort mit *ja* oder *nein* projiziert. Der Sprecher zeigt hier aber, dass ihm genau diese Art von Antwort Schwierigkeiten bereitet.

In beiden eben diskutierten Beispielen befindet sich *pff* in Antwortturns am Turnbeginn und macht, gemeinsam mit anderen Zögerungsmitteln, deutlich, dass die von der oder dem Fragenden projizierte Antwort aus irgendeinem Grund schwierig oder problematisch ist.

Das nächste Beispiel illustriert eine andere Art von Unsicherheit. Strukturell wird diese Unsicherheit dadurch interaktional sichtbar gemacht, dass Formulierungsarbeit (Gülich & Kotschi 1996) offengelegt wird. Es handelt sich hier nicht um eine Frage-Antwort-Sequenz, sondern um eine längere Beschreibung einer hypothetischen Situation im Rahmen einer Argumentationssequenz: Während eines Treffens diskutieren die Mitglieder einer Band über einen eventuellen Vertrag mit einem Musiklabel.

Beispiel 5: Bandbesprechung FOLK E 00044 SE 01 T 01

```
709   Carl   also wir könn ja grUndsätzlich sagen wir bieten den nich
             zum DOWNload an,
710          sondern nur in form von strEAmingvideos mit ner nIEderen
             qualiTÄT.
711          °h also das is NIEdere qualität was du auf-
712   Adam   hmhm;
713   Carl   bei YOUtube,
714          [un °h un          d]ie SAgen dann halt,
715   Karl   [automAtisch ja. ]
716   Carl   SECH[zehn ] bit,
717   Adam       [hmhm.]
718          (0.51)
719          ce DE qualität haben wIr,
720      →   IHR habt dann halt äh- pff
721          (0.34)
722          <<pp, rall> keine AHnung.>
723          (0.37)
724          ZWÖLF bit;
725          (0.38)
726          irgendWAS;
727          (0.74)
728   AH     ((schmatzt)) ja;
729   CT     °h (.) das könnte man das könnte man vertraglich FESTlegen.
```

Ab Zeile 709 schlägt Carl eine Möglichkeit vor, die Musik der Gruppe weiterhin frei im Internet anbieten zu können, nämlich als Streamingvideos mit niederer Qualität. In einem Account beginnt er anschließend in Zeile 712 eine Erklärung, was unter „NIEdere qualität" zu verstehen sei. Nachdem Karl in Überlappung anzeigt, dass er weiß, was damit gemeint ist (Z. 715), bricht Carl seine Konstruktion ab und beginnt eine fiktive direkte Redewiedergabe des Musiklabels, um seinen Vorschlag zu verdeutlichen (Z. 714–724). Die Redewiedergabe besteht aus einer zweiteiligen Konstruktion (*wir haben X, ihr habt Y*). Während der erste Teil („SECHzehn bit ce DE qualität haben wIr"), abgesehen von einer Pause, ohne Zögerungsphänomene produziert wird, beginnt der zweite Teil vor Y zu stocken und wird mit sehr viel Verzögerung produziert: Nach der Modalpartikel „halt" enthält der Turn die Zögerungspartikel „äh" und ein „pff" in der Dauer von 0.23 Sekunden mit einem hörbaren bilabialen Plosiv und einem labialen Frikativ. Danach erfolgt eine Pause, ein Modalisierungsausdruck („keine AHnung"), eine weitere Pause, der Y-Teil („ZWÖLF bit"), wieder eine Pause und ein weiterer Vagheitsausdruck („irgendWAS"). Alle diese Mittel tragen dazu bei, die angeführten *zwölf Bit* als ungefähre und nicht bindende Angabe anzuzeigen und zugleich Irrelevanz zu markieren: Die Angabe der Bitzahl wird als nicht allzu relevant angezeigt. Bemerkenswert ist hier auch der eher seltene Fall einer Pause nach „äh pff" (Z. 720–722).

Im Gegensatz zu den vorangegangenen Ausschnitten geht es bei der Verwendung von *pff* dieses Typs also nicht darum, Unsicherheiten oder Schwierigkeiten bei der Produktion des entsprechenden Turns (der Antwort) zu verdeutlichen, sondern ein Lexem, eine Konstruktion, eine Angabe o. ä. als unsicher, vage oder ungenau zu markieren und dabei auch auf die vergleichsweise geringe Relevanz der Angabe zu verweisen. Wir betrachten beide Fälle gemeinsam, weil die Verbindung von Unsicherheit und Ungenauigkeit, so wie in Beispiel 5, im untersuchten Korpus kein Einzelfall ist: Zusammen mit dem Heckenausdruck „keine AHnung", dem Irrelevanzmarker (vgl. Leuschner 2000 und Bergmann 2017) „irgendWAS", den zahlreichen Pausen und der Zögerungspartikel „äh" dient „pff" in Ausschnitt 5 dazu, zugleich die Unsicherheit des Sprechers anzuzeigen und die Irrelevanz einer genauen Angabe zu markieren. Generell finden sich in allen drei Beispielen (Bsp. 3–5) die gleichen Mittel, wenn auch in zwei unterschiedlichen sequenziellen Positionen. In keinen der untersuchten Sequenzen und Turns allerdings handelt es sich dabei um die Suche nach dem treffenden Wort (*word search*), sondern immer geht es um die Suche nach der richtigen oder am ehesten zutreffenden Angabe.

Im Vergleich zur ersten Gruppe in Abschnitt (i) findet sich hier ein breites Spektrum von Realisierungsmöglichkeiten bezüglich der phonologischen und prosodischen Form. Die Lautäußerung kann mehr oder weniger lang und mehr oder weniger intensiv sein, sie kann mit labialem oder labiodentalem Frikativ produziert werden, der Plosiv zu Beginn kann mehr oder weniger deutlich wahrnehmbar sein.

3.3.3 *pff* am Turnende nach einem Konnektor

Am Turnende tritt *pff* im Korpus regelmäßig nach *also* und *aber* bzw. *deswegen* auf. Auch wenn es sich um eine relativ kleine Gruppe von Fällen handelt, lässt die Regelmäßigkeit darauf schließen, dass es hier kein Konstruktionsabbruch vorliegt, sondern dass *pff* eine eigenständige und spezifische Funktion erfüllt. Gestützt wird diese Einschätzung durch die sprachkontrastive Beobachtung, dass es auch im Französischen eine vergleichbare und relativ große Gruppe von Fällen dieser Art mit gleichem Funktionsspektrum gibt (Baldauf-Quilliatre i. V.).

In den untersuchten Fällen leiten *aber* bzw. *deswegen* als Konnektoren ein Gegenargument bzw. eine Folge ein, die aber im Rahmen der Interaktion bereits angesprochen wurden oder zumindest als bekannt vorausgesetzt werden. *Also* markiert die nachfolgende Einheit als Schlussfolgerung der vorangegangenen Turns bzw. der Turnkonstruktionseinheiten. Auch in diesem Fall ist die Schlussfolgerung bereits zuvor mehr oder weniger explizit gezogen worden. *Pff* verdeutlicht hier zum einen, dass es sich nicht um einen Konstruktionsabbruch handelt, sondern dass der Teilnehmer die Konstruktion als vollständig markiert: Wenn Gegenargument, Folge oder Schlussfolgerung nicht expliziert werden, so ist dies ein Anzeichen dafür, dass es aus Sicht des Sprechers einer Explizierung nicht bedarf. Zum anderen zeigt *pff* hier, ähnlich wie vor einer Bewertung, eine emotionale Einstellung an, nämlich dass es der Sprecherin oder dem Sprecher nicht nötig bzw. überflüssig oder zu viel erscheint, noch einmal zu reformulieren, was schon gesagt worden ist – es markiert die Irrelevanz einer weiteren Ausführung.

Im weiteren Verlauf sollen zwei Beispiele ausführlicher diskutiert werden. Beim ersten Beispiel handelt es sich um einen Ausschnitt aus einem Gespräch während einer Pause im Theater, in dem das Ehepaar Madita und Jaromir über die Rolle von Gewerkschaften und Betriebsräten in den USA diskutiert. Jaromir hatte behauptet, dass Betriebsräte in den USA so gut wie nicht existieren. Der Ausschnitt setzt mit einem Einwand Maditas ein: Ihrer Ansicht nach müssen ausgewanderte Deutsche die „idee des betriebsrates" doch mitgebracht haben (Z. 438–442).

Beispiel 6: Pausengespräch FOLK E 00088 T 02

```
0433   Madita    äh also die FIRmenpolitik is ja so Ähnlich wahrscheinlich
                 wie in deutschland,
0434             oder gl genau GLEICH,
0435             °hh und es gibt bestimmt viele DEUtsche,
0436             (.) die da auch äh HINgeführt wurden,
0437             um da das (.) geschäft so zu (walten) so zu verWALten,
0438             °h [un_DIE haben ja die idee] des betriebsrates und so was;
0439   Jaromir   jaja [KLAR also zumindest-  ]
       Madita    doch da bestimmt AUCH,
0440             (0.38)
0441   Jaromir   nee;
0442   Madita    mit EINgebracht.
0443   Jaromir   nee das is ja ähm für (0.26) dIe nich wirklich von inTRESse.
0444             (0.26)
0445   Jaromir   °h
0446             (0.22)
0447   Jaromir   betrIebsräte die ham dann ja_n großes MITbestimmungsrecht.
0448             un wenn das in amerikanischem RECHT nicht so vorhanden is,
```

```
0449                      dann finden die das ja eher GUT,
0450    Madita            °hhh also das is du meinst das is RECHTlich einfach nich
                          [vorhanden,]
0451    Jaromir           [des is-   ]
0452                      JA kuck mal;
0453                      die Arbeitsumstände die werden ja immer dem LAND
                          angepasst;
0454                      in dem du dann grade deine filiAle aufmachst.
0455                      (0.26)
0456    Jaromir  →        desWEgen- (0.21) pff
0457                      ((Klicklaut))
0458    Madita            aber du MEINST das is in amerika so dass die kEine
                          betriebsräte er[lAuben oder-          ]
0459    Jaromir                          [das WEIß ich nich.]
0460                      (0.46)
0461    Jaromir           ich hab keine AHnung.
```

Jaromir widerspricht und erklärt anschließend, dass und warum die ausgewanderten deutschen Firmenchefs gar kein Interesse an der Existenz eines Betriebsrates haben (Z. 441–449). Madita stellt daraufhin eine Nachfrage in Hinblick auf das amerikanische Recht in Bezug auf die Existenz von Betriebsräten (Z. 450). Die Frage, die bereits eine Antwort suggeriert – dass es nämlich in den USA kein gesetzlich geregeltes Recht auf Mitbestimmung der Angestellten in Betrieben gibt (*candidate answer query*) – wird von Jaromir zustimmend beantwortet („JA", Z. 452) und begründet („die Arbeitsumstände [...] werden ja immer dem LAND angepasst", Z. 453). Nach einer kurzen Pause projiziert Jaromir eine Schlussfolgerung („desWEgen", Z. 456), die er allerdings nicht expliziert. Der Turn wird mit einem abschließenden „pff" beendet. Es handelt sich dabei um einen deutlich wahrnehmbaren bilabialen Plosiv und einen bilabialen Frikativ mit einer Dauer von insgesamt 0.22 Sekunden. Madita kommt daraufhin erneut auf ihre Nachfrage zurück und präzisiert sie: es geht ihr darum, ob Betriebsräte in den USA verboten seien (Z. 458).

Betrachtet man dieses Beispiel genauer, fällt auf, dass die angekündigte Schlussfolgerung bereits zuvor mehrfach mehr oder weniger explizit erwähnt wurde, zuletzt von Jaromir selbst, im gleichen Turn, indem er nämlich Maditas Frage mit „ja" beantwortet. Maditas Nachfrage zeigt an, dass sie diese Schlussfolgerung auch verstanden hat. Ihr nachfolgender Turn baut nämlich darauf auf, sie fragt nicht erneut nach, ob es ein Mitbestimmungsrecht gibt, sondern sie präzisiert ihre Frage in eine ganz bestimmte Richtung. Im Gegensatz zu den in Abschnitt 3.3.2 diskutierten Beispielen finden sich im Kontext von Jaromirs „desWEgen" keine Zögerungselemente oder Vagheitsausdrücke, die auf Formulierungsprobleme schließen lassen. Die systematische Verwendung von „pff" nach einem Konnektor in anderen Ausschnitten weist gleichzeitig darauf hin, dass es sich nicht um einen Turnabbruch handelt. Unseres Erachtens und mit Bezug auf die Verwendung von „pff" als Einstellungsmarker, wie in Abschnitt 3.3.1 analysiert, zeigt „pff" hier an, dass der Konnektor eine bereits geäußerte Schlussfolgerung projiziert und dass der Sprecher eine erneute Wiederholung als redundant ansieht. Maditas Nachfrage ist somit auch interaktionsstrukturell als Zustimmung anzusehen, dass eine erneute, reformulierte Schlussfolgerung an dieser Stelle nicht nötig ist.

Das zweite Beispiel stammt aus einer Personalberatung: Der ehemalige Pharmareferent Till ist arbeitslos und sucht nach einer neuen Stelle. Er befindet sich in einer ‚Negativschleife' und sucht daher einen Personalberater (Tibor) auf, damit dieser ihn bei seiner Suche berät und unterstützt.

Beispiel 7: Personalberatung FOLK E 00173 SE 01 T 05

```
161  Tibor      man fällt erstmal in so n LOCH.
162  Till       hm h° ((schmatzt)) GRAUslig.
163  Tibor      und sich ausm LOCH zu bewerben das auch nich so Einfach.
164             un °h von daher wenn das mit der alexa (.) GEHT,
165             (0.25)
166  Tibor      also wenn das (.) sich-
167             (0.38)
168  Tibor      so äh °h dann is es vielleicht gAr nich schlEcht (.) es zu
                MAchen,
169             aber nich (.) als DAUerlösung,
170             sondern zu sagen okAy ich mach des um aus der
                ARrbeitslosigkeit rauszukommen.
171             °h (.) und um mich dann aus ner festen
                EINst[ellung] heraus zu bewerben;
172  Till            [hmhm;  ]
173  Till       hmhm.
174  Tibor      vor (.) DEM hintergrund würd ich_s glaub ich
                [dann eher so machen.            ]
175  Till       [((schmatzt)) genAuso seh ich_s AU]CH.=ja.
176             (0.60)
177  Tibor →    dann hab ich zwar wieder ne KÜNdigungsfrist aber- pff
178  Till       °h
179             (0.20)
180  Till       JA was aber [entschEI    ]dend is,
181  Tibor                  [VIER wochen;]
```

```
182    Till    ALso was ich zu dem- (.)
183    Till    KLAR ich mein;
184            (0.29)
185    Till    GELD.
186            (.)
187    Till    ((lacht)) ich mein vom arbeitsamt KOMMT zwar gEld,
188            aber des is (.) natürlich (.) verschWINdend gerIng.
```

In dem vorliegenden Ausschnitt aus dem Ende des Gesprächs rät Tibor Till ab Zeile 163 zunächst, weniger wählerisch zu sein und eine Stelle anzunehmen, auch wenn diese zunächst einmal nicht der ‚richtige' Job ist, der ihn ausfüllt und ihm entspricht. Till stimmt dem mehrfach zu (Zeile 172, 174, 175), und die Sequenz scheint mit Tibors abschließendem „ja" in Zeile 175 zunächst beendet. Nach einer Pause von 0.6 Sekunden führt Tibor die Sequenz jedoch mit einem Account fort. In Z. 177 bringt er einen Einwand vor („dann hab ich zwar wieder ne KÜNdigungsfrist"), der durch den Konnektor „zwar" auf einen adversativen Konnektor vorausverweist, also einen zweiten Teil projiziert, in dem der Einwand ausgeräumt wird. Von diesem zweiten Teil wird jedoch nur der Konnektor „aber" produziert; der Turn wird mit der Lautäußerung „pff" mit einer Dauer von 0.13 Sekunden, einem deutlich wahrnehmbaren bilabialen Plosiv und einem labialen Frikativ abgeschlossen. Ähnlich wie im vorangegangenen Beispiel deutet die hier leicht steigende Tonhöhenbewegung am Ende der Intonationsphrase auf eine Projektion hin, die jedoch durch ein kurzes, stimmloses „pff" zumindest erst einmal nicht weitergeführt wird. Das nach dem „aber" realisierte „pff" funktioniert dabei genauso wie das, das zuvor in Beispiel (6) analysiert wurde, als Akzeptanz einer Position und Markierung der Unnötigkeit weiteren verbalen Ausbaus: Um sich nicht „ausm LOCH" (Z. 163) zu bewerben, ist es zunächst einmal besser, einfach nur irgendwie „aus der ARbeitslosigkeit rauszukommen" (Z. 170). Und auch wenn die Stelle keine „dauerlösung" (Z. 169) ist und man weiter nach etwas Besserem sucht, sollte die „KÜNdigungsfrist" (Z. 177) kein wirkliches Problem darstellen.

Die Lautäußerung „pff" weist insofern zum einen darauf hin, dass der durch „aber" projizierte Teil bereits erwähnt wurde und in der Interaktion noch präsent ist, zum anderen zeigt sie eine Einstellung des Sprechers an, nämlich dass ein Wiederholen oder Reformulieren hier unnötig und irrelevant ist. Mit Imo (2011c) kann man *pff* in dieser Funktion entsprechend als Aposiopesemarker betrachten. Tills nachfolgender Turn bestätigt diese Interpretation: Er zeigt durch sein hörbares Einatmen unmittelbar nach der Lautäußerung an, dass er das Rederecht beansprucht. In Zeile 180 beginnt er dann einen durch „JA was aber" eingeleiteten Turn, mit dem er einen (neuen) Einwand gegenüber dem von Tibor vorgebrachten Ratschlag vorbringt. Die Kündigungsfrist als möglicher Einwand ist damit nicht mehr aktuell, auch wenn Tibor sie noch einmal in Überlappung kurz präzisiert (Z. 181). Das „aber– pff" in Zeile 177 war demnach ausreichend, um den Einwand *Kündigungsfrist* zu entkräften.

Während *pff* in den zuvor diskutierten Ausschnitten gelängt war und der frikativische Laut durch diese Längung eine besondere Prominenz bekam, handelt es sich in diesem und in dem vorherigen Beispiel um eine andere phonologische und prosodische Form. Sowohl Jaromirs als auch Tibors *pff* ist sehr kurz. Der Plosiv ist deutlich artikuliert und der nachfolgende Frikativ wesentlich kürzer und weniger deutlich als in den zuvor diskutierten Beispielen.

4 Der Konstruktionsstatus von *pff*

Die empirische Analyse des Gebrauchs von *pff* zeigt, dass sich stabile Gebrauchsmuster nachweisen lassen. Dabei stellte sich heraus, dass die phonologische und prosodische Form von *pff* (Wahrnehmbarkeit/Artikulation des Plosivs bzw. Frikativs; Länge von *pff*, Kombination mit Pausen) mit bestimmten interaktionalen Funktionen sowie mit einer eingeschränkten Menge an sequentiellen Positionen.

Insgesamt lassen sich mindestens drei Unterkonstruktionen feststellen, die zu einer übergeordneten Konstruktion zusammengefasst werden können. Wir haben dabei jeweils bei der Formseite auch die Bandbreite der in den Datenkollektionen vorliegenden Gesamtdauer des *pff* mit aufgeführt. Solche Realwertangaben sind natürlich problematisch. Wir wollen damit entsprechend auch nicht dafür plädieren, diese Werte als feste Konstruktionsmerkmale zu betrachten, sondern eher als Indikator dafür, dass die Länge von *pff* tendenziell mit unterschiedlichen Funktionen korreliert.

(i)   *pff* im Kontext von Bewertungen oder Kommentaren:
       Form: deutlich wahrnehmbarer bilabialer Plosiv, gefolgt von einem meist bilabialen, relativ langen Frikativ; Gesamtdauer 0.3–1 Sekunde[2]
       Turnposition: vor einer Bewertung oder einem bewertenden

---

[2] Die absoluten Längenangaben sind allerdings nur eingeschränkt aussagekräftig, da sie in Relation zur Sprechgeschwindigkeit gesetzt werden müssen. Wir haben sie dennoch aufgeführt, da sich datenübergreifend u. E. eine recht deutliche Tendenz zeigte.

	Kommentar; nicht durch eine Pause vom nachfolgenden Turn abgetrennt
Funktion:	Ankündigung einer potentiell heiklen (negativen) Bewertung; Ausdruck und/oder Ankündigung eines negativen *Stance-Taking*

(ii) *pff* im Kontext von Zögerungssignalen und Vagheitsausdrücken

Form:	deutlich wahrnehmbarer bilabialer Plosiv, gefolgt von einem bilabialen Frikativ; Gesamtdauer 0.2–0.6 Sekunden
Turnposition:	am Anfang oder innerhalb eines Turns; meist in Kombination mit Disfluenzmarkern wie Zögerungspartikeln, Pausen o.ä.
Funktion:	Formulierungsarbeit anzeigen, Disfluenz markieren, distanzierendes *Stance-Taking* markieren, Unsicherheit markieren, Irrelevanz markieren

(iii) *pff* am Turnende nach einem Konnektor

Form:	deutlich wahrnehmbarer, stark artikulierter bilabialer Plosiv, gefolgt von einem bilabialen, relativ kurzen Frikativ; Gesamtdauer 0.1–0.2 Sekunden
Turnposition:	turnfinal nach einem Konnektor
Funktion:	Irrelevanzmarkierung

Abstrahierende, übergeordnete Konstruktion:
pff

Form:	bilabialer Plosiv, gefolgt von einem meist bilabialen Frikativ; Gesamtdauer 0.1–0.6 Sekunden
sequentielle Position:	am Turnbeginn vor Bewertungen, Kommentaren oder Antwortturns; in Turnmitte im Umfeld von Zögerungssignalen, am Turnende vor einem Konnektor
Funktion:	generell Markierung von Dispräferenz und Irrelevanz, kontextbezogen Markierung von negativem *Stance-Taking*, Formulierungsarbeit, Distanzierung oder Unsicherheit

Die Ergebnisse legen nahe, dass man für die hier beschriebenen Verwendungsweisen entweder eine abstrakte gemeinsame (letzte Box) oder drei spezifische, im Netzwerk der Konstruktionen eng verbundene Konstruktionen, (erste drei Boxen) oder auch beides zusammen annehmen kann: Unterschiedliche Realisierungen und unterschiedliche sequenzielle Positionen weisen auf verschiedene Funktionen hin, die aber auf einer abstrakteren Ebene durchaus miteinander in Verbindung stehen.

Dies trifft auch auf andere Verwendungsweisen zu, auf die im Rahmen dieser Untersuchung allerdings nicht näher eingegangen werden kann. Interessant ist, dass eine wie von Baldauf-Quilliatre (2016) beschriebene Variante eines disalignierenden, Handlungsprojektionen stoppenden *pff* mit schwach wahrnehmbarem bilabialen Plosiv im Deutschen nicht auftritt. Dies lässt vermuten, dass es sich zwar um eine Lautäußerung handelt, die in mehreren Sprachen vorkommt und die zum Teil durchaus vergleichbare Funktionen haben kann, dass jedoch die konkrete Realisierung und die Verwendungsweisen je nach Sprache verschieden sind, dass es sich also durchaus um sprachliche Konstruktionen handelt.

5 Fazit

Es zeigt sich, dass eine Kombination aus interaktionslinguistischen und konstruktionsgrammatischen Ansätzen vielversprechende Ergebnisse liefert: Auf diese Weise kann der eher auf Emergenz, lokale Situiertheit und Indexikalisierung gerichtete Blick der Interaktionalen Linguistik kombiniert werden mit dem eher auf Verfestigung, Routinisierung und Schematizität gerichteten Blick der Konstruktionsgrammatik. Während es unbestreitbar bleibt, dass jede Instanziierung eines *pff* in der Interaktion in gewisser Weise einzigartig in Form und Funktion ist und Bedeutungsnuancen dabei von gemeinsamen Aktivitäten, dem situativen Kontext, der gemeinsamen ‚Vorgeschichte' der Interaktion etc. abhängen, zeigt sich umgekehrt, dass die Bandbreite von formalen und funktionalen Möglichkeiten andererseits so umfassend auch wieder nicht ist. Ganz im Gegenteil: *Pff* bewegt sich stets in einem Funktionsraum der Markierung von Dispräferenz, Disfluenz, Irrelevanz, Unsicherheit und Distanzierung – was der Kontext leistet, ist die Klarifikation, worauf sich diese Markierungen genau beziehen. Die Einheit *pff* ist aber – so wurde zu zeigen versucht – stabil genug in phonologischer und prosodischer Form und Funktion als dass sie als Konstruktion aufgefasst werden kann.

Literatur

Auer, Peter (2006): Construction Grammar meets Conversation: Einige Überlegungen am Beispiel von ‚so'-Konstruktionen. In: Günthner, Susanne und Wolfgang Imo (Hrsg.): Konstruktionen in der Interaktion. Berlin: de Gruyter, 291–314

Auer, Peter (2016): „Wie geil ist das denn?" Eine neue Konstruktion im Netzwerk ihrer Nachbarn. In: Zeitschrift für Germanistische Linguistik 44, 69–92.

Baldauf, Heike (1998): Aufschreien und Stöhnen. Äußerungsformen emotionaler Beteiligung beim Fernsehen. In: Brock, Alexander und Martin Hartung (Hrsg.): Neue Entwicklungen in der Gesprächsforschung. Tübingen: Narr, 37–54.

Baldauf-Quilliatre, Heike (2016): "pf" indicating a change in orientation in French interactions. In: Journal of Pragmatics 104, 89–107.

Baldauf-Quilliatre, Heike (2018): Über Lautäußerungen und ihr Verhältnis zur Sprache (am Beispiel von *pff*). In: Vinckel-Roisin, Hélène et al. (Hrsg.): Diskursive Verfestigungen: Schnittstellen zwischen Morphosyntax, Phraseologie und Pragmatik im Deutschen und im Sprachvergleich. Berlin, New York: de Gruyter, 293–309.

Baldauf-Quilliatre, Heike (in V.): *pff* in German and French interactions. Cross-linguistic analyses of a voiceless sound object.

Barth-Weingarten, Dagmar (2009): Contrasting and turn transition: Prosodic projection with the parallel-opposition construction. In: Journal of Pragmatics 41, 2271–2294.

Barth-Weingarten, Dagmar (2011): Response tokens in interaction – prosody, phonetics and a visual aspect of German JAJA. In: Gesprächsforschung – Online-Zeitschrift zur verbalen Interaktion 12, 301–370.

Barth-Weingarten, Dagmar und Elizabeth Couper-Kuhlen (2011): Action, prosody and emergent constructions: The case of *and*. In: Auer, Peter und Stefan Pfänder (Hrsg.): Constructions: emerging and emergent. Berlin: de Gruyter, 263–292.

Bergmann, Pia (2017): Gebrauchsprofile von *weiß nich* und *keine Ahnung* im Gespräch: Ein Blick auf nicht-responsive Vorkommen. In: Blühdorn, Hardarik, Arnulf Deppermann, Henrike Helmer und Thomas Spranz-Fogasy (Hrsg.): Diskursmarker im Deutschen: Reflexionen und Analysen. Göttingen: Verlag für Gesprächsforschung, 157–182.

Birkner, Karin (2006): (Relativ-)Konstruktionen zur Personenattribuierung: ‚ich bin n=mensch der ...'. In: Günthner, Susanne und Wolfgang Imo (Hrsg.): Konstruktionen in der Interaktion. Berlin: de Gruyter, 205–238.

Birkner, Karin (2008a): Was X betrifft: Textsortenspezifische Aspekte einer Redewendung. In: Stefanowitsch, Anatol und Kerstin Fischer (Hrsg.): Konstruktionsgrammatik II. Stauffenburg: Tübingen, 59–80.

Birkner, Karin (2008b): Relativ(satz)konstruktionen im gesprochenen Deutsch: Syntaktische, prosodische, semantische und pragmatische Aspekte. Berlin: Gruyter.

Bücker, Jörg (2011): Sprachhandeln und Sprachwissen: Grammatische Konstruktionen im Spannungsfeld von Interaktion und Kognition. Berlin: de Gruyter.

Bücker, Jörg, Susanne Günthner und Wolfgang Imo (Hrsg.) (2015): Konstruktionsgrammatik V. Tübingen: Stauffenburg.

Couper-Kuhlen, Elizabeth und Margret Selting (1996): Prosody in Conversation: Interactional Studies. CUP.

Couper-Kuhlen, Elizabeth und Margret Selting (2018): Interactional Linguistics. Cambridge: CUP.

Croft, William (2001): Radical Construction Grammar. Oxford: Oxford University Press.

Deppermann, Arnulf (2006a): Construction Grammar – Eine Grammatik für die Interaktion? In: Deppermann, Arnulf, Reinhard Fiehler und Thomas Spranz-Fogasy (Hrsg.): Grammatik und Interaktion. Radolfzell: Verlag für Gesprächsforschung, 43–65.

Deppermann, Arnulf (2006b): Deontische Infinitivkonstruktionen: Syntax, Semantik, Pragmatik und interaktionale Verwendung. In: Günthner, Susanne und Wolfgang Imo (Hrsg.): Konstruktionen in der Interaktion. Berlin: de Gruyter, 239–262.

Deppermann, Arnulf (2009): Verstehensdefizit als Antwortverpflichtung: Interaktionale Eigenschaften der Modalpartikel *denn* in Fragen. In: Günthner, Susanne und Jörg Bücker

(Hrsg.): Grammatik im Gespräch. Konstruktionen der Selbst- und Fremdpositionierung. Berlin: de Gruyter, 23–56.

Deppermann, Arnulf (2011): Konstruktionsgrammatik und Interaktionale Linguistik: Affinitäten, Komplementaritäten und Diskrepanzen. In: Lasch, Alexander und Alexander Ziem (Hrsg.): Konstruktionsgrammatik III. Tübingen: Stauffenburg, 205–238.

Duden (2009): Die Grammatik. Mannheim: Dudenverlag.

Fischer, Kerstin (2006): Konstruktionsgrammatik und situationales Wissen. In: Günthner, Susanne und Wolfgang Imo (Hrsg.): Konstruktionen in der Interaktion. Berlin: de Gruyter, 343–364.

Fischer, Kerstin (2008): Die Interaktion zwischen Konstruktionsgrammatik und Kontextwissen am Beispiel des Satzmodus in Instruktionsdialogen. In: Stefanowitsch, Anatol und Kerstin Fischer (Hrsg.): Konstruktionsgrammatik II. Tübingen: Stauffenburg, 81–102.

Fischer, Kerstin (2010): Beyond the sentence: Constructions, frames and spoken interaction. In: Constructions and Frames 2, 185–207.

Fried, Mirjam und Jan-Ola Östman (2005): Construction Grammar and spoken language: The case of pragmatic particles. In: Journal of Pragmatics 37, 1752–1778.

Garfinkel, Harold (1967): Studies in Ethnomethodology. New Jersey: Englewood Cliffs.

Goldberg, Adele E. (1995): Constructions: a construction grammar approach to argument structure. Chicago: University of Chicago Press.

Goldberg, Adele E. (1996): Construction Grammar. In: Brown, Keith E./Miller, Jim E. (Hrsg.): Concise Encyclopedia of Syntactic Theories. New York: Pergamon, 68–70.

Gülich, Elisabeth (2005): Unbeschreibbarkeit: Rhetorischer Topos – Gattungsmerkmal – Formulierungsressource. In: Gesprächsforschung – Online-Zeitschrift zur verbalen Interaktion 6, 222–244.

Gülich Elisabeth und Thomas Kotschi (1996): Textherstellungsverfahren in mündlicher Kommunikation. Ein Beitrag am Beispiel des Französischen. In: Motsch, Wolfgang et al. (Hrsg.): Ebenen der Textstruktur: sprachliche und kommunikative Prinzipien. Tübingen: Niemeyer, 37–80.

Günthner, Susanne (2006a) Von Konstruktionen zu kommunikativen Gattungen: Die Relevanz sedimentierter Muster für die Ausführung kommunikativer Aufgaben. In: Deutsche Sprache 34, 173–190.

Günthner, Susanne (2006b): Grammatische Analysen der kommunikativen Praxis – ‚Dichte Konstruktionen' in der Interaktion. In: Deppermann, Arnulf, Reinhard Fiehler und Thomas Spranz-Fogasy (Hrsg.): Grammatik und Interaktion – Untersuchungen zum Zusammenhang von grammatischen Strukturen und Gesprächsprozessen. Radolfzell: Verlag für Gesprächsforschung, 95–122.

Günthner, Susanne (2006c): Rhetorische Verfahren bei der Vermittlung von Panikattacken. Zur Kommunikation von Angst in informellen Gesprächskontexten. In: Gesprächsforschung – Online-Zeitschrift zur verbalen Interaktion 7, 124–151.

Günthner, Susanne (2007): Zur Emergenz grammatischer Funktionen im Diskurs – *wo*-Konstruktionen in Alltagsinteraktionen. In: Hausendorf, Heiko (Hrsg.): Gespräch als Prozess. Tübingen: Niemeyer, 125–154.

Günthner, Susanne (2008): Projektorkonstruktionen im Gespräch: Pseudoclefts, *die Sache ist*-Konstruktionen und Extrapositionen mit *es*. In: Gesprächsforschung – Online-Zeitschrift zur verbalen Interaktion 9, 86–114.

Günthner, Susanne (2011a): The construction of emotional involvement in everyday German narratives – interactive uses of 'dense constructions'. In: Pragmatics 21, 573–592.

Günthner, Susanne (2011b): N be that-constructions in everyday German conversation. A reanalysis of 'die Sache ist/das Ding ist' ('the thing is')-clauses as projector phrases. In: Laury, Ritva und Ryoko Suzuki (Hrsg.): Subordination in Conversation. A cross-linguistic perspective. *Amsterdam*: Benjamins, 11–36.

Günthner, Susanne (2015a): Zwar ... aber-Konstruktionen im gesprochenen Deutsch: Die dialogische Realisierung komplexer Konnektoren im Gespräch. In: Deutsche Sprache 43, 193–219.

Günthner, Susanne (2015b): Grammatische Konstruktionen im Kontext sequenzieller Praktiken – ‚was heißt x'-Konstruktionen im gesprochenen Deutsch. In: Bücker, Jörg, Susanne Günthner und Wolfgang Imo (Hrsg.): Konstruktionsgrammatik V: Konstruktionen im Spannungsfeld von sequenziellen Mustern, kommunikativen Gattungen und Textsorten. Tübingen: Stauffenburg, 187–218.

Günthner, Susanne (2015c): ‚Geteilte Syntax': Kollaborativ erzeugte *dass*-Konstruktionen. In: Ziem, Alexander und Alexander Lasch (Hrsg.): Konstruktionsgrammatik IV. Tübingen: Stauffenburg, 25–40.

Hepburn, Alexa und Jonathan Potter (2012): Crying and crying responses. In: Peräkylä, Anssi und Marja-Leena Sorjonen (Hrsg.): Emotion in Interaction. Oxford: Oxford University Press, 195–211.

Hoey, Elliott (2014): Sighing in interaction: somatic, semiotic and social. In: ROLSI (Research on Language and Social Interaction 47/2, 175–200.

Hopper, Paul J. (1998): Emergent Grammar. In: Tomasello, Michael (Hrsg.): The New Psychology of Language. Mahwah: Lawrence Erlbaum, 155–175.

Imo, Wolfgang (2006): 'Da hat des kleine glaub irgendwas angestellt' – ein construct ohne construction? In: Günthner, Susanne und Wolfgang Imo (Hrsg.): Konstruktionen in der Interaktion. Berlin: de Gruyter, 263–290.

Imo, Wolfgang (2007a): Construction Grammar und Gesprochene-Sprache-Forschung. Tübingen: Niemeyer.

Imo, Wolfgang (2007b): Der Zwang zur Kategorienbildung: Probleme der Anwendung der Construction Grammar bei der Analyse gesprochener Sprache. In: Gesprächsforschung – Online-Zeitschrift zur verbalen Interaktion 8, 22–45.

Imo, Wolfgang (2008): Individuelle Konstrukte oder Vorboten einer neuen Konstruktion? Stellungsvarianten der Modalpartikel *halt* im Vor- und Nachfeld. In: Fischer, Kerstin und Anatol Stefanowitsch (Hrsg.): Konstruktionsgrammatik II. Tübingen: Stauffenburg, 135–156.

Imo, Wolfgang (2009): Konstruktion oder Funktion? Erkenntnisprozessmarker (‚change-of-state tokens') im Deutschen. In: Günthner, Susanne und Jörg Bücker (Hrsg.): Grammatik im Gespräch. Berlin: de Gruyter, 57–86.

Imo, Wolfgang (2010): ‚Mein Problem ist/mein Thema ist' – how syntactic patterns and genres interact. In: Wanner, Anja und Heidrun Dorgeloh (Hrsg.): Syntactic variation and genre. Berlin: de Gruyter, 141–166.

Imo, Wolfgang (2011a): Ad hoc-Produktion oder Konstruktion? – Verfestigungstendenzen bei Inkrement-Strukturen im gesprochenen Deutsch. In: Lasch, Alexander und Alexander Ziem (Hrsg.): Konstruktionsgrammatik III. Tübingen: Stauffenburg, 141–256.

Imo, Wolfgang (2011b): Die Grenzen von Konstruktionen: Versuch einer granularen Neubestimmung des Konstruktionsbegriffs der Construction Grammar. In: Engelberg, Stefan, Anke Holler und Kristel Proost (Hrsg.): Sprachliches Wissen zwischen Lexikon und Grammatik. Berlin: de Gruyter, 113–148.

Imo, Wolfgang (2011c): Cognitions are not observable – but their consequences are: Mögliche Aposiopese-Konstruktionen in der gesprochenen Alltagssprache. In: Gesprächsforschung – Online-Zeitschrift zur verbalen Interaktion 12, 265–300.
Imo, Wolfgang (2012): Wortart Diskursmarker? In: Rothstein, Björn (Hrsg.): Nicht-flektierende Wortarten. Berlin: de Gruyter, 48–88.
Imo, Wolfgang (2014a): Zwischen Construction Grammar und Interaktionaler Linguistik. In: Lasch, Alexander und Alexander Ziem (Hrsg.): Konstruktionsgrammatik IV. Tübingen: Stauffenburg, 91–114.
Imo, Wolfgang (2014b): Appositions in monologue, increments in dialogue? On appositions and apposition-like patterns and their status as constructions. In: Boogaart, Ronny, Timothy Colleman und Gijsbert Rutten (Hrsg.): Extending the Scope of Construction Grammar. Berlin: de Gruyter, 323–353.
Imo, Wolfgang (2015a): Satzmodus, Konstruktion oder keins von beidem? In: Finkbeiner, Rita und Jörg Meibauer (Hrsg.): Satztypen und Konstruktionen. Berlin: de Gruyter, 373–405.
Imo, Wolfgang (2015b): Nachträge im Spannungsfeld von Medialität, Situation und interaktionaler Funktion. In: Vinckel-Roisin, Helene (Hrsg.): Das Nachfeld im Deutschen: Theorie und Empirie. Berlin: de Gruyter, 231–253.
Imo, Wolfgang (2015c): Interactional Construction Grammar. In: Linguistics Vanguard. A Multimodal Journal for the Language Sciences, 1–9.
Imo, Wolfgang (2017): (2017): *ob*-Sätze im gesprochenen und geschriebenen Deutsch. In: *Deutsche Sprache* 45, 1–30.
Imo, Wolfgang (2018): Valence patterns, constructions and interaction. Constructs with the German verb *erinnern* (*remember*). In: Boas, Hans und Alexander Ziem (Hrsg.): Constructional Approaches to Argument Structure in German. Berlin: de Gruyter.
Jefferson, Gail (1979): A technique for inviting laughter and its subsequent acceptance/declination. In Psathas, G. (Hrsg.): Everyday language: Studies in ethnomethodology. New York, NY: Irvington Publishers, 79–96.
Jefferson, Gail (1984): On the organization of laughter in talk about troubles. In Atkinson, J. Maxwell und John Heritage (Hrsg.): Structures of social action: Studies in conversation analysis. Cambridge: CUP, 346–369.
König, Katharina (2014): Spracheinstellungen und Identitätskonstruktionen. Eine gesprächsanalytische Untersuchung sprachbiographischer Interviews mit Deutsch-Vietnamesen. Berlin, de Gruyter.
Langacker, Ronald W. (1995): Viewing in Cognition and Grammar. In: Dawis, Philip W. (Hrsg.): Descriptive and Theoretical Modes in the Alternative Linguistics. Amsterdam: Benjamins, 152–212.
Lanwer, Jens Philipp (2017): Apposition: a multimodal construction? The multimodality of linguistic constructions in the light of usage-based theory. In: Linguistics Vanguard. A Multimodal Journal for the Language Sciences 3, 1–12.
Leuschner, Torsten (2000): „ ..., wo immer es mir begegnet, ... – wo es auch sei.' Zur Distribution von ‚Irrelevanzpartikeln' in Nebensätzen mit *W auch/immer*." In: Deutsche Sprache 28, 342–356.
Nübling, Damaris (2004): Die prototypische Interjektion: ein Definitionsvorschlag. In: Zeitschrift für Semiotik 26, 11–46.
Ogden, Richard (2013): Clicks and percussives in English conversation. In: Journal of the International Phonetic Association 43, 299–320.

Pomerantz, Anita (1988): Offering a candidate answer: an information seeking strategy. In: Communication Monographs 55, 360–373.
Pomerantz, Anita (2012): Fragen mit Antwortangebot, soziales Handeln und moralische Ordnung. In: Ayass, Ruth und Christian Meyer (Hrsg.): Sozialität in Slow Motion. Theoretische und empirische Perspektiven. Wiesbaden: Springer, 333–351.
Pompino-Marschall, Bernd (2004): Zwischen Tierlaut und sprachlicher Artikulation: Zur Phonetik der Interjektionen. In: Zeitschrift für Semiotik 26, 71–84.
Reber, Elisabeth (2012): Affectivity in Interaction: Sound objects in English. Amsterdam: Benjamins.
Reber, Elisabeth und Elizabeth Couper-Kuhlen (2010): Interjektionen zwischen Lexikon und Vokalität: Lexem oder Lautobjekt? In: Deppermann, Arnulf und Angelika Linke (Hrsg.): Sprache intermedial. Stimme und Schrift, Bild und Ton. Berlin: de Gruyter, 69–96.
Schmidt, Thomas, Wilfried Schütte und Jenny Winterscheid (2015): cGAT: Konventionen für das computergestützte Transkribieren in Anlehnung an das Gesprächsanalytische Transkriptionssystem GAT2 (http://agd.ids-mannheim.de/download/cgat_handbuch_version_1_0.pdf, abgerufen am 23. 5.2017).
Schoonjans, Steven (2018): Modalpartikeln als multimodale Konstruktionen. Eine korpusbasierte Kookkurrenzanalyse von Modalpartikeln und Gestik im Deutschen. Berlin: de Gruyter.
Szczepek Reed, Beatrice (2014): Prosodic, lexical and sequential cues for assessments with German *süß*: Assemblages for action and public commitment. In: Barth-Weingarten, Dagmar und Beatrice Szczepek Reed (Hrsg.): Prosodie und Phonetik in der Interaktion – Prosody and Phonetics in Interaction. Mannheim: Verlag für Gesprächsforschung, 162–86.
Zima, Elisabeth und Geert Brône (2011): Ad-hoc Konstruktionen in der Interaktion: eine korpusbasierte Studie dialogischer Resonanzerzeugung. In: Lasch, Alexander und Alexander Ziem (Hrsg.): Konstruktionsgrammatik III. Tübingen: Stauffenburg, 155–174.

Jens P. Lanwer
Appositive Syntax oder appositive Prosodie?

1 Einleitung

In der germanistischen Forschungsliteratur herrscht seit jeher wenig Klarheit darüber, welcher Phänomenbereich genau mit dem Terminus *Apposition* erfasst werden kann oder soll. Die Apposition erscheint als eine grammatische Kategorie mit besonders unscharfen Rändern (Imo 2014: 344–347), die sich mittels einer klassischen Merkmalsbeschreibung nach einem Alles-oder-nichts-Prinzip (Taylor 2011: 643–644) weder in ihrer inneren Gliederung noch in ihrer äußeren Abgrenzung sauber erfassen lässt (Lanwer 2017a; Lanwer 2018a; Lanwer 2018b). Schindler (1990: 3) spricht mit Blick auf den Bereich der „"appositionsverdächtigen Konstruktionen'" auch von einem „Dschungel" von Strukturtypen, die „vielfältig, verworren, ohne sogleich erkennbare Zusammenhänge" zu sein scheinen. Auffällig ist vor diesem Hintergrund, dass prosodische Beschreibungen, die den Unterschied zwischen sogenannten engen und weiten Appositionen betreffen, sich als äußerst homogen erweisen.

Es liegt die Vermutung nahe, dass die Prosodie womöglich das stabilste Unterscheidungskriterium in Bezug auf die Differenzierung enger und weiter Appositionen und damit zweier grammatischer Konstruktionen liefert (vgl. auch bereits Lanwer 2017a). Schmidt (1993: 115) plädiert bereits in den 1990er Jahren dafür, Aspekte der prosodischen Phrasierung als Merkmal der formalen Kodierung der unterschiedlichen syntaktischen Verhältnisse enger und weiter Appositionen anzuerkennen. Es herrscht jedoch seitens der Grammatikforschung nach wie vor eine gewisse Zurückhaltung bezüglich der systematischen und vor allem gleichberechtigten Integration prosodischer Merkmale in die Beschreibungen grammatischer Strukturtypen, wenngleich Ansätze wie die Konstruktionsgrammatik bereitstehen, die eine entsprechende Integration ermöglichen oder gar nahelegen. Im Bereich der Intonationsphonologie wird hingegen seit geraumer Zeit der grammatische Status bestimmter intonatorischer Gestaltungsmittel herausgestellt (vgl. u. a. Gussenhoven 2002; 2004: 49–70; Ladd 1998; zum Deutschen vor allem Peters 2006: 83–151). Auffällig ist dabei, dass dies insbesondere intonatorische Mittel betrifft, die zur Phrasierung, Akzentuierung und Konturgestaltung eingesetzt werden; drei Aspekte der Äußerungsgestaltung, die sich – wie wir sehen werden – auch im Rahmen der Analyse von Appositionen als relevant erweisen.

Im vorliegenden Beitrag wird es darum gehen, zum einen auf der Basis interaktional-mündlicher Daten empirische Evidenz für prosodische Unterschiede zwischen verschiedenen appositionsverdächtigen Konstruktionen zu liefern, die sich als enge und weite Appositionen klassifizieren lassen. Zum anderen soll aufgezeigt werden, wie syntaktisch-prosodische Muster, die sich in empirischen Daten systematisch aufspüren lassen, konstruktionsgrammatisch modelliert werden können. Am Beispiel einer statistisch fundierten Kollektionsanalyse (Lanwer 2018a: 243–248) von 149 Fällen aus dem Bereich der Personenreferenz wird dafür argumentiert, den Phänomenbereich der Apposition für das gesprochene interaktionale Deutsch als ‚flaches' Konstruktionsnetzwerk zu modellieren, dessen Partitionierung primär durch prosodische Parameter im Bereich der Phrasierung, Akzentuierung und Konturgestaltung bestimmt ist. Den theoretischen und methodischen Rahmen hierfür liefert die interaktionale Konstruktionsgrammatik (Deppermann 2006; Deppermann 2011; Imo 2014; Imo 2015). Dieser wird in Abschnitt (3) und (4) vorgestellt. Zuvor soll jedoch kurz der Gegenstandsbereich näher bestimmt werden.

2 Gegenstandsbereich: Enge vs. weite Apposition

Wie in der Einleitung bereits angemerkt, kann die Apposition als ein chronisch unterbestimmter Bereich der deutschen Grammatik gelten. Nach Freienstein (2008: 11) besteht zwar weitgehende „Einigkeit zumindest in der Annahme, eine Apposition bestehe aus zwei Elementen, einem Bezugselement und einem zu diesem Bezugselement in Relation stehenden weiteren Element." An dem Umstand, „daß die Grenzen der Apposition schwer zu umreißen sind und daß bisher keine allseits anerkannte Definition der Apposition gegeben worden ist", wie es Molitor (1979: 19) Ende der 1970er Jahre konstatiert, hat sich jedoch nach wie vor nur wenig geändert. Die formalen und funktionalen Kriterien zur Bestimmung von Appositionen sowie zur Unterscheidung verschiedener Appositionstypen erweisen sich als äußerst heterogen.

Es lassen sich in der Literatur jedoch durchaus zwei ‚Prototypen' ausmachen, die relativ einheitlich als enge bzw. weite (oder lockere) Apposition beschrieben werden. Auch hier herrscht zwar durchaus Uneinigkeit, welche Restriktionen im Hinblick auf die kategoriale Füllung der beteiligten Elemente anzusetzen sind und ob sich die syntaktischen und/oder semantischen Relationen zwischen diesen einheitlich beschreiben lassen (vgl. u. a. die Diskussion in Zifonun/Hoffmann/Strecker 1997: 2035–2047). Einigkeit besteht aber wohl dahingehend, dass durchaus typische Beispiele für die verschiedenen Formate in der (Oberflächen-)Syntax potenziell identisch sein können, wie es Beispiel 1a (enge Apposition) und 1b (weite Apposition) veranschaulichen:

Beispiel 1
(a) [der spItzenkoch]$_x$ [tIm MÄLzer]$_y$
(b) [meinen GAST–]$_x$ [pEter (.) SLOterdijk]$_y$

Beide Strukturen bestehen aus zwei syntaktischen Elementen, einem X- und einem Y-Element. Das X-Element setzt sich in beiden Fällen aus einem Determinierer und einem Appellativum zusammen. Das Y-Element enthält beide Male eine Vorname-Nachname-Struktur, die selbst appositionsverdächtig ist. Der einzige Unterschied zwischen den Fällen besteht in der Art der Phrasierung: Die ‚enge' Struktur vereint die Strukturelemente unter dem Dach einer Intonationskontur. Die ‚weite' Struktur zeichnet sich hingegen durch eine prosodische Zweiteilung aus: Nur in Beispiel 1b wird mit Abschluss des X-Elements ein Grenzton (gemäß GAT mit „–" transkribiert) und auf beiden Elementen ein Fokusakzent (gemäß GAT durch Großschreibung der betreffenden Silbe gekennzeichnet) realisiert. Beide Beispiele drücken eine (potenziell reflexive) Spezifikationsrelation aus. In Bezug auf Fälle wie in Beispiel 1a wird diese in der Regel als Attribution und in Bezug auf Fälle wie Beispiel in 1b als Prädikation beschrieben. Die Strukturen scheinen also funktional nicht äquivalent zu sein. Den formalen Unterschied liefert jedoch nur die Prosodie.

Es ließe sich zwar einwenden, dass der Unterschied zwischen den angeführten Beispielen nicht allein in der Prosodie, sondern auch in unterschiedlichen Konstituentenstrukturen zu suchen ist. Häufig wird davon ausgegangen, dass enge Appositionen als einköpfig und weite Appositionen als zweiköpfig gelten können. Gemäß dieser Auffassung lassen sich zwei unterschiedliche Formen der syntaktischen Integration des ‚gleichen' Patterns ansetzen: für Beispiel 1a die Struktur [[Det+NN]+NE] oder [Det+NN+[NE]] und für Beispiel 1b die Struktur [[Det+NN]+[NE]]. Eine solche Analyse verstellt allerdings den Blick für die Frage, ob es nicht vielleicht die Prosodie ist, die diese unterschiedlichen Formen der Integration kodiert (vgl. Lanwer 2018b: 233; siehe auch Schmidt 1993: 115), sofern sich diese überhaupt immer ohne Weiteres bestimmen lassen (vgl. hierzu auch die Diskussion in Eisenberg 2013: 259).

Als ein Hinweis darauf, dass die Prosodie ein durchaus relevantes Unterscheidungsmerkmal der verschiedenen Strukturtypen ist, kann der Umstand gewertet werden, dass die Darstellung prosodischer Parameter in der Forschungsliteratur zu Appositionen im Deutschen äußerst einheitlich ausfällt. Es wird im Grunde in allen Arbeiten darauf hingewiesen, dass bezüglich der Unterscheidung zwischen engen und weiten Appositionen der Prosodie eine zentrale Rolle zukommt bzw.

dass die Prosodie ggf. sogar das stabilste Unterscheidungskriterium liefert. Bereits bei Behagel findet sich eine Unterscheidung zwischen einer Struktur, die sich durch einen Anschluss „ohne Pause" (Behagel 1928: 412) auszeichnet, und einer, bei der „die beiden Glieder [...] durch eine Pause oder ein anderes Satzglied getrennt sind" (Behagel 1928: 417). Nach Molitor (1979: 21) stehen die Elemente einer engen Apposition „unter einem Tonbogen", während im Fall der weiten Apposition „in der gesprochenen Sprache gewöhnlich eine Pause zwischen den beiden NP gemacht wird [...]." In ähnlicher Weise nennt Schindler (1990: 53) eine „prosodemische Markierung" bzw. ein prosodisches „Einschaltmuster" als charakteristisches Merkmal der weiten Apposition. Gemäß Löbel (1993: 147) ist für die weite Apposition im Unterschied zur engen „gerade der Intonationsbruch charakteristisch [...]." Lawrenz (1993: 61) spricht in Bezug auf weite Appositionen auch von einer „intonatorisch abgesonderten ‚NP'", wie es ähnlich auch Schmidt (1993: 115) beschreibt:

> Enge Appositionen bilden mit ihrem Kern eine Intonationseinheit und weisen Kontaktstellung zum Kern auf, lockere Appositionen stellen eigenständige Intonationseinheiten dar [...] und ermöglichen Distanzstellung.

Die referierten Beobachtungen stützen sich allerdings alle auf schriftsprachliche und/oder introspektiv gewonnene Beispiele. Gleiches gilt auch für die Arbeiten von Fox (1982; 1984), der eine Art Akzentparallelismus zwischen den Elementen weiter Appositionen für das Deutsche beschreibt, ohne gesprochensprachliche Belege als Evidenz anzuführen. Authentische Belege (aus spontansprachlichen Daten) finden sich aber bspw. bei Auer (1991: 151–152), der im Zuge einer Untersuchung zu Expansionen im gesprochenen Deutsch auch auf appositive Strukturen eingeht. Mit Blick auf die von ihm analysierten Beispiele, die ggf. als Vertreter eines weiten Bildungsmusters gelten können, stellt er fest, dass „Appositionen [(womit er lediglich auf das zweite Element der Struktur Bezug nimmt)] [...] prosodisch immer ein gewisses Maß an Selbständigkeit zu haben [scheinen]." Er geht jedoch an keiner Stelle auf den Unterschied zwischen engen und weiten Appositionen ein und liefert dementsprechend auch keine weiterführende empirische Evidenz für eine mögliche prosodische Differenzierung zwischen den verschiedenen Strukturen. Gleiches gilt für die Untersuchungen von Imo (2014; 2015a; 2015b), Imo/Lanwer (2017: 160–168) und Lanwer (2017b; 2017c), die sich allesamt ausschließlich auf die Beschreibung prosodisch mehrgliedriger Strukturen konzentrieren.

Erste empirische Ergebnisse, die für das gesprochene Deutsch eine prosodische Differenzierung zwischen engen und weiten Appositionen systematisch auf der Basis gesprochensprachlicher Daten dokumentieren, finden sich in Lanwer (2017a). Die Studie basiert auf der Analyse sowohl spontansprachlicher, interaktiver Daten (TV-Talk) als auch auf der Auswertung vorgelesener Monologe (TV-Nachrichten). Im Rahmen einer Untersuchung einer Fallkollektion von insgesamt 71 Belegen kann Lanwer eine systematische Unterscheidung in Bezug auf die Phrasierung sowie einen Unterschied in den typischen Akzentstrukturen feststellen: Während im Fall von prosodisch eingliedrigen Belegen häufig lediglich das Y-Element akzentuiert wird, werden im Fall von zweigliedrigen Belegen nahezu immer beide Elemente mit einem Neben- oder sogar Fokusakzent versehen. Die ermittelten prosodischen Unterschiede werden als Unterscheidungsmerkmale zweier Konstruktionen (im konstruktionsgrammatischen Sinne) interpretiert, die als enge bzw. weite Apposition beschrieben werden.

Es zeigt sich allerdings, dass Fälle, die dem Muster der engen Apposition zugewiesen werden können, nahezu ausschließlich in den monologischen Daten vorkommen. Gegenteiliges gilt für Entsprechungen des weiten Bildungstyps: Prosodisch mehrgliedrige Formate treten beinah ausschließlich in der untersuchten Talksendung auf. Es stellt sich daher die Frage, inwiefern sich eine prosodische Differenzierung zwischen verschiedenen Appositionstypen auch auf der Basis ausschließlich spontansprachlicher Daten rekonstruieren lässt. Außerdem gilt es zu klären, ob sich in empirischen Daten Hinweise auf den von Fox beschriebenen Akzentparallelismus finden. Dieser Aspekt wurde in Lanwer (2017a) nicht untersucht.

3 Grammatiktheoretischer Rahmen

Um den Phänomenbereich der Apposition im gesprochenen, interaktionalen Deutsch unter besonderer Berücksichtigung der Prosodie analysieren und als Konstruktionsnetzwerk beschreiben zu können, ist es notwendig, den grammatiktheoretischen Rahmen etwas näher zu skizzieren. Diesen liefert die interaktionale Konstruktionsgrammatik (Deppermann 2006; Deppermann 2011; Imo 2014; Imo 2015b). Die interaktionale Konstruktionsgrammatik verbindet Konversationsanalyse mit Konstruktionsanalyse unter dem Dach gebrauchsbasierter Theoriebildung (siehe hierzu auch Imo/Lanwer i. d. B.) und kann daher auch als eine Spielart der gebrauchsbasierten Konstruktionsgrammatik (Bybee 2013; Diessel 2015; Tomasello 2003 u. a.) gelten, die der Analyse interaktionaler Daten unter konversationsanalytischen Gesichtspunkten einen besonderen Stellenwert zuschreibt.

Eine grundlegende Idee des Ansatzes ist es, dass *turns-at-talk* das primäre ‚Habitat' darstellen, „[to] which bursts of talk [...] may be expected to be adapted" (Schegloff 1996a: 53). Grammatik wird als eine oder sogar die zentrale soziale Organisationsform begriffen, die die Strukturen verbaler Äußerungen im sozialen Austausch bestimmt. Der Ansatz weist daher durchaus Ähnlichkeiten zu der von Cienki (2017) skizzierten *Utterance Construction Grammar* auf, ist aber durch seine Wurzeln in Konversationsanalyse und Interaktionaler Linguistik mit einem deutlich elaborierteren methodischen Programm ausgestattet.

Die interaktionale Konstruktionsgrammatik ist in ihrem methodischen Vorgehen streng empirisch und geht dabei datengeleitet vor (vgl. auch Abschnitt 4). Der analytische Zugang erfolgt über kontextsensitive Analysen authentischer Gesprächsdaten, die grammatische Strukturen im Zusammenhang mit Aspekten der kollaborativen Hervorbringung sozialer Ordnung im interaktiven Vollzug erfassen. Da *turns-at-talk* auf Wiedererkennbarkeit und Verstehbarkeit unter dem Druck interaktiver Progressivität angelegt sind (Deppermann 2015), zielt die Analyse auf die Rekonstruktion intersubjektiv unterstellter Orientierungsmuster ab, die gestalthaftes Wiedererkennen und inferenzbasiertes Verstehen ermöglichen (vgl. ähnlich auch Günthner 2007: 126). Grammatik wird entsprechend nicht als statisches, dekontextualisiertes Inventar modul-spezifischer Regeln zur Bildung von Sätzen in einem ‚sozialen Vakuum' aufgefasst, sondern als dynamisches, kontextsensitives Inventar holistischer Schemata zur Hervorbringung von Handlungszügen im (unmittelbaren) sozialen Austausch.

Aus gebrauchsbasierter Sicht sind die Einheiten eines solchen Inventars als von konkreten Gebrauchsereignissen (*usage events*) abstrahierte Schemata zu begreifen. Es können daher nur Form- und Funktionsaspekte Teil einer Grammatik sein oder werden, die sich aus der Performanz erschließen bzw. rekonstruieren lassen: „Linguistic units are limited by the content requirement to schematized representations of configurations inherent in usage events" (Langacker 2013: 221). Diese Einschränkung hat unmittelbare Konsequenzen für den analytischen Zugang: Eine grammatische Analyse muss sich auf beobachtbare sprachliche ‚Fakten' beschränken und ausgehend von diesen zu Hypothesen über die Form und Funktion sprachlicher Konstruktionen gelangen. Zugleich gilt es, sämtliche Facetten sprachlicher Gebrauchsereignisse als potenziell relevante Konstruktionsmerkmale ins Kalkül zu ziehen. Jede Facette eines Gebrauchsereignisses kann infolge von Einschleifungsprozessen (*entrenchment*) Bestandteil einer kognitiven Routine und damit Bestandteil einer Konstruktion werden (vgl. Langacker 2001:146; Langacker 2016).

Dies trifft auf lexikalisch spezifische ebenso wie auf abstrakte grammatische Konstruktionen zu. Auch abstrakte grammatische Schemata (einer gesprochenen Sprache) fußen stets auf lautlich und damit auch prosodisch spezifischen Token des Sprachgebrauchs (oder Teilstrukturen davon). Grammatische Konstruktionen emergieren über ‚Wolken' memorierter Gebrauchsereignisse und bilden von diesen konkret(er)en Repräsentationen abstrahierte Form- und Funktionsmerkmale schematisch ab (Bybee 2013 u. a.). Im Zuge von Abstraktionsprozessen können

Spezifikationen im Bereich der Lautlichkeit (wie auch in anderen Form- und Funktionsbereichen) zwar peu à peu verloren gehen. Es gibt jedoch deutliche empirische Evidenz dafür, dass sich auf dem Weg fortschreitender Abstraktion Repräsentationen unterschiedlicher Schematizität in einem hierarchisch strukturierten Konstruktionsnetzwerk herausbilden (vgl. u. a. Diessel 2004: 23–40). In einer gebrauchsbasierten Modellierung empirischer Befunde kann es daher nicht darum gehen, nach Argumenten zu suchen, prosodische Merkmale in die grammatische Beschreibung zu integrieren. Vielmehr muss die Frage gestellt werden, ab welchem Grad der Schematizität prosodische Merkmale aus der Analyse als irrelevant ausgeschlossen werden können. Ein hilfreiches Kriterium zur Beantwortung dieser Frage ist einerseits die mangelnde Stabilität bzw. Rekurrenz prosodischer Merkmale (vgl. Abschnitt 4) und andererseits die mangelnde Relevanz für die Bedeutungskonstitution.

Hinweise auf den Beitrag der Prosodie zur Bedeutungskonstitution finden sich in interaktionalen Studien reichlich. Prosodische Gestaltungsmittel werden hier aber zumeist als eine Art „autonomes Signalisierungssystem" (Selting 1995: 232) begriffen, das kontextsensitiv und flexibel als Kontextualisierungsressource eingesetzt wird (vgl. hierzu auch Imo/Lanwer i. d. B.). Anzeichen für eine konstruktionale Bindung prosodischer Eigenschaften finden sich aber bspw. in Studien, die dokumentieren, dass unterschiedliche Varianten der prosodischen Phrasierung ein und desselben syntaktischen Patterns (systematisch) bedeutungsunterscheidend sind. So macht Selting (1993) den Unterschied zwischen Linksversetzung und freiem Thema an dem Merkmal der prosodischen Integration bzw. Eigenständigkeit des vorangestellten Elements fest. Sie kommt auf Grundlage einer empirischen Untersuchung zu dem Schluss, dass „allein die Prosodie eine Unterscheidung erlaubt, gerade auch in syntaktisch ambigen Fällen" und dass diese „Unterscheidung eine sinnvolle und kommunikativ relevante Kategorisierung ergibt" (Selting 1993: 302). Mit Blick auf den Phänomenbereich der Expansion geht Auer (Auer 1991: 155) ganz ähnlich davon aus, dass der Grad der prosodischen Eigenständigkeit der expandierten Elemente die Stärke der „Rhematizität der Expansion" anzeigt. Eine strikte Unterteilung in integrierte und desintegrierte Formate lehnt Auer jedoch ab. Er deutet aber an, dass sich die gängige Unterscheidung zwischen Ausklammerung und Nachtrag durchaus auf prosodische Extremfälle der Integration bzw. Desintegration beziehen lässt (Auer 1991: 146).

Die genannten Studien stehen exemplarisch für eine ganze Reihe von Untersuchungen, die Hinweise dafür liefern, dass die Prosodie das ausschlaggebende Unterscheidungskriterium „für die Identität von Konstruktionen [...] [sein kann], die unter morpho-syntaktischen Gesichtspunkten identisch zu sein scheinen" (Deppermann 2011: 213). Die mit den prosodischen Unterschieden einhergehenden Funktionsunterschiede betreffen allerdings häufig nicht unbedingt den Bereich grammatischer Funktionen im engeren Sinne (bspw. die Kodierung semantischer Relationen und/oder Rollen), sondern sind eher in der Pragmatik zu verorten. In Bezug auf die Bedeutungskonstitution kommen aus Sicht der interaktionalen Konstruktionsgrammatik aber immer auch pragmatische Aspekte bspw. im Bereich der Partnerorientierung oder Gesprächsorganisation als funktionsseitige Spezifikationen einer Konstruktion in Betracht (vgl. hierzu bereits Fried/Östman 2004: 18–22). Der Ansatz der interaktionalen Konstruktionsgrammatik ermöglicht es daher, auf der Basis interaktionaler Daten sprachliche Muster unter Berücksichtigung prosodischer Form- und pragmatischer Funktionseigenschaften zu rekonstruieren und als grammatische Konstruktionen zu beschreiben. Der rekonstruktive Anspruch des Ansatzes ist jedoch mit nicht ganz unwesentlichen methodischen Problemen verbunden, die im folgenden Abschnitt thematisiert werden sollen, um vor diesem Hintergrund das eigene methodische Vorgehen darzulegen.

4 Der rekonstruktive Ansatz

Es ist nun bereits mehrfach darauf verwiesen worden, dass sich das weite Feld appositionsverdächtiger Strukturen als ein Phänomenbereich mit besonders unscharfen Grenzen erweist. Die Unschärfe betrifft dabei nicht nur die äußere Abgrenzung, sondern zugleich auch die innere Gliederung. Aus konstruktionsgrammatischer Sicht drängt sich daher die Überlegung auf, dass wir es hier mit einem Netzwerk von funktional und/oder formal verwandten Konstruktionen zu tun haben (vgl. auch bereits Imo 2015a; Lanwer 2017a; Lanwer 2018a; Lanwer 2018b). Die Rekonstruktion eines solchen Netzwerkes im Rahmen der interaktionalen Konstruktionsgrammatik erfordert die Analyse einer Kollektion potenzieller Fälle (Token) im Idealfall verschiedener potenzieller (Sub-)Konstruktionen (Typen). Ziel einer solchen, linguistisch motivierten Kollektionsanalyse ist es, mutmaßliche Konstruktionen im Hinblick auf die diese Konstruktionen kennzeichnenden bzw. von anderen mutmaßlichen Konstruktionen unterscheidenden Merkmale in einem strikt datengeleiteten Verfahren zu rekonstruieren. Gerade im Hinblick auf die Frage, welche Rolle der Prosodie in Bezug auf die Bestimmung von Appositionen sowie in Bezug auf die Unterscheidung zwischen verschiedenen Typen von Appositionen zukommt, bietet sich ein solches Verfahren an.

Die Methode der Kollektionsanalyse stammt ursprünglich aus der Konversationsanalyse und ist bereits in verschiedenen Arbeiten aus dem Bereich der

Interaktionalen Linguistik auf die Untersuchung grammatischer Phänomene übertragen worden (vgl. hierzu u. a. Barth-Weingarten 2006). Für das Vorgehen sind gemäß dem konversationsanalytischen Vorbild je nach Darstellung drei oder vier Schritte oder Phasen (zuweilen werden Phase zwei und drei zusammengefasst) konstitutiv (vgl. Schegloff 1997):

1. *noticing*
2. Suche nach Fällen, die zu dem Fall der initialen Beobachtung irgendeine Art von Ähnlichkeit aufweisen
3. Großzügige Erweiterung der Sammlung um weitere potenzielle Kandidaten
4. Aussonderung von Grenzfällen

Der erste Schritt des *noticing* benennt nichts anderes, als das Entdecken eines irgendwie interessanten Phänomens in einem Datenausschnitt. Entscheidend ist dabei jedoch, dass diese Entdeckung immer auf eine bereits bestehende (implizite) Kenntnis des Phänomens hindeutet. Der Moment, in dem wir in einem Interaktionsereignis ein Phänomen als solches entdecken, deutet – so Schegloff (1997: 501) – immer schon darauf hin, dass es sich um eine „non-first exposure", d. h. mindestens um die zweite Konfrontation mit dem betreffenden Phänomen handelt. Schegloff erläutert diesen Zusammenhang wie folgt:

> I don't mean that they [i.e. the persons noticing something; JPL] have looked at that very event before and not noticed the observation, though that surely happens a lot as well. What I mean is that the noticing, even if made on a first exposure to that bit of material, presents itself as ‚Oh, I've seen something like that before!,' which is to say that the present observation is at least the second case.

Der methodologische Kern dieser vielleicht trivial anmutenden Argumentation ist nicht unbedeutend: Wir können etwas nur *als* etwas erkennen, wenn wir es wiedererkennen, was voraussetzt, dass uns dieses Etwas bereits (wenn auch unbewusst und nur in ähnlicher Form) schon einmal begegnet ist. Hier offenbart sich die Grundidee der Konversationsanalyse, dass konversationelle Praktiken auf Wiedererkennbarkeit und damit auf Wiederholbarkeit angelegt sind (Garfinkel 1967) und dass sich diese daher durch das Aufdecken von Musterhaftigkeiten in empirischen Daten analytisch offenlegen lassen. Der zweite Schritt des methodischen Prozederes ist in logischer Konsequenz das Zusammentragen potenziell gleicher Fälle. Eine so entstehende Fallkollektion kann dann beliebig oft um weitere „candidate instances" (Schegloff 1997: 537) erweitert werden. Die Fälle einer solchen, sich immer wieder ändernden Kollektion werden dann stets aufs Neue miteinander verglichen, auf diese Weise Grenzfälle ermittelt, die Kollektion peu à peu eingegrenzt und im Idealfall eine Beschreibung der konstitutiven Merkmale der anvisierten Praktik(en) herausgearbeitet.

Die nur grob skizzierte Anlage der konversationsanalytischen Kollektionsanalyse zeigt eine sehr deutliche Parallele zu den methodologischen Grundlagen der gebrauchsbasierten Linguistik: Es kann vermutlich als eine der zentralsten theoretischen Annahmen im gebrauchsbasierten Paradigma gelten, dass der wiederkehrende Gebrauch zur Ausbildung kognitiver Routinen führt und damit zum *entrenchment* sprachlicher Einheiten: „[U]nits emerge via the progressive entrenchment of configurations that recur in a sufficient number of events to be established as cognitive routines" (Langacker 2013: 220). Dieses Einschleifen liefert, wenn man so will, das kognitive Fundament sprachlicher Konventionen (Schmid 2015). Daher wird die Beobachtung rekurrenter, d. h. wiederkehrender Strukturen im Sprachgebrauch zur primären Analyseaufgabe. Sprachgebrauchsdaten bilden die primäre empirische Basis, „from which general patterns can be abstracted" (Tummers/Heylen/Geeraerts 2005: 234–235). Die Gebrauchsfrequenz wird somit zum analytischen Kriterium schlechthin (vgl. Bybee 2006; Bybee 2013 u. a.).

Eine kontrovers diskutierte Frage ist in diesem Zusammenhang, was genau „in a sufficient number" – wie es bei Langacker heißt – bedeutet. Wie häufig muss eine bestimmte Struktur in den untersuchten Daten belegt sein bzw. wie häufig muss eine spezifische Merkmalskombination auftreten oder wie robust müssen die Kookkurrenzen bestimmter Merkmale sein, damit von einem Muster oder einer Konstruktion die Rede sein kann? Die Festsetzung eines Frequenzwertes, der den Übergang von der ‚reinen' Performanz zur Kompetenz bestimmbar macht, erscheint daher als absolut notwendig, um eine saubere Operationalisierung des Rekurrenzbegriffs gewährleisten zu können (vgl. u. a. Zima 2014: 41). Notwendig ist eine solche Festlegung in der Tat dann, wenn wir eine scharfe Trennlinie zwischen Einheiten, die als *entrenched* gelten können, und solchen, für die dies nicht zutrifft, ziehen wollen (vgl. Lanwer 2017a; Lanwer 2018a; Lanwer 2018b). Wenn wir Grammatik jedoch als eine emergente Ordnungstruktur verstehen, die sich durch den Gebrauch ständig verändert, müssen wir immer mit verschiedenen Graden der Verfestigung rechnen: „Linguistic structures are more realistically conceived as falling along a continuous scale of entrenchment in cognitive organization" (Langacker 1987: 59). Es kann daher in gewisser Weise als hinfällig gelten, sich mit der Frage zu befassen, ab welcher Wiederholungsrate eine Struktur im statistischen Sinne als rekurrent, *entrenched* oder konventionalisiert gelten kann. Wir werden uns in Bezug auf die Frage der Verfestigung einer sprachlichen Routine per se mit tentativen Aussagen im Sinne eines Mehr- oder-Weniger begnügen müssen, die zugleich immer nur vorläufige Gültigkeit beanspruchen können.

Ein viel grundlegenderes Problem bleibt jedoch bestehen: nämlich die Frage, was überhaupt Wiederholung bedeutet bzw. woran sich Wiederholung festmachen lässt. Jedes Gebrauchsereignis (als Ganzes und in seinen Teilen) ist formal und funktional einmalig. Gebrauchsereignisse elaborieren sprachliche Schemata, d. h. sie sind in verschiedener Hinsicht spezifischer als die der Produktion einer aktualen Konstruktionseinheit zugrundeliegenden abstrakten Repräsentationen (oder stehen mit diesen sogar in Konflikt) und wirken daher potenziell verändernd auf diese zurück. Rekurrenz kann dementsprechend nur als basierend auf Ähnlichkeiten zwischen und nicht der Identität von Gebrauchsereignissen (bzw. Teilstrukturen davon) begriffen werden. Rekurrenz ist immer eine Frage der kategorialen Gleichsetzung (Lanwer 2018a: 242). Jegliche Bemessung von Frequenzen setzt das Gleichsetzen nicht identischer Gebrauchstoken voraus.

Ein Beispiel zur Illustration: Wir stellen uns vor, wir haben eine Kollektion geometrischer Figuren wie in Abb. 1 und fragen uns, ob in diesem Sample ein oder vielleicht auch mehrere Muster zu entdecken sind. Wie lässt sich diese Aufgabe lösen, wenn wir ein Muster als eine wiederkehrende Merkmalskombination definieren? Wenn wir Rekurrenz allein mittels der Ermittlung von Gebrauchsfre-

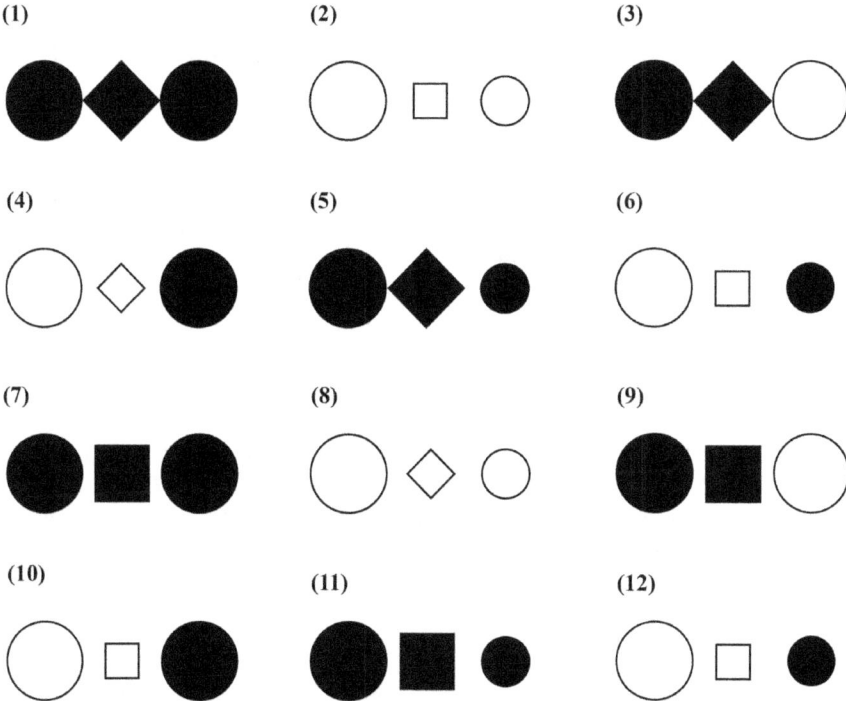

Abb. 1: Kollektion grafischer Figuren.

quenzen bestimmen wollen, können wir immer nur zählen, wieviele Fälle bestimmte Merkmale oder Merkmalskombinationen aufweisen. Mit Blick auf unsere Kollektion geometrischer Figuren sind diverse Konstellationen denkbar. In einem händischen Sortierungsverfahren scheint es kaum möglich, zu einer validen Einteilung der Fälle in zwei oder mehr Gruppen zu gelangen, die auf einer Art inhärenten Ähnlichkeitsstruktur der Kollektion basiert. Wir können also keine Wiederholungsstrukturen aufdecken, ohne im Vorfeld die musterkonstitutiven Merkmale festzulegen, was den rekonstruktiven Ansatz ad absurdum führt (Lanwer 2018b). In die Quantifizierung können zudem nur Fälle einfließen, die sich in Bezug auf die festgelegten Merkmale eindeutig einer Gruppe zuordnen lassen. D. h., es müssen stets alle festgesetzten Merkmale gegeben sein. Ansonsten fehlt uns ein valides Kriterium zur Zusammenfassung.

Es zeigt sich jedoch, dass Kategorien sich nur schwer als geschlossene Klassen beschreiben lassen, deren Mitglieder in Bezug auf einen feststehenden Satz von Merkmalen übereinstimmen. Sinnvoller scheint es, von einer organischen Klassenbildung nach Prinzipien der Familienähnlichkeit im Wittgenstein'schen Sinne auszugehen. Kategorien sind entsprechend immer in einer Zentrum-Peripherie-Struktur organisiert. Es ist stets von mehr und weniger (proto-)typischen Fällen auszugehen, die in ihrer Struktur unterschiedlich stark mit einem schematischen Merkmalskern übereinstimmen (Rosch/Mervis 1975).[1] Im Bereich der gebrauchsbasierten Linguistik wird dieser Problemkomplex vor allem im Rahmen der Exemplartheorie in Rechnung gestellt (vgl. u. a. Bybee 2013). Versuche einer methodisch konzisen Umsetzung eines solchen Kategorienbegriffs finden sich in gebrauchsbasierten Studien jedoch nur selten. In der Regel werden schlichtweg Häufigkeiten bemessen, ohne aufzuschlüsseln, nach welchen Kriterien die gezählten Belege als gleich oder ungleich behandelt werden können. Das zentrale Problem der stetigen Rekonstitution sprachlicher Schemata im Gebrauch wird damit weggekürzt. Dies gilt auch für Studien, die mit ausgefeilten statistischen Verfahren wie der Kollostruktionsanalyse (vgl. u. a. Gries/Stefanowitsch 2004) operieren:

> Although collostructions reach a higher degree of methodological and quantitative adequacy than frequency analyses, they assume the a priori existence of a construction with a number of slots instead of licensing the existence of this constructional template by means of a bottom-up analysis. (Tummers/Heylen/Geeraerts 2005: 233)

---

[1] Ein Schema kann außerdem in Bezug auf verschiedene Merkmale unterschiedlich stark verfestigt sein. Es ist daher sicher generell verfehlt, in Bezug auf Konstruktionsmerkmale eine Obligatorik einzufordern.

Die Methode der Kollektionsanalyse ist in dieser Hinsicht durchaus ausgefeilter. In einem akribischen, komparatistischen Verfahren werden Ähnlichkeiten und Unterschiede zwischen den Fällen einer Kollektion möglichst systematisch ermittelt. Dabei wird nicht nach einem im Vorfeld festgelegten Muster gesucht, sondern es wird versucht, ein solches in den Daten zu entdecken. Die Analyse spricht also den Daten und den sich in den Daten abzeichnenden Regularitäten absolute Priorität zu (Bücker 2012: 62). Der Ansatz hat jedoch eine andere Schwachstelle: Es werden in Bezug auf die beschriebenen Muster zumeist vage Aussagen wie *Kommt regelmäßig/häufig/kaum/selten/gar nicht vor.* getroffen, um einen Anspruch auf Musterhaftigkeit zu be- oder entkräften. Diese quantitativen Urteile sind aber zum einen im Regelfall nicht statistisch fundiert und in Bezug auf eine näher bestimmbare Datengrundlage interpretierbar. Zum anderen bleibt der Weg vom Vergleich von Einzelfällen hin zu davon abstrahierten Mustern intransparent, da in der Ergebnisdarstellung die zugrundeliegende Masse der analysierten Gebrauchstoken ebenso wie das Maß der Ähnlichkeit zwischen den Einzelfällen verdeckt bleibt. Es können daher z. B. keine Aussagen darüber getroffen werden, wie diffus die zu einem Muster zusammengefasste Masse von Token ist, wie diese an ein benachbartes Muster auf Tokenebene andockt usw. Gerade das Maß der Ähnlichkeit auf Tokenebene scheint aber eine entscheidende Bezugsgröße für die gebrauchsbasierte Analyse sprachlicher Typen zu sein.

Zumindest in Teilen ausheben lässt sich dieses Defizit mittels eines Vorgehens, das Ähnlichkeiten zwischen den Fällen einer Kollektion quantitativ bemisst und diese in einem Netzwerk visualisiert. Einzelne Fälle können in einer solchen Netzwerkmodellierung als Knotenpunkte in einem zweidimensionalen Raum behandelt und Ähnlichkeiten durch die Dicke der Strichverbindungen (Kanten) und/oder die Distanz zwischen den Knoten dargestellt werden (vgl. Abb. 2). Das Verfahren bietet die Möglichkeit, Ähnlichkeitsstrukturen für eine Kollektion in Bezug auf einen ausgewählten Katalog von Beschreibungsparametern systematisch zu bemessen und eine daran orientierte Sortierung der Fälle vorzunehmen. Die Beschreibungsparameter dienen dabei nicht dazu, Fälle nach vorab bestimmten Kriterien zusammenzufassen, sondern liefern eine Vergleichsmatrix, mittels derer sich Ähnlichkeitsstrukturen in den Daten entdecken lassen. Die Qualität der Analyse steht und fällt daher auch hier mit der Detailgenauigkeit der Fallanalysen, die potenziell beschreibungsrelevante Merkmale ggf. erst nach diversen Analyseschleifen, wie sie für eine Kollektionsanalyse bestimmend sind, zum Vorschein bringen.

Die Systematik einer solchen quantitativ fundierten Kollektionsanalyse soll am Beispiel einer Analyse der in Abb. 1 abgebildeten grafischen Figuren kurz illustriert werden: Die zwölf Fälle wurden zu diesem Zweck in Bezug auf die Parameter Form (Kreis, Quadrat, Raute), Füllung (schwarz, weiß) und Größe (groß,

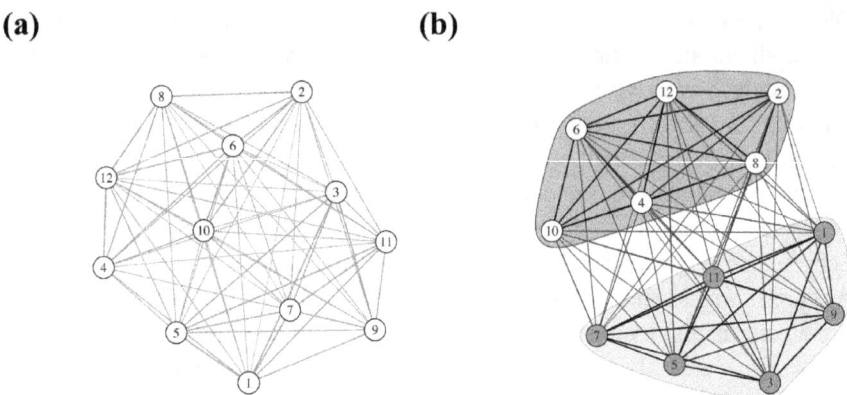

Abb. 2: (a) Netzwerkplot ohne Clustering (b) Netzwerkplot mit Clustering (Modularität=0.076).[3]

klein) positionsweise kodiert. Auf dieser Basis wurden in R Paardistanzen als *Gower Similarity* berechnet, als gewichtete Kanten in einen (ungerichteten) Graphen überführt und mithilfe des Pakets *igraph* als Netzwerk visualisiert. Der Netzwerkplot (Abb. 2a) lässt tendenziell eine interne Gliederung der Kollektion erkennen. Deutlicher herausstellen lässt sich diese durch die Anwendung eines Netzwerkclusterings. Abb. 2b zeigt den Netzwerkplot für eine auf dem Graphen durchgeführten Clusteranalyse unter Anwendung der Louvain-Methode (vgl. u. a. Blondel et al. 2008).

Das Ergebnis der Clusteranalyse zeigt, dass sich die Kollektion bei einer Modularität von 0.076^2 in zwei Gruppen untergliedern lässt. Die Gliederung ist in ihrer strukturellen Motiviertheit gut nachvollziehbar: Es wurden alle Belege zusammengefasst, die sich in Bezug auf die Füllung der ersten beiden Formelemente sowie in Bezug auf die Größe des zweiten Formelements gleichen. In der oberen Gruppe finden wir nur Belege, denen mit Blick auf die Füllung der ersten beiden Formelemente das Merkmal ‚weiß' und bezüglich der Größe des zweiten Formelements das Merkmal ‚klein' zuweisen können. In der unteren Gruppe finden wir hingegen alle Belege versammelt, die sich mit Blick auf die genannten Parameter durch die Merkmale ‚schwarz' bzw. ‚groß' auszeichnen. Neben diesen obligatorischen Unterscheidungsmerkmalen lassen sich aber

---

2 Die Modularität gibt auf einer Skala von -1 bis 1 die Stärke der Partitionierung eines Netzwerks an (vgl. Blondel et al. 2008: 2). Die hier vorgenommene Partitionierung weist mit 0.076 einen mittleren Modularitätsgrad leicht oberhalb von 0 auf.

3 Die unterschiedlichen Strukturen der zwei Netzwerkplots sind Resultat des Clusterverfahrens und kein Darstellungsfehler.

auch Unterschiede entdecken, die fakultativer Natur sind. So zeichnen sich bspw. zwei Drittel der Fälle in der oberen Gruppe dadurch aus, dass alle Elemente groß sind, während in der unteren Gruppe die Mehrheit der Fälle (ebenfalls zwei Drittel) nur ein großes Element enthält, nämlich das initiale.

Die Art der Analyse bietet die Möglichkeit, trotz einer dichotomisierenden Klassenbildung die darunterliegenden Ähnlichkeitsbeziehungen zwischen den untersuchten Fällen transparent zu halten, wie es in Abb. 2b gut zu erkennen ist. Außerdem kann über die Modularität die Trennschärfe der Partitionierung analytisch in Rechnung gestellt werden. In Bezug auf die Interpretation einer solchen Modellierung gilt es jedoch zu beachten, dass ein Netzwerkgraph wie in Abb. 2 zunächst nur eine flache Organisationsstruktur abbildet, die auf der Ebene der Gebrauchstoken anzusiedeln ist. Mithilfe eines solchen Graphen lassen sich in einer Kollektion Muster entdecken, die sich dann weiterführend ggf. als Konstruktionen deuten und in eine Taxonomie zunehmend abstrakterer Muster überführen lassen. Wie weiter oben bereits angedeutet, muss der Sprung vom Muster zur Konstruktion (ebenso wie alle weiteren Abstraktionsschritte) jedoch in jedem Fall durch den Nachweis der funktionalen Äquivalenz der zusammengruppierten Fälle ebenso wie durch die Offenlegung funktionaler Unterschiede zwischen Fällen unterschiedlicher Musterzugehörigkeit interpretativ abgesichert werden. Alternativ lassen sich funktionale Aspekte auch von vorherin in das musterentdeckende Verfahren mit einbeziehen. Wenn wir davon ausgehen, dass kategoriale Zusammenfassungen immer auch oder gar primär funktional motiviert sind (Langacker 2013: 17), empfiehlt es sich sogar, genauso vorzugehen.

5 Die Fallstudie

In Abschnitt 3 und 4 sind ausführlich die theoretischen und methodischen Grundlagen der durchgeführten Untersuchung zu appositiven Mustern im gesprochenen, interaktionalen Deutsch behandelt worden. Im vorliegenden Kapitel sollen schließlich Anlage und Ergebnisse der empirischen Studie erläutert und präsentiert werden.

5.1 Eingrenzung des Gegenstandsbereichs und Datengrundlage

Ein Blick in interaktionale Daten zeigt unmittelbar, dass sich hier der Phänomenbereich appositionsverdächtiger Strukturen noch einmal erheblich ausweitet;

und zwar so weit, dass der Eindruck entstehen kann, dass sich der Gegenstand gänzlich auflöst (Imo 2014). Um das Phänomen analytisch greifbar zu machen und einen strukturierten Zugriff auf das Zusammenspiel von Syntax und Prosodie zu ermöglichen, wurde das Suchfenster der Kollektionsanalyse daher zum einen auf nominale Appositionskandidaten und zum anderen auf den Bereich der Personenreferenz eingegrenzt (vgl. auch bereits Imo/Lanwer 2017: 160–168; Lanwer 2017b; Lanwer 2017c). Die Eingrenzung ist einerseits motiviert durch die strukturellen ‚Prototypen', die sich der Literatur entnehmen lassen, die im Regelfall sowohl als nominale Appositionen gelten können als auch Formen der Personenreferenz exemplifizieren. (Schindler (1990: 51) führt bspw. „Mein Onkel, Hugo, strickt." als ‚Prototyp' an.) Andererseits greift das Suchfenster einen Großteil der in den Daten auffindbaren Kandidaten ab und erfasst dabei zugleich den mutmaßlichen Kernbereich appositiver Strukturen, der in Bezug auf einen relativ klar zugeschnittenen Funktionsbereich beschrieben werden kann.

Der Analyse liegen Audioaufzeichnungen von drei Tischgesprächen zugrunde, die ausschließlich aus dem nordwestdeutschen Raum stammen, um die areale Variation vor allem im Bereich der Prosodie möglichst gering zu halten. Die Aufnahmen sind in den Jahren 2008 und 2010 im Rahmen des Projektes ‚Sprachvariation in Norddeutschland' (vgl. u. a. Elementaler et al. 2015) in den Regionen Ostfriesland (OF), Westmünsterland (WM) und Münsterland (ML) erhoben worden. Das verwendete Teilkorpus hat insgesamt einen Umfang von gut 4,5 Stunden (Tab. 1).

Tab. 1: Datengrundlage.

Region	Dauer	Sprecher	Belege
Ostfriesland	89:11 Min.	6	18
Westmünsterland	77:54 Min.	6	67
Münsterland	98:14 Min.	5	64

Die Daten liegen als vollständig zeitalignierte GAT-Transkripte (Selting et al. 2009) vor. Ausgehend von dieser Datenbasis konnte in einem händischen Suchverfahren eine Fallkollektion von insgesamt 149 appositionsverdächtigen Fällen aufgebaut werden. Die Fälle verteilen sich relativ ungleich auf die drei Gespräche. Vor allem das Gespräch aus Ostfriesland fällt mit einer geringen Belegdichte aus der Reihe. Die Ursache hierfür ist zumindest in Teilen darin zu sehen, dass in diesem Gespräch insgesamt weniger über abwesende Personen gesprochen wird.

Im Zuge der Zusammenstellung der Kollektion wurden in Auseinandersetzung mit den Daten sowie unter Einbeziehung der in der Literatur verfügbaren Beschreibungen (Behagel 1928: 412–420; Bergenholtz 1985; Eisenberg 2013: 256–262; Freienstein 2008; Imo 2014; Imo 2015a; Imo/Lanwer 2016: 14–21; Lanwer 2017a; Lanwer 2017b; Lanwer 2017c; Lanwer 2018a; Lanwer 2018b; Lawrenz 1993; Löbel 1986; Löbel 1993; Molitor 1979; Raabe 1979; Schindler 1990; Schmidt 1993: 103–116; Zifonun/Hoffmann/Strecker 2011: 2035–2047) analyserelevante Beschreibungsparameter ermittelt. Im Weiteren wurden alle Belege in Bezug auf ausgewählte formale und funktionale Merkmale annotiert. Auf dieser Basis wurde im nächsten Schritt mithilfe einer Netzwerkanalyse nach Mustern in der Kollektion gesucht. Dieser Durchlauf wurde mehrfach wiederholt und das Set der Merkmale immer wieder angepasst, um eine möglichst hohe Modularität bei Berücksichtigung möglichst vieler Merkmale zu erreichen. Die folgenden Abschnitte dokumentieren die Auswahl der Beschreibungsparameter sowie quantitative und qualitative Befunde der Analyse.

5.2 Formale Beschreibung

Die formale Beschreibung der Fälle bezieht sich sowohl auf Eigenschaften der syntaktischen als auch auf Eigenschaften der prosodischen Formatierung. Die Beschreibungsebenen werden in der Darstellung der angesetzten Parameter zunächst getrennt behandelt. Die Netzwerkanalyse wurde aber auf der Basis sowohl syntaktischer als auch prosodischer Merkmale durchgeführt, um aufdecken zu können, ob und wie Syntax und Prosodie in der Musterbildung zusammenwirken.

5.2.1 Syntaktische Formatierung

Die syntaktische Analyse bezieht sich auf verschiedene Parameter, die sich den folgenden Unterkategorien zuordnen lassen: (1) Realisierung der Elemente, (2) syntaktischer Anschluss und (3) syntaktische Integration. Da alle Fälle in Bezug auf die genannten Teilbereiche systematisch miteinander verglichen werden sollten, wurde eine abstrakte Vergleichsfolie erstellt, die einen solchen Vergleich ermöglicht. Für den syntaktischen Vergleich der in die Kollektion integrierten Fälle wurde eine Matrix angesetzt, die zum einen zwischen X- und Y-Element, d. h. zwischen dem ersten und zweiten Element der Struktur unterscheidet. Zum anderen wurde eine intermediäre Position angesetzt, die strukturell verschieden gefüllt werden kann (vgl. Tab. 2).

Tab. 2: Vergleichsmatrix.

#	X-Element		Intermediäre Pos.	Y-Element	
	Det	N		Det	N
9	der	freund von ihm	—	der	stefan
16		anne potthoff	—	meine	freundin und nachbarin
28	der	pastor	—	der	evangelische pastor
35	dem	klaas	—	—	möller
66	dein	freund	—	—	hendrik
72	—	frau	—	—	grote
97	—	herrn	—	—	sowieso
139	—	berta	und (.) und	ne	freundin von mir
144	—	simon	also	ihr	freund

Realisierung der Elemente: Die in die vorliegenden Untersuchungen einbezogenen Gebrauchstoken bestehen alle aus zwei Elementen, die einen nominalen Bestandteil aufweisen, der entweder alleine steht oder zu einer komplexeren Nominalphrase ausgebaut ist. In die Analyse wurden außerdem Strukturen aufgenommen, die pronominale Bestandteile enthalten, wenn diese, wie in „die (.) die andern beiden" (#145),[4] einen Komplexitätsausbau aufweisen. In Bezug auf das X- und Y-Element wurde für alle Belege erfasst, ob die Elemente einen Determinierer enthalten, ob es sich bei dem jeweiligen (pro-)nominalen Bestandteil um ein Appellativum (wie *Freund*), ein Nomen proprium (wie *Berta* oder *Klaas*), um eine Kombination (wie *mein Bruder Martin*) oder um ein Pronomen handelt, ob es sich im Falle von Nomina propria um einen Vornamen (wie *Anni* oder *Klaas*), einen Nachnamen (wie *Grote* oder *Möller*), einen Dummy-Namen (wie *Sowieso*) oder um eine Kombination daraus (wie *Anne Potthoff*) handelt und ob die Elemente attributive Erweiterungen (wie *evangelische* oder *von ihm*) aufweisen. Außerdem wurde analysiert, ob die Strukturteile in adjazenter Stellung oder Distanzstellung auftreten.

Syntaktischer Anschluss: Wie weiter oben bereits angeführt, unterscheidet Behagel zwischen einer kontinuierlichen Struktur und einer diskontinuierlichen Struktur, die „durch eine Pause oder ein anderes Satzglied getrennt" (Behagel 1928: 417) sein kann. Ähnlich spricht auch Schmidt (1991: 115) der weiten Apposi-

---

[4] Allen Belegen wurde eine Kollektions-ID zugewiesen. Diese wird im Folgenden stets in Klammern mit angegeben. Alle Beispiele können über die Kollektions-ID in dem in Abb. 8 präsentierten Netzwerkplot verortet werden.

tion die Möglichkeit zur „Distanzstellung" zu. Das Pattern kann also nicht allein prosodisch diskontinuierlich sein (s. u.), sondern es kann auch lexikalisches Material zwischen die zwei Elemente treten. Zum einen können dies pragmatische Marker, wie z. B. *also*, sein (vgl. u. a. Freienstein 2008; Molitor 1979: 171; Schmidt 1993: 112). Zum anderen finden sich Fälle, bei denen nach Realisierung des X-Elements eine Fortsetzung der übergeordneten syntaktischen Struktur erfolgt. Diese kann zwecks Einlassung des Y-Elements noch vor syntaktischer Komplettierung unterbrochen werden, wie es das folgende Beispiel illustriert:

Beispiel 2 (#139)
```
X> 01 OF1:   °h BERta und (.) und-
Y> 02        <<all>↑ne FREUNdin> von mIr,
   03        und_ÄHM-
   04        (0.9)
   05        die: (.) Älteste TOCHter:-
```

In Beispiel 2 bricht Sprecherin OF1 die Turnproduktion in Zeile 1 nach zweifacher Wiederholung des Konnektors *und* zunächst ab, greift diese dann aber nach Realisierung des Y-Elements „ne FREUNdin von mIr" (Z. 02) mit „und_ÄHM-" (Z. 03) wieder auf und liefert anschließend mit „die: (.) Älteste TOCHter:-" in Zeile 05 den zweiten Teil der komplexen NP. In den meisten diskontinuierlichen Fällen, die im Material belegt sind, erfolgt die Realisierung des Y-Elements jedoch erst nach Abarbeitung aller noch offenen syntaktischen Projektionen. Entsprechende Strukturen bezeichnet Imo (2015a) auch als Expansions-Apposition. Diesem Typus entsprechen auch die in Auer (1991) dokumentierten Fälle. Folgendes Beispiel veranschaulicht die Art des syntaktischen Anschlusses:

Beispiel 3 (#18)
```
X> 01 WM1:   und der Arbeiter is AU_nich mehr da-
Y> 02        ↑DENker ne;
```

Auf das X-Element folgt hier zunächst die Komplettierung der syntaktischen Struktur. Erst nach Abschluss der Struktur wird das Y-Element als Expansion realisiert. Neben in dieser Weise expandierten Strukturen wurde zudem Fälle in die Kollektion aufgenommen, in denen das zweite Element sequenzstrukturell betrachtet erst in dritter Position realisiert wird, wie es folgendes Beispiel zeigt:

Beispiel 4 (#109)
```
X> 01 ML4:   nur der brUder der in BERlin is:;
   02        der wIrd nich KOMmen_ne;
   03 ML1:   ach d[Er\    ]
   04 ML4:        [HM_hm;]
```

```
     05       (0.5)
     06 ML1:  von den ZWILli[ngen;]
Y>   07 ML4:            [↑KL  ]AAS;
     08       JA.
```

In Beispiel 4 erfolgt die Realisierung des zweiten Elements erst in Zeile 8 nach bzw. in Teilüberlappung mit der Verstehensdokumentation seitens ML1 in Zeile 07. Der Beleg wurde als Grenzfall in die Kollektion aufgenommen. Wie wir in Abschnitt 5.3 sehen werden, lassen sich aber deutliche Übereinstimmungen mit typischeren Fällen feststellen – sowohl mit Blick auf formale als auch in Bezug auf funktionale Aspekte.

Die beschriebenen Formen syntaktischer Diskontinuität wurden in der Kodierung der Fälle gesammelt von adjazenten Strukturen unterschieden. Zusätzlich wurde aber für alle Belege ermittelt, ob mit oder nach Realisierung des Y-Elements Strukturteile des X-Elements wiederholt werden, wie es in Beispiel 2 der Fall ist. Entsprechende Wiederholungstrukturen werden in der Reparaturforschung auch als *recycling* (Schegloff 1987), *retracing* (Levelt 1983) oder Retraktionen (Pfeiffer 2015) bezeichnet. Außerdem wurde für alle Fälle, die einen lexikalischen Marker enthalten, dieser in seiner konkreten Form erfasst, sodass die strukturelle Vielfalt möglicher Diskontinuitäten in der Kodierung zumindest ansatzweise in Rechnung gestellt werden konnte.

Syntaktische Integration: Schindler (1990: 59) diskutiert – wie auch andere – als ein weiteres Kriterium zur Bestimmung von Appositionen die Weglassbarkeit der einzelnen Elemente. Der Tilgungstest zielt im Grunde darauf ab, zu ermitteln, ob die Elemente als paradigmatisch äquivalent gelten können, d. h. ob sie in der übergeordneten syntaktischen Struktur jeweils alleine den gleichen syntaktischen Slot besetzten können (vgl. hierzu auch Lanwer 2017b). Die Beschreibung bezieht sich dabei auf zwei verschiedene Merkmale: zum einen auf die ‚Phrasenfähigkeit' und zum anderen auf den viel und kontrovers diskutierten Aspekt der Kasuskongruenz.[5] Außerdem operiert das Testverfahren aus einer Post-hoc-Perspektive, die sich für die Beschreibung der zeitlich emergenten Strukturen, mit denen wir es bei der Analyse interaktional-mündlicher Sprache zu tun haben, als ungeeignet erweist (Auer 2005 u. a.). Hier wird daher ein alternativer Weg eingeschlagen, der allein die Möglichkeit zur Phrasenbildung mit

---

[5] Der Aspekt der Kasuskongruenz wurde hier zunächst mit in die Analyse einbezogen. Es zeigt sich aber, dass sich Kongruenzeigenschaften auf der Basis overter morphologischer Markierungen gerade einmal für gut ein Drittel der Fälle der Kollektion bestimmen lassen. Von den 51 Fällen, auf welche dies zutrifft, weisen 49 Kasuskongruenz auf. Für eine Untergliederung der Fälle erweist sich das Kriterium daher als gänzlich nutzlos.

Abschluss des ersten Elements in den Blick nimmt. Es wird dabei allerdings (zwangsläufig) auf phraseninterne Projektionsverhältnisse Bezug genommen, die bisher nicht empirisch abgesichert sind. Es wird davon ausgegangen, dass X-Elemente, die einen Determinierer enthalten oder eine inhärente Determiniertheit aufweisen, wie sie bspw. mit Blick auf Nomina propria veranschlagt werden kann, zwecks Bildung einer Nominalphrase keiner syntaktischen Fortsetzung bedürfen und somit nach Realisierung des X-Elementes auf Phrasenlevel ein potenzieller syntaktischer Abschlusspunkt erreicht ist (vgl. auch Lanwer 2017a: 9). X-Elemente, auf die dieses Kriterium nicht zutrifft, sind nicht phrasenfähig und machen daher – so die Annahme – eine Fortsetzung auf phrasenstruktureller Ebene erwartbar (vgl. auch Abschnitt 5.3.1). In der Analyse wird auf dieser Basis zwischen phrasenfähigen und nicht-phrasenfähigen X-Elementen unterschieden.

5.2.2 Prosodische Formatierung

Im Bereich der prosodischen Formatierung werden verschiedene Aspekte in den Blick genommen, die sich unter den zwei Punkten (1) Phrasierung und (2) Akzentuierung und Konturgestaltung zusammenfassen lassen. Entsprechende Aspekte werden in Bezug auf das Deutsche von Peters (2006: 83–151) auch als Teil einer Intonationsgrammatik beschrieben.[6]

Phrasierung: Es ist in der Forschungsliteratur zu Appositionen im Deutschen – wie in Abschnitt 2 bereits ausgeführt – bereits verschiedentlich darauf hingewiesen worden, dass ein Unterschied zwischen engen und weiten Appositionen in der Art der prosodischen Gliederung des syntaktischen Patterns zu suchen ist. Dabei ist zwar nicht immer klar, welche prosodischen Gestaltungsmittel genau angesprochen werden. Zuweilen ist von Pausen, an anderer Stelle wiederum von Tonbögen u. Ä. die Rede. Alle Beschreibungen deuten jedoch darauf hin, dass weite Appositionen sich durch irgendeine Art der Diskontinuität im Bereich der Prosodie auszeichnen. Für die vorliegende Untersuchung wurde dieser Aspekt mittels dreier Beschreibungsparameter operationalisiert: Es wurde für alle Fälle untersucht, ob mit Ende des X-Elements (oder der syntaktischen fortgesetzten Struktur) ein Grenzton oder ein tonaler Abbruch realisiert wird, wie im Fall einer tonalen Zäsur das Y-Element an die intonatorisch unterbrochene Struktur

---

[6] Die Arbeiten von Peters sind theoretisch und methodisch dem Modell der (autometrischen) Intonationsphonologie zuzuordnen. Das Begriffsinventar zur intonatorischen Beschreibung, das im Weiteren verwendet wird, ist ebenfalls an diesem Modell orientiert.

angeschlossen wird (Neuansatz vs. Fortführung der Kontur) und ob vor dem Y-Element eine stille oder gefüllte Pause (*eh, ähm* usw.) auftritt.

In Bezug auf die angesetzten Parameter lassen sich verschiedene Stärkegrade prosodischer Diskontinuität oder Zäsurierung (Barth-Weingarten 2016) beschreiben, wie es die folgenden Beispiele veranschaulichen. Beispiel 5 kann bspw. als maximal kontinuierlich gelten. Es lässt sich hier weder ein Grenzton noch eine Pause ausmachen, die zwischen die Elemente tritt (vgl. auch Abb. 4 weiter unten):

Beispiel 5 (#72)
-> 01 ML1:   ch_trAf heut noch **frau grO:te** in der apoTHE:ke,

In Beispiel 6 findet sich zwar eine Pause zwischen X- und Y-Element, jedoch keine tonale Zäsur:

Beispiel 6 (#107)
-> 01 ML4:   °hh und **der:** eh **pAter:** (.) TRETTmann-

Beispiel 7 weist keine Pause, aber einen Grenzton auf. In der Gestaltung der Kontur wird aber nicht neu angesetzt, sondern das Tonniveau beibehalten.

Beispiel 7 (#9)
X> 01 WM1:   und **der FREUND von Ihm,**
Y> 02   **der STEfan-**

In Beispiel 8 sind schließlich alle Merkmale prosodischer Diskontinuität realisiert: Grenzton, tonaler Neuansatz und Pause (vgl. Abb. 5 weiter unten). Hier liegt somit der höchste Grad an prosodischer Diskontinuität vor.

Beispiel 8 (#136)
X> 01 OF1:   oder hIEr noch **ne ANdre freundin von frÜher;**
   02   (0.3)
Y> 03   ↑**ANnabell.**

Akzentuierung und Konturgestaltung: In Bezug auf die Akzentstrukturen wurden zwei Aspekte untersucht. Zum einen Akzentplatzierung und -stärke (vgl. Lanwer 2017a) und zum anderen das Verhältnis zwischen den über den verschiedenen Elementen realisierten Konturen. Was Platzierung und Stärke der Akzente betrifft, wurde untersucht, welche Teile der Struktur einen Pitch-Akzent aufweisen und ob ein Fokusakzent auf einem oder ggf. sogar beiden Elementen realisiert wird. Es sind hier verschiedene Kombinationen möglich. Das weiter oben bereits behandelte Beispiel 5 (#72) liefert einen Beleg für eine Struktur mit schwacher Akzentuierung lediglich des Y-Elements. Der Verlauf

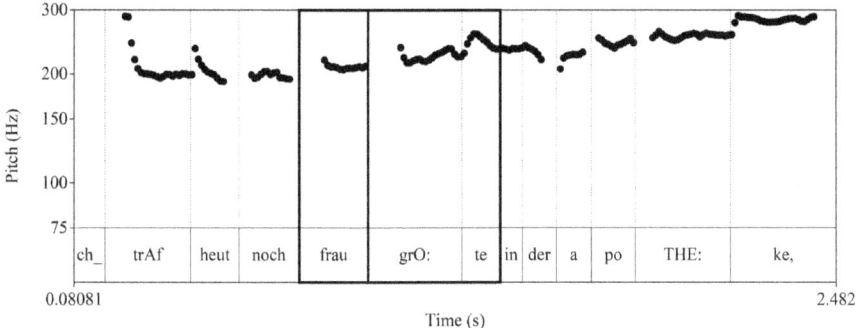

Abb. 3: F_0-Verlauf für Beleg #72.

der Grundfrequenz über der Intonationsphrase „ch_trAf heut noch frau grO:te in der apoTHE:ke," (vgl. Abb. 3) lässt erkennen, dass eine steigende Tonhöhenbewegung zur Silbe „grO:" stattfindet, die zwar einen deutlich wahrnehmbaren Akzent markiert. Einen Fokusakzent trägt die Struktur aber nicht. Anders sieht dies im Fall von Beispiel 9 aus:

Beispiel 9 (#131)
`-> 01 ML5:` der äh Is: Ebenso Angenehm wie **RAphael grIEs**;

Die Verkettung der Elemente „RAphael" und „grIEs" zeigt eine prosodische Formatierung, die dadurch gekennzeichnet ist, dass beide Elemente einen Pitch-Akzent aufweisen. Das erste Element trägt zudem einen Fokusakzent. Eine weitere Besonderheit ist, dass über dem zweiten Element der Konturverlauf des Fokusakzents (hier eine steigend-fallende Bewegung) in herabgestufter Form wiederholt wird (vgl. Abb. 4). Das tonale Verhältnis kann daher als eine Art Parallelismus mit Downstep klassifiziert werden, wie es für Appositionen ähnlich bereits von Fox (1982; 1984) beschrieben worden ist (vgl. zum Phänomen des *tonal parallelism* auch die Übersichtsdarstellung in Wichmann 2013: 86–92). Die Wiederho-

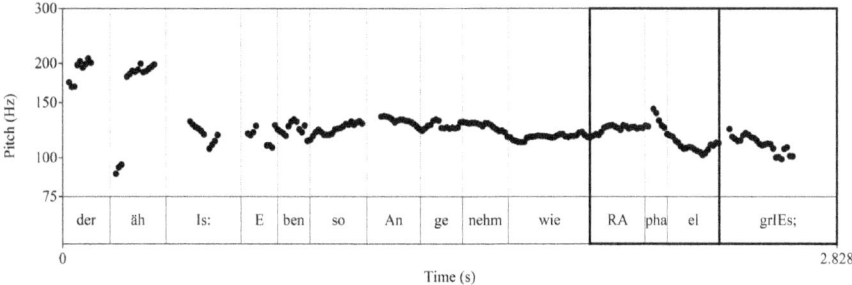

Abb. 4: F_0-Verlauf für Beleg #131.

lung des Akzenttons findet in Beispiel 9 (#131) innerhalb einer Intonationsphrase statt. Entsprechende Fälle sind im Material eher selten. Im Regelfall tritt Akzentparallelismus bei prosodisch mehrgliedriger Struktur auf. In Fällen, in denen X- und Y-Element auf zwei (oder mehr) Intonationsphrasen verteilt sind, nimmt die Wiederholungsstruktur dann auch eine deutlichere Ausprägung an, wie es der Verlauf der Grundfrequenz für das bereits diskutierte Beispiel 8 (#136) in Abb. 5 gut erkennen lässt:

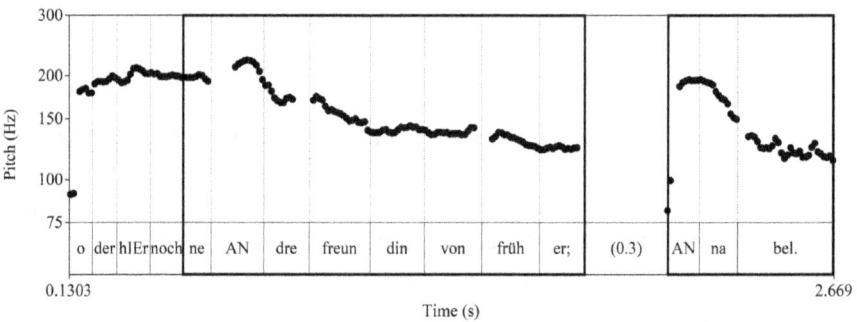

Abb. 5: F_0-Verlauf für Beleg #136.

Hier wird ebenfalls der über dem X-Element realisierte Konturverlauf über dem Y-Element in herabgestufter Form wiederholt. Die Wiederholungsstruktur betrifft dabei nicht allein den Akzent-, sondern auch den Grenzton. Es wird die gesamte nukleare Kontur mit Downstep repliziert. Wir haben es hier letztlich mit phrasalem Downstep zu tun: „[I]n phrasal downstep there is a register lowering of the whole phrase relative to the preceding phrase" (Gussenhoven 2004: 115). Im Material lassen sich aber nicht nur Fälle mit Downstep, sondern auch Fälle mit hochgestuftem Akzent und/oder tendenziell größere Pitch-Range finden, wie es Beispiel 10 veranschaulicht:

Beispiel 10 (#86)
```
X> 01 ML2:  die wAr doch bei DIEsem-
   02       (0.6)
   03       OrthoPÄden,
Y> 04       <<len>sch:iRU:Rgen,>
   06       (0.5)
   05       an der UniklI:nik,
```

In Beispiel 10 wird der auf dem X-Element realisierte Pitch-Akzent mit größerem Tonumfang wiederholt. Wie im Fall von Beleg #136 wird dabei auch der Grenzton wieder aufgegriffen (vgl. Abb. 6). Der Parallelismus betrifft also erneut die gesamte nukleare Kontur. Die Erhöhung des Tonumfangs führt zudem dazu, dass der Akzent auf einem höheren Tonhöhenniveau realisiert wird. Entsprechende Fälle wurden als Parallelismus mit Upstep klassifiziert.

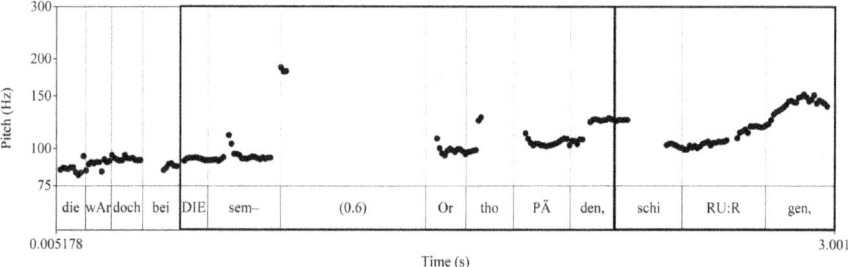

Abb. 6: F₀-Verlauf für Beleg #86.

Bei der Kodierung der Fälle, die einen Pitch-Akzent auf beiden Elementen aufweisen, wurde also immer zunächst unterschieden zwischen Belegen mit und ohne Akzentparallelismus und im ersten Fall weiter differenziert zwischen Parallelismus mit Downstep und Parallelismus mit Upstep. Die prosodische Untersuchung ist für alle Belege in Form einer kombiniert auditiv-akustischen Analyse mithilfe von Praat erfolgt.

5.3 Funktionale Beschreibung

Im Rahmen der durchgeführten Analyse haben sich die zwei Funktionsaspekte (1) Konzeptualisierung und (2) Durchführung von Referenzreparaturen als beschreibungsrelevant herauskristallisiert. Im Folgenden werden die für die Beschreibungsebenen angesetzten Parameter separat eingeführt und illustriert.

5.3.1 Konzeptualisierung (Semantik)

Ausgangsüberlegung der Analyse des Bedeutungspols ist, dass grammatische Konstruktionen Instruktionen zum Aufbau intersubjektiv koordinierter Konzeptualisierungen liefern (vgl. Fauconnier 1994: xxii). Die Verbalisierung einer Referenzinstruktion (vgl. Lanwer 2017b; Lanwer 2017c) wie „der: eh pAter: (.) TRETTmann" (#107) bietet stets zwei Aspekte der Konzeptualisierung bezüglich ein und desselben Referenten an. Diese funktionale Eigenschaft entspricht in Teilen dem in der Forschungsliteratur diskutierten Merkmal der Koreferenz (vgl. die Diskussion in Lanwer 2017c). Aspekte der Konzeptualisierung wurden in der Analyse in Bezug auf die jeweils aktivierten konzeptuellen Domänen sowie hinsichtlich der evozierten konzeptuellen Gruppierungen erfasst.

Konzeptuelle Domänen: Die Konzeptualisierung betrifft häufig verschiedene konzeptuelle Domänen (Langacker 1987: 147–182). In „der: eh pAter: (.) TRETTmann" (#107) wird der Referent bspw. hinsichtlich des Berufsstandes bzw. einer bestimmten sozialen Rolle („pAter:") sowie in Bezug auf den Familiennamen („TRETTmann") konzeptualisiert. In entsprechenden Fällen wird ein *role-value pair* (Fauconniers 1994) installiert, das einer (sozialen) Rolle einen Wert (eine Person, die diese Rolle erfüllt) zuschreibt (vgl. auch Lanwer 2018a: 6). Entsprechende Strukturen fungieren als *membership categorization device* im Sinne Schegloffs (2007). Etwas anders stellt sich dies im Bereich komplexer Personennamen dar. Belege wie „RAphael grIEs" konzeptualisieren einen Referenten im Hinblick auf zwei gewissermaßen komplementäre Subdomänen (Vor- und Nachname), die beide der gleichen übergeordneten Domäne der Personennamen zugeordnet werden können. Eine weitere Möglichkeit besteht darin, dass das Y-Element eine Spezifikation innerhalb der bereits durch das X-Element evozierten Domäne vornimmt, wie es Beispiel 11 zeigt:

Beispiel 11 (#28)
```
X> 01 WM4   : <<len>da kOmmt der pasTOR;
Y> 02         ↑evanGElische pastO:r.
```

Hier wird durch eine Wiederholung in eine bereits bestehende Struktur retraktiv ein zusätzliches syntaktisches Element eingefügt. Der syntaktische Rahmen bzw. Teile davon werden durch die Wiederholung, anders als bei sog. Strukturlatenzen (Auer 2006; Auer 2014), dupliziert. Neben solchen integrierenden Strukturen finden sich im Korpus Fälle, in denen X- und Y-Element dieselbe Domäne der Konzeptualisierung betreffen, wie es in Beispiel 10 zu beobachten war: In Beispiel 10 wird der anvisierte Referent zunächst als *Orthopäde* und anschließend als *Chirurg* konzeptualisiert. Beide Zugriffe beziehen sich auf dieselbe Domäne der Konzeptualisierung (fachärztliche Ausrichtung). Aufgrund dieser funktionalen Identität kann die Realisierung der zweiten Konzeptualisierung potenziell auch als eine Art Überschreibeverfahren bzw. als subsituierende Reparatur charakterisiert werden (siehe auch Abschnitt 5.4).

Konzeptuelle Gruppierung: Neben den Domänen der Konzeptualisierung kann noch zwischen verschiedenen konzeptuellen Gruppierungen (*conceptual groupings*; Langacker 1997; Langacker 1999 u. a.) unterschieden werden. Der Aspekt der konzeptuellen Gruppierung ist zwar eine Art funktionales Pendant zur Konstituenz in phrasenstrukturellen Ansätzen zu begreifen. Kodiert werden Gruppierungsverhältnisse ebenso wie der konzeptuelle Kern einer Gruppierung allerdings auch mithilfe prosodischer Mittel (Langacker 1999: 160), was den Ansatz für die vorliegende Analyse interessant macht. Für die Analyse der im Fokus stehenden Strukturen ist vor allem von Bedeutung, ob diese jeweils eine (komplexe) Konzeptualisierung evozieren, die verschiedene konzeptuelle Komponenten integriert, oder ob zwei mehr oder weniger separate Konzeptualisierungen installiert werden. In Bezug auf Appositionen im Englischen unterscheidet Langacker auch zwischen einer *single-frame* und einer *two-frame construction* (Langacker 2001: 160). Der Unterschied geht nach Langackers Auffassung unmittelbar mit Aspekten der prosodischen Phrasierung einher. Dies ist in den untersuchten Daten aber nicht zwingend der Fall. Es finden sich auch Fälle, die sich durch eine prosodische Fragmentierung auszeichnen, aber auf syntaktischer Ebene eine konzeptuelle Integration nahelegen, wie es folgendes Beispiel illustriert:

Beispiel 12 (#8)
```
X> 01 WM1:  de:r von REINhold;
Y> 02       MAAS;
   03       (0.5)
-> 04 WM4:  ach REINhold mAAs;
```

In Beispiel 12 werden die zwei komplementären Namensbestandteile „REINhold" (Z.01) und „MAAS" (Z.04) in der Verbalisierung auf zwei Intonationsphrasen verteilt. Wir haben es hier mit einer Verteilung des syntaktischen Materials auf zwei Aufmerksamkeitsrahmen (*windows of attention*) im Sinne Langackers (2001: 154–163) zu tun. Dennoch scheint eine Zusammengruppierung der konzeptuellen Bestandteile die bevorzugte Lesart zu sein: In Beispiel 12 wird der Nachname als eine zusätzliche Charakterisierung des Referenten nachgeliefert, die nicht selbst dessen Identifizierbarkeit sicherstellt, sondern diese durch eine Spezifikation des bereits durch den Vornamen etablierten konzeptuellen Kerns herstellt. Dies spiegelt sich auch in der Verstehensdokumentation (s. u.) „ach

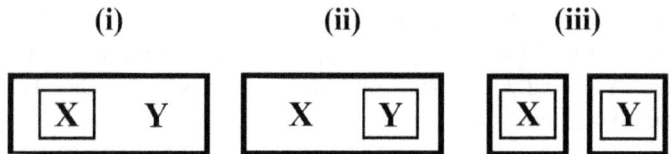

Abb. 7: Typen der konzeptuellen Gruppierung.

REINhold mAAs;" in Zeile 04 wider, die eine entsprechende Integration der Elemente auf prosodischer Ebene realisiert. Langacker (2001: 162) merkt aber selbst an: „While attentional framing tends to correlate with constituency, it cannot be reduced to it."

Auf der Basis der untersuchten Daten wurde insgesamt eine Typologie von drei verschiedenen Gruppierungsformaten aufgestellt, die alle Fälle in Bezug auf diesen Funktionsaspekt beschreibbar und vergleichbar macht (vgl. Abb. 7): Im Fall von Typ (i) wird eine komplexe Konzeptualisierung evoziert, die beide konzeptuellen Komponenten integriert. Das X-Element liefert dabei den konzeptuellen Kern. Deutlich heraus tritt diese Struktur, wenn bspw. bei identischer Rollenkonzeption der Wert für die Besetzung alterniert, wie es das folgende Beispiel illustriert:

Beispiel 13 (#107 und #108)
```
-> 01 ML4:   °hh und der: eh pAter: (.) TRETTmann-
   02        der mUsste wohl auch: (.) GAR nich wIssen;
   03        °h ↑dass DER-
X> 04        PAter-
Y> 05        BIsang-
   06        (0.3) Ä[H-]
   07 ML1:          [HM]_hm;
   08        NICH gebÜrti[g aus everswInkel kOmmt ne,]
   09 ML4:               [nich aus eversWINkel kom   ]mt [nE;]
   10 ML1:                                               [JA;]
```

In Zeile 01 von Beispiel 13 referiert ML4 mit „der: eh pAter: (.) TRETTmann" auf einen Pfarrer der hier von einem anderen Pfarrer, „PAter- BIsang-" (Z. 04–05), unterschieden werden muss. Das Beispiel zeigt recht deutlich, dass beide Referenten primär über die Rollen-Domäne konzeptualisiert werden, die durch das X-Element aktiviert wird, und dass durch das Y-Element dann eine weitere Spezifikation vorgenommen wird: Es geht einmal um den Pfarrer, der *Trettmann* heißt, und einmal um den, der *Bisang* heißt. Eine solche Art der Gruppierung lässt sich aber auch in Beispielen identifizieren, die keine explizite Kontrastierung aufweisen:

Beispiel 14 (#66)
```
   01 WM2:  i_sa HAT,
   02       (0.4)
-> 03       dein freund hEndrik dir das geSACHT,
   04       dass dU da gar nix mit zu TUN hast,
```

In Beispiel 14 re-inszeniert WM2 ein vergangenes Gespräch, das er mit seinem Sohn und dessen Freundin geführt hat. In dem rekonstruierten Dialog erkundigt sich WM2 bei der Freundin seines Sohnes, ob dieser ihr mitgeteilt habe, dass sie sich nicht für ein von WM2 und seiner Frau moniertes Fehlverhalten des Sohnes verantwortlich fühlen und entsprechend auch nicht entschuldigen müsse.[7] In Zeile 03 wird auf den Sohn mit der komplexen Referenzform „dein freund hEndrik" (Z. 03) Bezug genommen. Der Sohn wird in seiner für den Disput relevanten Rolle konzeptualisiert, was an dieser Stelle auch die Präferenz zur Minimierung aushebelt (Stivers 2007). Es wird eine soziale Rolle relevant gesetzt, die für die Konfliktsituation von Bedeutung ist. Die Rolle wird über das X-Element in die Konzeptualisierung eingebracht, das den konzeptuellen Kern der Struktur liefert: Die konzeptuelle Komponente *Freund* wird durch den Namen *Hendrik* näher bestimmt. Es geht nicht darum, zu klären, um welchen Hendrik es geht, sondern in welcher Rolle dieser die Nachricht des Vaters hätte überbringen soll. Für eine entsprechende Analyse spricht auch, dass eine prosodische Fokussierung des X-Elements einer syntaktisch identischen Struktur, wie sie in Beispiel 14 vorliegt, eine invertierte konzeptuelle Gruppierung nahelegt:

Beispiel 15 (#132 und #133)
```
   01 A:  ÄH:M-
   02     wir hAm heut vOrmittag drüber geSPROchen-
   03     so wie WIR,
   04     °hhh äh PLATTdeutsch gelErnt ham-
X> 05     also jEtzt (.) MARtin;
   06     (0.2)
Y> 07     ↓also mein BRU:der mArtin;
   08     schwEster: Adelheid;
   09     und ICH,
```

In Beispiel 15 wird die propriale Referenzform „MARtin" (Z. 05) in Zeile 07 wiederholt und dabei um das spezifizierende „mein BRU:der" ergänzt. Die gesamte Wiederholungsstruktur ist als Beleg #132 in die Kollektion eingegangen. Uns soll hier

---

[7] Der Anlass ist hier, dass die Freundin sich in einem Brief bei den Eltern für dessen wiederholtes verspätetes Heimkommen von Besuchen bei ihr entschuldigt hat.

zunächst nur das Y-Element der Wiederholungstruktur in Zeile 07 interessieren, das als eigenständiger Beleg (#133) erfasst wurde. Die strukturell ausgebaute Referenzform „mein BRU:der mArtin" zielt auf eine Vereindeutigung der Referenz ab (vgl. Abschnitt 5.4). Es wird herausgestellt, dass es um einen Martin geht, der der Bruder der Sprecherin ist. Es liefert also die zweite Komponente den konzeptuellen Kern, der durch die erste Komponente näher bestimmt wird. (Es lässt sich somit ein ‚Kippen' der konzeptuellen Struktur beobachten, wie es ähnlich auch von Eisenberg (2013: 259) beschrieben wird; allerdings mit Blick auf die Syntax und ohne Bezug zur Prosodie.) Der explizierende Charakter wird durch den Gebrauch von *also* (vgl. auch Lanwer 2017c: 20–21), die starke prosodische Fokussierung des X-Elements sowie durch die Wiederholung des Vornamens unterstrichen. Wir können den Fall entsprechend klar Gruppierungstyp (ii) zuordnen.

Beispiel 15 gibt zugleich auch ein Exempel für Gruppierungstyp (iii). Dieser zeichnet sich dadurch aus, dass die Komponenten jeweils eine eigenständige Konzeptualisierung liefern, wie es auch im folgenden Beispiel der Fall ist:

Beispiel 16 (#9)
X> 01 WM1:   und der FREUND von Ihm,
Y> 02   der STEfan-
   03   der war AUch schon (.) ich glaub zwEImal in afGHanistan.

Der entscheidende Unterschied zwischen Beispiel 15 (#132) und Beispiel 16 ist dabei der, dass im zweiten Fall eine Konzeptualisierung in verschiedenen Domänen vollzogen wird, während wir es im ersten Fall mit einer retraktiven Integration zu tun haben, wie wir es weiter oben auch in Bezug auf Beispiel 11 feststellen konnten.

Aus dem Zusammenspiel der jeweils aktivierten konzeptuellen Domänen auf der einen und den verschiedenen Formaten der konzeptuellen Gruppierung auf der anderen Seite ergeben sich die für eine funktionale Unterscheidung der analysierten Fälle notwendigen Grundbedingungen. Eine funktionale Analyse in Bezug auf die genannten Merkmale ist jedoch nicht hinreichend, sondern bedarf einer Anreicherung mit Blick auf pragmatische Aspekte.

5.3.2 Referenzreparaturen (Pragmatik)

Appositionsverdächtige Strukturen, vor allem prosodisch diskontinuierliche Formen, treten in interaktionalen Daten häufig in Kontexten der Selbstreparatur (vgl. Levelt 1983; Pfeiffer 2015; Schegloff 1987; Schegloff 2013; Schegloff/Jefferson/Sacks 1977 u. a.) auf und sind hier an der Bearbeitung lokaler Koordinationsprobleme mit Blick auf die Herstellung von Referenz unter dem Druck interaktiver Progressivität beteiligt (vgl. Auer 1984; Betz 2015; Imo/Lanwer 2017; Lanwer 2017b; Lanwer 2017c). Mit Blick auf funktionale Aspekte erweist sich daher die Betrachtung von Reparaturoperationen bzw. eine Unterscheidung von Reparaturtypen als gewinnbringend (für einen allgemeinen Überblick vgl. Pfeiffer 2015). Als Analysematrix wurde für die vorliegende Untersuchung auf Levelts (1983) Unterscheidung zwischen nicht substituierenden und substituierenden *appropiateness repairs* zurückgriffen. Außerdem wurden sprecherseitige Praktiken der referenziellen Verankerung (Lanwer 2017b; Lanwer 2017c) und hörerseitige Praktiken der Verstehensdokumentation (Deppermann 2008; Deppermann 2015 u. a.) in die Analyse mit einbezogen. Alle drei Aspekte sollen kurz erläutert werden.

Reparaturtypen: Interagierende sehen sich in spontansprachlicher Interaktion der Situation ausgesetzt, ihren Gesprächspartnern unter Zeitdruck hinreichend explizite und auf mutmaßlich geteiltes Wissen (*common ground*) optimal zugeschnittene Instruktionen zur Konzeptualisierung von Referenten anzubieten (vgl. u. a. Clark/Marshall 1981). Dieser Umstand manifestiert sich deutlich in der von Sacks/Schegloff (1979: 16–18) beschriebenen Präferenz zur *minimization* von Referenzformen einerseits und zur Verwendung von sog. *recognitionals* andererseits, d. h. von Referenzausdrücken, die für die jeweiligen Koaktanten möglichst gut auflösbar sind. Wenn die genannten Präferenzen in Konflikt geraten, „it is minimization that is incrementally relaxed, until recognition of the reference is achieved" (Levinson 2007: 30), wie es auch in Beispiel 17 zu beobachten ist:

Beispiel 17 (#144)
```
    01 OF4:  ja kIra is jetz FÜMmen zwanzig schOn,
    02       (0.3)
    03 OF1:  JA_a-
    04       (1.3)
X>  05 OF4:  und (.) TImo,
Y>  06       <<all>also ihr frEUnd> is NEUNunzwanzig-
    07       der is jetz ja grAde erst FERtig;
```

In Beispiel 17 bietet Sprecherin in Zeile 05 zunächst eine minimale propriale Referenzform an, schiebt aber nach Realisierung eines Grenztons unmittelbar die alternative, komplexere Instruktion „ihr frEUnd" (Z. 06) nach. Die Struktur fungiert hier als *appropriateness repair*: „In an appropriateness repair [...] the reparandum is correct but needs some qualification which may or may not lead to its replacement" (Levelt 1983: 63). Durch die Struktur „TImo, also ihr frEUnd" (Z. 05–06) wird eine alternative Konzeptualisierung des Referenten in einer anderen Domäne angeboten. Die zweite Referenzinstruktion wird in einem bereits etablierten Referenten verankert und so die erfolgreiche Konzeptualisierung unmittelbar sichergestellt. Die initiale Konzeptualisierung bleibt aber als alternativer Zugang zum Referenten erhalten (Lanwer 2017c). Entsprechende Strukturen dienen daher nicht nur der lokalen Verstehenssicherung, sondern auch der Akkumulation von *common ground*. Sie verstärken die Basis „on which mutual knowledge of the referent is established" (Clark/Marshall 1981: 57). Anders ist dies im Fall substituierender Reparaturen, wie es folgendes Beispiel illustriert:

Beispiel 18 (#76)
```
    01 ML1:   den ganzen geWINN den sIE:-
    02        (0.2)
    03        m:_mit Ihrem verKAUF mAcht:,
    04        der G[EHT an::-]
    05 ML5:        [JA-      ]
X>  06 ML1:   [hErrn         ]bi eh\
    07 ML5:   [(ALlerhAnd).]
Y>  08 ML1:   ↑[pAter  ]BIsa[ng;]
    09 ML5:                 [HM_hm;]
    10 ML4:                   [H  ]M_hm;
```

In Beispiel 18 wird mittels einer Wiederholungsstruktur eine konzeptuelle Komponente ersetzt. In der initialen Referenzinstruktion „hErrn bi eh\" (Z. 06) wird zunächst eine Konzeptualisierung des Referenten angeboten, die diesen in Bezug auf Geschlecht und Alter („hErrn") sowie in Bezug auf die konzeptuelle Domäne der Nachnamen näher bestimmt. Die Realisierung des proprialen Teils wird jedoch abgebrochen und nach dem Neuansatz eine alternative Konzeptualisierung initiiert, die den anvisierten Referenten mit „pAter" im Hinblick auf eine soziale Rolle innerhalb der Institution Kirche spezifiziert. Es wird also eine ‚profane' durch eine religiöse Konzeptualisierung ersetzt. In diesem Fall haben wir es mit einer substituierenden Reparatur zu tun, bei der die zweite Konzeptualisierung die initiale überschreibt.

Referenzielle Verankerung: Vor allem Reparaturen des nicht-substitutiven Typs weisen in der analysierten Kollektion häufig referenzielle Verankerungen auf. Referenten werden mittels eines Possessivartikels (bspw. *meine Schwester*), eines Genetivattributs (bspw. *Steffens Frau*) oder eines Präpositionalattributs (bspw. *der Freund von ihr*) in einem anderen bereits etablierten Referenten, im Hörer oder im Sprecher verankert. Derartige Verankerungen fungieren zumeist als eine Art ‚Steigbügel' zur Etablierung neuer Referenten, können aber auch soziale Positionierungen implizieren (Stivers 2007), wie es in Bezug auf Beispiel 13

(s. o.) bereits angedeutet worden ist. Eine entsprechende Verwendung lässt sich auch im folgenden Beispiel beobachten:

Beispiel 19 (#136)
```
X> 01 OF1:   oder hIEr noch ne ANdre freundin von frÜher;
   02        (0.3)
Y> 03        ANnabell.
   04        (0.8)
-> 05 OF2:   ach DIE-
   06        JA:;
   07 OF1:   DIE:-
   08        also pff-
   09        das das gIng GAR nich.
```

Die Besonderheit in Beispiel 18 ist, dass hier initial eine indefinite Referenzinstruktion realisiert wird: Der Gebrauch des Indefinitartikels *ne* deutet bereits an, dass der Referent nicht identifizierbar ist, was aber nicht zwangsläufig zu Verstehensproblemen führen muss. Es lassen sich problemlos konzeptuelle Referenzpunkte aufbauen, die auf gänzlich unbekannte (oder gar inexistente) Personen Bezug nehmen und auf diese Weise Aussagen über diese treffen, um so geteiltes Wissen über Dritte aufzubauen und weiterführend zu akkumulieren. Dies ist jedoch offensichtlich nicht der Fall: Nach einer kurzen Pause von 0.3 Sek. realisiert OF1 eine propriale Referenz. Dies ermöglicht OF2 eine Identifikation des Referenten, was sich an der Realisierung des Verstehensdisplays „ach DIE–" (Z. 05) ablesen lässt. Erst nach der Signalisierung von Verstehen seitens OF2 schließt OF1 mit der Proform „DIE:–" an und dokumentiert damit ihrerseits die Zurkenntnisnahme der Verstehensdokumentation. Hier treten Reparaturmomente deutlich in den Hintergrund. Es geht zunächst um die Markierung sozialer Koordinaten, die die epistemischen Rechte (*epistemic rights*; Heritage 2012 u. a.) in Bezug auf die Inhalte der folgenden Narration ‚legitimieren'.[8] Erst im Anschluss wird eine Referenzinstruktion präsentiert, die eine Identifikation sicherstellt.

Verstehensdisplays: Verstehen kann in der Interaktion auf unterschiedliche Verstehensobjekte bezogen sein und unterschiedlich explizit dokumentiert oder angezeigt werden (Deppermann 2008). Ein Verstehensobjekt ist in der Regel eine (sprachliche) Handlung (*action-to-be-understood*; Deppermann 2015). Das Verste-

---

[8] Zugleich reiht sich die Erzählung in eine Erzählstafette ein, in der OF1 verschiedene Erfahrungen von Freundinnen rekonstruiert, die aufgrund einer dialektalen Erstsozialisation schulische Probleme hatten. Die initiale Konzeptualisierung stellt in Bezug auf diese Stafette mit Einführung der Protagonisten unmittelbar Kohärenz her.

hen einer (sprachlichen) Handlung wird in den meisten Fällen durch eine ‚passende' Anschlusshandlung *en passant* dokumentiert (Deppermann 2008: 232; siehe auch Clark 1996: 198–200), kann aber auch durch die Realisierung sog. Verstehensdisplays, wie bspw. Erkenntnisprozessmarker (Imo 2009) oder eine wörtliche Wiederholung (*confirmatory repeat*; Schegloff 1996b: 184), explizit angezeigt werden. Ein Verstehensdisplay kann sowohl Verstehen als auch Verstehensprobleme dokumentieren und sich dabei durchaus auch auf einzelne Bestandteile eines Turns oder einer Konstruktionseinheit, wie bspw. auf die Auflösung einer Referenzform, beziehen. In die Analyse sind ausschließlich Verstehensdisplays einbezogen worden, die sich eindeutig als auf eine Referenzform bzw. auf die Auflösung von Referenzproblemen bezogen indentifizieren lassen. Derartige Verstehensdisplays werden vorwiegend, wie bspw. auch in den bereits weiter oben behandelten Beispielen 12 und 19, nach Verbalisierung des Y-Elements realisiert.

5.4 Ermittelte Cluster

Wie bereits erläutert, ist es Ziel der Netzwerkanalyse, über einen parametrisierten Vergleich aller in die Kollektion aufgenommenen Fälle zu einer Gruppierung dieser Fälle zu gelangen und zu prüfen, welche Merkmale in Bezug auf die Gruppenbildung systematisch zusammenwirken. Alle in Abschnitt 5.2 behandelten Beschreibungsparameter wurden zu diesem Zweck ohne Gewichtung in die Analyse einbezogen. Das Ergebnis der Analyse ist eine Gliederung der Kollektion in drei Cluster (vgl. Abb. 8).

Die Partitionierung weist eine leicht positive Modularität von 0.058 auf und ist entsprechend nicht besonders stark profiliert. Dies ist aber – wie auch im Fall der Analyseergebnisse in Lanwer (2017a; 2018a; 2018b)[9] – vor allem auf das Design der Studie zurückzuführen: Da die Grundlage der Analyse eine Kodierung formal und funktional ähnlicher Fälle ist, finden sich keine Belege in der Kollektion, die nicht zumindest minimale Ähnlichkeiten zueinander aufweisen. Dennoch lässt sich eine strukturell motivierte Aufgliederung der Kollektion ermitteln. Die Aufgliederung des Netzwerks in drei Cluster ist auch in der vorliegenden Untersuchung in besonderem Maße auf prosodische Unterschiede zurückzuführen. Dies betrifft vor

---

[9] In Lanwer (2017a, 2018a und 2018b) sind Ergebnisse einer mit Gephi durchgeführten Netzwerkanalyse publiziert. In allen Publikationen ist der gleiche Graph abgebildet. Dort wird jeweils eine Modularität von 8.5 für die ermittelte Partitionierung angegeben. Dieser Wert ist nicht korrekt. Die Ziffer gibt die Auflösung (*resolution*) der durchgeführten Analyse wieder und enthält zudem einen Kommafehler. Der korrekte Wert für die verwendete Auflösung lautet 0.85. Der Modularitätswert der Partitionierung beträgt 0.058.

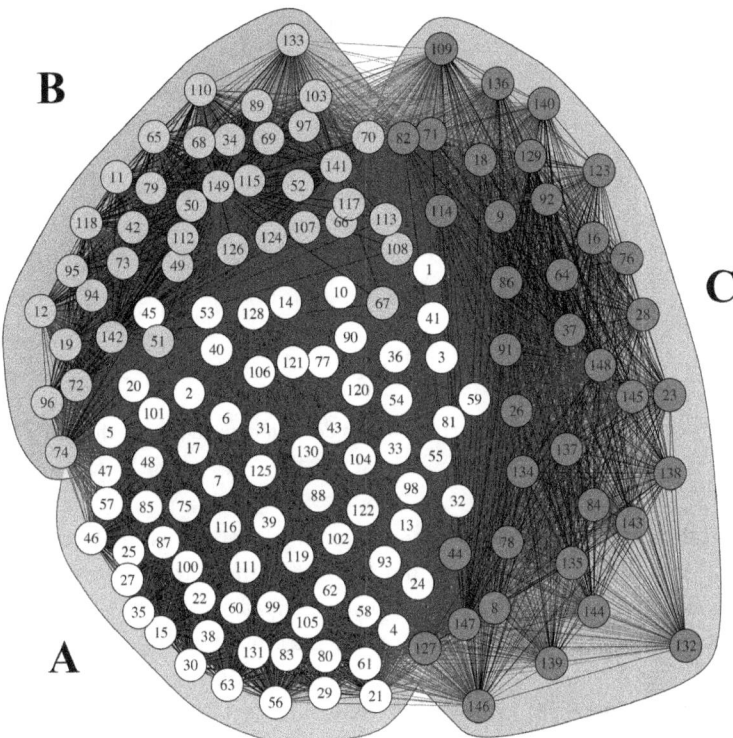

Abb. 8: Netzwerkplot (Modularität=0.057).

allem die Differenzierung zwischen Cluster A (n=73) und B (n=39) auf der einen und Cluster C (n=37) auf der anderen Seite. Mit Blick auf die Prosodie lässt sich insgesamt feststellen, dass Belege in Cluster C sich nicht nur im Bereich der Phrasierung, sondern auch in Bezug auf Aspekte der Akzentuierung und Konturgestaltung systematisch von den Belegen in den beiden anderen Clustern unterscheiden. Merkmale wie die Realisierung eines Grenztons und die doppelte Fokussierung erweisen sich sogar als nahezu exklusiv. Für den Aspekt der Fokussierung zeigt dies der linke Barplot in Abb. 9. Der linke Barplot lässt erkennen, dass in Cluster C eine Fokussierung beider Elemente in gut 70 % der Fälle vorliegt, während ein entsprechendes Betonungsmuster in den anderen Clustern so gut wie überhaupt nicht vorkommt. Die Belege in Cluster B weisen einen Fokusakzent (wenn ein solcher realisiert wird) beinah ausschließlich auf dem Y-Element auf. In Cluster A finden sich sowohl Belege mit einem Fokus auf dem X- als

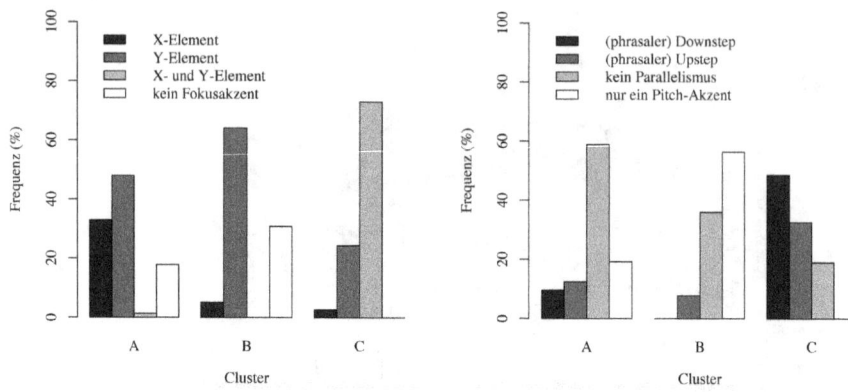

Abb. 9: Verteilung von Akzentstruktur (links) und Formen der Konturgestaltung (rechts) auf die ermittelten Cluster.

auch Belege mit Fokus auf dem Y-Element. Der Realisierung eines Fokusakzents auf dem Y-Element ist aber auch hier häufiger. Ein weiteres charakteristisches Merkmal für Belege, die in C zusammengefasst wurden, ist das Auftreten von Akzentparallelismus: Der rechte Barplot in Abb. 9 zeigt deutlich, dass in Cluster A und B kaum Fälle mit Akzentparallelismus auftreten. In Cluster C ist dies hingegen in knapp 80 % der Fälle gegeben. Strukturen mit Downstep kommen dabei häufiger vor als Strukturen mit Upstep. Wir haben es hier also durchaus mit einer rekurrenten prosodischen Formatierung zu tun, die zur Partitionierung der Kollektion beiträgt; zumindest was die Ausgrenzung von Cluster C anbetrifft.

Auch mit Blick auf die Unterscheidung von Cluster A und B lassen sich zwar durchaus prosodische Unterschiede feststellen. Diese sind aber deutlich schwächer ausgeprägt und betreffen vorrangig die Fokusplatzierung (vgl. hierzu auch Abschnitt 5.5). Cluster A und B weisen vor allem Unterschiede im Hinblick auf syntaktische Merkmale auf. In Cluster A finden sich nahezu ausschließlich NE+NE-Strukturen, wie „REINhold mAAs" (#27), die vereinzelt, wie bspw. in „dem klAAs FLEIscher" (#35), einen Determinierer in das erste Element integrieren. Cluster B umfasst hingegen ausschließlich NN+NE-Strukturen, wie „frau grO:te" (#72), deren Erstelement vereinzelt strukturelle Erweiterungen (Determinieren und/oder Attribute), wie bspw. in „mein BRUder martin" (#133), aufweist. Erweiterungen des Y-Elements finden sich in beiden Clustern nicht. Dieser syntaktischen Einschränkung steht eine absolute strukturelle Offenheit der Belege in Cluster C gegenüber, die sich auch in der weiteren Auffächerung des Teilnetzes manifestiert.

In Cluster C finden wir eine strukturelle Vielfalt in der Besetzung der Elemente. Neben Strukturen, die den für Cluster A und B beschriebenen Patterns entsprechen, finden sich vor allem strukturell deutlich ausgebaute Fälle. Besonders das Maß der potenziellen Komplexität des Y-Elements ist hier deutlich höher. Es werden sowohl Determinierer als auch (komplexe) Attributionen in den zweiten Slot integriert. Allerdings treten entsprechende Strukturen auch in Cluster C nicht übermäßig häufig auf. Diesen kommt daher vermutlich nicht der Status von Differenzierungsmerkmalen zu. Es scheint sich eher um Möglichkeiten des strukturellen Ausbaus der beteiligten Elemente zu handeln, die bei prosodischer Diskontinuität freigeschaltet werden. Dies betrifft auch die Serialisierung der Elemente: In Cluster C finden sich vereinzelt Belege, die im Vergleich mit Fällen wie „dein frEUnd HENdrik" (#66) oder „mein BRUder martin" (#133), aus Cluster B eine invertierte Reihenfolge aufweisen, wie es in dem folgenden Auszug zu beobachten ist:

Beispiel 20 (#137)
X> 01 OF1:   das hAtte **Adelheid-**
Y> 02   ↑**meine SCHWESter** ma erzÄhlt;

Strukturen wie „Adelheid meine SCHWESter", die den Namen in der Serialisierung vor einer referentiell verankerten Beschreibung platzieren, finden sich in Cluster A und B überhaupt nicht. Außerdem finden sich nur in Cluster C Fälle mit Distanzstellung. Entsprechend treten auch nur hier pragmatische Marker auf; diese sind allerdings auch in Cluster C selten: Nur in vier Fällen wird dem Y-Element, ein *also* vorangestellt. Andere Marker finden sich nicht.

5.5 Vom Muster zur Konstruktion

Alle drei Cluster zeigen in Bezug auf die jeweils integrierten Fälle eine gewisse innere Kohärenz in Bezug auf bestimmte Formmerkmale und zugleich durchaus systematische Unterschiede zu den Fällen der jeweils anderen Cluster. Diese gehen mit deutlichen Unterschieden in Bezug auf die kodierten Funktionsaspekte einher. Cluster A und B unterscheiden sich systematisch in Bezug auf die aktivierten konzeptuellen Domänen. Von Cluster C unterscheiden sich Cluster A und B vor allem in Bezug auf die Art der konzeptuellen Gruppierung sowie hinsichtlich des Bezugs zu Reparaturkontexten. Es lassen sich daher durchaus drei Konstruktionen auf der Basis empirisch beobachtbarer Regularitäten in der Kopplung von Form- und Funktionsmerkmalen unterscheiden. Abschließend sollen die drei Muster hier daher als Konstruktionen interpretiert und beschrieben werden. Die Beschreibung erfolgt jeweils in Form einer sog.

Attribut-Wert-Tafel. Die ersten beiden Konstruktionstypen werden hier als enge Apposition, der dritte als weite Apposition beschrieben.

5.5.1 VORNAME+NACHNAME-Apposition (eng)

Der erste Konstruktionstyp wird hier als VORNAME+NACHNAME-Konstruktion bezeichnet. Formale Charakteristika sind die Verkettung zweier nominaler Elemente, die in Bezug auf den Referenten die komplementären Domänen Vorname bzw. Nachnamen aktivieren. Die Form der konzeptuellen Gruppierung entspricht mehrheitlich Typ (i). Das Pattern erlaubt einen Determinierer als Bestandteil des X-Elements und zeichnet sich durch syntaktische Adjazenz aus.

Tab. 3: Attribut-Wert-Tafel für die VORNAME+NACHNAME-Apposition.

Attribut		Wert
Syntax:	Realisierung der Elemente	$[(Det)+NE\_Vorname]_X+[NE\_Nachname]_Y$
	syntaktischer Anschluss	adjazent
	syntaktische Integration	X-Element phrasenfähig
Prosodie:	Phrasierung	kontinuierlich
	Akzentuierung	Fokusposition: Y- oder X-Element
	Konturgestaltung	selten Akzentparallelismus (Upstep > Downstep)
Semantik:	konzeptuelle Domänen	komplementär
	konzeptuelle Gruppierung	Typ (i)
Pragmatik:	Reparatur	nein
	referenzielle Verankerung	nein
	evoziert Verstehensdisplay	selten

Im Bereich der Prosodie zeichnet sich die Konstruktion ebenfalls durch Kontinuität aus. Nur zwei Fälle im betreffenden Cluster weisen einen Grenzton und eine (gefüllte oder stille) Pause auf. Bei beiden Fällen handelt es sich um Verbalisierungsschwierigkeiten, wie es das folgende Beispiel exemplarisch zeigt:

Beispiel 21 (#81)
```
X> 01 ML1:   °h kAnnte er denn ALfred ä[h-]
   02 ML4:                           [J ]A:-
   03          [die\]
Y> 04 ML1:   [MER ]tens,
```

```
05 ML5:   SIcher;
06        d[ie\]
07 ML4:   [JA_]a-
08        [die hAm doch zuSAMM:-   ]
09 ML5:   [die versSTEhen sich gUt;]
10 ML4:   hm hm(.) geARb[eitet früh]er [ne.]
11 ML1:              [ach SO?    ]
12 ML5:                              [SI ]cher.
```

Sprecherin ML1 erkundigt sich hier nach einer möglichen Bekanntschaft zwischen einem „ALfred" und einer anderen vorerwähnten Person. Auch der betreffende Alfred ist in der Sequenz bereits vorerwähnt. Der Referent kann entsprechend zumindest als *semi-active* (Chafe 1994: 71–76) gelten. Dies dokumentiert sich auch in der unmittelbaren Reaktion von ML4, die noch während der laufenden Turnproduktion mit affirmativem „JA:-" reagiert, bevor ML1 die Formulierungsschwierigkeiten bei der Verbalisierung des Nachnamens überwunden hat. Die Nennung des Nachnamens erfüllt somit sehr wahrscheinlich nicht den Zweck einer Referenzreparatur, die *post hoc* eine nicht auflösbare Referenzinstruktion ergänzt oder durch eine alternative Konzeptualisierung ersetzt. Zwar reagiert ML5 in Beispiel 21 erst nach Realisierung des Nachnamens auf die von ML1 geäußerte Frage. Die Reaktion bezieht sich hier aber ebenso wie die Reaktion von ML4 auf den Fragegegenstand und nicht auf die Auflösung eines referenziellen Problems.

Im Unterschied zur ROLLE+NAME-Konstruktion (s. u.) weist die VORNAME +NACHNAME-Konstrutkion, anders als zuweilen in der Literatur beschrieben (Ackermann 2014: 20–21), keine Festlegung der Akzentposition auf. Ein Fokusakzent kann wie in „REINhold mAAs" (#27) auf dem X-Element oder wie in thEa MÖLler" (#3) auf dem Y-Element realisiert werden. Dies steht vermutlich im Zusammenhang damit, dass das X-Element der Struktur aufgrund der proprialen Besetzung stets phrasenfähig ist. Dies eröffnet auch die Möglichkeit, eine propriale Referenzform wie „REINhold" inkrementell zu einer VORNAME+NACHNAME-Konstruktion auszubauen, wie wir es weiter oben in Beispiel 12 (#8) bereits beobachtet haben. Entsprechende Fälle weisen stets einen stärkeren intonatorischen Bruch auf und haben deutlichen Reparaturcharakter, was sich in Beispiel 12 auch an dem Verstehensdisplay „ach REINhold mAAs" ablesen lässt. Dies führt auch dazu, dass Beleg #8 – ebenso wie die zwei baugleichen Fälle #127 und #147 – Cluster C zugeordnet wurde. Wie der Netzwerkplot zeigt, finden sich aber alle Belege im unmittelbaren Übergangsbereich zwischen Cluster A und C.

5.5.2 ROLLE+NAME-Apposition (eng)

Die zweite rekonstruierte Konstruktion wird hier als ROLLE+NAME-Konstruktion bezeichnet. Die Konstruktion evoziert die Konzeptualisierung eines Referenten in Bezug auf zwei verschiedene konzeptuelle Domänen. Über das X-Element wird eine soziale Rolle bzw. irgendeine Art von *membership categorization* in die Konzeptualierung eingebracht. Der Y-Slot weist dem Referenten hingegen einen Vornamen wie in „dein freund HENdrick" (#66) oder einen Nachnamen wie in „frau GRO:te" (#72) zu. Die konzeptuelle Gruppierung entspricht bis auf in dem oben diskutierten Beispiel Typ (i). Der Fall erweist sich insgesamt als Ausnahme. Auch die in „mein BRU:der mArtin" (#133) beobachtbare Fokussierung des X-Elements erweist sich in der Gesamtschau als Sonderfall. Das Pattern weist ansonsten nahezu ausschließlich eine Fokussierung auf dem Y-Element auf, was auf eine Festlegung der Akzentposition hindeutet. Der in Beleg #133 realisierte Fokus kontrastiert hiermit, was die Umkehrung der Gruppierungsverhältnisse bewirkt.

Tab. 4: Attribut-Wert-Tafel für ROLLE+NAME-Apposition.

Attribut		Wert
Syntax:	Realisierung der Elemente	$[(Det+(ATT))+NN\_Rolle]_X+[NE\_Name]_Y$
	syntaktischer Anschluss	adjazent
	syntaktische Integration	X-Element häufig nicht phrasenfähig
Prosodie:	Phrasierung	selten Pause
	Akzentuierung	Fokusposition: Y-Element
	Konturgestaltung	selten Akzentparallelismus (Upstep)
Semantik:	konzeptuelle Domänen	verschieden
	konzeptuelle Gruppierung	Typ (i)
Pragmatik:	Reparatur	nein
	referenzielle Verankerung	nein
	evoziert Verstehensdisplay	selten

Diese Festlegung der Akzentposition erscheint zum einen als stabiles Konstruktionsmerkmal und läuft zum anderen mit der Beobachtung zusammen, dass die X-Elemente der zusammengefassten Fälle, wie bspw. in „frau GRO:te" (#72) oder „bauer hAUk" (#49), häufig nicht phrasenfähig sind. Hierzu passt auch die Beobachtung, dass es bei Verbalisierungsschwierigkeiten dazu kommen kann, dass das Y-Element mit einem Dummy-Namen besetzt wird, wie es das folgende Beispiel illustriert:

Beispiel 22 (#97)

```
01 ML4:  un:d ich SACH-
02       bei unserm MAnuel in der klAsse-
03       da gEht_s ja HOCH her;
-> 04    °hh mit hErrn SO:wiesO;
05       (0.29)
06       ((schmatzt)) ↓kOmm nich mehr auf den NAMen;
```

Die Tatsache, dass hier „SO:wieso" als Platzhalter für einen Namen eingesetzt werden kann, liefert zusätzliche Evidenz für die ‚Existenz' der angesetzten Konstruktion. Der Ausdruck wird überhaupt nur in Bezug auf den Slot in der ROLLE+NAME-Konstruktion als Name bzw. Platzhalter für einen Namen interpretierbar. Dass „SO:wieso" hier als ein entsprechender Platzhalter verwendet wird, lässt sich an dem folgenden Account „↓kOmm nich mehr auf den NAMen;" (Z. 06) festmachen.

5.5.3 Reparatur-Apposition (weit)

Die Vielfalt der in Cluster C zusammengefassten Fälle ist insgesamt deutlich höher, als dies mit Blick auf die anderen beiden Cluster zu beobachten ist. Die Belege in Cluster A und B sind formal und funktional äußerst homogen. Eine Beschreibung als Konstruktion liegt daher in beiden Fällen auf der Hand. Aber auch für Cluster C lässt sich eine Konstruktionsbeschreibung aufbauen, wenn man zum einen Fälle, die sich an den Grenzen zu Cluster A und B ansiedeln, als ebensolche, nämlich als Grenzfälle behandelt und sich zum anderen auf Fälle konzentriert, die sich mit Blick auf die aktivierten konzeptuellen Domänen gleich verhalten: In Cluster C weisen 26 der insgesamt 37 Fälle eine Struktur auf, die den anvisierten Referenten in Bezug auf zwei verschiedene konzeptuelle Domänen konzeptualisiert. Mit Blick auf die Syntax lassen sich die Belege als Verkettung zweier eigenständiger NPs beschreiben (was aber auf alle Fälle in Cluster C zutrifft). Die syntaktischen Elemente können in Distanzstellung auftreten und durch ein intermediäres *also* ergänzt werden. Die prosodische Phrasierung ist stets diskontinuierlich. Die Realisierung eines Grenztons ist obligatorisch. Häufig findet sich auch ein prosodischer Neuansatz. Eher selten sind Pausen. Kennzeichnend ist aber ein Akzentparallelismus mit Downstep. Ein prototypisches Exempel gibt Beispiel 20 (#137).

Funktional betrachtet besteht ein entscheidender Unterschied zu den bisher beschriebenen Konstruktionstypen: Während die beiden Formate der engen Apposition die verschiedenen Aspekte der Konzeptualisierung zusammengruppieren, kodiert die hier betrachtete Struktur zwei separate Gruppierungen. Dies erklärt den größeren strukturellen Spielraum in der syntaktischen Ausgestaltung der Elemente, wie es Langacker (2001: 160) – allerdings ohne empirische Basis – auch für das Englische beschreibt. Nur im zweiten Fall haben wir es potenziell mit zwei separaten Referenzinstruktionen zu tun, die sich auf den gleichen Referenten beziehen (vgl. Lanwer 2017b; Lanwer 2017c). Mit Langacker könnte der Konstruktionstyp daher auch als eine Art *identity construction* (Langacker 2009: 258–259) beschrieben werden, die referenzielle Identität als Konstruktionsbedeutung einbringt. Die Konstruktion wird hier in Anlehnung an Imo (2015a) Reparatur-Apposition bezeichnet, um die funktionale Spezifik herauszustellen.

Tab. 5: Attribut-Wert-Tafel für Reparatur-Apposition.

Attribut		Wert
Syntax:	Realisierung der Elemente	[NP]$_X$+(*also*)+[NP]$_Y$
	syntaktischer Anschluss	Adjazent > distant
	syntaktische Integration	X-Element stets phrasenfähig
Prosodie:	Phrasierung	stets diskontinuierlich (Grenzton obligatorisch, Neuansatz häufig, Pause selten)
	Akzentuierung	Fokusposition: X- und Y-Element
	Konturgestaltung	Akzentparallelismus (Downstep > Upstep)
Semantik:	konzeptuelle Domänen	zumeist verschieden
	konzeptuelle Gruppierung	Typ (iii)
Pragmatik:	Reparatur	i. d. R. nicht-substituierend
	referenzielle Verankerung	regelmäßig
	evoziert Verstehensdisplay	regelmäßig

Die Fälle, die diesem Konstruktionstyp entsprechen, werden allesamt als strukturelle Ressource zur Herstellung und Absicherung von *common ground* eingesetzt (Imo/Lanwer 2017; Lanwer 2017b; Lanwer 2017c). Vor allem die durch das Y-Element kodierte Konzeptualisierung wird als neue geteilte Information im *common ground* abgelegt. Es scheint daher kein Zufall zu sein, dass etwas weniger als ein Drittel der betreffenden Belege eingebettet in Referenz-Aussage-Strukturen auftreten, die an sich schon auf eine Sicherstellung der regulären Akkumulation von *common ground* ausgelegt sind (Scheutz 1997). Eine entsprechende Analyse lässt sich auch für Fälle veranschlagen, die nicht aus ‚an sich' koreferenten NPs bestehen. ‚Ausreißer' wie das folgende Beispiel stützen jedoch gerade die Annahme einer Reparatur-Apposition als Konstruktion:

Beispiel 23 (#91)

```
   01 ML4:  und gEstern TRAF ich- (.)
X> 02       ↑MECHtild-
Y> 03       (.)gebOrene HEUer,
   04       (0.4)
   05 ML4:  °h die erwArtet das DRITte kind,
   06       jEtzt (.) innerhalb der nÄchsten vIErzehn TA:ge;
```

Über die Nennung des Geburtsnamens „HEUer" (Z. 03) wird in Beispiel 23 eine Familienzugehörigkeit im Sinne einer *membership categorization* in die Konzeptualisierung eingebracht, die eine relevante Hintergrundinformation für das Verstehen der anschließenden Ausführungen liefert. Die Struktur „geborene HEUer" kann isoliert allerdings vermutlich nicht als selbständige Referenzinstruktion fungieren, weshalb hier eine koreferente Lesart ausgeschlossen scheint. Gerade dieser Umstand spricht aber für den Konstruktionsstatus: Die durch die Konstruktion eingebrachte Koreferenzrelation impliziert eine prädikative Lesart (x ist y), die auch greift, wenn eine Referenzfähigkeit des zweiten Teilausdrucks außerhalb der Konstruktion nicht gegeben ist.

Die gelieferte Konstruktionsbeschreibung soll hier aber nicht über die Heterogenität des Clusters, die auch im Netzwerkplot sichtbar ist, hinwegtäuschen. Grenzfälle wie in Beispiel 12 (#8) weisen zwar formal wie funktional deutliche Ähnlichkeiten zu dem hier skizzierten Format auf. Es lassen sich aber auch nennenswerte Unterschiede in Bezug auf den Gruppierungstyp (Typ i) und die konzeptuellen Domänen (komplementär) ausmachen, was zu einem unklaren Status im Spannungsfeld zwischen den verschiedenen Konstruktionstypen führt. Der Umstand, dass diese Fälle in der Analyse Cluster C und nicht Cluster A bzw. B zugeschlagen wurden, ist auf die dominante Rolle der Prosodie bei der Partitionierung des Graphen sowie im Fall von Beleg #8 auf den Reparaturcharakter zurückzuführen.

Neben den an die anderen Konstruktionsnetze andockenden Ausnahmen finden sich in Cluster C außerdem noch Fälle, die stärker aus dem Rahmen fallen. Hierbei handelt es sich einmal um Reparaturen des substituierenden Typs wie in Beispiel 18 (#76.). Außerdem finden sich Strukturwiederholungen, die wie im Fall von Beispiel 15 (#132) eine periphere Position in der Netzwerkmodellierung zugewiesen bekommen und ggf. nur als Extensionen des Konstruktionsschemas aufgefasst werden können. Entsprechende Belege weisen aber in der Regel eine vom oben beschriebenen prosodischen Format abweichende Formatierung auf: Kennzeichnend ist hier vor allem die Realisierung eines hochgestuften Akzents und/oder einer größeren Pitch-Range auf dem Y-Element (wie es in Abschnitt 5.2.2 auch für Beleg #86 beschrieben worden ist) und/oder ein prosodischer Abbruch. Die Prosodie liefert also auch hier funktional relevante Differenzierungsmöglichkeiten.

6 Zusammenfassung

Ziel des Beitrags war es, im Rahmen einer datengeleiteten Studie zu prüfen, ob und wie sich appositionsverdächtige Strukturen in interaktionaler Sprache für das im Nordwesten gesprochene Deutsch als Konstruktionen beschreiben lassen. Die Analyse wurde vor dem theoretischen Hintergrund der interaktionalen Konstruktionsgrammatik konzipiert. In Bezug auf den gebrauchsbasierten Ansatz der interaktionalen Konstruktionsgrammatik wurde der Aspekt der Rekurrenz als Bestimmungskriterium für Musterhaftigkeiten in empirischen Daten identifiziert und operationalisiert. Auf der Basis einer statistisch fundierten Kollektionsanalyse wurden rekurrente Verbindungen von Form- und Funktionsmerkmalen für eine Kollektion von 149 Fällen systematisch ermittelt. Diese wurden als ‚flaches' Konstruktionsnetzwerk modelliert, das auf Tokenebene formale und funktionale Verbindungen zwischen drei verschiedenen Konstruktionen aufweist. Die drei Konstruktionen wurden als VORNAME+NACHNAME-Apposition, ROLLE + NAME-Apposition und Reparatur-Apposition benannt und in Bezug auf ihre konstitutiven Merkmale beschrieben.

Die Ergebnisse der Untersuchung liefern insgesamt deutliche Evidenz dafür, dass prosodische Merkmale im Bereich der Phrasierung, Akzentuierung und Konturgestaltung den Unterschied zwischen verschiedenen Formen der Apposition ausmachen sowie in Bezug auf die Reparatur-Apposition einen Ausschluss strukturähnlicher, aber funktional abweichender Fälle ermöglichen. Mit Blick auf funktionale Gesichtspunkte zeigt sich, dass Merkmale der prosodischen Formatierung sich als relevant erweisen für die jeweils evozierten konzeptuellen Gruppierungen und in Bezug auf pragmatische Aspekte der Herstellung von (Ko-)Referenz unter Druck interaktiver Progressivität.

Insgesamt lässt sich festhalten, dass der anvisierte Phänomenbereich sich nur unter Einbeziehung prosodischer Merkmale sinnvoll strukturieren lässt. Dies bedeutet aber nicht, dass die beschriebenen Konstruktionen in erster Linie als prosodische Konstruktionen zu begreifen sind. Eine rein prosodische Analyse der Kollektion führt zu ebenso unbefriedigenden Ergebnissen wie eine rein syntaktische. Die Ergebnisse zeigen vielmehr, dass es – zumindest in Bezug auf den Phänomenbereich appositionsverdächtiger Strukturen – Sinn macht, Syntax und Prosodie als Merkmale eines holistischen Konstruktionsschemas in ihrem Zusammenwirken zu erfassen und zu beschreiben. Dass grammatische Konstruktionen im Bereich der Prosodie überraschend spezifisch sein können, zeigt u. a. der Befund, dass die ROLLE+NAME-Apposition eine feste Fokusposition aufweist; ähnliche wie es für lexikalische Konstruktionen postuliert wird, wenn in Bezug auf das Deutsche von einem festen Wortakzent die Rede ist.

Literatur

Ackermann, Tanja (2014): Vom Syntagma zum Kompositum? Der grammatische Status komplexer Personennamen im Deutschen. In: Debus, Friedhelm, Rita Heuser und Damaris Nübling (Hrsg.): Linguistik der Familiennamen. Hildesheim: Olms, 11–38.
Auer, Peter (1984): Referential Problems in Conversation. In: Journal of Pragmatics 8 (5–6), 627–648.
Auer, Peter (1991): Vom Ende deutscher Sätze. In: Zeitschrift für germanistische Linguistik 19, 139–157.
Auer, Peter (2005): Syntax als Prozess. In: Hausendorf, Heiko (Hrsg.): Gespräch als Prozess. Tübingen: Niemeyer, 1–35.
Auer, Peter (2006): Increments and more. In: Deppermann, Arnulf, Reinhard Fiehler und Thomas Spranz-Fogasy (Hrsg.): Grammatik und Interaktion. Radolfszell: Verlag für Gesprächsforschung, 279–294.
Auer, Peter (2014): Syntactic structures and their symbiotic guests. Notes on analepsis from the perspective of on-line syntax. In: Pragmatics 24 (3), 533–560.
Barth-Weingarten, Dagmar (2006): fuzzy boundaries – Überlegungen zu einer Grammatik der gesprochenen Sprache nach konversationsanalytischen Kriterien. In: Deppermann, Arnulf, Reinhard Fiehler und Thomas Spranz-Fogasy (Hrsg.): Grammatik und Interaktion. Radolfszell: Verlag für Gesprächsforschung, 67–93.
Behagel, Otto (1928): Deutsche Syntax. Eine geschichtliche Darstellung. Band III. Heidelberg.
Bergenholtz, Henning (1985): Kasuskongruenz der Apposition. In: Beiträge zur Geschichte der deutschen Sprache und Literatur 107, 21–44.
Betz, Emma (2015): Recipient design in reference choice: Negotiating knowledge, access, and sequential trajectories. In: Gesprächsforschung – Online-Zeitschrift zur verbalen Interaktion 16, 137–173.
Blondel, Vincent D. et al. (2008): Fast unfolding of communities in large networks. In: Journal of Statistical Mechanics: Theory and Experiment 2008.
Bücker, Jörg (2012): Sprachhandeln und Sprachwissen. Berlin: de Gruyter.
Bybee, Joan L. (2006): From Usage to Grammar: The Mind's Response to Repetition. In: Language 82, 711–733.
Bybee, Joan L. (2013): Usage-based Theory and Exemplar Representations of Constructions. In: Hoffmann, Thomas und Graeme Trousdale (Hrsg.): The Oxford Handbook of Construction Grammar. Oxford; New York: Oxford University Press, 49–69.
Chafe, Wallace (1994): Discourse, consciousness, and time. The flow and displacement of conscious experience in speaking and writing. Chicago: University of Chicago Press.
Cienki, Alan (2015): Spoken language usage events. In: Language and Cognition 7 (4), 499–514.

Cienki, Alan (2017): Utterance construction grammar (UCxG) and the variable multimodality of constructions. In: Linguistics Vanguard 3 (s1), 1–10.
Clark, Herbert H. (1996): Using language. Cambridge; New York: Cambridge University Press.
Clark, Herbert H. und Catherine R. Marshall (1981): Definite reference and mutual knowledge. In: Joshi, Aravind K., Bonnie Lynn Webber und Ivan A. Sag (Hrsg.): Elements of discourse understanding. Cambridge; New York: Cambridge University Press, 10–63.
Deppermann, Arnulf (2006): Construction Grammar – Eine Grammatik für die Interaktion? In: Deppermann, Arnulf, Reinhard Fiehler und Thomas Spranz-Fogasy (Hrsg.): Grammatik und Interaktion. Untersuchungen zum Zusammenhang von grammatischen Strukturen und Gesprächsprozessen. Radolfszell: Verlag für Gesprächsforschung, 43–65.
Deppermann, Arnulf (2008): Verstehen im Gespräch. In: Kämper, Heidrun und Ludwig M. Eichinger (Hrsg.): Sprache, Kognition, Kultur. Sprache zwischen mentaler Struktur und kultureller Prägung. Berlin; New York: de Gruyter, 225–261.
Deppermann, Arnulf (2011): Konstruktionsgrammatik und Interaktionale Linguistik. In: Lasch, Alexander und Alexander Ziem (Hrsg.): Konstruktionsgrammatik III. Aktuelle Fragen und Lösungsansätze. Tübingen: Stauffenburg, 205–238.
Deppermann, Amulf (2015): Retrospection and understanding in interaction. In: Deppermann, Arnulf und Susanne Günthner (Hrsg.): Temporality in Interaction. Amsterdam; Philadelphia: Benjamins, 57–94.
Diessel, Holger (2004): The Acquisition of Complex Sentences. Cambridge: Cambridge University Press.
Diessel, Holger (2015): Usage-based construction grammar. In: Dabrowska, Ewa und Dagmar Divjak (Hrsg.): Handbook of Cognitive Linguistics. Berlin; Boston: de Gruyter, 296–322.
Eisenberg, Peter (2013): Grundriss der deutschen Grammatik.4. Auflage. Stuttgart; Weimar: Metzler.
Elmentaler, Michael, et al. (2015): Sprachvariation in Norddeutschland (SiN). In: Kehrein, Roland, Alfred Lameli und Stefan Rabanus (Hrsg.): Regionale Variation des Deutschen. Projekte und Perspektiven. Berlin; Boston: de Gruyter, 397–424.
Fauconnier, Gilles (1994): Mental spaces. Cambridge: Cambridge University Press.
Fox, Anthony (1982): Remarks on Intonation and ‚Ausrahmung'. In: Journal of Linguistics 18 (1), 89–106.
Fox, Anthony (1984): Subordinating and co-ordinating intonation structures in the articulation of discourse. In: Intonation, accent and rhythm: Studies in discourse phonology. Berlin; New York: de Gruyter, 120–133.
Freienstein, Jan Claas (2008): Das erweiterte Appositiv. Tübingen: Narr.
Fried, Mirjam und Jan-Ola Östman (2004): Construction Grammar: A thumbnail sketch. In: Fried, Mirjam und Jan-Ola Östman (Hrsg.): Construction Grammar in a cross-language perspective. Amsterdam: John Benjamins Pub, 11–86.
Fried, Mirjam (2015): Construction Grammar. In: Kiss, Tibor und Artemis Alexiadou, (Hrsg.): Syntax – Theory and Analysis. Band 2. Berlin; München; Boston: de Gruyter, 974–1003.
Garfinkel, Harold (1967): Studies in Ethnomethodology. Cambridge; Malden: Polity Press.
Gries, Stefan Th. und Anatol Stefanowitsch (2004): Extending Collostructional Analysis: A corpus-based persepectives on ‚alternation'. In: International Journal of Corpus Linguistics 9 (1), 97–129.
Günthner, Susanne (2007): Zur Emergenz grammatischer Funktionen im Diskurs – wo-Konstruktionen in Alltagsinteraktionen. In: Hausendorf, Heiko (Hrsg.): Gespräch als Prozess. Tübingen: Niemeyer, 125–154.

Gussenhoven, Carlos (2002): Intonation and interpretation: phonetics and phonology. In: Speech Prosody 2002, 45–55.

Gussenhoven, Carlos (2004): The Phonology of Tone and Intonation. New York.: Cambridge University Press.

Heritage, John (2012): The Epistemic Engine: Sequence Organization and Territories of Knowledge. In: Research on Language & Social Interaction 45.

Imo, Wolfgang (2009): Konstruktion oder Funktion? Erkenntnisprozessmarker („change-of-state token") im Deutschen. In: Günthner, Susanne und Jörg Bücker (Hrsg.): Grammatik im Gespräch: Konstruktionen der Selbst- und Fremdpositionierung. Berlin; New York: de Gruyter, 57–86.

Imo, Wolfgang (2014): Appositions in monologue, increments in dialogue? On appositions and apposition-like patterns and their status as constructions. In: Boogaart, Ronny, Timothy Colleman und Gijsbert Rutten (Hrsg.): Extending the Scope of Construction Grammar. Berlin: de Gruyter, 323–353.

Imo, Wolfgang (2015a): Zwischen Construction Grammar und Interaktionaler Linguistik: Appositionen und appositionsähnliche Konstruktionen. In: Lasch, Alexander und Alexander Ziem (Hrsg.): Konstruktionsgrammatik IV. Konstruktionen als soziale Konventionen und kognitive Routinen. Tübingen: Stauffenburg, 91–112.

Imo, Wolfgang (2015b): Interactional Construction Grammar. In: Linguistics Vanguard. A Multimodal Journal for the Language Sciences. 1 (1), 69–77.

Imo, Wolfgang und Jens Philipp Lanwer (2017): Sprache ist komplex. Nur: Für wen? In: Mathilde Hennig (Hg.): Linguistische Komplexität – ein Phantom? Tübingen: Stauffenburg, 149–175.

Ladd, D.Robert (1998): Intonation Phonology. New York; Melbourne: Cambridge University Press.

Langacker, Ronald W. (1987): Foundations of Cognitive Grammar: Theoretical prerequisites. Stanford: Stanford University Press.

Langacker, Ronald W. (1997): Constituency, dependency, and conceptual grouping. In: Cognitive Linguistics 8 (1), 1–32.

Langacker, Ronald W. (1999): Grammar and Conceptualization. Berlin; New York: de Gruyter.

Langacker, Ronald W. (2001): Discourse in Cognitive Grammar. In: Cognitive Linguistics 12 (2), 143–188.

Langacker, Ronald W. (2009): Constructions and constructional meaning. In: Evans, Vyvyan und Stephanie Pourcel (Hrsg.): New Directions in Cognitive Linguistics. Amsterdam; Philadelphia: Benjamins, 225–267.

Langacker, Ronald W. (2013): Essentials of Cognitive Grammar. Oxford; New York: Oxford University Press.

Langacker, Ronald W. (2016): Entrenchment in Cognitive Grammar. In: Schmid, Hans-Jörg (Hrsg.): Entrenchment and the Psychology of Language Learning. How We Reorganize and Adapt Linguistic Knowledge. Washington: de Guyter, 39–56.

Lanwer, Jens Philipp (2017a): Apposition: a multimodal construction? The multimodality of linguistic constructions in the light of usage-based theory. In: Linguistics Vanguard. A Multimodal Journal for the Language Sciences. 3 (s1), 1–12.

Lanwer, Jens Philipp (2017b): Metapragmatic appositions in German talk-in-interaction. In: Yearbook of the German Cognitive Linguistics Association 5 (1), 9–24.

Lanwer, Jens Philipp (2017c): Koreferenz: eine Frage des common ground? Überlegungen zum Funktionsspektrum weiter Appositionen an der Schnittstelle von Interaktion und Kognition. In: Deutsche Sprache 45, 222–244.

Lanwer, Jens Philipp (2018a): Grammatikalität und Rekurrenz. Zur Rolle statistischer Verfahren im Rahmen einer „rekonstruktiven" Linguistik. In: Albert, Georg und Sabine Diao-Klaeger (Hrsg.): Mündlicher Sprachgebrauch zwischen Normorientierung und pragmatischen Spielräumen. Tübingen: Stauffenburg, 231–253.

Lanwer, Jens Philipp (2018b): Was steckt in den Daten und was stecken wir hinein? Möglichkeiten und Grenzen der datengeleiteten Rekonstruktion sprachlicher Strukturen. In: Gessinger, Joachim, Angelika Redder und Ulrich Schmitz (Hrsg.): Kritische Beiträge zur Korpuslinguistik: Leistungen und Grenzen. Duisburg: UVRR.

Lawrenz, Birgit (1993): Apposition. Begriffsbestimmung und syntaktischer Status. Tübingen: Narr.

Levelt, Willem J M (1983): Monitoring and Self-Repair in Speech. In: Cognition 14, 41–104.

Levinson, Stephen C. (2007): Optimizing person reference – perspectives from usage on Rossel Island. In: Enfield, Nicholas J. und Tanya Stivers (Hrsg.): Person reference in interaction: Linguistic, cultural, and social perspectives. Cambridge: Cambridge University Press, 29–72.

Löbel, Elisabeth (1986): Apposition und Komposition in der Quantifizierung. Berlin: de Gruyter.

Löbel, Elisabeth (1993): Zur Distribution und Abgrenzung von enger Apposition und Attribut. In: Vuillaume, Marcel, Jean-François Marillier und Irmtraud Behr (Hrsg.): Studien zur Syntax und Semantik der Nominalgruppe. Tübingen: Narr, 145–166.

Molitor, Friedhelm (1979): Zur Apposition im heutigen Deutsch. Eine Vorstudie. Dissertation. Köln.

Peters, Jörg (2006): Intonation deutscher Regionalsprachen. Berlin; New York: de Gruyter.

Pfeiffer, Martin (2015): Selbstreparaturen im Deutschen. Syntaktische und interaktionale Analysen. Berlin; Boston: de Gruyter.

Raabe, Horst (1979): Apposition: Untersuchungen zum Begriff und zur Struktur der Apposition im Französischen unter weiterer Berücksichtigung des Deutschen und Englischen. Tübingen: Narr.

Rosch, Eleanor und Carolyn B. Mervis (1975): Family Resemblances: Studies in the Internal Strucutre of Catogories. In: Cognitive Psychology 7, 573–605.

Sacks, Harvey und Emanuel A. Schegloff (1979): Two Preferences in the Organization of Reference to Persons in Conversation and Their Interaction. In: Psathas, George (Hrsg.): Everyday Language. Studies in Ethnomethodology. New York u.a.: Wiley, 15–21.

Schegloff, Emanuel A., Gail Jefferson und Harvey Sacks (1977): The Preference for Self-Correction in the Organization of Repair in Conversation. In: Language 53 (2), 361–382.

Schegloff, Emanuel A. (1987): Recycled turn beginnings: A precise repair mechanism in conversation's turn-taking organisation. In: Button, Graham und John Adrian Lee (Hrsg.): Talk and Social Organization. Clevedon; Philadelphia: Multilingual Matters.

Schegloff, Emanuel A. (1996a): Turn organization: one intersection of grammar and interaction. In: Ochs, Elinor, Emanuel A. Schegloff und Sandra A. Thompson (Hrsg.): Interaction and grammar. Cambridge: Cambridge University Press, 52–133.

Schegloff, Emanuel A. (1996b): Confirming Allusions: Toward an Empirical Account of Action. In: American Journal of Sociology 102 (1), 16–216.

Schegloff, Emanuel A. (1997): Practices and actions: Boundary cases of other-initiated repair. In: Discourse Processes 23 (3), 499–545.
Schegloff, Emanuel A. (2007): A tutorial on membership categorization. In: Journal of Pragmatics 39 (3), 462–482.
Schegloff, Emanuel A. (2013): Ten operations in self-initiated, same-tum repair. In: Hayashi, Makoto, Geoffrey Raymond und Jack Sidnell (Hrsg.): Conversational Repair and Human Understanding. Cambridge: Cambridge University Press, 41–70.
Scheutz, Hannes (1997): Satzinitiale Voranstellungen im gesprochenen Deutsch als Mittel der Themensteuerung und Referenzkonstitution. In: Schlobinski, Peter (Hrsg.): Syntax des gesprochenen Deutsch. Opladen: Westdeutscher Verlag, 27–54.
Schindler, Wolfgang (1990): Untersuchungen zur Grammatik appositionsverdächtiger Einheiten im Deutschen. Tübingen: Niemeyer.
Schmid, Hans-Jörg (2015): A blueprint of the Entrenchment-and-Conventionalization Model. In: Yearbook of the German Cognitive Linguistics Association 3 (1), 1–17.
Schmidt, Jürgen Erich (1993): Die deutsche Substantivgruppe und die Attribuierungskomplikation. Berlin; New York: de Gruyter.
Selting, Margret (1993): Voranstellungen vor den Satz. Zur grammatischen Form und interaktiven Funktion von Linksversetzung und Freiem Thema im Deutschen. In: Zeitschrift für germanistische Linguistik 21, 291–319.
Selting, Margret (1995): Prosodie im Gespräch. Aspekte einer interaktionalen Phonologie der Konversation. Tübingen: Niemeyer.
Selting, Margret (2000): The construction of units in conversational talk. In: Language in Society 29 (4), 477–517.
Selting, Margret et al. (2009): Gesprächsanalytisches Transkriptionssystem 2 (GAT 2) Margret. In: Gesprächsforschung – Online-Zeitschrift zur verbalen Interaktion 10, 353–402.
Stivers, Tanya (2007): Alternative recognitionals in person reference. In: Enfield, Nicholas J. und Tanya Stivers (Hrsg.): Person reference in interaction: Linguistic, cultural, and social perspectives. Cambridge: Cambridge University Press, 73–96.
Taylor, John R. (2011): Prototype theory. In: Maienborn, Claudia, Klaus von Heusinger und Paul Portner (Hg.): Semantics. An International Handbook of Natural Language Meaning. Berlin; Boston: de Gruyter, 643–664.
Tomasello, Michael (2003): Constructing a language. Cambridge: Cambridge University Press.
Tummers, Jose, Kris Heylen und Dirk Geeraerst (2005): Usage-based approaches in Cognitive Linguistics: A technical state of the art. In: Corpus Linguistics and Linguistic Theory 1 (2), 225–261.
Wichmann, Anne (2013): Intonation in Text and Discourse: Beginnings, Middles and Ends. London; New York: Routledge.
Zifonun, Gisela, Ludger Hoffmann und Bruno Strecker (1997): Grammatik der deutschen Sprache. Berlin; New York: De Gruyter.
Zima, Elisabeth (2014): Gibt es multimodale Konstruktionen? Eine Studie zu [V(motion) in circles] und [all the way from X PREP Y]. In: Gesprächsforschung – Online-Zeitschrift zur verbalen Interaktion 15, 1–48.

www.ingramcontent.com/pod-product-compliance
Lightning Source LLC
Chambersburg PA
CBHW061935220426
43662CB00012B/1914